判例要旨定義學說試驗問題準條適條對照
改正商法及理由

塚崎直義編

第二版
明治四十四年

判例要旨定義
學說試驗問題
準條適條對照

改正商法及理由

日本立法資料全集　別巻
1242

信山社

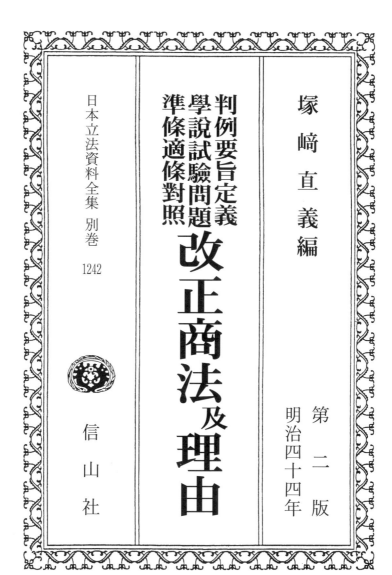

法學士塚崎直義編

判例要旨定義
學說試驗問題
準條適條對照

改正商法及理由

【第二版】

東京 法文社發行

序

曩ニ本書ヲ公刊スルヤ當時余竊カニ胸中畏ヲ懷キ且重任ノ重キヲ感セリ今ヤ再ヒ剞劂ニ付セムトスルニ及ンテ益此感ヲ甚深ナラシム顧フニ商法改正以來先輩大家ノ著述陸續刊行セラレ高論卓説頗見ル可キモノアリ然ルニ自ラ揣ラス斯カル淺薄ナル書ヲ公刊セシ所以ノモノハ改正法典ヲ繙讀スル場合ニ於ケル煩瑣ヲ省キ研鑽ニ便ナラシメムコトヲ欲シタルニ外ナラス故ニ判例ノ要旨ヲ引用シ學説問題ヲ對照シ併セテ準用法條適用法條ヲ挿入シ且改正理由ノ梗概ヲ載セリサレハ外國ノ制度ヲ絮説シ高遠ナル理論ヲ摘載スルコトハ素ヨリ本書ノ望ム所ニアラス其改正理由ト雖唯帝國議會ニ於ケル討議ト最近ノ學説トヲ參酌シ以テ改正立法ノ趣旨ノ

概要ヲ明確ナラシメムコトヲ勗メタルニ過キス本書公刊旬日ヲ出テスシテ再版ノ榮ヲ擔フ唯事急遽ノ間ニ迫リ校訂遺憾ナキヲ期スル能ハス若夫レ讀者ニ於テ示教ヲ垂レ給ハヽ編者ノ感謝措カサル所ナリ矣

明治四十四年十一月中浣

編　者　識

凡例

一本書ハ特ニ各法條毎ニ大審院、各控訴院、各地方裁判所中重要ナル判例ノ要旨及ヒ學説ヲ挿入シ以テ兩者ノ對照ニ便ナラシメムコトヲ圖レリ

一商法ハ準用法條、適用法條等所々ニ散在シ殊ニ約束手形小切手ノ章下ニ於テハ一層其多キヲ見ル所ナリ本書ハ準用法條ノ次ニ直ニ被準用法條ヲ掲ケ又被適用法條、不適用法條、再準用法條ヲモ掲載シ法文探索ノ煩ヲ省略スルコトニ努メタリ

一本書ハ條文ノ下部ニ餘白ヲ設ケ條文ト對照シテ書入ルルニ便ナラシメムコトヲ圖リタリ

一本書ハ同シク條文ノ下部ニ近時最モ穩當ト認メラルル定義ヲ示シ加フルニ高等文官、判檢事辯護士及ヒ帝國大學、各私立大學試驗問題ヲ悉ク條文ニ當テ篏メテ掲載シ專ラ研鑽ニ便ナラシメムコトヲ期セリ

一判決例ハ明治三十二年ヨリ同四十四年九月ニ至ル大審院、控訴院、地方裁判所判決例中重要ナルモノヲ摘錄セリ但商法ノ改正ニ因リ既ニ解決セラレタルモノ、同趣旨ノモノ及ヒ反對判例ニ依リ自ラ消滅ニ歸シタルモノハ之ヲ省略スルコトト爲セリ

一試驗問題ハ明治三十二年ヨリ同四十四年十月迄ノモノヲ掲載シタリ

一○準條トアルハ準用條文ヲ意味ス

一○再準條トアルハ準用條文ニ更ニ準用シタル條文ヲ意味ス

一○適條トアルハ適用條文ヲ意味ス

一〇不適條トアルハ適用セサル條文ヲ意味ス

一◉判例トアルハ判決例、括弧中大判錄トアルハ大審院判決錄ヲ意味ス

一●問題括弧中「文」ハ高等文官「判辯」ハ判檢事辯護士、「東」ハ東京帝國大學、「京」ハ京都帝國大學、「明」ハ明治大學、「中」ハ中央大學、「法」ハ法政大學、「日」ハ日本大學、「五私大討」ハ五私立大學討論問題ヲ意味ス

判例要旨定義
學說試驗問題
準條適條對照
改正商法及理由目次

商法

第一編　總　則……一
第一章　法　例……一
第二章　商　人……三
第三章　商業登記……四
第四章　商　號……五
第五章　商業帳簿……七
第六章　商業使用人……九
第七章　代理商……一二
第二編　會　社……一三
第一章　總　則……一三
第二章　合名會社……一六
第一節　設　立……一六
第二節　會社ノ內部ノ關係……一八
第三節　會社ノ外部ノ關係……二〇
第四節　社員ノ退社……二三
第五節　解　散……二四
第六節　淸　算……二八

第三章　合資會社……三六
第四章　株式會社……三九
第一節　設　立……三九
第二節　株　式……五〇
第三節　會社ノ機關……六〇
第一款　株主總會……六〇
第二款　取締役……六四
第三款　監査役……七二
第四節　會社ノ計算……七五
第五節　社　債……七八
第六節　定款ノ變更……八三
第七節　解　散……九〇
第八節　清　算……九三
第五章　株式合資會社……九七
第六章　外國會社……一〇二
第七章　罰　則……一〇四
第三編　商行爲……一〇八
第一章　總　則……一〇八
第二章　賣　買……一一七
第三章　交互計算……一二〇
第四章　匿名組合……一二一

第五章　仲立營業……一一三
第六章　問屋營業……一二五
第七章　運送取扱營業……一二七
第八章　運送營業……一三〇
第一節　物品運送……一三〇
第二節　旅客運送……一三八
第九章　寄　託……一三九
第一節　總　則……一三九
第二節　倉庫營業……一四一
第十章　保　險……一五〇
第一節　損害保險……一五〇
第一款　總則……一五〇
第二款　火災保險……一五八
第三款　運送保險……一六〇
第二節　生命保險……一六一
第四編　手　形……一六五
第一章　總　則……一六五
第二章　爲替手形……一七一
第一節　振　出……一七一
第二節　裏　書……一七四
第三節　引　受……一七八

第四節　擔保ノ請求……一八一
第五節　支　拂……一八三
第六節　償還ノ請求……一八四
第七節　保　證……一九〇
第八節　參　加……一九〇
第一款　參加引受……一九〇
第二款　參加支拂……一九三
第九節　拒絕證書……一九四
第十節　爲替手形ノ複本及ヒ謄本……一九七
第三章　約束手形……一九九
第四章　小切手……二一六
第五編　海　商……二二四
第一章　船舶及ヒ船舶所有者……二二四
第二章　船　員……二三〇
第一節　船　長……二三〇
第二節　海　員……二三九
第三章　運　送……二三九
第一節　物品運送……二三九
第一款　總　則……二五一
第二款　船荷證券……二五四
第二節　旅客運送……二五九

第四章　海　損……二五九
第五章　海難救助……二六二
第六章　保　險……二六六
第七章　船舶債權者……二七四
附　則……二七八
破　産　法……二八三
商法施行法……三一六

改正商法理由

第一編　總　則……一
第二編　會　社……三
第三編　商行爲……二八
第四編　手　形……四一
第五編　海　商……五六

判例要旨定義　學説試驗問題　準條適條對照　改正商法及理由目次　終

判例要旨、定義
學說、試驗問題
準條、適條對照

改正商法及理由

法學士 塚崎直義編

◎商法（明治三十二年三月七日法律第四十八號 明治四十四年五月二日法律第七十三號）

朕帝國議會ノ協贊ヲ經タル商法修正ノ件ヲ裁可シ玆ニ之ヲ公布セシム

商法別册ノ通之ヲ定ム

此法律施行ノ期日ハ勅令ヲ以テ之ヲ定ム（此期日ハ三十二年勅令第百三十三號ヲ以テ同年六月十六日ト定メラル）

明治二十三年法律第三十二號商法ハ第三編ヲ除ク外此法律施行ノ日ヨリ之ヲ廢止ス

朕帝國議會ノ協贊ヲ經タル商法改正法律ヲ裁可シ玆ニ之ヲ公布セシム

本法施行ノ期日ハ勅令ヲ以テ之ヲ定ム（此期日ハ四十四年勅令第二百十九號ヲ以テ同年十月一日ト定メラル）

第一編　總則

第一章　法例

第一條　商事ニ關シ本法ニ規定ナキモノニ付テハ商慣

◎定義　商事トハ商人又ハ商行爲ニ關スル事項並ニ商法ニ規定シタル其他ノ事項ヲ云フ

習法ヲ適用シ商慣習法ナキトキハ民法ヲ適用ス

◎判例　記名式株券ノ處分及ヒ流通ヲ容易ナラシムル爲メ白紙委任狀ヲ使用スル商慣習ハ廣ク實際ニ行ハレ法律的效力ヲ有ス（三八、大判錄三一六頁）

◎判例　株券記名者カ白紙委任狀ト共ニ株券ヲ他人ニ交付シ輾轉流通セシムル商慣習ノ存スル以上第三者カ其慣習ニ從ヒ該株券ニ付キ取得シタル權利ハ有效タルヲ妨ケス（三八、大判錄一〇四七頁）

◎判例　內地裁判所カ內地人ト臺灣人トノ間ニ於ケル商業上ノ訴訟ヲ爲ス場合ニハ臺灣ニ行ハルヽ特別慣習ニ準據シテ裁判スヘキ限リニアラス（四一、大判錄七七三頁）

第二條　公法人ノ商行爲ニ付テハ法令ニ別段ノ定ナキトキニ限リ本法ノ規定ヲ適用ス

第三條　當事者ノ一方ノ爲メニ商行爲タル行爲ニ付テハ本法ノ規定ヲ雙方ニ適用ス

●問題

（一）商ノ性質ヲ明カニシ商法ト民法トノ關係ヲ說明スヘシ（三八、法）

（一）商法ノ如何ナルモノナルヤヲ說明シ併セテ民法商法合一論ヲ批評シテ商法ノ將來ヲトスヘシ（三九、明）

（一）公法人ノ商行爲ヲ爲ス場合之ニ適用スヘキ法規ヲ論スヘシ（三七、法）

（一）商人間ノ行爲ニシテ雙方的商行爲ナルモノ一方的商行爲ナルモノ及ヒ商行爲ナラサルモノ、例ヲ揭クヘシ（四〇、東）

（一）當事者ノ一方ノタメニ商行爲タル行爲ニ付テハ商法ノ規定ヲ雙方ニ適用ストノ意義ヲ說明スヘシ（三七、明）

（一）商人ニ非サル者ニ對シテ商法カ適用セラ

第二章　商人

第四條　本法ニ於テ商人トハ自己ノ名ヲ以テ商行爲ヲ爲スヲ業トスル者ヲ謂フ

◎判例　酒類製造業者カ其製造チ廢止シタル後ト雖モ依然酒類販賣業チ繼續スル事實アルトキハ其商人タル資格チ存續スルモノトス（三四、大判錄一一卷二八頁）

◎判例　會社ノ社員ハ法律上當然商人資格チ有セサルチ以テ假令支拂停止ノ事實アルモ之ニ基キ破產ノ宣告チ爲スコトチ得サルヤ明カナリトス（三八、大判錄九六八頁）

第五條　未成年者又ハ妻カ商業ヲ營ムトキハ登記ヲ爲スコトヲ要ス

第六條　會社ノ無限責任社員ト爲ルコトヲ許サレタル未成年者又ハ妻ハ其會社ノ業務ニ關シテハ之ヲ能力者ト看做ス

第七條　法定代理人カ親族會ノ同意ヲ得テ無能力者ノ爲メニ商業ヲ營ムトキハ登記ヲ爲スコトヲ要ス

法定代理人ノ代理權ニ加ヘタル制限ハ之ヲ以テ善意ノ第三者ニ對抗スルコトヲ得ス（本條改正）

第八條　戶戶ニ就キ又ハ道路ニ於テ物ヲ賣買スル者其他小商人ニハ商業登記、商號及ヒ商業帳簿ニ關スル

ルヘキ場合チ列擧スヘシ（四三、中）

◎定義　商人トハ自己ノ名チ以テ商行爲チ爲スチ業トスル者チ云フ

◉問題

（一）商人ノ意義チ述ヘ更ニ商法上商人ト商人ニアラサル者トチ區別スルノ實用如何（四三、明）

（一）金錢貸付業者ハ商人ナリヤ（四二、日）

（一）小商人ノ意義（四二、日）

規定ヲ適用セス

第三章　商業登記

第九條　本法ノ規定ニ依リ登記スヘキ事項ハ當事者ノ請求ニ因リ其營業所ノ裁判所ニ備ヘタル商業登記簿ニ之ヲ登記ス

第十條　本店ノ所在地ニ於テ登記スヘキ事項ハ本法ニ別段ノ定ナキトキハ支店ノ所在地ニ於テモ亦之ヲ登記スルコトヲ要ス

第十一條　登記シタル事項ハ裁判所ニ於テ遲滯ナク之ヲ公告スルコトヲ要ス

第十二條　登記スヘキ事項ハ登記及ヒ公告ノ後ニ非サレハ之ヲ以テ善意ノ第三者ニ對抗スルコトヲ得ス登記及ヒ公告ノ後ト雖モ第三者カ正當ノ事由ニ因リテ之ヲ知ラサリシトキ亦同シ

◎判例　支配人選任ノ登記ヲ怠リタルトキハ其選任ノ事實ヲ以テ善意ノ第三者ニ對抗スルコトヲ得サルモ第三者ヨリ其主人ニ對抗スルコトヲ妨クルモノニアラス(四一、大判錄九九九頁)

◎判例　商法第十二條ハ登記當事者カ登記スヘキ事項ヲ以テ第三者ニ對抗シ得ヘキ場合ヲ規定シタルモノナレハ之ヲ援キテ被後見人ノ爲メニ商業ヲ營ム後見人カ登記ヲ爲ササルニ於テハ之ト商行爲

●問題

(一)小商人カ支配人ヲ選定シタル場合ニ於テ之ヲ登記スルコトヲ要スルカ(三四、明)

◎定義　商業登記トハ法定ノ手續ニヨリ商法ノ規定ニ從ヒ登記スヘキ事項ヲ登記スルヲ云フ

●問題

(一)商業登記ニ關スル形式審査主義及ヒ實質審査主義ヲ論評スヘシ(四三、法)

(一)商業登記ノ效力ヲ説明スヘシ(四四、京)

(一)支店ノ要件如何(三九、法)

(一)商業登記ト其公告トノ關係ヲ説明スヘシ(三三、中)

(一)虚僞ノ事實ノ登記ヲ申請シタルモノアリ此場合ニ於テ登記官吏ハ其申請ヲ却下スルコトヲ得ルヤ又其ノ事實ノ登記及ヒ公告アリタルトキハ如何ナル

チ爲シタル債權者ハ其債權チ以テ第三者ニ對抗スルノ權利ナシト云フチ得ス(四二、大判錄五七九頁)

第十三條　支店ノ所在地ニ於テ登記スヘキ事項ヲ登記セサリシトキハ前條ノ規定ハ其支店ニ於テ爲シタル取引ニ付テノミ之ヲ適用ス

第十四條　登記ハ其公告ト牴觸スルトキト雖モ之ヲ以テ第三者ニ對抗スルコトヲ得

第十五條　登記シタル事項ニ變更ヲ生シ又ハ其事項カ消滅シタルトキハ當事者ハ遲滯ナク變更又ハ消滅ノ登記ヲ爲スコトヲ要ス

第四章　商號

第十六條　商人ハ其氏、氏名其他ノ名稱ヲ以テ商號ト爲スコトヲ得

◎判例　一個人ノ商號ハ民事訴訟法第百九十條ノ規定ニ依リ當事者表示ノ代用ト爲スチ得サルモノトス(三四、大判錄六卷七四頁)

◎判例　商號ハ商人カ營業上自己チ指示スル爲メ用ユル名稱ニシテ假令他人ニ代ハリテ取引チ爲ス場合ト雖モ商號チ使用シ得ヘク登記ノ有無ハ毫モ問フ處ニアラス(四〇、大判錄三八九頁)

第十七條　會社ノ商號中ニハ其種類ニ從ヒ合名會社、合資會社、株式會社又ハ株式合資會社ナル文字ヲ用ヰルコトヲ要ス

第十八條　會社ニ非スシテ商號中ニ會社タルコトヲ示

效力チ生スルヤ理由チ附シテ答フヘシ(四三、東)

◎定義　商號トハ商人カ營業上自己チ指示スル爲メニ使用スル名稱チ云フ

◎問題

(一)商號專用權トハ如何(三七、日)

スヘキ文字ヲ用ユルコトヲ得ス會社ノ營業ヲ譲受ケタルトキト雖モ亦同シ

前項ノ規定ニ違反シタル者ハ五圓以上五十圓以下ノ過料ニ處セラル

◎判例　商會ナル文字ハ會社ナル文字ト其意義ヲ異ニスルモ之ニ合名ノ二字ヲ冠シ合名商會ナル商號ヲ用ユルトキハ世人ヲシテ合名會社ナリト信セシムヘキ虞アルカ故ニ商法第十八條第二項ノ制裁ヲ免ルヽコトヲ得サルモノトス(四一、大判錄一一九四頁)

第十九條　他人カ登記シタル商號ハ同市町村内ニ於テ同一ノ營業ノ爲メニ之ヲ登記スルコトヲ得ス

第二十條　商號ノ登記ヲ爲シタル者ハ不正ノ競爭ノ目的ヲ以テ同一又ハ類似ノ商號ヲ使用スル者ニ對シテ其使用ヲ止ムヘキコトヲ請求スルコトヲ得但損害賠償ノ請求ヲ妨ケス

同市町村内ニ於テ同一ノ營業ノ爲メニ他人ノ登記シタル商號ヲ使用スル者ハ不正ノ競爭ノ目的ヲ以テ之ヲ使用スルモノト推定ス

第二十一條　商號ノ讓渡ハ其登記ヲ爲スニ非サレハ之ヲ以テ第三者ニ對抗スルコトヲ得ス

第二十二條　商號ト共ニ營業ヲ讓渡シタル場合ニ於テ當事者カ別段ノ意思ヲ表示セサリシトキハ讓渡人ハ同市町村内ニ於テ二十年間同一ノ營業ヲ爲スコトヲ

◎問題

(一)登記セル商號ノ效力如何(三六、明)

(一)商號讓受人カ其營業ヲ廢止シ未タ登記ノ抹消ヲ爲サヽル内其讓渡人ハ同一市町村内ニ於テ同一商號ヲ以テ同一ノ營業ヲ爲スコトヲ得ルヤ(三三、明)

◎定義　主觀的營業トハ所得ノ通常ノ淵源トスル目的ヲ以テ同種ニシテ且ツ連續セル一團ノ私法的行爲ヲ云フ
客觀的營業トハ商人ノ營業上ノ財產ノ全體ヲ云フ

得ス
讓渡人カ同一ノ營業ヲ爲サヽル特約ヲ爲シタルトキハ其特約ハ同府縣内且三十年ヲ超ヘサル範圍内ニ於テノミ其效力ヲ有ス
讓渡人ハ前二項ノ規定ニ拘ハラス不正ノ競爭ノ目的ヲ以テ同一ノ營業ヲ爲スコトヲ得ス

第二十三條　前條ノ規定ハ營業ノミヲ讓渡シタル場合ニ之ヲ準用ス

◎判例　商人カ運送其他ノ營業ヲ讓渡スルニ當リテハ店舖貨物ハ勿論債權債務得意先及ヒ商號帳簿等ノ一切ヲ讓渡スルヲ通常トスルヲ以テ反證ナキ限リハ總テ讓渡アリタルモノト推定ス（三三、大判錄十卷四二頁）

第二十四條　商號ノ登記ヲ爲シタル者カ其商號ヲ廢止シ又ハ之ヲ變更シタル場合ニ於テ其廢止又ハ變更ノ登記ヲ爲サヽルトキハ利害關係人ハ其登記ノ抹消ヲ裁判所ニ請求スルコトヲ得
前項ノ場合ニ於テ裁判所ハ登記ヲ爲シタル者ニ對シ相當ノ期間ヲ定メ異議アラハ其期間内ニ之ヲ申立ツヘキ旨ヲ催告シ若シ其期間内ニ異議ノ申立ナキトキハ直チニ其登記ヲ抹消スルコトヲ要ス

第五章　商業帳簿

第二十五條　商人ハ帳簿ヲ備ヘ之ニ日日ノ取引其他財

◎問題
（一）營業ノ意義並ニ讓渡ヲ論セヨ（四一、判、辯）
（一）營業讓渡ノ法律上ノ性質ヲ說明スヘシ（三八、日）
（一）商業ト共ニ營業ヲ讓渡シタル場合ニ於テ讓渡人ノ受クヘキ制限ヲ說明スヘシ（三七、中）

◎定義　商業帳簿トハ商人カ其營業ノ狀況及ヒ財產ノ狀態ヲ明カニスル爲メ法律上ノ義務トシテ作成スル帳簿ヲ云フ

産ニ影響ヲ及ホスヘキ一切ノ事項ヲ整然且明瞭ニ記載スルコトヲ要ス但家事費用ハ一个月毎ニ其總額ヲ記載スルヲ以テ足ル

小賣ノ取引ハ現金賣ト掛賣トヲ分チ日日ノ賣上總額ノミヲ記載スルコトヲ得

◎判例　商法第二十五條ハ商人カ日日ノ取引其他ノ事項ヲ整然且明瞭ニ記載スヘキ帳簿備付ノ義務アルコトヲ命シタル規定ニシテ此等ノ取引事項ヲ日日記入スルコトヲ强要シタル旨趣ニ非ス（四〇、大判錄九九一頁）

第二十六條　動産、不動産、債權、債務其他ノ財産ノ總目錄及ヒ貸方借方ノ對照表ハ商人ノ開業ノ時又ハ會社ノ設立登記ノ時及ヒ毎年一回一定ノ時期ニ於テ之ヲ作リ特ニ設ケタル帳簿ニ之ヲ記載スルコトヲ要ス

財産目錄ニハ動産、不動産、債權其他ノ財産ニ價額ヲ附シテ之ヲ記載スルコトヲ要ス其價額ハ財産目錄調製ノ時ニ於ケル價額ニ超ユルコトヲ得ス（本項改正）

◎判例　商法第二十六條第一項ニ於テ定時ニ財産目錄調製ノ義務アルコトヲ規定シタルハ他人ヲシテ其當時ニ於ケル資産ノ狀態ヲ知ラシムルノ法意ニ外ナラス故ニ第二項ノ價格ナルモノハ目錄調製當時ニ於ケル客觀的價格ヲ指スモノトス（三五、大判錄五卷五五頁）

◎定義　日記帳トハ日日ノ取引其他財産ニ影響ヲ來スヘキ一切ノ事項ヲ記載スル帳簿ヲ云フ

◎定義　貸借對照表トハ貸方借方ノ二欄ニ分チ商人ノ現ニ有スル財産ト其有セサルヘカラサル金額トヲ對照シテ財産狀況ヲ瞭然タラシムルコトヲ目的トスル表ヲ云フ

◎定義　財産目錄トハ商人ノ財産ノ狀況ヲ明示スルヲ目的トスル總目錄ヲ云フ

◎問題

（一）財産目錄又ハ貸借對照表ニ掲クル財産ノ價額ハ法律上如何ナル效果ヲ生スルカ（四〇、東）

（一）辨濟ノ見込ナキ債權ハ之ヲ商業帳簿ニ記載スルコトヲ得サル理由ヲ述ヘ時效ノ完成シタル債權ハ之ヲ記載シ得ヘキヤ否ヤ

第二十七條　年二回以上利益ノ配當ヲ爲ス會社ニ在リテハ毎配當期ニ前條ノ規定ニ從ヒ財產目錄及ヒ貸借對照表ヲ作ルコトヲ要ス

第二十七條ノ二　裁判所ハ申立ニ因リ又ハ職權ヲ以テ訴訟ノ當事者ニ其商業帳簿ノ提出ヲ命スルコトヲ得

（本條新設）

第二十八條　商人ハ十年間其商業帳簿及ヒ其營業ニ關スル信書ヲ保存スルコトヲ要ス

前項ノ期間ハ商業帳簿ニ付テハ其帳簿閉鎖ノ時ヨリ之ヲ起算ス

第六章　商業使用人

第二十九條　商人ハ支配人ヲ選任シ其本店又ハ支店ニ於テ其商業ヲ營マシムルコトヲ得

第三十條　支配人ハ主人ニ代ハリテ其營業ニ關スル一切ノ裁判上又ハ裁判外ノ行爲ヲ爲ス權限ヲ有ス

支配人ハ番頭、手代其他ノ使用人ヲ選任又ハ解任スルコトヲ得

支配人ノ代理權ニ加ヘタル制限ハ之ヲ以テ善意ノ第三者ニ對抗スルコトヲ得ス

第三十條ノ二　商人ハ數人ノ支配人カ共同シテ代理權ヲ行フヘキ旨ヲ定ムルコトヲ得

ヲ斷定スヘシ（三八、明）

◎定義　商業使用人トハ商人ト雇傭ノ關係ニ立チテ之ニ隷屬シ商業上ノ勞務ニ服スル者ヲ云フ

◎定義　支配人トハ商業使用人ノ一種ニシテ法定範圍ノ代理權ヲ有シ善意ノ第三者ニ對抗スルコトヲ得ヘキ制限ヲ加フルコト能ハサルモノヲ云フ

◉問題

（一）支配人ノ代理權ヲ論スヘシ（三四、法）

（一）支配人ノ權利義務ヲ說明スヘシ（四二、中）

（一）商人カ其本店ニ多クノ支配人ヲ選任シタ

前項ノ場合ニ於テ支配人ノ一人ニ對シテ爲シタル意思表示ハ主人ニ對シテ其效力ヲ生ス（本條新設）

第三十一條　支配人ノ選任及ヒ其代理權ノ消滅ハ之ヲ置キタル本店又ハ支店ノ所在地ニ於テ主人之ヲ登記スルコトヲ要ス前條第一項ニ定メタル事項及ヒ其變更竝ニ消滅亦同シ（本條改正）

第三十二條　支配人ハ主人ノ許諾アルニ非サレハ自己又ハ第三者ノ爲メニ商行爲ヲ爲シ又ハ會社ノ無限責任社員ト爲ルコトヲ得ス

支配人カ前項ノ規定ニ反シテ自己ノ爲メニ商行爲ヲ爲シタルトキハ主人ハ之ヲ以テ自己ノ爲メニ爲シタルモノト看做スコトヲ得

前項ニ定メタル權利ハ主人カ其行爲ヲ知リタル時ヨリ二週間之ヲ行ハサルトキハ消滅ス行爲ノ時ヨリ一年ヲ經過シタルトキ亦同シ

◎判例　商業使用人カ主人ニ代ハリテ其營業ニ關スル行爲ヲ爲スニ當リ其主人ノ爲メ不利益ナルコトヲ知リツヽ故意ニ或行爲ヲ爲シ之ニ損害ヲ生セシムルニ於テハ之レカ賠償ノ責任ヲ免ルヽコトヲ得サレトモ其行爲自體ハ法律上當然無效ナリト云フヲ得ス（四一、大判錄一〇四一頁）

ルトキハ各支配人ノ權限如何（三九、日）

（一）支配人主人間ノ法律關係ト代理商本人間ノ法律關係トノ差異如何（四〇、中）

（一）支配人カ主人ノ許諾ナクシテ會社ノ無限責任社員トナリタルトキハ如何ナル救濟權ヲ有スルヤ（四三、京）

（一）支配人カ主人ノ許諾ヲ得スシテ自己ノ爲メニ第三者ト商行爲タル契約ヲナシ第三者ヨリ物品ヲ買入レタリ主人ハ之ヲ自己ノタメニナシタルモノト看做シテ第三者ニ對シ其物品ノ引渡ヲ請求シタリ第三者ハ其主人ナルモノニ對シテ引渡義務ヲ負擔セスト主張シテ引渡ヲ拒絶シタリ知ラス引渡ノ請求カ適法ナリヤ將タ其拒絶カ

第三十三條 商人ハ番頭又ハ手代ヲ選任シ其營業ニ關スル或種類又ハ特定ノ事項ヲ委任スルコトヲ得

番頭又ハ手代ハ其委任ヲ受ケタル事項ニ關シ一切ノ行爲ヲ爲ス權限ヲ有ス

第三十四條 支配人、番頭又ハ手代ニ非サル使用人ハ主人ニ代ハリテ法律行爲ヲ爲ス權限ヲ有セサルモノ

適法ナリヤ（三九、中）

（一）支配人ハ主人ノ許諾アルニ非サレハ會社ノ無限責任社員トナルコトヲ得サルハ如何ナル理由ニ基クヤ

（一）某會社ノ支配人其私用ニ供スルタメ會社ノ名義ヲ以テ某銀行ヨリ金錢ヲ借入レタリ銀行ハ會社ニ對シテ返金ノ請求ヲナスコトヲ得ルヤ（四三、京）

◎定義 番頭手代トハ商業使用人ノ一種ニシテ商人ノ營業ニ關スル或種類又ハ特定ノ事項ノ委任ヲ受ケタルモノヲ云フ

◎問題

（一）支配人番頭手代ノ異同ヲ説明セヨ（四〇、三一）

（一）登記セサル支配人ト番頭トノ代理權ノ差異ヲ略説セヨ（三五、明）

◎定義 支配人番頭手代ニアラサル使用人トハ商業使用人ノ一種ニシテ主人ニ代ハリテ法律行爲ヲナス權限ヲ有セサルモノト推定セラルル者ヲ云フ

ト推定ス

第三十五條　本章ノ規定ハ主人ト商業使用人トノ間ニ生スル雇傭關係ニ付キ民法ノ規定ヲ適用スルコトヲ妨ケス

第七章　代理商

第三十六條　代理商トハ使用人ニ非スシテ一定ノ商人ノ爲メニ平常其營業ノ部類ニ屬スル商行爲ノ代理又ハ媒介ヲ爲ス者ヲ謂フ

第三十七條　代理商カ商行爲ノ代理又ハ媒介ヲ爲シタルトキハ遲滯ナク本人ニ對シテ其通知ヲ發スルコトヲ要ス

第三十八條　代理商ハ本人ノ許諾アルニ非サレハ自己又ハ第三者ノ爲メニ本人ノ營業ノ部類ニ屬スル商行爲ヲ爲シ又ハ同種ノ營業ヲ目的トスル會社ノ無限責任社員ト爲ルコトヲ得ス

第三十二條第二項及ヒ第三項ノ規定ハ代理商カ前項ノ規定ニ違反シタル場合ニ之ヲ準用ス

○準條

第二十二條第二項、第三項

支配人カ前項ノ規定ニ反シテ自己ノ爲メニ商行爲ヲ爲シタルトキハ主人ハ之ヲ以テ自己ノ爲メニ爲シタルモノト看做スコトヲ得

前項ニ定メタル權利ハ主人カ其行爲ヲ知リタル時ヨリ二週間之ヲ行ハサルトキハ消滅ス行爲ノ時ヨリ一年ヲ經過シタルトキ亦同シ

●問題

(一)商法第三十五條ヲ批評スヘシ(三九、法)

◎定義　代理商トハ使用人ニ非スシテ一定ノ商人ノ機關トシテ之レカ爲メニ平常其營業ノ部類ニ屬スル商行爲ノ代理又ハ媒介ヲ爲ス者ヲ云フ

●問題

(一)代理商ノ性質ヲ述フヘシ(三六、法)

(一)商業使用人ト代理商トノ異同(四二、京)

(一)代理商ト支配人トノ異同ヲ説明スヘシ(三九、判、辯)

(一)代理商ト問屋トノ別(四四、中)

(一)代理商カ本人ノ爲ニナシタル物品ノ買入ト問屋カ委託者ノ爲ニナシタル物品ノ買入トハ其效力ニ如何ナル差異アルヤ(四三、東)

第三十九條　物品販賣ノ委託ヲ受ケタル代理商ハ賣買ノ目的物ノ瑕疵又ハ其數量ノ不足其他賣買ノ履行ニ關スル通知ヲ受クル權限ヲ有ス

第四十條　當事者カ契約ノ期間ヲ定メサリシトキハ各當事者ハ二个月前ニ豫告ヲ爲シテ其契約ノ解除ヲ爲スコトヲ得

當事者カ契約ノ期間ヲ定メタルト否トヲ問ハス已ムコトヲ得サル事由アルトキハ各當事者ハ何時ニテモ其契約ノ解除ヲ爲スコトヲ得

第四十一條　代理商ハ商行爲ノ代理又ハ媒介ヲ爲シタルニ因リテ生シタル債權ニ付キ本人ノ爲メニ占有スル物又ハ有價證券ヲ留置スルコトヲ得但別段ノ意思表示アリタルトキハ此限ニ在ラス（本條改正）

第二編　會社

第一章　總則

第四十二條　本法ニ於テ會社トハ商行爲ヲ爲スヲ業トスル目的ヲ以テ設立シタル社團ヲ謂フ

營利ヲ目的トスル社團ニシテ本編ノ規定ニ依リ設立シタルモノハ商行爲ヲ爲スヲ業トセサルモ之ヲ會社ト看做ス（本項新設）

第四十三條　會社ハ合名會社、合資會社、株式會社及

◎問題

（一）代理ノミヲナス代理商ト問屋トノ間及ヒ媒介ノミヲナス代理商ト仲立人トノ間ニ如何ナル異同アリヤ（三九、中）

◎定義　會社トハ商行爲ヲ爲スヲ業トスル目的ヲ以テ設立シタル社團法人ヲ云フ

◎問題

（一）各會社ノ意義ヲ説明シ其主要ナル性質ヲ列擧スヘシ（三九、法）

（一）會社ハ何時成立スルヤ（四

ヒ株式合資會社ノ四種トス

第四十四條 會社ハ之ヲ法人トス

會社ノ住所ハ其本店ノ所在地ニ在ルモノトス

第四十四條ノ二 會社ハ他ノ會社ノ無限責任社員ト爲ルコトヲ得ス(本條新設)

第四十四條ノ三 會社ハ合併ヲ爲スコトヲ得

合併ニ因リテ會社ヲ設立スル場合ニ於テハ定款ノ作成其他設立ニ關スル行爲ハ各會社ニ於テ選任シタル者共同シテ之ヲ爲スコトヲ要ス

第七十七條、第二百九條及ヒ第二百四十四條ノ規定ハ前項ノ選任ニ之ヲ準用ス(本條新設)

○準條

第七十七條 會社ノ合併ハ總社員ノ同意ヲ以テ之ヲ爲スコトヲ得

第二百九條 定款ノ變更ハ總株主ノ半數以上ニシテ資本ノ半額以上ニ當タル株主出席シ其議決權ノ過半數ヲ以テ之ヲ決ス但第百六十一條第二項ノ規定ニ依リテ株券ヲ供託セサル者ハ總株主ノ員數ニ之ヲ算入セス

前項ニ定メタル員數ノ株主カ出席セサルトキハ出席シタル株主ノ議決權ノ過半數ヲ以テ假決議ヲ爲スコトヲ得此場合ニ於テハ各株主ニ對シテ其假決議ノ趣旨ノ通知ヲ發シ且無記名式ノ株券ヲ發行シタルトキハ其趣旨ヲ公告シ更ニ一个月内ニ第二回ノ株主總會ヲ招集スルコトヲ要ス

第二回ノ株主總會ニ於テハ出席シタル株主ノ議決權ノ過半數ヲ以

一、中)

(一)商事會社ハ其目的ヲ變更シテ商業以外ノ營利事業ヲ目的トナスコトヲ得ルヤ(三六、法)

(一)會社合併ノ條件及效力如何(三九、判、辯)

異種類ノ會社ハ合併スルコトヲ得ルカ(四二、日)

(一)會社ノ合併ト營業ノ讓渡シトノ差異ヲ論ス(四四、文)

テ假決議ノ認否ヲ決ス

前二項ノ規定ハ會社ノ目的タル事業ヲ變更スル場合ニハ之ヲ適用セス

第二百四十四條　合資會社ニ於テ總社員ノ同意ヲ要スル事項ニ付テハ株主總會ノ決議ノ外無限責任社員ノ一致アルコトヲ要ス

第二百九條ノ規定ハ前項ノ決議ニ之ヲ準用ス

第四十五條　會社ノ設立ハ其本店ノ所在地ニ於テ登記ヲ爲スニ非サレハ之ヲ以テ第三者ニ對抗スルコトヲ得ス

第四十六條　會社ハ其本店ノ所在地ニ於テ登記ヲ爲スニ非サレハ開業ノ準備ニ著手スルコトヲ得ス

◎判例　商法第四十六條ニ所謂開業ノ準備ニ着手スルコトヲ得ストノ規定ハ會社ノ目的トスル事業ニ直接ナル準備行爲ヲ爲シ得ストノ趣旨ニシテ間接ノ行爲マテヲ含ムモノニアラス（三六、大判錄二九九頁）

第四十七條　會社カ本店ノ所在地ニ於テ登記ヲ爲シタル後六个月内ニ開業ヲ爲サヽルトキハ裁判所ハ檢事ノ請求ニ因リ又ハ職權ヲ以テ其解散ヲ命スルコトヲ得但正當ノ事由アルトキハ其會社ノ請求ニ因リ此期間ヲ伸長スルコトヲ得

第四十八條　會社カ公ノ秩序又ハ善良ノ風俗ニ反スル行爲ヲ爲シタルトキハ裁判所ハ檢事ノ請求ニ因リ又ハ職權ヲ以テ其解散ヲ命スルコトヲ得

◎問題
（一）會社ハ不法行爲能力ヲ有スルヤ（三六、

◉判例　會社設立ノ目的ハ適法ナリト雖モ苟モ會社ノ行爲カ公ノ秩序ニ反スルトキハ裁判所ハ第四十八條ニ依リ之レカ解散ヲ命シ得ルモノトス(三七、大判錄一二一七頁)

◉判例　商法第四十八條ニ所謂會社カ公ノ秩序ニ反スル行爲ヲ爲ストハ例ヘハ米穀取引所ニシテ空米相場ヲ爲スカ如キ場合ヲ指稱ス從テ會社ノ役員カ業務ヲ執行スルニ當リ法規若クハ定款ニ違背シタル結果株主及ヒ債權者ニ損害ヲ與ヘタル場合ノ如キハ之ニ包含スルモノニアラス(四二、大判錄一頁)

第四十八條ノ二　本編ノ規定ニ依リ登記スヘキ事項ニシテ官廳ノ許可ヲ要スルモノハ其許可書ノ到達シタル時ヨリ登記ノ期間ヲ起算ス(本條新設)

第二章　合名會社

第一節　設立

第四十九條　合名會社ヲ設立スルニハ定款ヲ作ルコトヲ要ス

第五十條　合名會社ノ定款ニハ左ノ事項ヲ記載シ各社員之ニ署名スルコトヲ要ス

一　目的
二　商號
三　社員ノ氏名、住所
四　本店及ヒ支店ノ所在地
五　社員ノ出資ノ種類及ヒ價格又ハ評價ノ標準

日)

(一)會社ノ代理人カ爲シタル不法行爲ニ對シ會社ハ如何ナル責任ヲ負擔スルヤ理由ヲ附シテ說明スヘシ(三四、明)

◎定義　合名會社トハ社員ノ全體カ會社ノ債務ニ付從タル債務者トシテ連帶無限ノ責任ヲ負擔スル會社ヲ云フ

◎定義　定款トハ合名會社ヲ法人トシテ活動セシムル基礎タル規則ヲ云フ

◎問題

(一)合名會社ト民法ノ組合トノ差異ヲ略述スヘシ(三八、法)

(一)合名會社ノ定款ニ於テ左ノ事項ヲ定メタルトキハ有效

第五十一條　會社ハ定款ヲ作リタル日ヨリ二週間内ニ其本店及ヒ支店ノ所在地ニ於テ左ノ事項ヲ登記スルコトヲ要ス

一　前條第一號乃至第三號ニ掲ケタル事項
二　本店及ヒ支店
三　設立ノ年月日
四　存立時期又ハ解散ノ事由ヲ定メタルトキハ其時期又ハ事由
五　社員ノ出資ノ種類及ヒ財産ヲ目的トスル出資ノ價格
六　會社ヲ代表スヘキ社員ヲ定メタルトキハ其氏名
七　數人ノ社員カ共同シ又ハ社員カ支配人ト共同シテ會社ヲ代表スヘキコトヲ定メタルトキハ其代表ニ關スル規定(本號新設)

會社設立ノ後支店ヲ設ケタルトキハ其支店ノ所在地ニ於テハ二週間内ニ前項ニ定メタル登記ヲ爲シ本店及ヒ他ノ支店ノ所在地ニ於テハ同期間内ニ其支店ヲ設ケタルコトヲ登記スルコトヲ要ス

本店又ハ支店ノ所在地ヲ管轄スル登記所ノ管轄區域内ニ於テ新ニ支店ヲ設ケタルトキハ其支店ヲ設ケタルコトヲ登記スルヲ以テ足ル

ナルヤ(三八、法)

イ　或社員ハ損失ヲ分擔スルモ一切利益ノ分配ニ與ラストスルコト

ロ　或社員ハ退社スルモ其持分ヲ拂戻サストスルコト

第五十二條 會社カ其本店又ハ支店ヲ移轉シタルトキハ舊所在地ニ於テハ二週間内ニ移轉ノ登記ヲ爲シ新所在地ニ於テハ同期間内ニ前條第一項ニ定メタル登記ヲ爲スコトヲ要ス

同一ノ登記所ノ管轄區域内ニ於テ本店又ハ支店ヲ移轉シタルトキハ其移轉ノミノ登記ヲ爲スコトヲ要ス

第五十三條 第五十一條第一項ニ掲ケタル事項中ニ變更ヲ生シタルトキハ二週間内ニ本店及ヒ支店ノ所在地ニ於テ其登記ヲ爲スコトヲ要ス

◎判例　商法第五十三條ハ第五十一條ニ依リ登記シタル事項ニ異動ヲ生シタルトキニ於テ其異動事項ノ内容カ變更ニ基クト將タ其消滅ニ基クトヲ問ハス總テ之ヲ變更登記トシテ登記スヘシトノ法意ニシテ第十五條ニ規定セル登記事項ノ變更ト消滅トヲ包含シタル規定ナリト解釋スルヲ正當トス（三六、大判錄九〇八頁）

◎判例　商法第五十三條ニ所謂第五十一條第一項ニ掲ケタル事項中ニ變更ヲ生シタルトキトハ會社ノ所在地竝ニ取締役監査役ノ住所等ノ移動ハ勿論廣ク其表示卽チ行政區劃改正ニ依ル土地ノ名稱ニ變更ヲ生シタル場合ヲモ包含スルモノトス（四〇、大判錄八四一頁）

第二節　會社ノ内部ノ關係

第五十四條 會社ノ内部ノ關係ニ付テハ定款又ハ本法ニ別段ノ定ナキトキハ組合ニ關スル民法ノ規定ヲ準用ス

◎定義　會社ノ内部關係トハ社員相互ノ關係及ヒ社員ト會社トノ間ノ關係ヲ云フ

第五十五條　社員カ債權ヲ以テ出資ノ目的ト爲シタル場合ニ於テ債務者カ辨濟期ニ辨濟ヲ爲サヽリシトキハ社員ハ其辨濟ノ責ニ任ス此場合ニ於テハ其利息ヲ拂フ外尙ホ損害ノ賠償ヲ爲スコトヲ要ス

◉判例　出資金拂込ノ義務ハ會社ノ解散命令ニヨリ消滅スルモノニ非ス他ニ繫屬スル會社解散請求訴訟ニ於テ定マルヘキ會社解散ノ命令又ハ其請求ノ棄却ハ決シテ出資金請求訴訟ノ裁判ニ對シ先決的性質ヲ有スルモノニ非ス（四〇、七、四日、大阪控訴）

第五十六條　各社員ハ定款ニ別段ノ定ナキトキハ會社ノ業務ヲ執行スル權利ヲ有シ義務ヲ負フ

第五十七條　支配人ノ選任及ヒ解任ハ特ニ業務執行社員ヲ定メタルトキト雖モ社員ノ過半數ヲ以テ之ヲ決ス

第五十八條　定款ノ變更其他會社ノ目的ノ範圍內ニ在ラサル行爲ヲ爲スニハ總社員ノ同意アルコトヲ要ス」

第五十九條　社員カ他ノ社員ノ承諾ヲ得スシテ其持分ノ全部又ハ一部ヲ他人ニ讓渡シタルトキハ其讓渡ハ之ヲ以テ會社ニ對抗スルコトヲ得ス

◎定義　出資トハ社員カ會社ノ目的ニ供スル爲メ財產其他ノ手段ヲ醵出スルコトヲ云フ

●問題

（一）合名會社社員ノ權利義務ヲ略說セヨ（三五、法）

（一）合名會社ニ於テ唯一ノ代表社員他ノ社員ニ謀ラスシテ支配人ヲ解任シタリ此場合ニ生スヘキ法律問題ヲ掲ケテ其解決ヲ與フヘシ（四四、東）

（一）合名會社ノ定款ノ變更ハ總社員ノ同意ヲ要ストノ規定ハ强行法規ナリヤ（三八、日）

（一）持分ノ意義ヲ問フ（四二、法）

第六十條　社員ハ他ノ社員ノ承諾アルニ非サレハ自己又ハ第三者ノ爲メニ會社ノ營業ノ部類ニ屬スル商行爲ヲ爲シ又ハ同種ノ營業ヲ目的トスル他ノ會社ノ無限責任社員ト爲ルコトヲ得ス

社員カ前項ノ規定ニ反シテ自己ノ爲メニ商行爲ヲ爲シタルトキハ他ノ社員ハ過半數ノ決議ニ依リ之ヲ以テ會社ノ爲メニ爲シタルモノト看做スコトヲ得

前項ニ定メタル權利ハ他ノ社員ノ一人カ其行爲ヲ知リタル時ヨリ二週間之ヲ行ハサルトキハ消滅ス行爲ノ時ヨリ一年ヲ經過シタルトキ亦同シ

第三節　會社ノ外部ノ關係

第六十一條　定款又ハ總社員ノ同意ヲ以テ特ニ會社ヲ代表スヘキ社員ヲ定メサルトキハ各社員會社ヲ代表ス

第六十一條ノ二　會社ハ定款又ハ總社員ノ同意ヲ以テ數人ノ社員カ共同シ又ハ社員カ支配人ト共同シテ會社ヲ代表スヘキ旨ヲ定ムルコトヲ得

◎問題

（一）合名會社社員ノ出資ト持分トノ異同ヲ說明スヘシ（四二、東）

（一）合名會社社員ノ持分讓渡ニ關スル法則ヲ說明スヘシ（三四、中）

（一）合名會社ノ社員ノ出資價額ト其持分ト相比例スルヤ否ヤヲ論スヘシ（四一、中）

（一）合名會社ノ持分ト船舶共有者ノ持分トノ異同ヲ辯明スヘシ（三六、文）

◎定義　會社ノ外部關係トハ會社ト第三者トノ關係及ヒ社員ト第三者トノ間ノ關係ヲ謂フ

◎問題

（一）合名會社ノ代表ニ關スル法則ヲ說明スヘシ（三五、中）

（一）合名會社ノ代

第三十條ノ二第二項ノ規定ハ前項ノ場合ニ之ヲ準用
（本條新設）
○準條
第三十條ノ二第二項　前項ノ場合ニ於テ支配人ノ一人ニ對シテ爲シタル意思表示ハ主人ニ對シテ其效力ヲ生ス

第六十二條　會社ヲ代表スヘキ社員ハ會社ノ營業ニ關スル一切ノ裁判上又ハ裁判外ノ行爲ヲ爲ス權限ヲ有ス
民法第四十四條第一項及ヒ第五十四條ノ規定ハ合名會社ニ之ヲ準用ス
○準條
第四十四條第一項　法人ハ理事其他ノ代理人カ其職務ヲ行フニ付キ他人ニ加ヘタル損害ヲ賠償スル責ニ任ス
第五十四條　理事ノ代理權ニ加ヘタル制限ハ之ヲ以テ善意ノ第三者ニ對抗スルコトヲ得ス

第六十三條　會社財產ヲ以テ會社ノ債務ヲ完濟スルコト能ハサルトキハ各社員連帶シテ其辨濟ノ責ニ任ス

第六十四條　設立ノ後會社ニ加入シタル社員ハ其加入前ニ生シタル會社ノ債務ニ付テモ亦責任ヲ負フ

第六十五條　社員ニ非サル者ニ自己ヲ社員ナリト信セシムヘキ行爲アリタルトキハ其者ハ善意ノ第三者ニ

表社員ト株式會社ノ取締役トハ會社ニ對スル關係ニ於テ其性質相同シキヤ（三八、東）

對シテ社員ト同一ノ責任ヲ負フ

第六十六條　社員ノ出資ノ減少ハ之ヲ以テ會社ノ債權者ニ對抗スルコトヲ得ス但本店ノ所在地ニ於テ其登記ヲ爲シタル後二年間債權者カ之ニ對シテ異議ヲ述ヘサリシトキハ此限ニ在ラス

第六十七條　會社ハ損失ヲ塡補シタル後ニ非サレハ利益ノ配當ヲ爲スコトヲ得ス

前項ノ規定ニ違反シテ配當ヲ爲シタルトキハ會社ノ債權者ハ之ヲ返還セシムルコトヲ得

第四節　社員ノ退社

第六十八條　定款ヲ以テ會社ノ存立時期ヲ定メサリシトキ又ハ或社員ノ終身間會社ノ存續スヘキコトヲ定メタルトキハ各社員ハ營業年度ノ終ニ於テ退社ヲ爲スコトヲ得但六个月前ニ其豫告ヲ爲スコトヲ要ス

會社ノ存立時期ヲ定メタルト否トヲ問ハス已ムコトヲ得サル事由アルトキハ各社員ハ何時ニテモ退社ヲ爲スコトヲ得

第六十九條　前條ニ揭ケタル場合ノ外社員ハ左ノ事由ニ因リテ退社ス

一　定款ニ定メタル事由ノ發生

二　總社員ノ同意

◎問題

(一)合名會社社員ノ持分ノ減少ニ對シ會社債權者ハ異議ヲ述フルコトヲ得ルカ（三八、東）

(一)社員權得喪ノ事由ハ合名會社及ヒ株式會社ニ付テ各異ナル所アリヤ（三八、東）

(一)合名會社員タル資格ノ得喪原因ヲ説明スヘシ（三五、日）

(一)合名會社員ノ退社ト株式會社ノ株主ノ退社ト其理一ナリヤ（三八、中）

三　死亡
四　破産
五　禁治産
六　除名

第七十條　社員ノ除名ハ左ノ場合ニ限リ他ノ社員ノ一致ヲ以テ之ヲ爲スコトヲ得但除名シタル社員ニ其旨ヲ通知スルニ非サレハ之ヲ以テ其社員ニ對抗スルコトヲ得ス

一　社員カ出資ヲ爲スコト能ハサルトキ又ハ催告ヲ受ケタル後相當ノ期間内ニ出資ヲ爲ササルトキ
二　社員カ第六十條第一項ノ規定ニ違反シタルトキ
三　社員カ會社ノ業務ヲ執行シ又ハ會社ヲ代表スルニ當タリ會社ニ對シテ不正ノ行爲ヲ爲シタルトキ
四　社員カ會社ノ業務ヲ執行スル權利ヲ有セサル場合ニ於テ其業務ノ執行ニ關與シタルトキ
五　其他社員カ重要ナル義務ヲ盡ササルトキ

◎判例　商法第七十條ニ所謂他ノ社員ノ一致トハ除名セラルヘキ社員ノ外尙ホ二名以上複數ノ社員アリテ之等ノ者ノ意思ノ合致ヲ指稱スルモノトス故ニ二名ノ社員ヨリ成ル場合ノ除名ハ法律ノ許ササル處ナリトス（四二、大判錄七七二頁）

◎問題
（一）合名會社員ノ除名ト株式會社株主ノ失權トノ事由ノ差ヲ説明セヨ（三九、日）
（一）二人ノ社員ヲ以テ成ル合名會社ニ於テ其一人ヲ除名スルコトヲ得ルヤ（四二）

第七十一條 退社員ハ勞務又ハ信用ヲ以テ出資ノ目的ト爲シタルトキト雖モ其持分ノ拂戻ヲ受クルコトヲ得但定款ニ別段ノ定アルトキハ此限ニ在ラス

第七十二條 會社ノ商號中ニ退社員ノ氏又ハ氏名ヲ用キタルトキハ退社員ハ其氏又ハ氏名ノ使用ヲ止ムヘキコトヲ請求スルコトヲ得

第七十三條 退社員ハ本店ノ所在地ニ於テ退社ノ登記ヲ爲ス前ニ生シタル會社ノ債務ニ付キ責任ヲ負フ此責任ハ其登記後二年ヲ經過シタルトキハ消滅ス

前項ノ規定ハ他ノ社員ノ承諾ヲ得テ持分ヲ讓渡シタル社員ニ之ヲ準用ス

第五節 解散

第七十四條 會社ハ左ノ事由ニ因リテ解散ス

一 存立時期ノ滿了其他定款ニ定メタル事由ノ發生
二 會社ノ目的タル事業ノ成功又ハ其成功ノ不能
三 總社員ノ同意
四 會社ノ合併
五 社員カ一人ト爲リタルコト
六 會社ノ破産
七 裁判所ノ命令

◎判例 商法第七十四條第七號ニ所謂裁判所ノ命令トハ第四十七條

◎問題

(一)合名會社ノ退社員ノ有スル權利義務ヲ說明スヘシ(三四、日)

(一)合名會社ノ退社員ノ責任如何(四二、京)

(一)會社散解ノ觀念如何併セテ其法律的效果ノ大體ヲ叙ス可シ(四二、東)

(一)合名會社ト株式會社トノ解散原因ニ關スル差異ヲ詳細ニ說明セヨ(四〇、日)

第四十八條ノ命令ハ勿論廣ク第八十三條ノ規定ニ基ク裁判所ノ判決ヲモ包含スルモノト解釋セサルヘカラス（三七、大判錄五一三頁）

第七十五條　前條第一號ノ場合ニ於テハ社員ノ全部又ハ一部ノ同意ヲ以テ會社ヲ繼續スルコトヲ得但同意ヲ爲サヽリシ社員ハ退社ヲ爲シタルモノト看做ス

第七十六條　會社カ解散シタルトキハ合併及ヒ破產ノ場合ヲ除ク外二週間內ニ本店及ヒ支店ノ所在地ニ於テ其登記ヲ爲スコトヲ要ス

第七十七條　會社ノ合併ハ總社員ノ同意ヲ以テ之ヲ爲スコトヲ得

第七十八條　會社カ合併ノ決議ヲ爲シタルトキハ其決議ノ日ヨリ二週間內ニ財產目錄及ヒ貸借對照表ヲ作ルコトヲ要ス

會社ハ前項ノ期間內ニ其債權者ニ對シ異議アラハ一定ノ期間內ニ之ヲ述フヘキ旨ヲ公告シ且知レタル債權者ニハ各別ニ之ヲ催告スルコトヲ要ス但其期間ハ二个月ヲ下ルコトヲ得ス

第七十九條　債權者カ前條第二項ノ期間內ニ會社ノ合併ニ對シテ異議ヲ述ヘサリシトキハ之ヲ承認シタルモノト看做ス

問題

（一）合名會社解散後ニ於ケル持分ノ讓渡ハ有效ナリヤ（四〇、東）

債權者カ異議ヲ述ヘタルトキハ會社ハ之ニ辨濟ヲ為シ又ハ相當ノ擔保ヲ供スルニ非サレハ合併ヲ為スコトヲ得ス

前項ノ規定ニ反シテ合併ヲ為シタルトキハ之ヲ以テ異議ヲ述ヘタル債權者ニ對抗スルコトヲ得ス

第八十條　會社カ第七十八條第二項ニ定メタル公告ヲ為サスシテ合併ヲ為シタルトキハ其合併ハ之ヲ以テ其債權者ニ對抗スルコトヲ得ス

會社カ知レタル債權者ニ催告ヲ為サスシテ合併ヲ為シタルトキハ其合併ハ之ヲ以テ其催告ヲ受ケサリシ債權者ニ對抗スルコトヲ得ス

第八十一條　會社カ合併ヲ為シタルトキハ二週間內ニ本店及ヒ支店ノ所在地ニ於テ合併後存續スル會社ニ付テハ變更ノ登記ヲ為シ、合併ニ因リテ消滅シタル會社ニ付テハ解散ノ登記ヲ為シ、合併ニ因リテ設立シタル會社ニ付テハ第五十一條第一項ニ定メタル登記ヲ為スコトヲ要ス

◎**判例**　商法第八十一條ニ會社カ合併ヲ為シタルトキハ云々トアルハ會社カ合併ノ決議ヲ為シタルトキヲ指スニ非スシテ決議後實際合併ヲ為シタル時ヲ指稱スルモノトス（三四、大判錄七卷五三頁）

第八十二條　合併後存續スル會社又ハ合併ニ因リテ設

立シタル會社ハ合併ニ因リテ消滅シタル會社ノ權利義務ヲ承繼ス

第八十三條　已ムコトヲ得サル事由アルトキハ各社員ハ會社ノ解散ヲ裁判所ニ請求スルコトヲ得但裁判所ハ社員ノ請求ニ因リ會社ノ解散ニ代ヘテ或社員ヲ除名スルコトヲ得

◉判例　商法第八十三條ニ依ル會社解散ノ請求ハ會社ニ對シテ爲スヘキモノニシテ個人タル社員ヲ相手取ルヘキモノニ非ス（三七、六判錄五一三頁）

第八十三條ノ二　合名會社ハ總社員ノ同意ヲ以テ其組織ヲ變更シテ之ヲ合資會社ト爲スコトヲ得

第七十八條及ヒ第七十九條第一項、第二項ノ規定ハ前項ノ場合ニ之ヲ準用ス（本條新設）

第八十三條ノ三　前條ノ場合ニ於テ會社ハ組織變更ニ付キ債權者ノ承認ヲ得又ハ第七十九條第二項ニ定メタル義務ヲ履行シタル後二週間內ニ其本店及ヒ支店ノ所在地ニ於テ合名會社ニ付テハ解散ノ登記ヲ爲シ合資會社ニ付テハ第百七條ニ定メタル登記ヲ爲スコトヲ要ス（本條新設）

第八十三條ノ四　合名會社ハ總社員ノ同意ヲ以テ有限責任社員ヲ加入セシメ之ヲ合資會社ト爲スコトヲ得

◉問題
（一）會社ノ組織變更ヲ許スヘキ範圍如何（四二、日）

此場合ニ於テハ合資合社ト爲リタル時ヨリ二週間内ニ前條ニ定メタル登記ヲ爲スコトヲ要ス（本條新設）

第六節　清　算

第八十四條　會社ハ解散ノ後ト雖モ清算ノ目的ノ範圍内ニ於テハ尚ホ存續スルモノト看做ス

第八十五條　解散ノ場合ニ於ケル會社財産ノ處分方法ハ定款又ハ總社員ノ同意ヲ以テ之ヲ定ムルコトヲ得

此場合ニ於テハ解散ノ日ヨリ二週間内ニ財産目錄及ヒ貸借對照表ヲ作ルコトヲ要ス

第七十八條第二項、第七十九條及ヒ第八十條ノ規定ハ前項ノ場合ニ之ヲ準用ス

○準條

第七十八條第二項

會社ハ前項ノ期間内ニ其債權者ニ對シ異議アラハ一定ノ期間内ニ之ヲ述フヘキ旨ヲ公告シ且知レタル債權者ニハ各別ニ之ヲ催告スルコトヲ要ス但其期間ハ二个月ヲ下ルコトヲ得ス

第七十九條　債權者カ前條第二項ノ期間内ニ會社ノ合併ニ對シテ異議ヲ述ヘサリシトキハ之ヲ承認シタルモノト看做ス

債權者カ異議ヲ述ヘタルトキハ會社ハ之ニ辨濟ヲ爲シ又ハ相當ノ擔保ヲ供スルニ非サレハ合併ヲ爲スコトヲ得ス

前項ノ規定ニ反シテ合併ヲ爲シタルトキハ之ヲ以テ異議ヲ述ヘタル債權者ニ對抗スルコトヲ得ス

第八十條　會社カ第七十八條第二項ニ定メタル公告ヲ爲サスシテ合

●問題

（一）合名會社ノ清算方法ト株式會社ノ清算方法トノ差異ヲ說明スヘシ（四一、中）

併ヲ爲シタルトキハ其合併ハ之ヲ以テ其債權者ニ對抗スルコトヲ得ス

會社カ知レタル債權者ニ催告ヲ爲サスシテ合併ヲ爲シタル片ハ其合併ハ之ヲ以テ其催告ヲ受ケサリシ債權者ニ對抗スルコトヲ得ス

第八十六條　前條ノ規定ニ依リテ會社財產ノ處分方法ヲ定メサリシトキハ合併及ヒ破產ノ場合ヲ除ク外後十五條ノ規定ニ從ヒテ清算ヲ爲スコトヲ要ス（本條改正）

第八十七條　清算ハ總社員又ハ其選任シタル者ニ於テ之ヲ爲ス

清算人ノ選任ハ社員ノ過半數ヲ以テ之ヲ決ス

第八十八條　第七十四條第五號ノ場合ニ於テハ裁判所ハ利害關係人ノ請求ニ因リ清算人ヲ選任ス

第八十九條　會社カ裁判所ノ命令ニ因リテ解散シタルトキハ裁判所ハ利害關係人又ハ檢事ノ請求ニ因リ清算人ヲ選任ス

第九十條　清算人ノ選任アリタルトキハ其清算人ハ二週間内ニ本店及ヒ支店ノ所在地ニ於テ左ノ事項ヲ登記スルコトヲ要ス

一　清算人ノ氏名、住所

二　會社ヲ代表スヘキ清算人ヲ定メタルトキハ其

氏名
三　數人ノ清算人カ共同シテ會社ヲ代表スヘキコトヲ定メタルトキハ其代表ニ關スル規定（本條改正）

第九十一條　清算人ノ職務左ノ如シ
一　現務ノ結了
二　債權ノ取立及ヒ債務ノ辨濟
三　殘餘財産ノ分配

會社ヲ代表スヘキ清算人ハ前項ノ職務ヲ行フ爲メニ必要ナル一切ノ裁判上又ハ裁判外ノ行爲ヲ爲ス權限ヲ有ス（本項改正）

清算人ノ代理權ニ加ヘタル制限ハ之ヲ以テ善意ノ第三者ニ對抗スルコトヲ得ス

民法第八十一條ノ規定ハ合名會社ノ清算ノ場合ニ之ヲ準用ス

○準條

第八十一條　清算中ニ法人ノ財産カ其債務ヲ完濟スルニ不足ナルコト分明ナルニ至リタルトキハ清算人ハ直チニ破産宣告ノ請求ヲ爲シテ其旨ヲ公告スルコトヲ要ス

清算人ハ破産管財人ニ其事務ヲ引渡シタルトキハ其任ヲ終ハリタルモノトス

本條ノ場合ニ於テ既ニ債權者ニ支拂ヒ又ハ歸屬權利者ニ引渡シタルモノアルトキハ破産管財人ハ之ヲ取戻スコトヲ得

◉判例　商法第九十一條第一項第一號ニ所謂現務ノ結了トハ會社解散後ニ於ケル現在ノ事務ヲ結了スルノ意味ナリトス（三五、大判錄五卷一〇二頁）

◉判例　會社解散ノ決議無效ノ訴ハ商法第九十一條第二項ニ該當スルカ故ニ清算人ハ會社ヲ代表シテ訴訟行爲ヲ爲ス權限ヲ有ス（三五、大判錄五卷一〇二頁）

第九十一條ノ二　會社ハ辨濟期ニ至ラサル債權ト雖モ之ヲ辨濟スルコトヲ要ス

條件附債權又ハ存續期間ノ不確定ナル債權ハ裁判所ニ於テ選任シタル鑑定人ノ評價ニ從ヒテ之ヲ辨濟スルコトヲ要ス（本條新設）

第九十二條　會社ニ現存スル財產カ其債務ヲ完濟スルニ不足ナルトキハ清算人ハ辨濟期ニ拘ハラス社員ヲシテ出資ヲ爲サシムルコトヲ得

◉判例　商法第九十二條ニ謂ヘル會社ニ現存スル財產トハ會社財產ト異ナリ社員ノ未拂込出資債權ヲ除キタル現有財產ノ總テヲ包含ス（三四、大判錄三卷六五頁）

◉判例　清算人カ社員ニ對シ出資金ノ拂込ヲ爲サシムルニハ通常債權ノ取立ヲ爲スヘキ場合ト異ナリ必ス清算ノ爲メ必要ナル事由ヲ明示セサルヘカラス（三五、一二、二四日、大阪控訴）

第九十三條　清算人數人アルトキハ清算ニ關スル行爲ハ其過半數ヲ以テ之ヲ決ス（本條改正）

第九十三條ノ二　第六十一條及ヒ第六十一條ノ二ノ規

定ハ清算人ニ之ヲ準用ス
裁判所カ數人ノ清算人ヲ選任スル場合ニ於テ會社ヲ代表スヘキ者ヲ定メス又ハ數人カ共同シテ會社ヲ代表スヘキコトヲ定メサルトキハ其清算人ハ各自會社ヲ代表ス（本條新設）

○準條

第六十一條　定款又ハ總社員ノ同意ヲ以テ特ニ會社ヲ代表スヘキ社員ヲ定メサルトキハ各社員會社ヲ代表ス

第六十一條ノ二　會社ハ定款又ハ總社員ノ同意ヲ以テ數人ノ社員カ共同シ又ハ社員カ支配人ト共同シテ會社ヲ代表スヘキ旨ヲ定ムルコトヲ得

第三十條ノ二第二項ノ規定ハ前項ノ場合ニ之ヲ準用ス

○再準條

第三十條ノ二　商人ハ數人ノ支配人カ共同シテ代理權ヲ行フヘキ旨ヲ定ムルコトヲ得

前項ノ場合ニ於テ支配人ノ一人ニ對シテ爲シタル意思表示ハ主人ニ對シテ其效力ヲ生ス

第九十四條　清算人ハ就職ノ後遲滯ナク會社財產ノ現況ヲ調査シ財產目錄及ヒ貸借對照表ヲ作リ之ヲ社員ニ交付スルコトヲ要ス
清算人ハ社員ノ請求ニ因リ每月清算ノ狀況ヲ報告スルコトヲ要ス

第九十五條　清算人ハ會社ノ債務ヲ辨濟シタル後ニ非

サレハ會社財產ヲ社員ニ分配スルコトヲ得ス

◎判例　商法第九十五條ハ會社カ負擔スル債務ノ全部ヲ償却シタル後ニ非サレハ其財產ヲ分配スルヲ得ストノ趣旨ニシテ縱令相當ノ準備金アルモ負債辨償前ノ分配ヲ許ササルモノトス（三五、大判錄六卷一三六頁）

第九十六條　社員カ選任シタル清算人ハ何時ニテモ之ヲ解任スルコトヲ得此解任ハ社員ノ過半數ヲ以テ之ヲ決ス

重要ナル事由アルトキハ裁判所ハ利害關係人ノ請求ニ因リ清算人ヲ解任スルコトヲ得

第九十七條　第九十條ニ掲ケタル事項中ニ變更ヲ生シタルトキハ清算人ハ二週間內ニ本店及ヒ支店ノ所在地ニ於テ之ヲ登記スルコトヲ要ス（本條改正）

第九十八條　清算人ノ任務カ終了シタルトキハ清算人ハ遲滯ナク計算ヲ爲シテ各社員ノ承認ヲ求ムルコトヲ要ス

前項ノ計算ニ對シ社員カ一个月內ニ異議ヲ述ヘサリシトキハ之ヲ承認シタルモノト看做ス但清算人ニ不正ノ行爲アリタルトキハ此限ニ在ラス

第九十九條　清算カ結了シタルトキハ清算人ハ遲滯ナク本店及ヒ支店ノ所在地ニ於テ其登記ヲ爲スコトヲ要ス

第九十九條ノ二　會社カ事業ニ著手シタル後社員カ其

●問題

（一）合名會社カ事

設立ノ無效ナルコトヲ發見シタルトキハ訴ヲ以テノミ其無效ヲ主張スルコトヲ得(本條新設)

第九十九條ノ三　前條ノ訴ハ本店ノ所在地ノ地方裁判所ノ管轄ニ專屬ス

數箇ノ訴カ同時ニ繫屬スルトキハ辯論及ヒ裁判ハ併合シテ之ヲ爲スコトヲ要ス(本條新設)

第九十九條ノ四　設立ヲ無效トスル判決ハ當事者ニ非サル社員ニ對シテモ其效力ヲ有ス

原告カ敗訴シタル場合ニ於テ惡意又ハ重大ナル過失アリタルトキハ會社ニ對シ連帶シテ損害賠償ノ責ニ任ス(本條新設)

第九十九條ノ五　設立ヲ無效トスル判決カ確定シタルトキハ本店及ヒ支店ノ所在地ニ於テ其登記ヲ爲スコトヲ要ス(本條新設)

第九十九條ノ六　設立ヲ無效トスル判決カ確定シタルトキハ解散ノ場合ニ準シテ清算ヲ爲スコトヲ要ス此場合ニ於テハ裁判所ハ利害關係人ノ請求ニ因リ淸算人ヲ選任ス

設立ヲ無效トスル判決ハ會社ト第三者トノ間ニ成立シタル行爲ノ效力ニ影響ヲ及ホサス(本條新設)

◉判例　會社解散ニヨル淸算カ未タ結了セサルニモ拘ハラス錯誤ニ

業ニ着手シタル後其設立ノ無效ナルコトヲ發見シタル場合ニハ如何ナル方法ニヨリテ財産ノ處分ヲ爲スヘキヤ(四一、法)

ヨリ清算結了ノ登記ヲ爲スモ實體上ノ效力ヲ生スルモノニアラス然レトモ登記ノ存スル以上ハ登記トシテ效力ヲ持續スヘク第三者トノ關係ニ於テ影響ヲ及ホスコト少カラス斯カル場合ニ於テハ非訟事件手續法第百四十條ノ更正ニ包含セシメ更正登記ヲ爲スヘキモノトス（四一、二、二二日、東京控訴）

第百條 會社カ事業ニ著手シタル後其設立カ取消サレタルトキハ二週間内ニ本店及ヒ支店ノ所在地ニ於テ其登記ヲ爲スコトヲ要ス此場合ニ於テハ前條ノ規定ヲ準用ス（本條改正）

第百一條 會社ノ帳簿、其營業ニ關スル信書及ヒ清算ニ關スル一切ノ書類ハ第八十五條ノ場合ニ在リテハ本店ノ所在地ニ於テ解散ノ登記ヲ爲シタル後其他ノ場合ニ在リテハ清算結了ノ登記ヲ爲シタル後十年間之ヲ保存スルコトヲ要ス其保存者ハ社員ノ過半數ヲ以テ之ヲ定ム

第百二條 社員カ死亡シタル場合ニ於テ其相續人數人アルトキハ清算ニ關シテ社員ノ權利ヲ行フヘキ者一人ヲ定ムルコトヲ要ス

第百三條 第六十三條ニ定メタル社員ノ責任ハ本店ノ所在地ニ於テ解散ノ登記ヲ爲シタル後五年ヲ經過シタルトキハ消滅ス

前項ノ期間經過ノ後ト雖モ分配セサル殘餘財產尙ホ

●問題

（一）合名會社カ營業用ノモノヲ買受ケタル後會社ノ設立カ取消サルタルニ依リ其物ヲ受取ルコトヲ拒ミタル場合ニ賣主ハ如何ナル權利ヲ有スルヤ（四一、東）

存スルトキハ會社ノ債權者ハ之ニ對シテ辨濟ヲ請求スルコトヲ得

第三章　合資會社

第百四條　合資會社ハ有限責任社員ト無限責任社員トヲ以テ之ヲ組織ス

第百五條　合資會社ニハ本章ニ別段ノ定アル場合ヲ除ク外合名會社ニ關スル規定ヲ準用ス

第百六條　合資會社ノ定款ニハ第五十條ニ掲ケタル事項ノ外各社員ノ責任ノ有限又ハ無限ナルコトヲ記載スルコトヲ要ス

第百七條　會社ハ定款ヲ作リタル日ヨリ二週間內ニ其本店及ヒ支店ノ所在地ニ於テ第五十一條第一項ニ掲ケタル事項ノ外各社員ノ責任ノ有限又ハ無限ナルコトヲ登記スルコトヲ要ス

第百八條　有限責任社員ハ金錢其他ノ財產ノミヲ以テ其出資ノ目的ト爲スコトヲ得

◎判例　社員カ會社ニ對スル出資金ニシテ既ニ辨濟期ニ在ルモノノ支拂ヲ求ムル權利ハ一ノ債權ニ外ナラスシテ其性質讓渡ヲ許ササルモノニ非ス故ニ特別ノ規定ナキ以上ハ會社ニ對スル强制執行ノ目的物ト爲スニ妨ケナシ（三八、大判錄五〇二頁）

第百九條　各無限責任社員ハ定款ニ別段ノ定ナキトキ

◎定義　合資會社トハ會社ノ債務ニ付キ一部ノ社員カ從タル債務者トシテ連帶無限ノ責任ヲ負擔シ他ノ一部ノ社員カ從タル債務者トシテ會社ニ供スヘキ財產出資額ノ限度ニ於テ責任ヲ負擔スル會社ヲ謂フ

●問題

（一）合資會社ノ有限社員ノ責任ヲ論スヘシ（四三、京）

（一）合資會社ノ有限責任社員ト株式會社ノ株主トノ異同ヲ説明スヘシ（四〇、中）

ハ會社ノ業務ヲ執行スル權利ヲ有シ義務ヲ負フ
無限責任社員數人アルトキハ會社ノ業務執行ハ其過半數ヲ以テ之ヲ決ス

第百十條　支配人ノ選任及ヒ解任ハ特ニ業務執行社員ヲ定メタルトキト雖モ無限責任社員ノ過半數ヲ以テ之ヲ決ス

第百十一條　有限責任社員ハ營業年度ノ終ニ於テ營業時間內ニ限リ會社ノ財產目錄及ヒ貸借對照表ノ閱覽ヲ求メ且會社ノ業務及ヒ會社財產ノ狀況ヲ檢査スルコトヲ得
重要ナル事由アルトキハ裁判所ハ有限責任社員ノ請求ニ因リ何時ニテモ會社ノ業務及ヒ會社財產ノ狀況ノ檢査ヲ許スコトヲ得

第百十二條　有限責任社員ハ無限責任社員全員ノ承諾アルトキハ其持分ノ全部又ハ一部ヲ他人ニ讓渡スコトヲ得

◎判例　合資會社ノ社員ノ持分ナルモノハ社員カ其資格ニ於テ會社ニ對シテ有スル一切ノ權利義務ヲ總稱スルヲ以テ普通ノ債權ト其性質ヲ異ニスルモノトス（三八、大判錄一四四頁）

第百十三條　有限責任社員ハ自己又ハ第三者ノ爲メニ會社ノ營業ノ部類ニ屬スル商行爲ヲ爲シ又ハ同種ノ

營業ヲ目的トスル他ノ會社ノ無限責任社員ト爲ルコトヲ得

第百十四條 定款又ハ總社員ノ同意ヲ以テ特ニ會社ヲ代表スヘキ無限責任社員ヲ定メサルトキハ各無限責任社員會社ヲ代表ス

◉判例 合資會社カ特ニ代表社員ヲ定メタルト否トヲ問ハス解散後ニ於テハ無限責任社員ハ各清算人トナリ且第三者ニ對シテ各自會社ヲ代表スルノ機能アルモノトス(四〇、大判錄四一五)

第百十五條 有限責任社員ハ會社ノ業務ヲ執行シ又ハ會社ヲ代表スルコトヲ得ス

◉學說 有限責任社員ハ定款ニ定メアルトキハ業務執行社員タルコトヲ得ルヤ否ヤニ關シ甲號ハ商法第百十五條ノ規定ハ强行的性質ヲ有セストノ理由ヲ以テ積極的ニ解シ乙說ハ有限責任社員ニ業務執行權ナキコトヲ規定セルハ有責社員ノ業務執行ヲ以テ定款ノ自由範圍ヨリ之ヲ除外シ其權利ヲ否定セントスル趣旨ナリトノ理由ヲ以テ消極說ヲ執ル(四三、二月、法決乙說)

第百十六條 有限責任社員ニ自己ヲ無限責任社員ナリト信セシムヘキ行爲アリタルトキハ其社員ハ善意ノ第三者ニ對シテ無限責任社員ト同一ノ責任ヲ負フ

第百十七條 有限責任社員カ死亡シタルトキハ其相續人之ニ代ハリテ社員ト爲ル

有限責任社員ハ禁治產ノ宣告ヲ受クルモ之ニ因リテ退社セス

第百十八條 合資會社ハ無限責任社員又ハ有限責任社員ノ全員カ退社シタルトキハ解散ス但有限責任社員

●問題

(一)有限責任社員ハ定款ノ規定ヲ以テスルトキハ業務執行社員タルコトヲ得ルヤ(四二、中)

ノ全員カ退社シタル場合ニ於テ無限責任社員ノ一致ヲ以テ合名會社トシテ會社ヲ繼續スルコトヲ妨ケス
前項但書ノ場合ニ於テハ二週間内ニ本店及ヒ支店ノ所在地ニ於テ合資會社ニ付テハ解散ノ登記ヲ爲シ合名會社ニ付テハ第五十一條第一項ニ定メタル登記ヲ爲スコトヲ要ス
第百十八條ノ二　合資會社ハ總社員ノ同意ヲ以テ其組織ヲ變更シテ之ヲ合名會社ト爲スコトヲ得此場合ニ於テハ前條第二項ノ規定ヲ準用ス（本條新設）

第四章　株式會社

第一節　設　立

第百十九條　株式會社ノ設立ニハ七人以上ノ發起人アルコトヲ要ス
第百二十條　發起人ハ定款ヲ作リ之ニ左ノ事項ヲ記載シテ署名スルコトヲ要ス
一　目的
二　商號
三　資本ノ總額
四　一株ノ金額
五　取締役カ有スヘキ株式ノ數
六　本店及ヒ支店ノ所在地

◎定義　株式會社トハ總社員ノ出資ニ依リテ成レル資本ヲ株式ニ分チ社員カ豫メ確定セラレタル金額ヲ限度トシテ責任ヲ負擔スル會社ヲ云フ
●問題
(一)株式會社ハ資本ヲ以テ其中樞トスル所以ヲ説明スヘシ
(四二、東)
(一)株式會社ヲ以テ純然タル資本團體トスル法ノ根據如何商法ノ規定スル所ヲ掲ケテ之

七　會社カ公告ヲ爲ス方法
八　發起人ノ氏名、住所
◉判例　株式會社ノ目的ハ其定款ニ依リテ定マルモノトス從テ手形ノ支拂保證ヲ爲スコトカ株式會社タル銀行ノ目的ノ範圍內ニ在ルヤ否ヤハ定款所定ノ目的ニ包含スルヤ否ヤニ依リテ之ヲ決スヘキモノトス（四〇、大判錄九九頁）
◉判例　株式會社ノ發起人カ定款ニ署名セサリシトキハ其定款ハ無效ナルカ故ニ縱令會社カ既ニ登記ヲ經テ事業ニ著手シタルト否トヲ問ハス其設立ハ何等ノ手續ヲ俟タスシテ當然無效ナリトス（四二、大判錄二〇三頁）

第百二十一條　前條第五號乃至第七號ニ揭ケタル事項ヲ定款ニ記載セサリシトキハ創立總會又ハ株主總會ニ於テ之ヲ補足スルコトヲ得
前項ノ株主總會ノ決議ハ第二百九條ノ規定ニ從ヒテ之ヲ爲スコトヲ要ス

第百二十二條　左ニ揭ケタル事項ヲ定メタルトキハ之ヲ定款ニ記載スルニ非サレハ其效ナシ
一　存立時期又ハ解散ノ事由
二　株式ノ額面以上ノ發行
三　發起人カ受クヘキ特別ノ利益及ヒ之ヲ受クヘキ者ノ氏名
四　金錢以外ノ財產ヲ以テ出資ノ目的ト爲ス者ノ

ヲ説明スヘシ（四一、東）
（一）株式會社ノ組織ヲ論セヨ（四三、文）
（一）人的會社及物的會社ノ觀念如何併セテ其觀念ニ基キ合名會社及ヒ株式會社ニ關シテ設ケタル法律規定ノ異同ヲ説明スヘシ（四四、東）

氏名、其財産ノ種類、價格及ヒ之ニ對シテ與フル株式ノ數

五　會社ノ負擔ニ歸スヘキ設立費用及ヒ發起人カ受クヘキ報酬ノ額

第百二十三條　發起人カ株式ノ總數ヲ引受ケタルトキハ會社ハ之ニ因リテ成立ス此場合ニ於テハ發起人ハ遲滯ナク株金ノ四分ノ一ヲ下ラサル第一回ノ拂込ヲ爲シ且取締役及ヒ監査役ヲ選任スルコトヲ要ス此選任ハ發起人ノ議決權ノ過半數ヲ以テ之ヲ決ス

第百二十四條　取締役ハ其選任後遲滯ナク第百二十二條第三號乃至第五號ニ掲ケタル事項及ヒ第一回ノ拂込ヲ爲シタルヤ否ヤヲ調査セシムル爲メ檢査役ノ選任ヲ裁判所ニ請求スルコトヲ要ス

裁判所ハ檢査役ノ報告ヲ聽キ第百三十五條ノ規定ニ準據シテ相當ノ處分ヲ爲スコトヲ得

第百二十五條　發起人カ株式ノ總數ヲ引受ケサルトキハ株主ヲ募集スルコトヲ要ス

第百二十六條　株式ノ申込ヲ爲サントスル者ハ株式申込證二通ニ其引受クヘキ株式ノ數及ヒ住所ヲ記載シ之ニ署名スルコトヲ要ス

株式申込證ハ發起人之ヲ作リ之ニ左ノ事項ヲ記載ス

◎問題

（一）株式引受ノ性質ヲ説明シ株式引受人間ニ組合關係ヲ存スルヤ否ヤヲ論スヘシ（四〇、法）

（一）株式引受ノ法律上ノ性質ヲ論スヘシ（四〇、判、辯）

ルコトヲ要ス
一　定款作成ノ年月日
二　第百二十條及ヒ第百二十二條ニ掲ケタル事項
三　各發起人カ引受ケタル株式ノ數
四　第一回拂込ノ金額
五　一定ノ時期マテニ會社カ成立セサルトキハ株式ノ申込ヲ取消スコトヲ得ヘキコト

額面以上ノ價額ヲ以テ株式ヲ發行スル場合ニ於テハ株式申込人ハ株式申込證ニ引受價額ヲ記載スルコトヲ要ス（本條改正）

第百二十六條ノ二　第百七十二條ノ二ノ規定ハ株式申込人又ハ株式引受人ニ對スル通知及ヒ催告ニ之ヲ準用ス（本條新設）

○準條
第百七十二條ノ二　會社ノ株主ニ對スル通知又ハ催告ハ株主名簿ニ記載シタル株主ノ住所又ハ其者カ會社ニ通知シタル住所ニ宛ツルヲ以テ足ル
前項ノ通知又ハ催告ハ通常其到達スヘカリシ時ニ到達シタルモノト看做ス

第百二十七條　株式ノ申込ヲ為シタル者ハ其引受クヘキ株式ノ數ニ應シテ拂込ヲ為ス義務ヲ負フ

◉判例　株式引受人ハ株主タル權利ヲ取得スルト同時ニ株金拂込ヲ

◉問題
（一）株式申込ハ如何ナル場合ニ之ヲ取消シ得ルヤ（三四、辯）

爲スノ義務ヲ負フモノトス故ニ株金拂込催告期間ノ不適法ナルヲ理由トシテ全然拂込ノ義務ナシト云フヲ得ス(三九、大判錄一二七〇頁)

第百二十八條　株式發行ノ價額ハ劵面額ヲ下ルコトヲ得ス

第一回拂込ノ金額ハ株金ノ四分ノ一ヲ下ルコトヲ得ス

◎學說　株金ノ拂込ハ各株ニ付キ均一ナルヤ否ヤニ關シ甲說ハ株金ノ拂込ニ付テハ何等明定シタル法條ナキヲ以テ差等ヲ設クルモ支障ナシト說キ乙說ハ商法カ株式ノ金額ヲ均一ニシ各株主ノ議決權ヲ平等ナラシメタル原則其他總テ各株式ノ取扱ヲ同一ニスルノ趣旨ヨリスルトキハ株金拂込モ亦均一ナラサルヘカラスト解ス(四一、三月、法決乙說)

第百二十九條　株式總數ノ引受アリタルトキハ發起人ハ遲滯ナク各株ニ付キ第一回ノ拂込ヲ爲サシムルコトヲ要ス

額面以上ノ價額ヲ以テ株式ヲ發行シタルトキハ其額面ヲ超ユル金額ハ第一回ノ拂込ト同時ニ之ヲ拂込マシムルコトヲ要ス

第百三十條　株式引受人カ前條ノ拂込ヲ爲ササルトキハ發起人ハ一定ノ期間內ニ其拂込ヲ爲スヘキ旨及ヒ其期間內ニ之ヲ爲ササルトキハ其權利ヲ失フヘキ旨ヲ其株式引受人ニ通知スルコトヲ得但其期間ハ二週

●問題

(一)株式又ハ社債ハ額面以上ニ於テ之ヲ發行スルコトヲ得ルヤ(四二、文)

(一)各株(一株金額五十圓)ニ付キ十五圓ノ拂込ヲ了シ其登記ヲナシタル後業務ノ整理ト稱シ之ヲ法定ノ第一回拂込最少額ニ

間ヲ下ルコトヲ得ス
發起人カ前項ノ通知ヲ爲シタルモ株式引受人カ拂込ヲ爲サヽルトキハ其權利ヲ失フ此場合ニ於テ發起人ハ其者カ引受ケタル株式ニ付キ更ニ株主ヲ募集スルコトヲ得
前二項ノ規定ハ株式引受人ニ對スル損害賠償ノ請求ヲ妨ケス

第百三十一條　各株ニ付キ第百二十九條ノ拂込アリタルトキハ發起人ハ遲滯ナク創立總會ヲ招集スルコトヲ要ス
創立總會ニハ株式引受人ノ半數以上ニシテ資本ノ半額以上ヲ引受ケタル者出席シ其議決權ノ過半數ヲ以テ一切ノ決議ヲ爲ス
第百五十六條第一項、第二項、第百六十一條第三項、第四項及ヒ第百六十二條乃至第百六十三條ノ四ノ規定ハ創立總會ニ之ヲ準用ス（本項改正）

○準條

第百五十六條　總會ヲ招集スルニハ會日ヨリ二週間前ニ各株主ニ對シテ其通知ヲ發スルコトヲ要ス
前項ノ通知ニハ會議ノ目的タル事項ヲ記載スルコトヲ要ス

第百六十一條第三項、四項
株主ハ代理人ヲ以テ其議決權ヲ行フコトヲ得但其代理人ハ代理權

減シ變更ノ登記ヲナスカ否國ノ株式會社ニ其例少カラス其經濟上ノ理由及法律上ノ性質如何（三八、東）

ヲ證スル書面ヲ會社ニ差出タスコトヲ要ス
總會ノ決議ニ付キ特別ノ利害關係ヲ有スル者ハ其議決權ヲ行フコトヲ得ス

第百六十二條 各株主ハ一株ニ付キ一個ノ議決權ヲ有ス但十一株以上ヲ有スル株主ノ議決權ハ定款ヲ以テ之ヲ制限スルコトヲ得

第百六十三條 總會招集ノ手續又ハ其決議ノ方法カ法令又ハ定款ニ反スルトキハ株主、取締役又ハ監査役ハ訴ヲ以テノミ其決議ノ無效ヲ主張スルコトヲ得
株主ハ總會ニ於テ決議ニ對シ異議ヲ述ヘタルトキ又ハ正當ノ理由ナクシテ總會ニ出席スルコトヲ拒マレタルトキニ限リ又株主カ總會ニ出席セサル場合ニ於テハ自己ニ對スル總會招集ノ手續カ法令又ハ定款ニ反スルコトヲ理由トスルトキニ限リ前項ノ訴ヲ提起スルコトヲ得
第九十九條ノ三及ヒ第九十九條ノ四ノ規定ハ前二項ノ場合ニ之ヲ準用ス

第百六十三條ノ二 決議無效ノ訴ハ決議ノ日ヨリ一个月內ニ之ヲ提起スルコトヲ要ス
口頭辯論ハ前項ノ期間ヲ經過シタル後ニ非サレハ之ヲ開始スルコトヲ得ス
訴ノ提起及ヒ口頭辯論ノ期日ハ取締役遲滯ナク之ヲ公告スルコトヲ要ス

第百六十三條ノ三 株主カ決議無效ノ訴ヲ提起シタルトキハ會社ノ請求ニ因リ相當ノ擔保ヲ供スルコトヲ要ス但其株主カ取締役又ハ監査役ナルトキハ此限ニ在ラス

第百六十三條ノ四 決議シタル事項ノ登記アリタル場合ニ於テ其決議ヲ無效トスル判決カ確定シタルトキハ本店及ヒ支店ノ所在地ニ

於テ其登記ヲ爲スコトヲ要ス

第百三十二條　發起人ハ會社ノ創立ニ關スル事項ヲ創立總會ニ報告スルコトヲ要ス

第百三十三條　創立總會ニ於テハ取締役及ヒ監査役ヲ選任スルコトヲ要ス

第百三十四條　取締役及ヒ監査役ハ左ニ掲ケタル事項ヲ調査シ之ヲ創立總會ニ報告スルコトヲ要ス

一　株式總數ノ引受アリタルヤ否ヤ

二　各株ニ付キ第百二十九條ノ拂込アリタルヤ否ヤ

三　第百二十二條第三號乃至第五號ニ掲ケタル事項ノ正當ナルヤ否ヤ

取締役又ハ監査役中發起人ヨリ選任セラレタル者アルトキハ創立總會ハ特ニ檢査役ヲ選任シ其者ニ代ハリテ前項ノ調査及ヒ報告ヲ爲サシムルコトヲ得

第百三十五條　創立總會ニ於テ第百二十二條第三號乃至第五號ニ掲ケタル事項ヲ不當ト認メタルトキハ之ヲ變更スルコトヲ得但金錢以外ノ財産ヲ以テ出資ノ目的ト爲ス者アル場合ニ於テ之ニ對シテ與フル株式ノ數ヲ減シタルトキハ其者ハ金錢ヲ以テ拂込ヲ爲スコトヲ得

第百三十六條　引受ナキ株式又ハ第百二十九條ノ拂込

問題

（一）或者カ特許權ヲ出資トシテ百圓ノ株式百個ヲ引受ケタルニ創立總會ニ於テ六十ニ減セラレタリ此場合ニ引受人ハ如何ナル權利ヲ有スルヤ（三七、日）

（一）株式會社ノ發

ノ未濟ナル株式アルトキハ發起人ハ連帶シテ其株式ヲ引受ケ又ハ其拂込ヲ爲ス義務ヲ負フ株式ノ申込カ取消サレタルトキ亦同シ

◉判例　商法第百三十六條ハ獨リ創立總會終結前ニ適用セラルルノミナラス總會終結後卽チ會社成立後ニモ亦適用セラル（四〇年東京控訴）

第百三十七條　前二條ノ規定ハ發起人ニ對スル損害賠償ノ請求ヲ妨ケス

第百三十八條　創立總會ニ於テハ定款ノ變更又ハ設立ノ廢止ノ決議ヲモ爲スコトヲ得

第百三十九條　發起人カ株式ノ總數ヲ引受ケサリシトキハ會社ハ創立總會ノ終結ニ因リテ成立ス

第百四十條　削除

第百四十一條　會社ハ發起人カ株式ノ總數ヲ引受ケタルトキハ第百二十四條ニ定メタル調査終了ノ日ヨリ又發起人カ株式ノ總數ヲ引受ケサリシトキハ創立總會終結ノ日ヨリ二週間內ニ其本店及ヒ支店ノ所在地ニ於テ左ノ事項ヲ登記スルコトヲ要ス

一　第百二十條第一號乃至第四號及ヒ第七號ニ掲ケタル事項

二　本店及ヒ支店

起人ハ株式引受人カ爲シタル拂込金ニ付キ如何ナル權利ヲ有スルヤ（四一、判辭）

三　設立ノ年月日
四　存立時期又ハ解散ノ事由ヲ定メタルトキハ其時期又ハ事由
五　各株ニ付キ拂込ミタル株金額
六　開業前ニ利息ヲ配當スヘキコトヲ定メタルトキハ其利率
七　取締役及ヒ監査役ノ氏名、住所
八　會社ヲ代表スヘキ取締役ヲ定メタルトキハ其氏名
九　數人ノ取締役カ共同シ又ハ取締役カ支配人ト共同シテ會社ヲ代表スヘキコトヲ定メタルトキハ其代表ニ關スル規定

第五十一條第二項、第三項、第五十二條及ヒ第五十三條ノ規定ハ株式會社ニ之ヲ準用ス（本條改正）

○準條

第五十一條第二項、三項

會社設立ノ後支店ヲ設ケタルトキハ其支店ノ所在地ニ於テハ二週間內ニ前項ニ定メタル登記ヲ爲シ本店及ヒ他ノ支店ノ所在地ニ於テハ同期間內ニ其支店ヲ設ケタルコトヲ登記スルコトヲ要ス

本店又ハ支店ノ所在地ヲ管轄スル登記所ノ管轄區域內ニ於テ新ニ支店ヲ設ケタルトキハ其支店ヲ設ケタルコトヲ登記スルヲ以テ足ル

第五十二條　會社カ其本店又ハ支店ヲ移轉シタルトキハ舊所在地ニ

於テハ二週間內ニ移轉ノ登記ヲ爲シ新所在地ニ於テハ同期間內ニ前條第一項ニ定メタル登記ヲ爲スコトヲ要ス
同一ノ登記所ノ管轄區域內ニ於テ本店又ハ支店ヲ移轉シタルトキハ其移轉ノミノ登記ヲ爲スコトヲ要ス

第五十三條 第五十一條第一項ニ掲ケタル事項中ニ變更ヲ生シタルトキハ二週間內ニ本店及ヒ支店ノ所在地ニ於テ其登記ヲ爲スコトヲ要ス

◉判例 株式會社設立ノ登記ヲ爲スニ當リ各株式ニ付キ少クモ四分ノ一ノ金額ヲ拂込マサレハ其登記ハ適法ナラス然レトモ之レカ爲メ當然無效ニ非サルヲ以テ苟クモ登記ノ取消サレサル間ハ會社ノ設立ヲ他人ニ對抗スルニ妨ケナシ（三三、一、大判錄一頁）

◉判例 商法第百四十一條第二項及ヒ第五十一條第二項ニ所謂會社設立後支店ヲ設ケタルトキハ株主總會ニ於テ新ニ支店ノ設立ヲ決議シタルトキヲ謂フニ非スシテ其決議後實際支店ノ開設アリタルトキヲ指スモノトス（三六、大判錄五五二頁）

◉判例 監査役改選ノ結果同一ノ者カ再選セラルルモ監査役ニ變更アリタルモノトシテ更ニ之レカ登記ヲ爲スヘキモノトス（三四、大判錄七卷三七頁）

◉判例 商法第百四十一條及第五十三條ノ二週間ハ監査役ニ當選シタル者ノ承諾ノ時ヲ標準トスヘキニ非スシテ決議ノ日ヨリ起算スヘキモノトス（三四、大判錄七卷三七頁）

第百四十二條 會社カ前條第一項ノ規定ニ從ヒ本店ノ所在地ニ於テ登記ヲ爲シタル後ハ株式引受人ハ詐欺又ハ强迫ニ因リテ其申込ヲ取消スコトヲ得ス

第百四十二條ノ二　發起人カ會社ノ設立ニ關シ其任務ヲ怠リタルトキハ其發起人ハ會社ニ對シ連帶シテ損害賠償ノ責ニ任ス

發起人ニ惡意又ハ重大ナル過失アリタルトキハ其發起人ハ第三者ニ對シテモ連帶シテ損害賠償ノ責ニ任ス（本條新設）

◉判例　株式會社ノ發起人カ其資格ヲ以テ他人ニ對シ或債務ヲ約スルモ會社ハ當然之ヲ引受クヘキニ非ス唯會社カ其債務ヲ引受ケタルトキハ其ノ者ハ爾後會社ニ對シテ其ノ履行ヲ請求スルコトヲ得（四一、大判錄三二〇頁）

第百四十二條ノ三　會社カ成立セサル場合ニ於テハ發起人ハ會社ノ設立ニ關シテ爲シタル行爲ニ付キ連帶シテ其責ニ任ス

前項ノ場合ニ於テ會社ノ設立ニ關シテ支出シタル費用ハ發起人ノ負擔トス（本條新設）

第百四十二條ノ四　取締役又ハ監査役カ第百三十四條第一項ニ定メタル任務ヲ怠リタルニ因リ會社又ハ第三者ニ對シテ損害賠償ノ責ニ任スヘキ場合ニ於テ發起人モ亦其責ニ任スヘキトキハ其取締役、監査役及ヒ發起人ハ之ヲ連帶債務者トス（本條新設）

第二節　株式

第百四十三條　株式會社ノ資本ハ之ヲ株式ニ分ツコト

◉問題

（一）發起人トハ如何ナルモノヲ謂フカ發起人ハ如何ナル場合ニ如何ナル責任ヲ有スルヤ（四三、明）

◎定義　株式トハ會社ノ資本ヲ分割シタル一部分ヲ謂ヒ又會社ニ對シテ有スル權利義務ノ總體ヲ謂フ

ヲ要ス

第百四十四條 株主ノ責任ハ其引受ケ又ハ讓受ケタル株式ノ金額ヲ限度トス

株主ハ株金ノ拂込ニ付キ相殺ヲ以テ會社ニ對抗スルコトヲ得ス

◉判例 會社ノ株主カ會社其他ノ者ニ對シ株主トシテ負擔スル責任ハ如何ナル場合ニ於テモ其引受又ハ讓受ケタル株式金額ニ止マルモノトス（三四、五、二二日大判錄）

◉判例 株金ノ拂込ハ必ス現金ヲ以テスルコトヲ要シ約束手形ノ如キ債權ヲ以テスル拂込ハ商法ノ認メサル所トス（三七、大判錄一一七一頁）

◉判例 株金拂込ノ債務ハ法律ノ規定ニ依ルノ外金錢ヲ以テ拂込ヲナスカ又ハ會社ノ承諾ヲ得テ會社ニ對スル債權ト相殺スルニ非サレハ消滅セサルモノトス從テ縱令拂込義務者ト會社トノ間ニ代物辨濟又ハ更改契約アルモ之レカ爲メニ拂込ノ債務ハ消滅スルモノニ非ス（三九、大判錄一一三三頁）

◉判例 株金拂込ノ義務ハ株主各自特立ノモノニシテ他ノ株主カ株金ノ拂込ヲ爲サヽルノ理由ヲ以テ自己ノ拂込ヲ拒ムコトヲ得サルモノトス（三四、一〇、一五日東京地方）

第百四十五條 株式ノ金額ハ均一ナルコトヲ要ス

株式ノ金額ハ五十圓ヲ下ルコトヲ得ス但一時ニ株金ノ全額ヲ拂込ムヘキ場合ニ限リ之ヲ二十圓マテニ下スコトヲ得

◉問題

（一）株式トハ何ソヤ株券トハ何ソヤ（三七、判、辯）

（一）株式株券及社債ノ意義ヲ説明スヘシ（三三、日）

（一）株主ハ會社ニ對シ如何ナル權利義務ヲ有スルヤ（三五、辯）

（一）株主權ト債權者的權利トノ差異ヲ問フ例ヲ擧ケテ説明スヘシ（三八、中）

（一）持分ト株式トノ異同ヲ論ス（四三、判、辯）

（一）株式會社ニ於ケル株主ノ地位ト合名會社ニ於ケル社員ノ地位トノ異同ヲ辯明スヘシ（三七、中）

（一）株式會社ノ株金額ヲ五十圓以上トシ其全額ノ拂込ヲ爲サシメタル後

第百四十六條　株式カ數人ノ共有ニ屬スルトキハ共有者ハ株主ノ權利ヲ行フヘキ者一人ヲ定ムルコトヲ要ス

共有者ハ會社ニ對シ連帶シテ株金ノ拂込ヲ爲ス義務ヲ負フ

第百四十七條　株券ハ第百四十一條第一項ノ規定ニ從ヒ本店ノ所在地ニ於テ登記ヲ爲シタル後ニ非サレハ之ヲ發行スルコトヲ得ス

前項ノ規定ニ反シテ發行シタル株券ハ無效トス但株券ヲ發行シタル者ニ對スル損害賠償ノ請求ヲ妨ケス

◎判例　株主權ナルモノハ株券ノ交付ニ因リテ初メテ生スルモノニ非スシテ反テ株主權發生ノ後ニ株券ノ交付アルヘキモノトス（四二、一一、三〇日、東京控訴）

第百四十八條　株券ニハ左ノ事項及ヒ番號ヲ記載シ取締役之ニ署名スルコトヲ要ス

一　會社ノ商號

二　第百四十一條第一項ノ規定ニ從ヒ本店ノ所在地ニ於テ登記ヲ爲シタル年月日

三　資本ノ總額

四　一株ノ金額

一時ニ株金ノ全額ヲ拂込マシメサル場合ニ於テハ拂

定款ヲ變更シテ其株金額ヲ二十圓マテニ下スコトヲ得ルヤ否ヤ（三五、五私大討）

(一)會社ノ設立登記前ニ株式讓渡ノ契約ヲナシ代金ヲ受取リタル者其代金ヲ返還スル義務アリヤ否ヤ理由ヲ附シテ說明スヘシ（三六、中）

◎定義　株券トハ株式ヲ表彰スル有價證券ヲ云フ

込アル毎ニ其金額ヲ株券ニ記載スルコトヲ要ス

第百四十九條 株式ハ定款ニ別段ノ定ナキトキハ會社ノ承諾ナクシテ之ヲ他人ニ讓渡スコトヲ得但第百四十二條第一項ノ規定ニ從ヒ本店ノ所在地ニ於テ登記ヲ爲スマテハ之ヲ讓渡シ又ハ其讓渡ノ豫約ヲ爲スコトヲ得ス

◉**判例** 株券記名者カ名義書替ノ手續ニ關スル白紙委任狀ヲ添付シタル株券ハ交付ニ依リ輾轉流通スルモノトス而シテ委任狀記名者ノ死亡ハ其輾轉流通ヲ妨クルノ事由トナラサルコトハ一般ノ慣習トシテ汎ク行ハルル所ナリトス（四二、四、一五日、大審判）

◉**判例** 株式會社登記前ノ株式卽チ權利株ノ讓渡ハ其普通ノ賣買タルト公賣タルト將タ任意タルト强制タルトヲ問ハス絕體ニ無效ナリ（三五、一〇、九日大審判）

◉**判例** 所謂權利株ノ賣買ハ商法第百四十九條但書ニ依リ當然無效ナリト雖モ公ノ秩序善良ノ風俗ニ反スル行爲ニ限ルヲ以テ該株式ノ讓渡ニ基キ爲サレタル給付ヲ以テ民法第七〇八條ニ所謂不法ノ原因ノ爲メニ爲サレタルモノト云フヲ得ス（四二、一、二二日、大阪控訴）

◉**判例** 株券ニシテ適法ニ讓渡サレタル以上ハ拂込ノ催告ヲ受ケタル後ナルト否トヲ問ハス株金拂込ノ義務ハ株式ニ包含セラレタル儘其讓受人ニ移轉スルモノトス（四〇、六、二五日、大坂控訴）

◉**判例** 會社ニ對スル株主ノ利益配當請求權ハ一ノ社員權ニシテ未タ債權タラサルカ故ニ之ヲ讓渡スルコトヲ得スト雖モ將來ノ發生ヲ豫想シ條件附ノ讓渡契約ヲ爲スハ敢テ妨ケナシ而シテ之カ契約

ト共ニ法定ノ手續ニ從ヒ會社ニ通知シタルトキハ右配當請求ノ債權成立ト同時ニ有效ニ讓受人ニ移轉ス(四二、一二、九日、東京控訴)

◉判例　商法第百四十九條但書ハ登記ヲ爲スコト云々トアルヲ以テ苟クモ登記前ナルニ於テハ株式引受確定ノ前後ヲ問ハス同條ヲ適用スヘキモノトス(四三、九、二六日、大審判)

第百五十條　記名株式ノ移轉ハ取得者ノ氏名、住所ヲ株主名簿ニ記載シ且其氏名ヲ株券ニ記載スルニ非サレハ之ヲ以テ會社其他ノ第三者ニ對抗スルコトヲ得ス(本條改正)

◉判例　會社カ株券ノ名義ヲ書替ヘルハ株券ノ眞正ナルコトヲ保證スルニ非スシテ畢竟株主ノ變更ヲ承認スルニ過キス(三五、二、二八日、大審判)

◉判例　商法第百五十條末段所謂對抗スルコトヲ得ストハ株式ノ讓渡人若クハ讓受人ハ同條ノ手續ヲ了セサレハ會社及ヒ其他ノ第三者ニ對シ讓渡行爲ノ效力ヲ利用シ得サル趣旨ヲ明カニシタルニ外ナラスシテ會社及ヒ其他ノ第三者ノ爲メニハ其行爲成立セストノ趣意ニアラス故ニ會社ハ同條規定ノ手續未了ノ前ト雖モ讓渡人ニ對シテ讓渡行爲ノ存在ヲ主張スルコトヲ得(三八、一一、二日、大審判)

第百五十一條　會社ハ自己ノ株式ヲ取得シ又ハ質權ノ目的トシテ之ヲ受クルコトヲ得ス

株式ハ資本減少ノ規定ニ從フニ非サレハ之ヲ消却スルコトヲ得ス但定款ノ定ムル所ニ從ヒ株主ニ配當ス

◉問題

(一)我商法ノ下ニ於テ記名式ノ株券ハ之ヲ有價證券ト云フコトヲ得ルヤ(四一、明)

ヘキ利益ヲ以テスルハ此限ニ在ラス

第百五十二條　株金ノ拂込ハ二週間前ニ之ヲ各株主ニ催告スルコトヲ要ス

株主カ期日ニ拂込ヲ爲ササルトキハ會社ハ更ニ一定ノ期間内ニ其拂込ヲ爲スヘキ旨及ヒ其期間内ニ之ヲ爲ササルトキハ株主ノ權利ヲ失フヘキ旨ヲ其株主ニ通知スルコトヲ得但其期間ハ二週間ヲ下ルコトヲ得ス

前項ノ規定ニ依リ會社カ株主ニ對シ其權利ヲ失フヘキ旨ヲ通知スルトキハ會社ハ其通知スヘキ事項ヲ公告スルコトヲ要ス（本項新設）

◉判例　催告ハ特定ノ相手方ニ對シ發スヘキモノニシテ公告ト同一視スヘキニアラス故ニ特種ノ規定若クハ意思表示アラサル限リハ公告ヲ以テ催告ニ代フルコトヲ得ス從テ株金拂込ノ催告ヲ公告ヲ以テ爲シタルトキハ無效ナリ（三五、一〇、九日、大審判）

◉判例　株主ノ權利トハ株式即チ義務ヲ包括スル一種ノ權利ヲ指稱スルニ外ナラサレハ株主ニシテ其權利ヲ失フトキハ其結果株主タル資格ヲ喪失スルモノトス（三六、大判錄三三四頁）

◉判例　株主カ有スル權利ハ單純ナル債權ニ非スト雖モ利益配當ヲ受クルノ權利殘餘財産ノ分配ヲ受クルノ權利ヲ有ス從テ株式ハ債權ノ性質ヲ包含シタル權利ナリト謂フヲ得ヘシ（四〇、大判錄八〇六頁）

◉判例　株式會社カ商法第百五十二條ノ規定ニ依リ株主ニ對シ株金

拂込ノ催告ヲ爲シタルモ株主之ニ應セサル場合ニ於テ强制執行ノ手段ニ依ルト將タ之ヲ失權セシムルトハ一ニ會社ノ自由ナリトス（四二、大判錄五六五頁）

◉判例　株式會社カ其解散前ニ於テ既ニ株主ニ對シ株金ノ拂込ヲ適法ニ催告シタル以上ハ其後會社カ解散ニ因リ淸算ノ時期ニ移ルモ之カ爲メ株主ノ株金拂込義務ニ影響ヲ及ホサス（三七、大判錄五九四頁）

◉判例　株金拂込ノ催告ハ各株主ニ對シ二週間前ニ之ヲ行フコトヲ要ス從テ該期間ヲ存セサル催告ハ無效ナルヲ以テ縱令事實上二週間ヲ經過シタル後再ヒ催告ヲ爲スモ商法第百五十二條第二項ノ通知ノ效力ヲ生セス（三九、大判錄六四頁）

◉判例　商法第百五十二條第一項ノ規定ハ株金ノ拂込ニ關シ會社カ行フヘキ手續ヲ定ムルト同時ニ株主ノ爲メ期間ヲ設ケタルモノトス故ニ拂込ノ催告カ法定ノ期間ヲ存セサルニ拘ハラス株主ニ於テ其期日ニ拂込ヲ爲スカ又ハ期日ニ拂込ヲナスヘキコトヲ承認スルハ畢竟期間ノ利益ヲ拋棄セルモノニ外ナラス（三九、大判錄一二七〇頁）

◉判例　株主ハ商法第百五十二條第一項ノ拂込催告ニ因リテ各均等ニ拂込義務ヲ生スルモノナレハ第二項ノ催告及ヒ失權通知ハ必スシモ總株主ニ對シテ平等ニ之ヲ爲スヲ要セス（四〇、大判錄三〇七頁）

◉判例　商法第百五十二條ノ催告及ヒ通知ヲ受ケタル株主カ當時未成年者ナリシトキハ會社ハ之ヲ以テ其株主ニ對抗スルコトヲ得ス從テ其株主ハ拂込ヲ爲ササルモ當然失權ヲ來スヘキモノニ非ス（四〇、大判錄九一一頁）

◎例　商法第百五十二條末段ニ但其期間ハ二週間ヲ下ルコトヲ得ストセル其期間ハ少クトモ二週間ヲ超ヘサルヘカラストノ趣意ナリ（四三、二、二三日、大阪控訴）

第百五十三條　會社カ前條ニ定メタル手續ヲ踐ミタルモ株主カ拂込ヲ爲サヽルトキハ其權利ヲ失フ

前項ノ場合ニ於テハ會社ハ株式ノ各讓渡人ニ對シ二週間ヲ下ラサル期間内ニ拂込ヲ爲スヘキ旨ノ催告ヲ發スルコトヲ要ス此場合ニ於テハ最モ先ニ滯納金額ノ拂込ヲ爲シタル讓渡人株式ヲ取得ス

讓渡人カ拂込ヲ爲サヽルトキハ會社ハ株式ヲ競賣スルコトヲ要ス此場合ニ於テ競賣ニ依リテ得タル金額カ滯納金額ニ滿タサルトキハ從前ノ株主ヲシテ其不足額ヲ辨濟セシムルコトヲ得若シ從前ノ株主カ二週間内ニ之ヲ辨濟セサルトキハ會社ハ讓渡人ニ對シテ其辨濟ヲ請求スルコトヲ得

前三項ノ規定ハ會社カ損害賠償及ヒ定款ヲ以テ定メタル違約金ノ請求ヲ爲スコトヲ妨ケス

第百五十三條ノ二　前條第一項ノ規定ニ依リ株主カ其權利ヲ失ヒタルトキハ會社ハ遲滯ナク其株主ノ氏名、住所及ヒ株劵ノ番號ヲ公告スルコトヲ要ス（本條新設）

◉判例　商法第百五十三條ノ規定ハ拂込ノ義務ヲ怠リタル株主ニ對スル制裁ナルヲ以テ其株式ハ當然會社ニ歸屬スルモノトス故ニ競賣ノ結果滯納金額ヲ控除シテ餘剩ヲ生シタル場合ニ於テ會社カ其金額ヲ利得スルコトアルモ畢竟法律ノ規定ニ依ルモノナレハ目シテ不當利得ト云フヲ得ス(三六、大判錄四五四頁)

◉判例　株主カ商法第百五十三條第一項ノ規定ニヨリ失權シタル場合ニ株式ノ競賣ニ依リ得タル金額カ滯納金額ニ滿タサルトキハ會社ハ從前ノ株主ヲシテ其不足額ヲ辨濟セシムルコトヲ得而シテ其不足額辨濟ノ性質ハ株金ノ拂込ニ外ナラス(四三、四、一九日、大審判)

◉判例　會社カ第百五十二條ノ手續ヲ踐ムモ株主ニ於テ株式ノ拂込ヲ爲サヽル場合ニハ其株主タル權利ヲ喪失スト雖モ該株式ヲ競賣シ仍ホ滯納金存スルトキハ從前ノ株主ハ其義務者タル地位ヲ脫却スルコトヲ得ス(三八、大判錄九五四頁)

◉判例　商法第百五十三條第二項第三項ニ於ケル讓渡人ノ負擔スヘキ擔保ノ責任ハ會社カ前條ノ手續ヲ履踐シ株主カ適法ニ其權利ヲ失ヒタル場合ニ初メテ發生スルモノナレハ此手續ニ從ハサルトキハ縱令株主ノ支拂不能ノ事實確定スルモ讓渡人ノ責任發生スヘキニアラス(三六、大判錄一一八六頁)

◉判例　株式讓渡人ノ負擔スヘキ擔保ノ責任ハ株式會社ノ平常ノ場合ハ勿論破產ノ場合ニ於テモ亦適用セラル(三六、大判錄一一八六頁)

◉判例　數名ノ株式讓渡人中會社ニ對シ株式不足額全部ヲ辨濟シタル者ハ單ニ直接ノ讓受人ニ對シテノミ求償權ヲ有スルニ過キサレハ其以後ノ讓渡人ニ對シテ直接ニ求償權ナシ(三七、大判錄一三

七頁）

◉判例　株主ノ滯納金タル債務不履行ニ因リ會社カ辨濟ヲ請求スル場合ノ遲延利息及ヒ競賣ノ費用等ハ商法第百五十三條第四項ノ損害賠償トシテ請求スルコトヲ得（三八、大判錄九五四頁）

◉判例　株式會社カ失權株主ノ株式ヲ處分スル場合ニハ競賣法ノ規定ニ依ラサルヘカラス然ラサレハ其競賣ハ全然無效ニシテ法律上何等ノ效力ナシ（三九、大判錄一四六六頁）

◉判例　株式讓渡人カ會社ニ對シ株金ノ不足額ヲ辨濟スヘキ義務ハ數人相次テ株式ノ讓渡ヲ爲シタル場合ニ於テ各讓渡人ハ平等ノ割合ヲ以テ之ヲ負擔スヘキニ非スシテ各自カ其不足額全部ニ付キ辨濟ノ責ニ任スヘキモノトス（四〇、大判錄一一六五頁）

◉判例　失權株主ニ對スル不足額ノ請求ハ株金ノ拂込ヲ求ムルノ意義ニ非スシテ會社財產ノ缺損ヲ塡補スルノ趣旨ニ外ナラス從テ商法第百四十四條第二項ノ適用ヲ受ケスシテ義務者ハ會社ニ對シ相殺ヲ主張スルヲ得（四二、一〇、二七日、東京控訴）

第百五十四條　第百五十三條ニ定メタル讓渡人ノ責任ハ讓渡ヲ株主名簿ニ記載シタル後二年ヲ經過シタルトキハ消滅ス（本條改正）

◉判例　商法第百五十四條ノ免責規定ハ株式ノ讓渡ヲ株主名簿ニ記載シタル後二年ノ法定期間内ニ第百五十三條第三項ノ競賣不足額ニ付キ會社ヨリ讓渡人ニ對シテ辨濟ヲ請求シタル場合ニ在ラサレハ其適用ナシ（四〇、大判錄一四二頁）

第百五十五條　株金全額ノ拂込アリタルトキハ株主ハ其株券ヲ無記名式ト爲スコトヲ請求スルコトヲ得

◉問題

（一）商法第百五十四條ノ年限內ニ如何ナル手續ヲ採ラハ讓渡人ノ責任ノ消滅ヲ防キ得ヘキヤ（四二、法）

株主ハ何時ニテモ其無記名式ノ株券ヲ記名式ト爲スコトヲ請求スルコトヲ得

第百五十五條ノ二 無記名式ノ株券ヲ有スル者カ株主ノ權利ヲ行ハントスルトキハ其權利ノ行使ニ必要ナル員數ノ株券ヲ會社ニ供託スルコトヲ要ス（本條新設）

第三節 會社ノ機關

第一款 株主總會

第百五十六條 總會ヲ招集スルニハ會日ヨリ二週間前ニ各株主ニ對シテ其通知ヲ發スルコトヲ要ス

前項ノ通知ニハ會議ノ目的タル事項ヲ記載スルコトヲ要ス（本項改正）

會社カ無記名式ノ株券ヲ發行シタル場合ニ於テハ會日ヨリ三週間前ニ總會ヲ開クヘキ旨及ヒ前項ニ掲ケタル事項ヲ公告スルコトヲ要ス

◉**判例** 商法第百五十六號第一項ニ所謂各株主トハ記名式ノ株券ヲ有スル株主卽チ第百七十一條及ヒ第百七十二條ノ規定ニ從ヒ株主名簿ニ其氏名、住所ヲ記載シ且自己ノ氏名ヲ株券ニ記載シタル者ヲ指稱スルニ外ナラス（四〇、大判錄五七一頁）

◉**判例** 商法第百五十六條第二項ノ規定ハ株主ヲシテ總會ノ目的及ヒ其總會ニ於テ議決權行使ニ付キ十分ノ準備ヲ爲サシムルノ法意ナルヲ以テ會社カ株主ニ爲ス總會ノ通知ニハ其議事日程タルヘキ事項ヲ了解スルコトヲ得セシムルニ足ル記載アルコトヲ要ス（三

◉**定義** 株主總會トハ株主ノ總意ヲ直接ニ發表シ以テ會社ノ意思ヲ決定スル唯一最高ノ機關ヲ謂フ

七、大判錄五八九頁）

◎判例　株主召集通知ハ株主名簿ニ株主トシテ記載セラレタル者ニ對シテ之ヲ發スヘキモノニシテ未タ株主名簿ニ記載セラレサル相續人ニ對シテ之ヲ發スル必要ナシ（四〇、五、二〇日、大審判）

第百五十七條　定時總會ハ毎年一回一定ノ時期ニ於テ取締役之ヲ招集スルコトヲ要ス

年二回以上利益ノ配當ヲ爲ス會社ニ在リテハ毎配當期ニ總會ヲ招集スルコトヲ要ス

第百五十八條　削除

第百五十九條　臨時總會ハ必要アル毎ニ取締役之ヲ招集ス

◎判例　株式會社ニ於テ定時總會ト臨時總會トヲ區別スル標準ハ決議事項ノ如何ニ依ルヘキモノニ非スシテ其招集時期ノ豫メ一定セルト否トニ在ルモノトス

第百六十條　資本ノ十分ノ一以上ニ當タル株主ハ會議ノ目的タル事項及ヒ其招集ノ理由ヲ記載シタル書面ヲ取締役ニ提出シテ總會ノ招集ヲ請求スルコトヲ得

取締役カ前項ノ請求アリタル後二週間内ニ總會招集ノ手續ヲ爲ササルトキハ其請求ヲ爲シタル株主ハ裁判所ノ許可ヲ得テ其招集ヲ爲スコトヲ得

（本項改正）

第百六十條ノ二　總會ハ取締役ノ提出シタル書類及ヒ

◎問題

（一）株式會社ノ定時總會ト臨時總會トノ差異如何（四一、文）

監査役ノ報告書ヲ調査セシムル爲メ特ニ檢査役ヲ選任スルコトヲ得（本條新設）

第百六十一條　總會ノ決議ハ本法又ハ定款ニ別段ノ定アル場合ヲ除ク外出席シタル株主ノ議決權ノ過半數ヲ以テ之ヲ爲ス

無記名式ノ株劵ヲ有スル者ハ會日ヨリ一週間前ニ其株劵ヲ會社ニ供託スルコトヲ要ス（本項改正）

株主ハ代理人ヲ以テ其議決權ヲ行フコトヲ得但其代理人ハ代理權ヲ證スル書面ヲ會社ニ差出タスコトヲ要ス

總會ノ決議ニ付キ特別ノ利害關係ヲ有スル者ハ其議決權ヲ行フコトヲ得ス

第百六十二條　各株主ハ一株ニ付キ一箇ノ議決權ヲ有ス但十一株以上ヲ有スル株主ノ議決權ハ定款ヲ以テ之ヲ制限スルコトヲ得

◎判例　株主ハ其資格ニ於テ直接ニ取締役若クハ清算人ニ對シ訴訟ヲ爲スノ權利ナシ（三八、大判錄四九九頁）

第百六十三條　總會招集ノ手續又ハ其決議ノ方法カ法令又ハ定款ニ反スルトキハ株主、取締役又ハ監査役ハ訴ヲ以テノミ其決議ノ無效ヲ主張スルコトヲ得

株主ハ總會ニ於テ決議ニ對シ異議ヲ述ヘタルトキ又

◎問題

（一）株主總會ノ決議ノ性質ヲ論セヨ（三五、日）

（一）株主總會ノ決議ハ如何ナル限界ニ於テ他ノ機關及株主ヲ拘束スルノ效力ヲ有スルヤ（四一、東）

（一）株主總會ノ議決方法ニ違法ノ點アリトシテ決議ノ無效宣告ヲ請求ス

ハ正當ノ理由ナクシテ總會ニ出席スルコトヲ拒マレタルトキニ限リ又株主カ總會ニ出席セサル場合ニ於テハ自己ニ對スル總會招集ノ手續カ法令又ハ定款ニ反スルコトヲ理由トスルトキニ限リ前項ノ訴ヲ提起スルコトヲ得

第九十九條ノ三及ヒ第九十九條ノ四ノ規定ハ前二項ノ場合ニ之ヲ準用ス（本條改正）

○準條

第九十九條ノ三　前條ノ訴ハ本店ノ所在地ノ地方裁判所ノ管轄ニ専屬ス

數個ノ訴カ同時ニ繋屬スルトキハ辯論及ヒ裁判ハ併合シテ之ヲ爲スコトヲ要ス

第九十九條ノ四　設立ヲ無效トスル判決ハ當事者ニ非サル社員ニ對シテモ其效力ヲ有ス

原告カ敗訴シタル場合ニ於テ惡意又ハ重大ナル過失アリタルトキハ會社ニ對シ連帶シテ損害賠償ノ責ニ任ス

◎**判例**　商法第百六十三條ニ該當スル株主總會ノ決議ト雖モ裁判所ノ無效宣告アル迄ハ有效ニ存立ス（四二、大判錄五二四頁）

◎**判例**　株主總會ヲ招集スルニ當タリ或株主ニ通知ヲ發セサルトキハ其株主ノミナラス他ノ總テノ株主モ總會ノ決議無效ノ宣告ヲ請求スルコトヲ得（四二、大判錄二五〇頁）

◎**判例**　商法第百六十三條ニ規定セル株主總會ノ決議ハ裁判所ノ宣告ヲ俟チテ初メテ無效トナルモノナレハ現ニ解散狀態ニ在ル會社ニ對シテハ清算人ヲ會社ノ代表者トシテ其決議無效ノ請求ヲ爲ス

ル訴ノ當事者ハ何人ナリヤ（三三、中）

ヲ相當トス（四二、大判錄二五〇頁）

第百六十三條ノ二　決議無效ノ訴ハ決議ノ日ヨリ一个月內ニ之ヲ提起スルコトヲ要ス

口頭辯論ハ前項ノ期間ヲ經過シタル後ニ非サレハ之ヲ開始スルコトヲ得ス

訴ノ提起及ヒ口頭辯論ノ期日ハ取締役遲滯ナク之ヲ公告スルコトヲ要ス（本條新設）

第百六十三條ノ三　株主カ決議無效ノ訴ヲ提起シタルトキハ會社ノ請求ニ因リ相當ノ擔保ヲ供スルコトヲ要ス但其株主カ取締役又ハ監査役ナルトキハ此限ニ在ラス（本條新設）

第百六十三條ノ四　決議シタル事項ノ登記アリタル場合ニ於テ其決議ヲ無效トスル判決カ確定シタルトキハ本店及ヒ支店ノ所在地ニ於テ其登記ヲ爲スコトヲ要ス（本條新設）

第三款　取締役

第百六十四條　取締役ハ株主總會ニ於テ株主中ヨリ之ヲ選任ス

會社ト取締役トノ間ノ關係ハ委任ニ關スル規定ニ從フ（本項新設）

◎**判例**　株式會社ノ株主總會ニ於ケル取締役選任ノ決議ハ單獨行爲

◎**定義**　取締役トハ會社ヲ代表シ及ヒ其業務ヲ執行スル會社ノ通常日常任ノ機關ヲ謂フ

◎**問題**

（一）取締役ノ選任ハ單獨行爲ナルカ將タ承諾ヲ待テ始メテ成立スルカ

ナルカ故ニ被選者ノ承諾ヲ俟タス其決議ノミニ依リテ直チニ選任ノ效力ヲ生ス（三六、大判錄九四八頁）

◉判例　株式會社ノ取締役ハ會社ト雇傭關係ニ立ツモノニ非ス（四〇、三、一九日、大審判）

第百六十五條　取締役ハ三人以上タルコトヲ要ス

◉判例　社長ナル名稱ハ法律ニ於テ特ニ認ムル稱呼ニ非サレトモ一般取引上ノ慣用語トシテ會社ノ主席取締役ヲ意味スルモノトス（四一、大判錄八二二頁）

第百六十六條　取締役ノ任期ハ三年ヲ超ユルコトヲ得ス但定款ヲ以テ任期中ノ最終ノ配當期ニ關スル定時總會ノ終結ニ至ルマテ其任期ヲ伸長スルコトヲ妨ケス（本條但書改正）

◉學說　取締役全員カ辭任セル場合ニ補缺選擧ニ依リ取締役ト爲リタル者ノ任期ニ關シ甲說ハ前任者ノ任期ノ殘期間ナリトシ乙說ハ前任者ノ全任期ト同一ナリトス（四二、一二月、法決甲說）

第百六十七條　取締役ハ何時ニテモ株主總會ノ決議ヲ以テ之ヲ解任スルコトヲ得但任期ノ定アル場合ニ於テ正當ノ理由ナクシテ其任期前ニ之ヲ解任シタルトキハ其取締役ハ會社ニ對シ解任ニ因リテ生シタル損害ノ賠償ヲ請求スルコトヲ得

第百六十七條ノ二　取締役ノ任務カ終了シタル場合ニ於テ法律又ハ定款ニ定メタル員數ノ取締役ナキニ至リタルトキハ退任シタル取締役ハ破産及ヒ禁治産ノ

（四一、五私大討）

（一）株式會社ノ取締役ハ其會社ノ支配人トナルコトヲ得ルカ（四〇、文）

（一）甲會社ノ株主總會カ取締役ヲ選任スルニ當リテ乙名望家ニ其選任ヲ委託シ乙ハ丙ヲ選任セリト謂フ其效力如何（四二、京）

場合ヲ除ク外新ニ選任セラレタル取締役カ就職スルマテ仍ホ取締役ノ權利義務ヲ有ス（本條新設）

◉判例　會社ノ取締役ハ株主總會ニ對シ解任ヲ求ムルノ外自ラ進ミテ辭任ヲ爲スコトヲ得ス（三七、東京控訴）

第百六十八條　取締役ハ定款ニ定メタル員數ノ株券ヲ監査役ニ供託スルコトヲ要ス

◉判例　株主總會ニ於テ選任セラレタル取締役ハ商法第百六十八條ノ株券ヲ供託スルト否トヲ問ハス取締役ノ任務ヲ有效ニ行フコトヲ得（三五、大判錄一一券一二〇頁）

第百六十九條　會社ノ業務執行ハ定款ニ別段ノ定ナキトキハ取締役ノ過半數ヲ以テ之ヲ決ス支配人ノ選任及ヒ解任亦同シ

◉判例　株式會社ノ業務執行ニ關シ不法行爲アリタル場合ニ於テハ其行爲ニ與リタル者ノミ之カ責ニ任ス（三八、大判錄三一六頁）

◉判例　取締役ハ支配人ヲ兼ヌルコトヲ得ス（三八、三二七日東京地方）

第百七十條　定款又ハ株主總會ノ決議ヲ以テ取締役中會社ヲ代表スヘキ者ヲ定メス又ハ數人ノ取締役カ共同シ若クハ取締役カ支配人ト共同シテ會社ヲ代表スヘキコトヲ定メサルトキハ取締役ハ各自會社ヲ代表ス

第三十條ノ二第二項及ヒ第六十二條ノ規定ハ取締役ニ之ヲ準用ス（本條改正）

○準條

第三十條ノ二第二項　前項ノ場合ニ於テ支配人ノ一人ニ對シテ爲シタル意思表示ハ主人ニ對シテ其效力ヲ生ス

第六十二條　會社ヲ代表スヘキ社員ハ會社ノ營業ニ關スル一切ノ裁判上又ハ裁判外ノ行爲ヲ爲ス權限ヲ有ス

民法第四十四條第一項及ヒ第五十四條ノ規定ハ合名會社ニ之ヲ準用ス

○再準條

第四十四條第一項　法人ハ理事其他ノ代理人カ其職務ヲ行フニ付キ他人ニ加ヘタル損害ヲ賠償スル責ニ任ス

第五十四條　理事ノ代理權ニ加ヘタル制限ハ之ヲ以テ善意ノ第三者ニ對抗スルコトヲ得ス

◉判例　株式會社ノ取締役カ被用者ノ選任又ハ監督ニ付キ相當ノ注意ヲ怠リ因テ他人ニ損害ヲ加ヘタルトキハ法人タル會社ニ於テ其責ニ任スヘキモノトス（三六、大判錄三一三頁）

◉判例　取締役ハ會社ノ營業科目ニ關スル事項ニシテ自己ノ權限ニ屬スルモノニ非サレハ和解ヲ爲スコトヲ得ス（三七、大判錄六三八頁）

◉判例　株式會社ノ取締役ハ行爲能力ヲ有セサル會社ヲ代表シ其業務ヲ執行スル法定代理人ナリ（三八、大判錄三一六頁）

第百七十一條　取締役ハ定款及ヒ總會ノ決議錄ヲ本店及ヒ支店ニ備ヘ置キ且株主名簿及ヒ社債原簿ヲ本店ニ備ヘ置クコトヲ要ス

株主及ヒ會社ノ債權者ハ營業時間內何時ニテモ前項

ニ掲ケタル書類ノ閲覧ヲ求ムルコトヲ得

第百七十二條 株主名簿ニハ左ノ事項ヲ記載スルコトヲ要ス

一 株主ノ氏名、住所

二 各株主ノ株式ノ數及ヒ株券ノ番號

三 各株ニ付キ拂込ミタル株金額及ヒ拂込ノ年月日

四 各株式ノ取得ノ年月日

五 無記名式ノ株券ヲ發行シタルトキハ其數、番號及ヒ發行ノ年月日

第百七十二條ノ二 會社ノ株主ニ對スル通知又ハ催告ハ株主名簿ニ記載シタル株主ノ住所又ハ其者カ會社ニ通知シタル住所ニ宛ツルヲ以テ足ル

前項ノ通知又ハ催告ハ通常其到達スヘカリシ時ニ到達シタルモノト看做ス（本條新設）

◎判例 商法第百七十二條ニハ株主カ拂込ミタル株金額等ヲ株主名簿ニ記載スルニ付キ其時期ノ定ナキ以上ハ事實ヲ遲滯ナク記載スヘシトノ趣旨ナリトス從テ此等ノ記載ニ付キ遲滯アルトキハ其原因ノ如何ヲ問ハス商法上ノ制裁ヲ免レサルモノトス（三九、大判錄一五二〇頁）

第百七十三條 社債原簿ニハ左ノ事項ヲ記載スルコトヲ要ス

一 社債權者ノ氏名、住所

二　債券ノ番號
三　社債ノ總額
四　各社債ノ金額
五　社債ノ利率
六　社債償還ノ方法及ヒ期限
七　數回ニ分チテ社債ノ拂込ヲ爲サシムルトキハ其拂込ノ金額及ヒ時期
八　各社債ニ付キ拂込ミタル金額及ヒ拂込ノ年月日
九　債券發行ノ年月日
十　各社債ノ取得ノ年月日
十一　無記名式ノ債券ヲ發行シタルトキハ其數、番號及ヒ發行ノ年月日（本條改正）

第百七十四條　會社カ其資本ノ半額ヲ失ヒタルトキハ取締役ハ遲滯ナク株主總會ヲ招集シテ之ヲ報告スルコトヲ要ス

會社財産ヲ以テ會社ノ債務ヲ完濟スルコト能ハサルニ至リタルトキハ取締役ハ直チニ破産宣告ノ請求ヲ爲スコトヲ要ス

第百七十五條　取締役ハ株主總會ノ認許アルニ非サレハ自己又ハ第三者ノ爲メニ會社ノ營業ノ部類ニ屬スル商行爲ヲ爲シ又ハ同種ノ營業ヲ目的トスル他ノ會

社ノ無限責任社員ト爲ルコトヲ得ス
取締役カ前項ノ規定ニ反シテ自己ノ爲メニ商行爲ヲ爲シタルトキハ株主總會ハ之ヲ以テ會社ノ爲メニ爲シタルモノト看做スコトヲ得
前項ニ定メタル權利ハ監査役ノ一人カ其行爲ヲ知リタル時ヨリ二个月間之ヲ行ハサルトキハ消滅ス行爲ノ時ヨリ一年ヲ經過シタルトキ亦同シ

第百七十六條 取締役ハ監査役ノ承認ヲ得タルトキニ限リ自己又ハ第三者ノ爲メニ會社ト取引ヲ爲スコトヲ得此場合ニ於テハ民法第百八條ノ規定ヲ適用セス

（本條改正）

○不適條

第百八條 何人ト雖モ同一ノ法律行爲ニ付キ其相手方ノ代理人ト爲リ又ハ當事者雙方ノ代理人ト爲ルコトヲ得ス但債務ノ履行ニ付テハ此限ニ在ラス

◉判例 商法．百七十六條ハ民法第百八條ト精神ヲ同シウスレトモ同條ノ例外規定ニ非サルヲ以テ取締役カ自己又ハ第三者ノ爲メ會社ト取引ヲナス場合ニ於テハ縱令自ラ其會社ヲ代表セサルトキト雖モ監査役ノ承認ヲ得ルコトヲ要ス（三七、大判錄一七三頁）

◉判例 商法第百七十六條ニ所謂監査役ノ承認トハ特定ノ取引ニ付キ殊ニ與ヘラレタル承認ヲ指スノ意ニシテ概括的ニ一般取引ノ承認ヲ指スノ意ニ非ス（三七、大判錄九五六頁）

◉判例 株式會社ノ取締役カ會社ヲ代表シ一個人タル自己ニ宛テ手

◉問題

（一）會社ノ取締役カ其會社ト爲シタル取引ノ効力如何（四四、京）

形ヲ振出タシタルトキハ同一ノ法律行爲ニ付キ相手方ノ代理人ト爲リタルモノニシテ其手形行爲ハ無效ナリトス(四二、一二、二日、大審判)

◉判例　取締役カ自己又ハ第三者ノ爲メニ會社ト取引ヲ爲ス場合ニ於ケル監査役ノ承認ハ其取引後ニ於テ爲スモ有效ニシテ此場合ノ承認ハ民法ノ所謂追認ニ非ス(四〇、一一、二六日、大阪控訴)

◉判例　商法第百七十六條ハ會社ノ利益ヲ保證スル規定ナレトモ該規定ノ存スル所以ハ會社ノ存立ヲ以テ公共ノ利益ニ稗補アリト爲シタルニ因ルノミナラス法律ニ違背シタル行爲ヲ當然無效トセスシテ取消シ得ヘキモノト爲ス場合ハ之カ法條ヲ明示スルコトハ此商法ノ一貫シタル主義ナリ故ニ取締役カ監査役ノ承認ヲ得スシテ自己又ハ第三者ノ爲メニ會社ト取引ヲ爲シタルトキハ其行爲ハ無效トス(四二、一二、二日、大審判)

第百七十七條　取締役カ其任務ヲ怠リタルトキハ其取締役ハ會社ニ對シ連帶シテ損害賠償ノ責ニ任ス
取締役カ法令又ハ定款ニ反スル行爲ヲ爲シタルトキハ株主總會ノ決議ニ依リタル場合ト雖モ其取締役ハ第三者ニ對シ連帶シテ損害賠償ノ責ニ任ス(本條改正)

第百七十八條　株主總會ニ於テ取締役ニ對シテ訴ヲ提起スルコトヲ決議シタルトキ又ハ之ヲ否決シタル場合ニ於テ資本ノ十分ノ一以上ニ當タル株主カ之ヲ監査役ニ請求シタルトキハ會社ハ決議又ハ請求ノ日ヨリ一个月内ニ訴ヲ提起スルコトヲ要ス

◉問題
(一)取締役ノ第三者ニ對スル責任ヲ論ス可シ(四三、京)

前項ノ請求ヲ爲シタル株主ハ監査役ノ請求ニ因リ相當ノ擔保ヲ供スルコトヲ要ス（本項改正）

會社カ敗訴シタルトキハ右ノ株主ハ會社ニ對シテノミ損害賠償ノ責ニ任ス

第百七十九條　取締役カ受クヘキ報酬ハ定款ニ其額ヲ定メサリシトキハ株主總會ノ決議ヲ以テ之ヲ定ム

第三款　監査役

第百八十條　監査役ノ任期ハ二年ヲ超ユルコトヲ得ス

（本條改正）

◎判例　株式會社ノ監査役ハ會社ノ機關ニシテ雇傭關係ニ基ク雇人ニアラス（三三、大判錄三卷一三七頁）

◎判例　監査役ノ豫選ハ無效ナリ（三八、一一、八日、大阪控訴）

◎判例　監査役ノ再選ハ株主總會ニ於テ任期滿了後ニ爲スヘキモノニシテ滿了前ニ選任シタル決議ハ不適法ナリ（三六、五月、東京控訴）

第百八十一條　監査役ハ何時ニテモ取締役ニ對シテ事業ノ報告ヲ求メ又ハ會社ノ業務及ヒ會社財産ノ狀況ヲ調査スルコトヲ得

第百八十二條　監査役ハ株主總會ヲ招集スル必要アリト認メタルトキハ其招集ヲ爲スコトヲ得此總會ニ於テハ會社ノ業務及ヒ會社財産ノ狀況ヲ調査セシムル爲メ特ニ檢査役ヲ選任スルコトヲ得

◎定義　監査役トハ會社ノ業務執行ヲ監督スル會社ノ常任ノ機關ヲ云フ

第百八十三條　監査役ハ取締役カ株主總會ニ提出セントスル書類ヲ調査シ株主總會ニ其意見ヲ報告スルコトヲ要ス

第百八十四條　監査役ハ取締役又ハ支配人ヲ兼ヌルコトヲ得ス但取締役中ニ缺員アルトキハ取締役及ヒ監査役ノ協議ヲ以テ監査役中ヨリ一時取締役ノ職務ヲ行フヘキ者ヲ定ムルコトヲ得

前項ノ規定ニ依リテ取締役ノ職務ヲ行フ監査役ハ第百九十二條第一項ノ規定ニ從ヒ株主總會ノ承認ヲ得ルマテハ監査役ノ職務ヲ行フコトヲ得ス

第百八十五條　會社カ取締役ニ對シ又ハ取締役カ會社ニ對シ訴ヲ提起スル場合ニ於テハ其訴ニ付テハ監査役會社ヲ代表ス但株主總會ハ他人ヲシテ之ヲ代表セシムルコトヲ得

資本ノ十分ノ一以上ニ當タル株主カ取締役ニ對シテ訴ヲ提起スルコトヲ請求シタルトキハ特ニ代表者ヲ指定スルコトヲ得

◉判例　監査役ハ取締役差支ノ場合ニハ其代理ヲ爲シ且取締役ニ對スル訴訟ニ付キ會社ヲ代表スルコト在ルモ其訴訟ノ成蹟ニ直接ノ利害關係ヲ有スルモノニ非ス（三三、大判錄三卷一三七頁）

第百八十六條　監査役カ會社又ハ第三者ニ對シテ損害

賠償ノ責ニ任スヘキ場合ニ於テ取締役モ亦其責ニ任スヘキトキハ其監査役及ヒ取締役ハ之ヲ連帶債務者トス（本條改正）

第百八十七條 株主總會ニ於テ監査役ニ對シテ訴ヲ提起スルコトヲ決議シタルトキ又ハ之ヲ否決シタル場合ニ於テ資本ノ十分ノ一以上ニ當タル株主カ之ヲ取締役ニ請求シタルトキハ會社ノ決議又ハ請求ノ日ヨリ一个月内ニ訴ヲ提起スルコトヲ要ス此場合ニ於テハ第百八十五條第一項但書及ヒ第二項ノ規定ヲ準用ス

前項ノ請求ヲ爲シタル株主ハ取締役ノ請求ニ因リ相當ノ擔保ヲ供スルコトヲ要ス

會社カ敗訴シタルトキハ右ノ株主ハ會社ニ對シテノミ損害賠償ノ責ニ任ス（本條改正）

第百八十八條 削除

第百八十九條 第百六十四條、第百六十六條但書、第百六十七條、第百六十七條ノ二、第百七十七條及ヒ第百七十九條ノ規定ハ監査役ニ之ヲ準用ス（本條改正）

○準條

第百六十四條 取締役ハ株主總會ニ於テ株主中ヨリ之ヲ選任ス

會社ト取締役トノ間ノ關係ハ委任ニ關スル規定ニ從フ

第百六十六條但書　但定款ヲ以テ任期中ノ最終ノ配當期ニ關スル定時總會ノ終結ニ至ルマテ其任期ヲ伸長スルコトヲ妨ケス

第百六十七條　取締役ハ何時ニテモ株主總會ノ決議ヲ以テ之ヲ解任スルコトヲ得但任期ノ定アル場合ニ於テ正當ノ理由ナクシテ其任期前ニ之ヲ解任シタルトキハ其取締役ハ會社ニ對シ解任ニ因リテ生シタル損害ノ賠償ヲ請求スルコトヲ得

第百六十七條ノ二　取締役ノ任務カ終了シタル場合ニ於テ法律又ハ定款ニ定メタル員數ノ取締役ナキニ至リタルトキハ退任シタル取締役ハ破産及ヒ禁治産ノ場合ヲ除ク外新ニ選任セラレタル取締役カ就職スルマテ仍ホ取締役ノ權利義務ヲ有ス

第百七十七條　取締役カ其任務ヲ怠リタルトキハ其取締役ハ會社ニ對シ連帶シテ損害賠償ノ責ニ任ス

取締役カ法令又ハ定款ニ反スル行爲ヲ爲シタルトキハ株主總會ノ決議ニ依リタル場合ト雖モ其取締役ハ第三者ニ對シ連帶シテ損害賠償ノ責ニ任ス

第百七十九條　取締役カ受クヘキ報酬ハ定款ニ其額ヲ定メサリシトキハ株主總會ノ決議ヲ以テ之ヲ定ム

第四節　會社ノ計算

第百九十條　取締役ハ定時總會ノ會日ヨリ一週間前ニ左ノ書類ヲ監査役ニ提出スルコトヲ要ス

一　財産目録
二　貸借對照表
三　營業報告書

四　損益計算書

五　準備金及ヒ利益又ハ利息ノ配當ニ關スル議案

第百九十一條　取締役ハ定時總會ノ會日前ニ前條ニ掲ケタル書類及ヒ監査役ノ報告書ヲ本店ニ備フルコトヲ要ス

株主及ヒ會社ノ債權者ハ營業時間內何時ニテモ前項ニ掲ケタル書類ノ閲覽ヲ求ムルコトヲ得

第百九十二條　取締役ハ第百九十條ニ掲ケタル書類ヲ定時總會ニ提出シテ其承認ヲ求ムルコトヲ要ス

取締役ハ前項ノ承認ヲ得タル後貸借對照表ヲ公告スルコトヲ要ス

第百九十三條　定時總會ニ於テ前條第一項ノ承認ヲ爲シタルトキハ會社ハ取締役及ヒ監査役ニ對シテ其責任ヲ解除シタルモノト看做ス但取締役又ハ監査役ニ不正ノ行爲アリタルトキハ此限ニ在ラス

◉判例　取締役カ商法第百九十條ニ掲ケタル書類ヲ定時總會ニ提出シテ其承認ヲ經タリトスルモ該書類ニ掲記セラレサル事項ハ未タ總會ノ承認ヲ經タルモノト云フヲ得ス從テ其事項ニ關スル責任ヲ解除セラレサルモノトス（四一、大判錄二九頁）

第百九十四條　會社ハ其資本ノ四分ノ一ニ達スルマテハ利益ヲ配當スル每ニ準備金トシテ其利益ノ二十分

●問題

（一）株式會社ノ法定準備金ヲ論

ノ一以上ヲ積立ツルコトヲ要ス
額面以上ノ價額ヲ以テ株式ヲ發行シタルトキハ其額面ヲ超ユル金額ハ前項ノ額ニ達スルマテ之ヲ準備金ニ組入ルルコトヲ要ス

第百九十五條　會社ハ損失ヲ塡補シ且前條第一項ニ定メタル準備金ヲ控除シタル後ニ非サレハ利益ノ配當ヲ爲スコトヲ得ス
前項ノ規定ニ違反シテ配當ヲ爲シタルトキハ會社ノ債權者ハ之ヲ返還セシムルコトヲ得

第百九十六條　會社ノ目的タル事業ノ性質ニ依リ第百四十一條一項ノ規定ニ從ヒ本店ノ所在地ニ於テ登記ヲ爲シタル後二年以上開業ヲ爲スコト能ハサルモノト認ムルトキハ會社ハ定款ヲ以テ開業ヲ爲スニ至ルマテ一定ノ利息ヲ株主ニ配當スヘキコトヲ定ムルコトヲ得但其利率ハ法定利率ニ超ユルコトヲ得ス
前項ニ掲ケタル定款ノ規定ハ裁判所ノ認可ヲ得ルコトヲ要ス

第百九十七條　利益又ハ利息ノ配當ハ定款ニ依リテ拂込ミタル株金額ノ割合ニ應シテ之ヲ爲ス但會社カ優先株ヲ發行シタル場合ニ於テ之ニ異ナリタル定アルトキハ此限ニ在ラス

ス可シ（四三、東）

（一）株式會社ノ資本ノ意義如何（三六、日）

（一）株式會社ニ於ケル資本ト株式トノ關係及資本ト利益配當トノ關係ヲ說明スヘシ（三六、法）

（一）各株主ハ毎事業年度ニ一定ノ利息ノ配當ヲ受ク可シトノ定款ノ規定ハ有效ナリヤ（三六、判、辯）

（一）某株式會社本年五月末日附ノ貸借對照表上五萬圓ノ利益ヲ得タリ然

第百九十八條 裁判所ハ資本ノ十分ノ一以上ニ當タル株主ノ請求ニ因リ會社ノ業務及ヒ會社財産ノ狀況ヲ調査セシムル爲メ檢査役ヲ選任スルコトヲ得

檢査役ハ其調査ノ結果ヲ裁判所ニ報告スルヿヲ要ス此場合ニ於テ裁判所ハ必要アリト認ムルトキハ監査役ヲシテ株主總會ヲ招集セシムルコトヲ得此總會ニ於テハ前項ノ調査ヲ爲サシムル爲メ特ニ檢査役ヲ選任スルコトヲ得(本項改正)

◎判例 商法第百九十八條ノ株主ノ請求ニ因リ會社ノ業務及ヒ會社財産ノ狀況ヲ調査セシムルコトニ付キ法律上何等ノ制限ナキヲ以テ獨リ現在ニ止マラス必要アルトキハ既往ニ遡リテ調査セシムルコトヲ得(三三、大判錄七卷四頁)

◎判例 資本ノ十分ノ一以上ニ當タル株主カ檢査役選任ノ請求ニ付テハ法律上一モ條件ナキヲ以テ裁判所ハ其實體ニ立チ入リ該請求ヲ拒否スルノ權ナシ從テ會社ハ其檢査役選任ノ裁判ニ依リテ權利ヲ害セラレタリト云フヲ得ス(三九、大判錄一三三九頁)

第五節 社債

第百九十九條 社債ハ第二百九條ニ定メタル決議ニ依ルニ非サレハ之ヲ募集スルコトヲ得ス

第二百條 社債ノ總額ハ拂込ミタル株金額ニ超ユルコトヲ得ス

最終ノ貸借對照表ニ依リ會社ニ現存スル財産カ前項

ルニ本月六日營業場火災ニ罹リ爲メニ十萬圓ノ損失ヲ受ケタリ來月十日開クヘキ定時總會ハ利益配當ノ決議ヲナスコトヲ得ルカ(三九、京)

◎定義 (一)社債トハ會社カ公衆ヨリ募集ノ方法ニ依リ起シタル負債ニ對スル債權ニシテ之ニ對シテ證券ノ發行セラルルモノヲ云フ

●問題

(一)社債ノ法律上ノ性質ヲ論ス

ノ金額ニ滿タサルトキハ社債ノ總額ハ其財產ノ額ニ超ユルコトヲ得ス

第二百條ノ二　會社ハ前ニ募集シタル社債總額ノ拂込ヲ爲サシメタル後ニ非サレハ更ニ社債ヲ募集スルコトヲ得ス（本條新設）

第二百一條　各社債ノ金額ハ二十圓ヲ下ルコトヲ得ス

第二百二條　社債權者ニ償還スヘキ金額カ劵面額ニ超ユヘキコトヲ定メタルトキハ其金額ハ各社債ニ付キ同一ナルコトヲ要ス

第二百三條　社債ノ募集ニ應セントスル者ハ社債申込證二通ニ其引受クヘキ社債ノ數及ヒ住所ヲ記載シ之ニ署名スルコトヲ要ス

社債申込證ハ取締役之ヲ作リ之ニ左ノ事項ヲ記載スルコトヲ要ス

一　會社ノ商號

二　第百七十三條第三號乃至第七號ニ掲ケタル事項

三　社債發行ノ價額又ハ其最低價額

四　會社ノ資本及ヒ拂込ミタル株金ノ總額

五　最終ノ貸借對照表ニ依リ會社ニ現存スル財產ノ額

六　前ニ社債ヲ募集シタルトキハ其償還ヲ了ヘサ

◎問題

（一）或會社カ劵面額百圓ノ株式ト社債トヲ募集シタリシニ或人ハ各九十圓チ以テ之ニ應シタリ各應募ノ效力如何（三七、明）

（一）社債ニ因テ得ル資金ト株式ニ因リテ得ル資金ト法律上及ヒ經濟上ノ作用ニ於テ異ナル所アリヤ（四二、東）

ル總額
社債發行ノ最低價額ヲ定メタル場合ニ於テハ社債應募者ハ社債申込證ニ應募價額ヲ記載スルコトヲ要ス（本條改正）

第二百三條ノ二　前條ノ規定ハ契約ニ依リ社債ノ總額ヲ引受クル場合ニハ之ヲ適用セス社債募集ノ委託ヲ受ケタル者カ自ラ社債ノ一部ヲ引受クル場合ニ於テ其一部ニ付キ亦同シ（本條新設）

第二百四條　社債ノ募集カ完了シタルトキハ取締役ハ遲滯ナク各社債ニ付キ其全額又ハ第一回ノ拂込ヲ爲サシムルコトヲ要ス（本條改正）

第二百四條ノ二　社債募集ノ委託ヲ受ケタル者ハ自己ノ名ヲ以テ會社ノ爲メニ第二百三條第二項及ヒ前條ニ定メタル行爲ヲ爲スコトヲ得（本條新設）

第二百四條ノ三　取締役ハ第二百四條ノ拂込アリタル日ヨリ二週間內ニ本店及ヒ支店ノ所在地ニ於テ左ノ事項ヲ登記スルコトヲ要ス

一　第百七十三條第三號乃至第六號ニ掲ケタル事項

二　各社債ニ付キ拂込ミタル金額

第五十三條ノ規定ハ前項ノ場合ニ之ヲ準用ス
外國ニ於テ社債ヲ募集シタル場合ニ於テ登記スヘキ

事項カ外國ニ於テ生シタルトキハ登記ノ期間ハ其通知ノ到達シタル時ヨリ之ヲ起算ス（本條新設）

○準條

第五十三條　第五十一條第一項ニ掲ケタル事項中ニ變更ヲ生シタルトキハ二週間内ニ本店及ヒ支店ノ所在地ニ於テ其登記ヲ爲スコトヲ要ス

○適條

第五十一條第一項　會社ハ定款ヲ作リタル日ヨリ二週間内ニ其本店及ヒ支店ノ所在地ニ於テ左ノ事項ヲ登記スルコトヲ要ス

一　前條第一號乃至第三號ニ掲ケタル事項

二　本店及ヒ支店

三　設立ノ年月日

四　存立時期又ハ解散ノ事由ヲ定メタルトキハ其時期又ハ事由

五　社員ノ出資ノ種類及ヒ財産ヲ目的トスル出資ノ價格

六　會社ヲ代表スヘキ社員ヲ定メタルトキハ其氏名

七　數人ノ社員カ共同シ又ハ社員カ支配人ト共同シテ會社ヲ代表スヘキコトヲ定メタルトキハ其代表ニ關スル規定

第二百五條　債券ハ社債全額ノ拂込アリタル後ニ非サレハ之ヲ發行スルコトヲ得ス

債券ニハ會社ノ商號及ヒ第百七十三條第二號乃至第六號ニ掲ケタル事項ヲ記載シ取締役之ニ署名スルコトヲ要ス（本條改正）

○適條

第百七十三條第二號乃至第六號

二　債券ノ番號
三　社債ノ總額
四　各社債ノ金額
五　社債ノ利率
六　社債償還ノ方法及ヒ期限

第二百六條　記名社債ノ移轉ハ取得者ノ氏名、住所ヲ社債原簿ニ記載シ且其氏名ヲ債券ニ記載スルニ非サレハ之ヲ以テ會社其他ノ第三者ニ對抗スルコトヲ得ス（本條改正）

第二百七條　第百五十五條ノ規定ハ債券ニ之ヲ準用ス

○準條

第百五十五條　株金全額ノ拂込アリタルトキハ株主ハ其株券ヲ無記名式ト爲スコトヲ請求スルコトヲ得

株主ハ何時ニテモ其無記名式ノ株券ヲ記名式ト爲スコトヲ請求スルコトヲ得

第二百七條ノ二　第百七十二條ノ二ノ規定ハ社債應募者又ハ社債權者ニ對スル通知及ヒ催告ニ之ヲ準用ス

（本條新設）

○準條

第百七十二條ノ二　會社ノ株主ニ對スル通知又ハ催告ハ株主名簿ニ記載シタル株主ノ住所又ハ其者カ會社ニ通知シタル住所ニ宛ツルヲ以テ足ル

前項ノ通知又ハ催告ハ通常其到達スヘカリシ時ニ到達シタルモノト看做ス

第六節　定款ノ變更

第二百八條　定款ハ株主總會ノ決議ニ依リテノミ之ヲ變更スルコトヲ得

定款ノ變更ニ關スル議案ノ要領ハ第百五十六條ニ定メタル通知及ヒ公告ニ之ヲ記載スルコトヲ要ス（本項新設）

第二百九條　定款ノ變更ハ總株主ノ半數以上ニシテ資本ノ半額以上ニ當タル株主出席シ其議決權ノ過半數ヲ以テ之ヲ決ス但第百六十一條第二項ノ規定ニ依リテ株券ヲ供託セサル者ハ總株主ノ員數ニ之ヲ算入セス

前項ニ定メタル員數ノ株主カ出席セサルトキハ出席シタル株主ノ議決權ノ過半數ヲ以テ假決議ヲ爲スコトヲ得此場合ニ於テハ各株主ニ對シテ其假決議ノ趣旨ノ通知ヲ發シ且無記名式ノ株券ヲ發行シタルトキハ其趣旨ヲ公告シ更ニ一个月內ニ第二囘ノ株主總會ヲ招集スルコトヲ要ス

第二囘ノ株主總會ニ於テハ出席シタル株主ノ議決權ノ過半數ヲ以テ假決議ノ認否ヲ決ス

前二項ノ規定ハ會社ノ目的タル事業ヲ變更スル場合ニハ之ヲ適用セス（本條改正）

●問題

（一）定款ヲ變更スルニハ株主總會ノ如何ナル決議ヲ要スルヤ（四一、明）

○適條

第百六十一條第二項　無記名式ノ株券ヲ有スル者ハ會日ヨリ一週間前ニ其株券ヲ會社ニ供託スルコトヲ要ス

第二百十條　會社ノ資本ハ株金全額拂込ノ後ニ非サレハ之ヲ增加スルコトヲ得ス

第二百十一條　會社ハ其資本ヲ增加スル場合ニ限リ優先株ヲ發行スルコトヲ得此場合ニ於テハ其旨ヲ定款ニ記載スルコトヲ要ス

第二百十二條　會社カ優先株ヲ發行シタル場合ニ於テ定款ノ變更カ優先株主ニ損害ヲ及ホスヘキトキハ株主總會ノ決議ノ外優先株主ノ總會ノ決議アルコトヲ要ス

優先株主ノ總會ニハ株主總會ニ關スル規定ヲ準用ス

第二百十二條ノ二　會社カ其資本ヲ增加スル場合ニ於テ金錢以外ノ財産ヲ以テ出資ノ目的ト爲ス者アルトキハ其者、其財産ノ種類、價格及ヒ之ニ對シテ與フル株式ノ數ハ資本增加ノ決議ト同時ニ之ヲ決議スルコトヲ要ス（本條新設）

第二百十二條ノ三　株式申込證ハ取締役之ヲ作リ之ニ左ノ事項ヲ記載スルコトヲ要ス

一　會社ノ商號

二　增加スヘキ資本ノ總額

●問題

（一）優先株トハ如何（四二、京）

（一）優先株主總會ノ招集決議等ニ關スル手續ヲ説明スヘシ（四一、法）

三　資本增加ノ決議ノ年月日
四　第一回拂込ノ金額
五　額面以上ノ價額ヲ以テ株式ヲ發行スル場合ニ於テハ其旨
六　前條ノ規定ニ依リテ決議シタル事項
七　優先株ヲ發行スル場合ニ於テハ其種類及ヒ其各種ノ株式ノ數
八　一定ノ時期マテニ資本增加ノ登記ヲ爲サヽルトキハ株式ノ申込ヲ取消スコトヲ得ヘキコト
數種ノ優先株ヲ發行スル場合ニ於テハ株式申込人ハ株式申込證ニ其引受クヘキ株式ノ種類及ヒ各種ノ株式ノ數ヲ記載スルコトヲ要ス（本條新設）

第二百十三條　會社カ其資本ヲ增加シタル場合ニ於テ各新株ニ付キ第百二十九條ノ拂込アリタルトキハ取締役ハ遲滯ナク株主總會ヲ招集シテ之ニ新株ノ募集ニ關スル事項ヲ報告スルコトヲ要ス

第二百十四條　監査役ハ左ニ揭ケタル事項ヲ調査シ之ヲ株主總會ニ報告スルコトヲ要ス
一　新株總數ノ引受アリタルヤ否ヤ
二　各新株ニ付キ第百二十九條ノ拂込アリタルヤ否ヤ

●問題
（一）株式會社新株ヲ募集シタル場合ニ於テ其ノ應募者ハ何レノ時ヨリ株主權ヲ有スルコトヲ得ルヤ其株金ノ金額ヲ拂込マサル場合ニ於テ奮

株主總會ハ前項ノ調査及ヒ報告ヲ爲サシムル爲メ特ニ檢査役ヲ選任スルコトヲ得（本條改正）

第二百十五條　削除

第二百十六條　引受ナキ株式又ハ第百二十九條ノ拂込ノ未濟ナル株式アルトキハ取締役ハ連帶シテ其株式ヲ引受ケ又ハ其拂込ヲ爲ス義務ヲ負フ株式ノ申込カ取消サレタルトキ亦同シ

第二百十七條　會社ハ第二百十三條ノ規定ニ依リテ招集シタル株主總會終結ノ日ヨリ二週間内ニ本店及ヒ支店ノ所在地ニ於テ左ノ事項ヲ登記スルコトヲ要ス

一　增加シタル資本ノ總額
二　資本增加ノ決議ノ年月日
三　各新株ニ付キ拂込ミタル株金額
四　優先株ヲ發行シタルトキハ其種類及ヒ其各種ノ株式ノ數

第五十三條ノ規定ハ前項ノ場合ニ之ヲ準用ス

第一項ノ規定ニ從ヒ本店ノ所在地ニ於テ登記ヲ爲スマテハ新株券ノ發行及ヒ新株ノ讓渡又ハ其豫約ヲ爲スコトヲ得ス（本條改正）

第二百十八條　新株ヲ發行シタルトキハ前條第一項ノ規定ニ從ヒ本店ノ所在地ニ於テ登記ヲ爲シタル年月

株主ノ權利ニ差異アリヤ（四一、東）

日ヲ株劵ニ記載スルコトヲ要ス
優先株ヲ發行シタルトキハ其株主ノ權利ヲ株劵ニ記載スルコトヲ要ス

第二百十九條 第百二十六條第一項、第三項、第百二十六條ノ二乃至第百三十條、第百四十二條及ヒ第百四十七條第二項ノ規定ハ新株發行ノ場合ニ之ヲ準用ス（本條改正）

○準條

第百二十六條第二項第三項 株式ノ申込ヲ爲サントスル者ハ株式申込證二通ニ其引受クヘキ株式ノ數及ヒ住所ヲ記載シ之ニ署名スルコトヲ要ス

額面以上ノ價額ヲ以テ株式ヲ發行スル場合ニ於テハ株式申込人ハ株式申込證ニ引受價額ヲ記載スルコトヲ要ス

第百二十六條ノ二 第百七十二條ノ二ノ規定ハ株式申込人又ハ株式引受人ニ對スル通知及ヒ催告ニ之ヲ準用ス

第百二十七條 株式ノ申込ヲ爲シタル者ハ其引受クヘキ株式ノ數ニ應シテ拂込ヲ爲ス義務ヲ負フ

第百二十八條 株式發行ノ價額ハ劵面額ヲ下ルコトヲ得ス

第一回拂込ノ金額ハ株金ノ四分ノ一ヲ下ルコトヲ得ス

第百二十九條 株式總數ノ引受アリタルトキハ發起人ハ遲滯ナク各株ニ付キ第一回ノ拂込ヲ爲サシムルコトヲ要ス

額面以上ノ價額ヲ以テ株式ヲ發行シタルトキハ其額面ヲ超ユル金額ハ第一回ノ拂込ト同時ニ之ヲ拂込マシムルコトヲ要ス

第百三十條　株式引受人カ前條ノ拂込ヲ爲ササルトキハ發起人ハ一定ノ期間內ニ其拂込ヲ爲スヘキ旨及ヒ其期間內ニ之ヲ爲ササルトキハ其權利ヲ失フヘキ旨ヲ其株式取引受人ニ通知スルコトヲ得但其期間ハ二週間ヲ下ルコトヲ得ス

發起人カ前項ノ通知ヲ爲シタルモ株式引受人カ拂込ヲ爲サザルトキハ其權利ヲ失フ此場合ニ於テ發起人ハ其者カ引受ケタル株式ニ付キ更ニ株主ヲ募集スルコトヲ得

前二項ノ規定ハ株式引受人ニ對スル損害賠償ノ請求ヲ妨ケス

第百四十二條　會社カ前條第一項ノ規定ニ從ヒ本店ノ所在地ニ於テ登記ヲ爲シタル後ハ株式引受人ハ詐欺又ハ强迫ニ因リテ其申込ヲ取消スコトヲ得ス

第百四十七條第二項　前項ノ規定ニ反シテ發行シタル株券ハ無效トス但株券ヲ發行シタル者ニ對スル損害賠償ノ請求ヲ妨ケス

第二百二十條　株主總會ニ於テ資本減少ノ決議ヲ爲ストキハ同時ニ其減少ノ方法ヲ決議スルコトヲ要ス

第七十八條乃至第八十條ノ規定ハ資本減少ノ場合ニ之ヲ準用ス

〇準條

第七十八條　會社カ合併ノ決議ヲ爲シタルトキハ其決議ノ日ヨリ二週間內ニ財產目錄及ヒ貸借對照表ヲ作ルコトヲ要ス

會社ハ前項ノ期間內ニ其債權者ニ對シ異議アラハ一定ノ期間內ニ之ヲ述フヘキ旨ヲ公告シ且知レタル債權者ニハ各別ニ之ヲ催告スルコトヲ要ス但其期間ハ二个月ヲ下ルコトヲ得ス

第七十九條　債權者カ前條第二項ノ期間內ニ會社ノ合併ニ對シテ異議ヲ述ヘサリシトキハ之ヲ承認シタルモノト看做ス

債權者カ異議ヲ述ヘタルトキハ會社ハ之ニ辨濟ヲ爲シ又ハ相當ノ

●問題

(一)株式會社ノ資本減少ノ手續ヲ述フヘシ

(四三、京)

擔保ヲ供スルニ非サレハ合併ヲ爲スコトヲ得ス

前項ノ規定ニ反シテ合併ヲ爲シタルトキハ之ヲ以テ異議ヲ述ヘタル債權者ニ對抗スルコトヲ得ス

第八十條　會社カ第七十八條第二項ニ定メタル公告ヲ爲サスシテ合併ヲ爲シタルトキハ其合併ハ之ヲ以テ其債權者ニ對抗スルコトヲ得ス

會社カ知レタル債權者ニ催告ヲ爲サスシテ合併ヲ爲シタル時ハ其合併ハ之ヲ以テ其催告ヲ受ケサリシ債權者ニ對抗スルコトヲ得ス

◎判例　資本減少ノ方法トシテ株式ヲ消却スルニ當タリ總會ノ決議ノ結果タトヘ新舊株主間ニ等差ヲ生スルカ如キコト、ナルモ株式消却上斯カル結果ヲ生スルハ敢テ法律上妨ナキヲ以テ資本減少ノ方法トシテ之ヲ無效ナリトスル能ハス(四四、六、二一日、大審判)

第二百二十條ノ二　資本減少ノ爲メ株式ヲ併合スヘキ場合ニ於テハ會社ハ株主ニ對シ一定ノ期間内ニ株劵ヲ會社ニ提供スヘキ旨及ヒ其期間内ニ之ヲ提供セサルトキハ株主ノ權利ヲ失フヘキ旨ヲ通知スルコトヲ得但其期間ハ三个月ヲ下ルコトヲ得ス（本條新設）

第二百二十條ノ三　會社カ前條ニ定メタル手續ヲ踐ミタルモ株主カ株劵ヲ提供セサルトキハ其權利ヲ失フ株主カ株劵ヲ提供シタル場合ニ於テ併合ニ適セサル株アルトキハ其株ニ付キ亦同シ

前項ノ場合ニ於テ會社ハ新ニ發行シタル株式ヲ競賣シ且株數ニ應シテ其代金ヲ從前ノ株主ニ交付スルコ

トヲ要ス（本條新設）

第二百二十條ノ四　第百五十二條第三項及ヒ第百五十三條ノ二ノ規定ハ前二條ノ場合ニ之ヲ準用ス（本條新設）

○準條

第百五十二條第三項　前項ノ規定ニ依リ會社カ株主ニ對シ其權利ヲ失フヘキ旨ヲ通知スルトキハ會社ハ其通知スヘキ事項ヲ公告スルコトヲ要ス

第百五十三條ノ二　前條第一項ノ規定ニ依リ株主カ其權利ヲ失ヒタルトキハ會社ハ遲滯ナク其株主ノ氏名、住所及ヒ株券ノ番號ヲ公告スルコトヲ要ス

第二百二十條ノ五　株式併合ノ場合ニ於テ從前ノ株式ヲ目的トスル質權ハ併合ニ因リテ株主カ受クヘキ株式及ヒ金錢ノ上ニ存在ス（本條新設）

第七節　解散

第二百二十一條　會社ハ左ノ事由ニ因リテ解散ス

一　第七十四條第一號、第二號、第四號、第六號及ヒ第七號ニ揭ケタル事由

二　株主總會ノ決議

三　株主カ七人未滿ニ減シタルコト

○準條

第七十四條　會社ハ左ノ事由ニ因リテ解散ス

一　存立時期ノ滿了其他定款ニ定メタル事由ノ發生

二　會社ノ目的タル事業ノ成功又ハ其成功ノ不能
四　會社ノ合併
六　會社ノ破産
七　裁判所ノ命令

第二百二十二條　前條第二號及ヒ合併ノ決議ハ第二百九條ノ規定ニ從フニ非サレハ之ヲ爲スコトヲ得ス

第二百二十三條　削除

第二百二十四條　會社カ解散シタルトキハ破産ノ場合ヲ除ク外取締役ハ遲滯ナク株主ニ對シテ其通知ヲ發シ且無記名式ノ株劵ヲ發行シタル場合ニ於テハ之ヲ公告スルコトヲ要ス

第二百二十五條　第七十六條及ヒ第七十八條乃至第八十二條ノ規定ハ株式會社ニ之ヲ準用ス

第二百二十條ノ二乃至第二百二十條ノ五ノ規定ハ會社ノ合併ニ因ル株式併合ノ場合ニ之ヲ準用ス

第二百二十條ノ五ノ規定ハ株式ヲ併合セサル場合ニ於テ合併ニ因リ消滅スル會社ノ株式ヲ目的トスル質權ニ之ヲ準用ス（本條改正）

○準條

第七十六條　會社カ解散シタルトキハ合併及ヒ破産ノ場合ヲ除ク外二週間内ニ本店及ヒ支店ノ所在地ニ於テ其登記ヲ爲スコトヲ要ス

第七十八條　會社カ合併ノ決議ヲ爲シタルトキハ其決議ノ日ヨリ二週間内ニ財産目錄及ヒ貸借對照表ヲ作ルコトヲ要ス

會社ハ前項ノ期間內ニ其債權者ニ對シ異議アラハ一定ノ期間內ニ之ヲ述フヘキ旨ヲ公告シ且知レタル債權者ニハ各別ニ之ヲ催告スルコトヲ要ス但其期間ハ二个月ヲ下ルコトヲ得ス

第七十九條　債權者カ前條第二項ノ期間內ニ會社ノ合併ニ對シテ異議ヲ述ヘサリシトキハ之ヲ承認シタルモノト看做ス

債權者カ異議ヲ述ヘタルトキハ會社ハ之ニ辨濟ヲ爲シ又ハ相當ノ擔保ヲ供スルニ非サレハ合併ヲ爲スコトヲ得ス

前項ノ規定ニ反シテ合併ヲ爲シタルトキハ之ヲ以テ異議ヲ述ヘタル債權者ニ對抗スルコトヲ得ス

第八十條　會社カ第七十八條第二項ニ定メタル公告ヲ爲サスシテ合併ヲ爲シタルトキハ其合併ハ之ヲ以テ其債權者ニ對抗スルコトヲ得ス

會社カ知レタル債權者ニ催告ヲ爲サスシテ合併ヲ爲シタルトキハ其合併ハ之ヲ以テ其催告ヲ受ケサリシ債權者ニ對抗スルコトヲ得ス

第八十一條　會社カ合併ヲ爲シタルトキハ二週間內ニ本店及ヒ支店ノ所在地ニ於テ合併後存續スル會社ニ付テハ變更ノ登記ヲ爲シ、合併ニ因リテ消滅シタル會社ニ付テハ解散ノ登記ヲ爲シ、合併ニ因リテ設立シタル會社ニ付テハ第五十一條第一項ニ定メタル登記ヲ爲スコトヲ要ス

第八十二條　合併後存續スル會社又ハ合併ニ因リテ設立シタル會社ハ合併ニ因リテ消滅シタル會社ノ權利義務ヲ承繼ス

第二百二十條ノ二　資本減少ノ爲メ株式ヲ併合スヘキ場合ニ於テハ會社ハ株主ニ對シ一定ノ期間內ニ株券ヲ會社ニ提供スヘキ旨及ヒ其期間內ニ之ヲ提供セサルトキハ株主ノ權利ヲ失フヘキ旨ヲ通知スルコトヲ得但其期間ハ三个月ヲ下ルコトヲ得ス

第二百二十條ノ三 會社カ前條ニ定メタル手續ヲ踐ミタルモ株主カ株券ヲ提供セサルトキハ其權利ヲ失フ株主カ株券ヲ提供シタル場合ニ於テ併合ニ適セサル株アルトキハ其株ニ付キ亦同シ
前項ノ場合ニ於テ會社ハ新ニ發行シタル株式ヲ競賣シ且株數ニ應シテ其代金ヲ從前ノ株主ニ交付スルコトヲ要ス

第二百二十條ノ四 第百五十二條第三項及ヒ第百五十三條ノ二ノ規定ハ前二條ノ場合ニ之ヲ準用ス

第二百二十條ノ五 株式併合ノ場合ニ於テ從前ノ株式ヲ目的トスル質權ハ併合ニ因リテ株主カ受クヘキ株式及ヒ金錢ノ上ニ存在ス

第八節　清算

第二百二十六條 會社カ解散シタルトキハ合併及ヒ破産ノ場合ヲ除ク外取締役其清算人ト爲ル但定款ニ別段ノ規定アルトキ又ハ株主總會ニ於テ他人ヲ選任シタルトキハ此限ニ在ラス
前項ノ規定ニ依リテ清算人タル者ナキトキハ裁判所ハ利害關係人ノ請求ニ因リ清算人ヲ選任ス
◉判例　取締役ハ會社ヲ代表シ其本來ノ目的タル業務ヲ執行スル機關ナレハ會社ノ解散ト同時ニ當然其代表者タル資格ヲ失フモノトス（三八、大判錄五二六頁）

第二百二十七條 清算人ハ就職ノ後遲滞ナク會社財産ノ現況ヲ調査シ財産目錄及ヒ貸借對照表ヲ作リ之ヲ株主總會ニ提出シテ其承認ヲ求ムルコトヲ要ス（本條改正）

第二百二十七條ノ二　清算人ハ財產目錄、貸借對照表及ヒ事務報告書ヲ作リ定時總會ノ會日ヨリ一週間前ニ之ヲ監査役ニ提出スルコトヲ要ス（本條新設）

第二百二十八條　株主總會ニ於テ選任シタル清算人ハ何時ニテモ株主總會ノ決議ヲ以テ之ヲ解任スルコトヲ得

重要ナル事由アルトキハ裁判所ハ監査役又ハ資本ノ十分ノ一以上ニ當タル株主ノ請求ニ因リ清算人ヲ解任スルコトヲ得

第二百二十九條　殘餘財產ハ定款ニ依リテ拂返ミタル株金額ノ割合ニ應シテ之ヲ株主ニ分配スルコトヲ要ス但會社カ優先株ヲ發行シタル場合ニ於テ之ニ異ナリタル定アルトキハ此限ニ在ラス

第二百三十條　清算事務カ終ハリタルトキハ清算人ハ遲滯ナク決算報告書ヲ作リ之ヲ株主總會ニ提出シテ其承認ヲ求ムルコトヲ要ス（本條改正）

第二百三十一條　削除

第二百三十二條　會社カ事業ニ著手シタル後株主、取締役又ハ監査役カ其設立ノ無效ナルコトヲ發見シタルトキハ訴ヲ以テノミ其無效ヲ主張スルコトヲ得

第九十九條ノ三乃至第九十九條ノ六及ヒ第百六十三

條ノ二第三項ノ規定ハ前項ノ場合ニ之ヲ準用ス（本條改正）

○準條

第九十九條ノ三　前條ノ訴ハ本店ノ所在地ノ地方裁判所ノ管轄ニ專屬ス

數箇ノ訴カ同時ニ繫屬スルトキハ辯論及ヒ裁判ハ併合シテ之ヲ爲スコトヲ要ス

第九十九條ノ四　設立ヲ無效トスル判決ハ當事者ニ非サル社員ニ對シテモ其效力ヲ有ス

原告カ敗訴シタル場合ニ於テ惡意又ハ重大ナル過失アリタルトキハ會社ニ對シ連帶シテ損害賠償ノ責ニ任ス

第九十九條ノ五　設立ヲ無效トスル判決カ確定シタルトキハ本店及支店ノ所在地ニ於テ其登記ヲ爲スコトヲ要ス

第九十九條ノ六　設立ヲ無效トスル判決カ確定シタルトキハ解散ノ場合ニ準シテ清算ヲ爲スコトヲ要ス此場合ニ於テハ裁判所ハ利害關係人ノ請求ニヨリ清算人ヲ選任ス

設立ヲ無效トスル判決ハ會社ト第三者トノ間ニ成立シタル行爲ノ效力ニ影響ヲ及ホサス

第百六十三條ノ二第三項　訴ノ提起及ヒ口頭辯論ノ期日ハ取締役遲滯ナク之ヲ公告スルコトヲ要ス

第二百三十三條　會社ノ帳簿、其營業ニ關スル信書及ヒ清算ニ關スル一切ノ書類ハ本店ノ所在地ニ於テ清算結了ノ登記ヲ爲シタル後十年間之ヲ保存スルコトヲ要ス其保存者ハ清算人其他ノ利害關係人ノ請求ニ

因リ裁判所之ヲ選任ス

第二百三十四條 第八十四條、第八十九條乃至第九十三條、第九十三條ノ二第二項、第九十五條、第九十七條、第九十九條、第百五十七條乃至第百六十條ノ二、第百六十三條乃至第百六十三條ノ四、第百六十四條第二項、第百六十七條ノ二、第百七十條、第百七十一條、第百七十六條乃至第百七十九條、第百八十一條、第百八十三條乃至第百八十七條、第百九十一條乃至第百九十三條及ヒ民法第七十九條、第八十條ノ規定ハ株式會社ノ清算ノ場合ニ之ヲ準用ス（本條改正）

〇準條

第七十九條 清算人ハ其就職ノ日ヨリ二个月内ニ少クトモ三回ノ公告ヲ以テ債權者ニ對シ一定ノ期間内ニ其請求ノ申出ヲ爲スヘキ旨ヲ催告スルコトヲ要ス但其期間ハ二个月ヲ下ルコトヲ得ス

前項ノ公告ニハ債權者カ期間内ニ申出ヲ爲ササルトキハ其債權ハ清算ヨリ除斥セラレヘキ旨ヲ附記スルコトヲ要ス但清算人ハ知レタル債權者ヲ除斥スルコトヲ得ス

清算人ハ知レタル債權者ニハ各別ニ其申出ヲ催告スルコトヲ要ス

第八十條 前條ノ期間後ニ申出テタル債權者ハ法人ノ債務完濟ノ後未タ歸屬權利者ニ引渡ササル財産ニ對シテノミ請求ヲ爲スコトヲ得

◉**判例** 清算中ニ在ル會社ニ對シ其解散ニ關スル決議無效確認ノ訴ヲ起スニハ清算人ヲ以テ會社ノ代表者トス（三八、大判錄五二六

頁）

◉判例　解散シタル株式會社ト雖モ清算ノ目的ノ範圍內ニ於テハ商法第百五十二條及ヒ第百五十三條ノ規定ヲ準用スルコトヲ得（三七、大判錄一〇三七頁）

◉判例　會社ノ破產手續ニハ清算ノ目的モ包含スルヲ以テ破產法ニ規定セサル事項ニ付テハ商法第二百三十四條ニ依リ第九十二條ヲ準用スヘキモノトス（三九、大判錄一〇一〇頁）

第五章　株式合資會社

第二百三十五條　株式合資會社ハ無限責任社員ト株主トヲ以テ之ヲ組織ス

第二百三十六條　左ノ事項ニ付テハ合資會社ニ關スル規定ヲ準用ス

一　無限責任社員相互間ノ關係

二　無限責任社員ト株主及ヒ第三者トノ關係

三　無限責任社員ノ退社

此他株式合資會社ニハ本章ニ別段ノ定アル場合ヲ除ク外株式會社ニ關スル規定ヲ準用ス

第二百三十七條　無限責任社員ハ發起人ト爲リテ定款ヲ作リ之ニ左ノ事項ヲ記載シテ署名スルコトヲ要ス

一　第百二十條第一號、第二號、第四號、第六號及ヒ第七號ニ揭ケタル事項

二　株金ノ總額

◎定義　株式合資會社トハ一部ノ社員カ會社ノ債務ニ付キ連帶無限ノ責任ヲ負擔シ他ノ一部ノ社員ハ出資ヲ以テ株式ニ分タレタル資本ニ與リ其責任カ豫メ確定セラレタル金額ヲ限度トスル會社ヲ謂フ

三　無限責任社員ノ氏名、住所

四　無限責任社員ノ株金以外ノ出資ノ種類及ヒ價格又ハ評價ノ標準

第二百三十八條　無限責任社員ハ株主ヲ募集スルコトヲ要ス

株式申込證ニハ左ノ事項ヲ記載スルコトヲ要ス

一　第百二十二條、第百二十六條第二項第一號、第四號、第五號及ヒ前條ニ掲ケタル事項（本號改正）

二　無限責任社員カ株式ヲ引受ケタルトキハ其各自カ引受ケタル株式ノ數

第二百三十九條　創立總會ニ於テハ監査役ヲ選任スルコトヲ要ス

無限責任社員ハ監査役ト爲ルコトヲ得ス

第二百四十條　無限責任社員ハ創立總會ニ出席シテ其意見ヲ述フルコトヲ得但株式ヲ引受ケタルトキト雖モ議決ノ數ニ加ハルコトヲ得ス

無限責任社員カ引受ケタル株式其他ノ出資ハ議決權ニ關シテハ之ヲ算入セス

前二項ノ規定ハ株主總會ニ之ヲ準用ス

第二百四十一條　監査役ハ第百三十四條第一項及ヒ第

◎問題

(一)株式合資會社

二百三十七條第四號ニ掲ケタル事項ヲ調査シ之ヲ創立總會ニ報告スルコトヲ要ス

第二百四十二條　會社ハ創立總會終結ノ日ヨリ二週間内ニ其本店及ヒ支店ノ所在地ニ於テ左ノ事項ヲ登記スルコトヲ要ス

一　第百二十條第一號、第二號、第四號、第七號及ヒ第百四十一條第一項第二號乃至第六號ニ掲ケタル事項

二　株金ノ總額

三　無限責任社員ノ氏名、住所

四　無限責任社員ノ株金以外ノ出資種類及ヒ財産ヲ目的トスル出資ノ價格

五　會社ヲ代表スヘキ無限責任社員ヲ定メタルトキハ其氏名

六　監査役ノ氏名、住所

七　數人ノ無限責任社員カ共同シ又ハ無限責任社員カ支配人ト共同シテ會社ヲ代表スヘキコトヲ定メタルトキハ其代表ニ關スル規定（本號新設）

第二百四十三條　會社ヲ代表スヘキ無限責任社員ニハ株式會社ノ取締役ニ關スル規定ヲ準用ス但第百六十四條乃至第百六十八條、第百七十五條及ヒ第百七十

ト株式會社ノ株主總會トハ法律上ノ性質ニ於テ如何ナル差異アリヤ（四三、中）

九條ノ規定ハ此限ニ在ラス

第二百四十四條　合資會社ニ於テ總社員ノ同意ヲ要スル事項ニ付テハ株主總會ノ決議ノ外無限責任社員ノ一致アルコトヲ要ス

第二百九條ノ規定ハ前項ノ決議ニ之ヲ準用ス

第二百四十五條　監査役ハ無限責任社員ヲシテ株主總會ノ決議ヲ執行セシムル責ニ任ス

第二百四十六條　株式合資會社ハ合資會社ト同一ノ事由ニ因リテ解散ス但第八十三條ノ場合ハ此限ニ在ラス

○不適條

第八十三條　已ムコトヲ得サル事由アルトキハ各社員ハ會社ノ解散ヲ裁判所ニ請求スルコトヲ得但裁判所ハ社員ノ請求ニ因リ會社ノ解散ニ代ヘテ或社員ヲ除名スルコトヲ得

第二百四十七條　無限責任社員ノ全員カ退社シタル場合ニ於テ株主ハ第二百九條ニ定メタル決議ニ依リ株式會社トシテ會社ヲ繼續スルコトヲ得此場合ニ於テハ株式會社ノ組織ニ必要ナル事項ヲ決議スルコトヲ要ス

第百十八條第二項ノ規定ハ前項ノ場合ニ之ヲ準用ス

第二百四十八條　會社カ解散シタルトキハ合併、破產又ハ裁判所ノ命令ニ因リテ解散シタル場合ヲ除ク外清算人ハ無限責任社員ノ全員又ハ其選任シタル者及ヒ株主總會ニ於テ選任シタル者之ヲ爲ス但定款ニ別段ノ定アルトキハ此限ニ在ラス
無限責任社員カ清算人ヲ選任スルトキハ其過半數ヲ以テ之ヲ決ス
株主總會ニ於テ選任スル清算人ハ無限責任社員ノ全員若クハ其相續人又ハ其選任スル者ト同數ナルコトヲ要ス
第二百四十九條　無限責任社員ハ何時ニテモ其選任シタル清算人ヲ解任スルコトヲ得
前條第二項ノ規定ハ清算人ノ解任ニ之ヲ準用ス
第二百五十條　第百二條ノ規定ハ株式合資會社ノ無限責任社員ニ之ヲ準用ス
○準條
第百二條　社員カ死亡シタル場合ニ於テ其相續人數人アルトキハ清算ニ關シテ社員ノ權利ヲ行フヘキ者一人ヲ定ムルコトヲ要ス
第二百五十一條　清算人ハ第二百二十七條、第二百二十七條ノ二及ヒ第二百三十條ニ定メタル計算ニ付キ株主總會ノ承認ノ外無限責任社員全員ノ承認ヲ得ルコトヲ要ス（本條改正）
第二百五十二條　株式合資會社ハ第二百四十四條ノ規定ニ從ヒ其組織ヲ變更シテ之ヲ株式會社ト爲スコト

ヲ得

第二百五十三條　前條ノ場合ニ於テハ株主總會ハ直チニ株式會社ノ組織ニ必要ナル事項ヲ決議スルコトヲ要ス此總會ニ於テハ無限責任社員モ亦其引受クヘキ株式ノ數ニ應シテ議決權ヲ行フコトヲ得

第七十八條、第七十九條第一項、第二項及ヒ第八十三條ノ三ノ規定ハ前項ノ場合ニ之ヲ準用ス（本項改正）

第二百五十四條　削除

第六章　外國會社

第二百五十五條　外國會社カ日本ニ支店ヲ設ケタルトキハ日本ニ成立スル同種ノモノ又ハ最モ之ニ類似セルモノト同一ノ登記及ヒ公告ヲ爲スコトヲ要ス

右ノ外日本ニ支店ヲ設ケタル外國會社ハ其日本ニ於ケル代表者ヲ定メ且支店設立ノ登記ト同時ニ其氏名、住所ヲ登記スルコトヲ要ス

第六十二條ノ規定ハ外國會社ノ代表者ニ之ヲ準用ス

○準條

第六十二條　會社ヲ代表スヘキ社員ハ會社ノ營業ニ關スル一切ノ裁判上又ハ裁判外ノ行爲ヲ爲ス權限ヲ有ス

民法第四十四條第一項及ヒ第五十四條ノ規定ハ合名會社ニ之ヲ準用ス

○再準條

◎定義　外國會社トハ內國會社ニ非サル會社ヲ云フ內國會社トハ我國ノ法律ニ從ヒテ設立セラレ且我國ニ本店ヲ有スル會社ヲ云フ

◎問題

（一）內國會社ト外國會社トヲ區別スル標準如何（三九、外）

（一）商事會社ノ國籍ヲ定ムル標準如何（四三、外）

第四十四條第一項　法人ハ理事其他ノ代理人カ其職務ヲ行フニ付キ他人ニ加ヘタル損害ヲ賠償スル責ニ任ス

第五十四條　理事ノ代理權ニ加ヘタル制限ハ之ヲ以テ善意ノ第三者ニ對抗スルコトヲ得ス

◎判例　日本ニ支店ヲ設ケタル外國會社カ日本ニ於ケル代表者ヲ定メタルトキハ其者ハ會社ヲ代表スル法定代理人ニシテ苟クモ營業行爲ニ關スル以上ハ日本ニ設ケタル支店ノ營業ナルト外國ニ在ル本支店ノ營業ナルトヲ問ハス代表權限ヲ有ス（三八、大判錄一七五頁）

◎判例　日本ニ支店ヲ設ケタル外國會社カ其本國法ニ於テ法人タルト否トヲ問ハス共ニ第二百五十五條ノ適用ヲ受クルモノトス（三八、大判錄五〇六頁）

◎判例　日本ニ支店ヲ設ケタル外國會社ノ代表者數人アルトキハ各自其會社ヲ代表シ會社ノ營業ニ關スル一切ノ行爲ヲ爲ス權限ヲ有ス（三八、大判錄五八四頁）

第二百五十六條　前條第一項及ヒ第二項ノ規定ニ依リ登記スヘキ事項カ外國ニ於テ生シタルトキハ登記ノ期間ハ其通知ノ到達シタル時ヨリ之ヲ起算ス

第二百五十七條　外國會社カ始メテ日本ニ支店ヲ設ケタルトキハ其支店ノ所在地ニ於テ登記ヲ爲スマテハ第三者ハ其會社ノ成立ヲ否認スルコトヲ得

第二百五十八條　日本ニ本店ヲ設ケ又ハ日本ニ於テ商業ヲ營ムヲ以テ主タル目的トスル會社ハ外國ニ於テ設立スルモノト雖モ日本ニ於テ設立スル會社ト同一

ノ規定ニ従フコトヲ要ス

第二百五十九條　第百四十七條、第百四十九條、第百五十條、第百五十五條第一項、第二百五條第一項、第二百六條、第二百七條及ヒ第二百十七條第二項ノ規定ハ日本ニ於テスル外國會社ノ株劵又ハ債劵ノ發行及ヒ其株式又ハ社債ノ移轉ニ之ヲ準用ス此場合ニ於テハ始メテ日本ニ設ケタル支店ヲ以テ本店ト看做ス

（本條改正）

第二百六十條　外國會社カ日本ニ支店ヲ設ケタル場合ニ於テ其代表者カ會社ノ業務ニ付キ公ノ秩序又ハ善良ノ風俗ニ反スル行爲ヲ爲シタルトキハ裁判所ハ檢事ノ請求ニ因リ又ハ職權ヲ以テ其支店ノ閉鎖ヲ命スルコトヲ得

第七章　罰則

第二百六十一條　發起人、取締役、株式合資會社ノ業務ヲ執行スル社員、監査役、檢査役又ハ株式會社若クハ株式合資會社ノ支配人ハ左ノ場合ニ於テハ一年以下ノ懲役若クハ禁錮又ハ千圓以下ノ罰金ニ處ス

一　會社ノ設立若クハ資本ノ增加又ハ登記ヲ爲シ若クハ之ヲ爲サシムル目的ヲ以テ株式總數ノ引受又ハ資本ニ對スル拂込額ニ付キ裁判所又ハ總會ヲ欺罔シタルトキ

二　何人ノ名義ヲ以テスルヲ問ハス會社計算ニ於テ不正ニ其株式ヲ取得シ又ハ質權ノ目的トシテ之ヲ受ケタルトキ

三　法令又ハ定款ノ規定ニ違反シテ利益又ハ利息ノ配當ヲ爲シタルトキ

四　會社ノ營業ノ範圍外ニ於テ投機取引ノ爲メニ會社財産ヲ處分シタルトキ

前項ノ規定ハ刑法ニ正條アル場合ニハ之ヲ適用セス

（本條改正）

第二百六十二條　發起人、會社ノ業務ヲ執行スル社員、取締役、外國會社ノ代表者、監査役又ハ清算人ハ左ノ場合ニ於テハ十圓以上千圓以下ノ過料ニ處ス但其行爲ニ付キ刑ヲ科スヘキトキハ此限ニ在ラス

一　官廳又ハ總會ニ對シ不實ノ申述ヲ爲シ又ハ事實ヲ隱蔽シタルトキ

二　第七十八條乃至第八十條ノ規定ニ違反シテ合併會社財産ノ處分、資本ノ減少又ハ組織ノ變更ヲ爲シタルトキ

三　檢査役ノ調査ヲ妨ケタルトキ

四　第百五十一條第二項ノ規定ニ違反シテ株式ヲ消却シタルトキ

五　第百五十五條第一項ノ規定ニ違反シテ株券ヲ無記名式ト爲シタルトキ
六　第百七十四條第二項又ハ民法第八十一條ノ規定ニ違反シ破産宣告ノ請求ヲ爲スコトヲ怠リタルトキ
七　第百九十四條ノ規定ニ違反シ準備金ヲ積立テサルトキ
八　第二百條ノ規定ニ違反シテ社債ヲ募集シ又ハ第二百五條第一項ノ規定ニ違反シテ債券ヲ發行シタルトキ
九　第二百六十條ノ規定ニ依ル裁判所ノ命令ニ違反シタルトキ
十　會社カ裁判所ノ命令ニ因リテ解散シタル場合ニ於テ清算人ニ事務ノ引渡ヲ爲サヽルトキ
十一　清算ノ結了ヲ遲延セシムル目的ヲ以テ民法第七十九條ノ期間ヲ不當ニ定メタルトキ
十二　民法第七十九條ノ期間内ニ或債權者ニ辨濟ヲ爲シ又ハ第九十五條ノ規定ニ違反シテ會社財産ヲ分配シタルトキ（本條改正）

第二百六十二條ノ二　發起人、會社ノ業務ヲ執行スル社員、取締役、外國會社ノ代表者、監査役又ハ清算

人ハ左ノ場合ニ於テハ五圓以上五百圓以下ノ過料ニ處ス但其行爲ニ付キ刑ヲ科スヘキトキハ此限ニ在ラス

一　本編ニ定メタル登記ヲ爲スコトヲ怠リタルトキ

二　本編ニ定メタル公告若クハ通知ヲ爲スコトヲ怠リ又ハ不正ノ公告若クハ通知ヲ爲シタルトキ

三　本編ノ規定ニ依リ閲覽ニ許スヘキ書類ヲ正當ノ理由ナクシテ閲覽セシメサリシトキ

四　本編ノ規定ニ依ル檢査又ハ調査ヲ妨ケタルトキ

五　第四十六條ノ規定ニ違反シテ開業ノ準備ニ着手シタルトキ

六　第百二十六條第二項、第二百三條第二項、第二百十二條ノ三第一項及ヒ第二百三十八條第二項ノ規定ニ違反シ株式申込證又ハ社債申込證ヲ作ラス、之ニ記載スヘキ事項ヲ記載セス又ハ不正ノ記載ヲ爲シタルトキ

七　第百四十七條第一項又ハ第二百十七條第三項ノ規定ニ違反シテ株券ヲ發行シタルトキ

八　株券又ハ債券ニ記載スヘキ事項ヲ記載セス又

ハ不正ノ記載ヲ爲シタルトキ

九 定款、株主名簿、社債原簿、總會ノ決議錄、財産目錄、貸借對照表、營業報告書、事務報告書、損益計算書及ヒ準備金竝ニ利益又ハ利息ノ配當ニ關スル議案ヲ本店若クハ支店ニ備ヘ置カス、之ニ記載スヘキ事項ヲ記載セス又ハ之ニ不正ノ記載ヲ爲シタルトキ

十 第百七十四條第一項又ハ第百九十八條第二項ノ規定ニ違反シ株主總會ヲ招集セサルトキ（本條新設）

第二百六十二條ノ三 第四十四條ノ三第二項ノ規定ニ依リテ選任セラレタル者ハ本章ノ適用ニ付テハ之ヲ發起人ト看做ス（本條新設）

第三編 商行爲

第一章 總則

第二百六十三條 左ニ掲ケタル行爲ハ之ヲ商行爲トス

一 利益ヲ得テ讓渡ス意思ヲ以テスル動産、不動産若クハ有價證券ノ有償取得又ハ其取得シタルモノノ讓渡ヲ目的トスル行爲

二 他人ヨリ取得スヘキ動産又ハ有價證券ノ供給契約及ヒ其履行ノ爲メニスル有償取得ヲ目的ト

◎定義

（一）商行爲トハ商法カ商行爲トシテ列擧セル法律行爲ヲ云フ

（一）有價證券トハ證券ニ表彰セラレタル私法上ノ權利ト證券ノ占有トカ法律上分離スヘカラサル關係ヲ有スル證券ヲ云フ

（一）供給契約トハ契約締結ノ後特定ノ時期ニ於テ所有權ヲ移轉スヘキコトヲ約スル有償契約ヲ云フ

（一）商業證券トハ有價證券中商業上常ニ商品トシテ取引セラルルモノヲ云フ

◉問題

（一）絶對的商行爲ノ意義ヲ說明スヘシ（三九、日）

（一）免責證券ノ意

スル行爲
三　取引所ニ於テスル取引
四　手形其他ノ商業證券ニ關スル行爲
第二百六十四條　左ニ掲ケタル行爲ハ營業トシテ之ヲ爲ストキハ之ヲ商行爲トス但專ラ賃金ヲ得ル目的ヲ以テ物ヲ製造シ又ハ勞務ニ服スル者ノ行爲ハ此限ニ在ラス
一　賃貸スル意思ヲ以テスル動產若クハ不動產ノ有償取得若クハ賃借又ハ其取得若クハ賃借シタルモノノ賃貸ヲ目的トスル行爲
二　他人ノ爲メニスル製造又ハ加工ニ關スル行爲
三　電氣又ハ瓦斯ノ供給ニ關スル行爲
四　運送ニ關スル行爲
五　作業又ハ勞務ノ請負
六　出版、印刷又ハ撮影ニ關スル行爲
七　客ノ來集ヲ目的トスル場屋ノ取引
八　兩替其他ノ銀行取引
九　保險
十　寄託ノ引受
十一　仲立又ハ取次ニ關スル行爲
十二　商行爲ノ代理ノ引受

義及其有價證券ト相關スル所如何ヲ述フヘシ（四一、東）

（一）商法第二百六十三條第一號前段ノ行爲（投機購買）ニ對スル讓渡ノ意思ソ公然性及同物性ヲ有スルノ意義ヲ述ヘ其結果ニ論及スヘシ（三八、明）

（一）物權的有價證券トハ何ソヤ（四四、中）

（一）取引所ニ於ケル定期取引カ所謂差額取引ニアラサルコトヲ說明スヘシ（四一、明）

（一）彫刻家アリ彫刻ヲ加ヘ賣却セントノ意思ヲ以テ大理石ヲ買入レタリ大理石買入ノ行爲ハ商行爲ナルヤ理由ヲ附シテ答ヘヨ（四二、明）

◎判例　第二百六十四條第八號ニ所謂銀行取引トハ法令ノ規定ニ依リ銀行ニ於テ行フ所ノ法律行爲ノ義ニシテ單ニ金錢ノ貸付ノミヲ爲ス行爲ハ銀行取引ト稱スルコトヲ得ス（三七、大判錄一六七七頁）

◎判例　金錢ノ貸付ト雖モ媒合行爲タル徵憑ナキモノハ商法上ノ銀行取引ニ屬セサルモノトス（四一、大判錄七八〇頁）

第二百六十五條　商人カ其營業ノ爲メニスル行爲ハ之ヲ商行爲トス

商人ノ行爲ハ其營業ノ爲メニスルモノト推定ス

◎判例　商法施行前ニ於テハ如何ナル行爲カ商行爲ナルヤニ付キ特別ノ規定ナシト雖モ商人カ營業ノ爲メニスル行爲ヲ指スニ在ルヤ明瞭ナリ（三九、大判錄一三二八頁）

◎問題

（一）有價證券ト純然タル資格證券（受實證券）トノ別ヲ叙シ併セテ有價證券ノ免責的效力ヲ說明スヘシ（四三、東）

（一）金貸業者彫刻師地所建物賣買業者ハ商人ナリヤ否ヤ理由ヲ附シテ答フヘシ（三八、法）

（一）商人アリ得意先ヘ暑中見舞トシテ進呈スヘキ目的ヲ以テ袋入砂糖一千斤ヲ買入レタリ買入レノ行爲ハ商行爲ナリヤ（三六、明）

（一）下宿屋ノ主人カ自己家族並ニ下宿人ノ食料トシテ白米若干俵ヲ買入レタリ其買人ノ行爲ハ商行爲ナリヤ否ヤ

第二百六十六條　商行爲ノ代理人カ本人ノ爲メニスルコトヲ示サヽルトキト雖モ其行爲ハ本人ニ對シテ其效力ヲ生ス但相手方カ本人ノ爲メニスルコトヲ知ラサリシトキハ代理人ニ對シテ履行ノ請求ヲ爲スコトヲ妨ケス

◎判例　商法第二百六十六條前段ハ相手方カ本人ノ爲メニスルコトヲ知リタルト否トニ拘ハラサル規定ニシテ其後段但書ハ相手方カ本人ノ爲メニスルコトヲ知ラサリシトキハ代理人ニ對シテモ履行ノ請求ヲ爲シ得ルノ趣旨ナリトス（三九、大判錄七八五頁）

第二百六十七條　商行爲ノ受任者ハ委任ノ本旨ニ反セサル範圍內ニ於テ委任ヲ受ケサル行爲ヲ爲スコトヲ得

第二百六十八條　商行爲ノ委任ニ因ル代理權ハ本人ノ死亡ニ因リテ消滅セス

第二百六十九條　對話者間ニ於テ契約ノ申込ヲ受ケタル者カ直チニ承諾ヲ爲サヽルトキハ申込ハ其效力ヲ失フ

第二百七十條　隔地者間ニ於テ承諾期間ノ定ナクシテ契約ノ申込ヲ受ケタル者カ相當ノ期間內ニ承諾ノ通知ヲ發セサルトキハ申込ハ其效力ヲ失フ

民法第五百二十三條ノ規定ハ前項ノ場合ニ之ヲ準用

ヲ辯明スヘシ（三九、明）

（一）商行爲ノ委任及ヒ代理ニ關スル商法ノ規定ヲ說明シ其民法ト異ナル點ヲ述ヘヨ（四三、法）

（一）商法上契約ノ申込ノ效力ヲ說明スヘシ（四三、中）

ス

○準條

第五百二十三條　遲延シタル承諾ハ申込者ニ於テ之ヲ新ナル申込者ト看做スコトヲ得

第二百七十一條　商人カ平常取引ヲ爲ス者ヨリ其營業ノ部類ニ屬スル契約ノ申込ヲ受ケタルトキハ遲滯ナク諾否ノ通知ヲ發スルコトヲ要ス若シ之ヲ發スルコトヲ怠リタルトキハ申込ヲ承諾シタルモノト看做ス

第二百七十二條　商人カ其營業ノ部類ニ屬スル契約ノ申込ヲ受ケタル場合ニ於テ申込ト共ニ受取リタル物品アルトキハ其申込ヲ拒絶シタルトキト雖モ申込者ノ費用ヲ以テ其物品ヲ保管スルコトヲ要ス但其物品ノ價額カ其費用ヲ償フニ足ラサルトキ又ハ商人カ其保管ニ因リテ損害ヲ受クヘキトキハ此限ニ在ラス

第二百七十三條　數人カ其一人又ハ全員ノ爲メニ商行爲タル行爲ニ因リテ債務ヲ負擔シタルトキハ其債務ハ各自連帶シテ之ヲ負擔ス

保證人アル場合ニ於テ債務カ主タル債務者ノ商行爲ニ因リテ生シタルトキ又ハ保證カ商行爲ナルトキハ主タル債務者及ヒ保證人カ各別ノ行爲ヲ以テ債務ヲ負擔シタルトキト雖モ其債務ハ各自連帶シテ之ヲ負

●問題

(一)商行爲ニ依リテ生シタル債務ハ如何ナル特質ヲ有スルヤ(三八、判、辯)

擔ス

◉判例　商法第二百七十三條第二項ハ數人ノ保證人アル場合ニ債務カ主タル債務者ノ商行爲ニ因リテ生シタルトキ又ハ保證自身カ商行爲ナルトキハ各保證人ハ主タル債務者ト連帶スルト同時ニ保證人相互ノ間ニモ連帶シテ債務ヲ負擔ス（四四、五、二三日、大審判）

◉判例　振出人及ヒ裏書人ハ各特種ノ手形行爲ニ依リ互ニ獨立シタル債務ヲ負フモノニシテ當事者間ニ特別ノ約束ナキ限リハ當然連帶ノ責ニ任スヘキモノニ非ス（三五、六、九日、大阪控訴）

◉判例　約束手形ノ振出人ハ裏書人トハ特約ナキ限リハ連帶ニ非ス（三四、一二、一四日、大審判）

◉判例　手形ニ振出人數名アルトキハ其一人ニ爲シタル呈示ハ總テノ振出人ニ對シテ其效力ヲ生ス（三七、大判錄一五五七頁）

第二百七十四條　商人カ其營業ノ範圍內ニ於テ他人ノ爲メニ或行爲ヲ爲シタルトキハ相當ノ報酬ヲ請求スルコトヲ得

第二百七十五條　商人間ニ於テ金錢ノ消費貸借ヲ爲シタルトキハ貸主ハ法定利息ヲ請求スルコトヲ得

商人カ其營業ノ範圍內ニ於テ他人ノ爲メニ金錢ノ立替ヲ爲シタルトキハ其立替ノ日以後ノ法定利息ヲ請求スルコトヲ得

第二百七十六條　商行爲ニ因リテ生シタル債務ニ關シテハ法定利率ハ年六分トス

第二百七十七條　民法第三百四十九條ノ規定ハ商行爲

ニ因リテ生シタル債權ヲ擔保スル爲メニ設定シタル質權ニハ之ヲ適用セス

○不適條

第三百四十九條　質權設定者ハ設定行爲又ハ債務ノ辨濟期前ノ契約ヲ以テ質權者ニ辨濟トシテ質物ノ所有權ヲ取得セシメ其他法律ニ定メタル方法ニ依ラスシテ質物ヲ處分セシムルコトヲ約スルコトヲ得ス

◎判例　商法第二百七十七條ハ民法第三百四十九條ヲ適用セサルカ故ニ設定行爲ニ於テ法律ニ定メタル方法ニ依ラスシテ質物ヲ處分セシムルコトノ特約ハ有效ナリ（三七、大判錄八三三頁）

第二百七十八條　商行爲ニ因リテ生シタル債務ノ履行ヲ爲スヘキ場所カ其行爲ノ性質又ハ當事者ノ意思表示ニ因リテ定マラサルトキハ特定物ノ引渡ハ行爲ノ當時其物ノ存在セシ場所ニ於テ之ヲ爲シ其他ノ履行ハ債權者ノ現時ノ營業所、若シ營業所ナキトキハ其住所ニ於テ之ヲ爲スコトヲ要ス

指圖債權及ヒ無記名債權ノ辨濟ハ債務者ノ現時ノ營業所、若シ營業所ナキトキハ其住所ニ於テ之ヲ爲スコトヲ要ス

支店ニ於テ爲シタル取引ニ付テハ其支店ヲ以テ營業所ト看做ス

第二百七十九條　指圖債權又ハ無記名債權ノ債務者ハ

◎問題

（一）指圖無記名記名及所持人拂債權ニ共有ナル商法ノ規定（四〇、法）

（一）呈示證券ノ意

其履行ニ付キ期限ノ定アルトキト雖モ其期限カ到來シタル後所持人カ其證券ヲ呈示シテ履行ノ請求ヲ爲シタル時ヨリ遲滯ノ責ニ任ス

◎判例　商法第二百七十九條ノ規定ハ指圖債權又ハ無記名債權ニ付テハ民法第四百十二條第一項ノ適用ナキ旨ヲ明カニシタルニ過キスシテ訴訟ニ於ケル付遲滯ノ準則ヲ示シタルモノニ非ス（三六、大判錄一〇四二頁）

◎判例　約束手形ノ所持人カ履行ノ請求ニ依リ時效ヲ中斷セント欲スル場合ニハ裁判所ノ請求ヲ除ク外商法第二百七十九條ノ規定ニ準據スルコトヲ要ス（三九、大判錄一〇四五頁）

◎判例　商法第二百七十九條ニ所謂履行ノ請求ヲ爲シタル時トハ裁判上ノ請求ニ在リテハ訴狀カ相手方タル債務者ニ送達セラレタル時ヲ指ス（四二、大判錄三一四頁）

第二百八十條　削除

第二百八十一條　金錢其他ノ物又ハ有價證券ノ給付ヲ目的トスル有價證券ノ所持人カ其證券ヲ喪失シタル場合ニ於テ公示催告ノ申立ヲ爲シタルトキハ債務者ヲシテ其債務ノ目的物ヲ供託セシメ又ハ相當ノ擔保ヲ供シテ其證券ノ趣旨ニ從ヒ履行ヲ爲サシムルコトヲ得（本條改正）

第二百八十二條　第四百四十一條、第四百四十九條ノ二、第四百五十七條、第四百六十一條及ヒ第四百六

義及立法ノ理由ヲ問フ（四二、中）

（一）指圖債券ノ債務者カ證券ノ所持人ニ對シテ爲シ得ル抗辯事由ヲ揭ケ之ヲ説明スヘシ（四二、明）

（一）商法第二百八十一條ノ解釋及ヒ立法ノ理由ヲ問フ（四二、法）

（一）左ノ證券ノ所持人カ證券ヲ喪失シタルト

十四條ノ規定ハ金錢其他ノ物又ハ有價證券ノ給付ヲ目的トスル有價證券ニ之ヲ準用ス（本條改正）

○進條

第四百四十一條 何人ト雖モ惡意又ハ重大ナル過失ナクシテ手形ヲ取得シタル者ニ對シ其手形ノ返還ヲ請求スルコトヲ得ス

第四百四十九條ノ一 振出人ハ爲替手形ニ受取人ノ氏名又ハ商號ト共ニ其爲替手形ノ所持人カ支拂ヲ受クルコトヲ得ヘキ旨ヲ記載スルコトヲ得

前項ノ爲替手形ハ無記名式ノモノト同一ノ效力ヲ有ス

第四百五十七條 裏書ハ爲替手形、其謄本又ハ補箋ニ被裏書人ノ氏名又ハ商號及ヒ裏書ノ年月日ヲ記載シ裏書人署名スルニ依リテ之ヲ爲ス

裏書ハ裏書人ノ署名ノミヲ以テ之ヲ爲スコトヲ得此場合ニ於テハ爾後爲替手形ハ引渡ノミニ依リテ之ヲ讓渡スコトヲ得

第四百六十一條 裏書人カ其署名ノミヲ以テ裏書ヲ爲シタルトキハ所持人ハ自己ヲ其被裏書人ト爲スコトヲ得

第四百六十四條 裏書アル爲替手形ノ所持人ハ其裏書カ連續スルニ非サレハ其權利ヲ行フコトヲ得ス但署名ノミヲ以テ爲シタル裏書アルトキハ次ノ裏書人ハ其裏書ニ因リテ爲替手形ヲ取得シタルモノト看做ス

抹消シタル裏書ハ裏書ノ連續ニ付テハ其記載ナキモノトス看做ス

第二百八十三條 法令又ハ慣習ニ依リ取引時間ノ定アルトキハ其取引時間内ニ限リ債務ノ履行ヲ爲シ又ハ其履行ノ請求ヲ爲スコトヲ得

キハ如何ナル方法ニヨリテ自己ノ權利ヲ確保スヘキカ商法ノ規定ト受驗者各自ノ立法論ヨリ之ヲ解説スヘシ

（三九、東）

一、株券

二、貿入證劵

第二百八十四條　商人間ニ於テ其雙方ノ爲メニ商行爲タル行爲ニ因リテ生シタル債權カ辨濟期ニ在ルトキハ債權者ハ辨濟ヲ受クルマテ其債務者トノ間ニ於ケル商行爲ニ因リテ自己ノ占有ニ歸シタル債務者所有ノ物又ハ有價證券ヲ留置スルコトヲ得但別段ノ意思表示アリタルトキハ此限ニ在ラス（本條改正）

第二百八十五條　商行爲ニ因リテ生シタル債權ハ本法ニ別段ノ定アル場合ヲ除ク外五年間之ヲ行ハサルトキハ時效ニ因リテ消滅ス但他ノ法令ニ之ヨリ短キ時效期間ノ定アルトキハ其規定ニ從フ

◉判例　債務不履行ニ因ル損害賠償請求權ハ本來ノ債權カ其形體ヲ變シタルニ過キスシテ別個ノ債權ヲ成スモノニ非ス故ニ本來ノ債權カ商行爲ニ因リテ發生シタルモノナルトキハ其不履行ニ因ル損害賠償請求權モ亦同一ナリトス（四一、大判錄一三頁）

第二百八十五條ノ二　第四十二條第二項ニ定メタル會社ノ行爲ニハ商行爲ニ關スル規定ヲ準用ス（本條新設）

○準條

第四十二條第二項　營利ヲ目的トスル社團ニシテ本編ノ規定ニ依リ設立シタルモノハ商行爲ヲ爲スヲ業トセサルモ之ヲ會社ト看做ス

第二章　賣買

第二百八十六條　商人間ノ賣買ニ於テ買主カ其目的物ヲ受取ルコトヲ拒ミ又ハ之ヲ受取ルコト能ハサルト

◉問題

（一）商人間ノ留置權ト民法及ヒ代理商ノ留置權トノ異同ヲ說明スヘシ

（一）商事留置權ノ特質ヲ指摘スヘシ（三六、法）

（一）商法上認メラレタル留置權ヲ說明スヘシ（四二、日）

キハ賣主ハ其物ヲ供託シ又ハ相當ノ期間ヲ定メテ催告ヲ爲シタル後之ヲ競賣スルコトヲ得此場合ニ於テハ遲滯ナク買主ニ對シテ其通知ヲ發スルコトヲ要ス」

損敗シ易キ物ハ前項ノ催告ヲ爲サスシテ之ヲ競賣スルコトヲ得

前二項ノ規定ニ依リ賣主カ賣買ノ目的物ヲ競賣シタルトキハ其代價ヲ供託スルコトヲ要ス但其全部又ハ一部ヲ代金ニ充當スルコトヲ妨ケス

◎判例　商人間ノ賣買ニ於テ買主カ其目的物ヲ受取ルコトヲ拒ミタルトキニ賣主カ之ヲ供託シ又ハ競賣スルコトヲ得ルニハ先ツ買主ヲ遲滯ニ付シタルコトヲ必要トス又同條ノ催告ハ競賣ノ前提條件ニシテ民法第四百九十三條ノ所謂受領ノ催告ト同一視スヘキニ非ス（四一、大判錄九九四頁）

第二百八十七條　賣買ノ性質又ハ當事者ノ意思表示ニ依リ一定ノ日時又ハ一定ノ期間内ニ履行ヲ爲スニ非サレハ契約ヲ爲シタル目的ヲ達スルコト能ハサル場合ニ於テ當事者ノ一方カ履行ヲ爲サスシテ其時期ヲ經過シタルトキハ相手方ハ直チニ其履行ヲ請求スルニ非サレハ契約ノ解除ヲ爲シタルモノト看做ス

◎判例　商法第二百八十七條ハ當事者ノ一方カ履行ヲ爲サスシテ其時期ヲ經過シタルニ拘ハラス相手方カ直チニ履行ノ請求ヲ爲ササルトキハ契約ヲ解除シタルモノト看做スコトヲ定メタルモノニシ

テ相手方カ約定ノ時期ニ履行ノ請求ヲ爲シタル場合ハ勿論時期ノ經過後ト雖モ直ニ其請求ヲ爲シタル場合ハ契約ヲ解除シタルモノト看做スノ趣旨ニ非ス（四四、六、一三日、大審判）

第二百八十八條　商人間ノ賣買ニ於テ買主カ其目的物ヲ受取リタルトキハ遲滯ナク之ヲ檢査シ若シ之ニ瑕疵アルコト又ハ其數量ニ不足アルコトヲ發見シタルトキハ直チニ賣主ニ對シテ其通知ヲ發スルニ非サレハ其瑕疵又ハ不足ニ因リテ契約ノ解除又ハ代金減額若クハ損害賠償ノ請求ヲ爲スコトヲ得ス賣買ノ目的物ヲ直チニ發見スルコト能ハサル瑕疵アリタル場合ニ於テ買主カ六个月内ニ之ヲ發見シタルトキ亦同シ

前項ノ規定ハ賣主ニ惡意アリタル場合ニハ之ヲ適用セス

◉判例　商品ニ關スル損害賠償額ハ特約又ハ特別ノ事情アラサレハ契約ノ價格ト市價トノ差額ヲ標準トス（三七、大判錄一四〇四頁）

第二百八十九條　前條ノ場合ニ於テ買主ハ契約ノ解除ヲ爲シタルトキト雖モ賣主ノ費用ヲ以テ賣買ノ目的物ヲ保管又ハ供託スルコトヲ要ス但其物ニ付キ滅失又ハ毀損ノ虞アルトキハ裁判所ノ許可ヲ得テ之ヲ競賣シ其代價ヲ保管又ハ供託スルコトヲ要ス

前項ノ規定ニ依リ買主カ競賣ヲ爲シタルトキハ遲滯ナク賣主ニ對シテ其通知ヲ發スルコトヲ要ス

前二項ノ規定ハ賣主及ヒ買主ノ營業所、若シ營業所

ナキトキハ其住所カ同市町村内ニ在ル場合ニハ之ヲ適用セス

第二百九十條　前條ノ規定ハ賣主ヨリ買主ニ引渡シタル物品カ註文シタル物品ト異ナリタル場合ニ之ヲ準用ス其物品カ註文シタル數量ヲ超過シタル場合ニ於テ其超過額ニ付キ亦同シ

第三章　交互計算

第二百九十一條　交互計算ハ商人間又ハ商人ト商人ニ非サルモノトノ間ニ平常取引ヲ爲ス場合ニ於テ一定ノ期間内ノ取引ヨリ生スル債權債務ノ總額ニ付キ相殺ヲ爲シ其殘額ノ支拂ヲ爲スヘキコトヲ約スルニ因リテ其效力ヲ生ス

第二百九十二條　手形其他ノ商業證劵ヨリ生シタル債權債務ヲ交互計算ニ組入レタル場合ニ於テ證劵ノ債務者カ辨濟ヲ爲ササリシトキハ當事者ハ其債務ニ關スル項目ヲ交互計算ヨリ除去スルコトヲ得

第二百九十三條　當事者カ相殺ヲ爲スヘキ期間ヲ定メサリシトキハ其期間ハ之ヲ六个月トス

第二百九十四條　當事者カ債權債務ノ各項目ヲ記載シタル計算書ノ承認ヲ爲シタルトキハ其各項目ニ付キ異議ヲ述フルコトヲ得ス但錯誤又ハ脱漏アリタルト

◎定義　交互計算トハ商人間又ハ商人ト非商人トノ間ニ平常取引ヲ爲ス場合ニ於テ一定ノ期間内ノ取引ヨリ生スル債權債務ノ總額ニ付キ相殺ヲ爲シ其殘額ノ支拂ヲ爲スヘキコトヲ約スルヲ云フ

◎問題

(一)交互計算契約ノ效力ヲ說明スヘシ(三七、日)

(一)交互計算ニ於ケル組入ノ效力(四二、明)

(一)計算書ヲ承認シタル後ニ於テ交互計算ノ

キハ此限ニ在ラス

第二百九十五條　相殺ニ因リテ生シタル殘額ニ付テハ債權者ハ計算閉鎖ノ日以後ノ法定利息ヲ請求スルコトヲ得

前項ノ規定ハ各項目ヲ交互計算ニ組入レタル日ヨリ之ニ利息ヲ附スルコトヲ妨ケス

第二百九十六條　各當事者ハ何時ニテモ交互計算ノ解除ヲ爲スコトヲ得此場合ニ於テハ直チニ計算ヲ閉鎖シテ殘額ノ支拂ヲ請求スルコトヲ得

第四章　匿名組合

第二百九十七條　匿名組合契約ハ當事者ノ一方カ相手方ノ營業ノ爲メニ出資ヲ爲シ其營業ヨリ生スル利益ヲ分配スヘキコトヲ約スルニ因リテ其效力ヲ生ス

第二百九十八條　匿名組合員ノ出資ハ營業者ノ財産ニ歸ス

匿名組合員ハ營業者ノ行爲ニ付キ第三者ニ對シテ權利義務ヲ有セス

第二百九十九條　匿名組合員カ其氏若クハ氏名ヲ營業者ノ商號中ニ用キ又ハ其商號ヲ營業者ノ商號トシテ用ユルコトヲ許諾シタルトキハ其使用以後ニ生シタル債務ニ付テハ營業者ト連帶シテ其責ニ任ス

第三百條　出資カ損失ニ因リテ減シタルトキハ其塡補

契約ヲ取消シ得ルカ解除スルコトヲ得ルヤ（四〇、中）

(一)一定ノ期間内ハ交互計算ヲ取消ストノ特約ハ有效ナリヤ（四一、中）

◎定義　匿名組合トハ當事者ノ一方カ相手方ノ營業ノ爲メニ出資ヲ爲シ相手方ハ其營業ヨリ生スル利益ヲ分配スヘキコトヲ約スル契約ヲ云フ

◎問題

(一)匿名組合ノ性質ヲ論シ且匿名組合員ハ其出資以外ニ損失負擔ノ責任アリヤ否ヤヲ説明スヘシ（三三、辯）

(一)匿名組合ト合

ノ後ニ非サレハ匿名組合員ハ利益ノ配當ヲ請求スル
コトヲ得ス

第三百一條　組合契約ヲ以テ組合ノ存續期間ヲ定メサリシトキ又ハ或當事者ノ終身間組合ノ存續スヘキコトヲ定メタルトキハ各當事者ハ營業年度ノ終ニ於テ契約ノ解除ヲ爲スコトヲ得但六个月前ニ其豫告ヲ爲スコトヲ要ス

組合ノ存續期間ヲ定メタルト否トヲ問ハス已ムコトヲ得サル事由アルトキハ各當事者ハ何時ニテモ契約ノ解除ヲ爲スコトヲ得

◎判例　單ニ匿名組合契約ヲ解除スルコトト匿名組合ノ解散及ヒ出資金ノ返還ニ關スル契約ヲ締結スルコトトハ別個ノ觀念ナリトス（三六、大判錄七七五頁）

第三百二條　前條ニ掲ケタル場合ノ外組合契約ハ左ノ事由ニ因リテ終了ス

一　組合ノ目的タル事業ノ成功又ハ其成功ノ不能
二　營業者ノ死亡又ハ禁治產
三　營業者又ハ匿名組合員ノ破產

第三百三條　組合契約カ終了シタルトキハ營業者ハ匿名組合員ニ其出資ノ價額ヲ返還スルコトヲ要ス但出資カ損失ニ因リテ減シタルトキハ其殘額ヲ返還スル

資會社トノ異同ヲ說明スヘシ（三三、文）

一）醫師カ病院ヲ經營スルタメ他人ノ出資ヲ仰キ其病院ヨリ生スル利益ヲ分配スルコトヲ約シタリ此契約ハ匿名組合ナリヤ（三八、中）

ヲ以テ足ル

第三百四條 第百八條、第百十一條及ヒ第百十五條ノ規定ハ匿名組合員ニ之ヲ準用ス

○準條

第百八條 有限責任社員ハ金錢其他ノ財産ノミヲ以テ其出資ノ目的ト爲スコトヲ得

第百十一條 有限責任社員ハ營業年度ノ終ニ於テ營業時間内ニ限リ會社ノ財産目錄及ヒ貸借對照表ノ閲覽ヲ求メ且會社ノ業務及ヒ會社財産ノ狀況ヲ檢査スルコトヲ得

重要ナル事由アルトキハ裁判所ハ有限責任社員ノ請求ニ因リ何時ニテモ會社ノ業務及ヒ會社財産ノ狀況ノ檢査ヲ許スコトヲ得

第百十五條 有限責任社員ハ會社ノ業務ヲ執行シ又ハ會社ヲ代表スルコトヲ得ス

第五章 仲立營業

第三百五條 仲立人トハ他人間ノ商行爲ノ媒介ヲ爲スヲ業トスル者ヲ謂フ

第三百六條 仲立人ハ其媒介シタル行爲ニ付キ當事者ノ爲メニ支拂其他ノ給付ヲ受クルコトヲ得ス但別段ノ意思表示又ハ慣習アルトキハ此限ニ在ラス

◉判例 取引所法ニ所謂仲買人カ他人ヨリ賣買ノ委託ヲ受ケ取引所ニ於テ取引ヲ爲ス場合ハ委託者ノ代理人トシテ取引スヘキモノニ非スシテ取引ノ當事者トシテ直接ニ權利義務ヲ負擔スヘキモノトス(三三年、東京控訴)

◎定義 仲立人トハ他人間ノ商行爲ノ媒介ヲ爲スヲ業トスル者ヲ云フ

問題

(一)取次仲立及代理ノ別ヲ明ニスヘシ(四三、東)

(一)仲立營業ノ意義ヲ説明スヘシ(三二、日)

第三百七條　仲立人カ其媒介スル行爲ニ付キ見本ヲ受取リタルトキハ其行爲カ完了スルマテ之ヲ保管スルコトヲ要ス

第三百八條　當事者間ニ於テ行爲カ成立シタルトキハ仲立人ハ遲滯ナク各當事者ノ氏名又ハ商號、行爲ノ年月日及ヒ其要領ヲ記載シタル書面ヲ作リ署名ノ後之ヲ各當事者ニ交付スルコトヲ要ス

當事者カ直チニ履行ヲ爲スヘキ場合ヲ除ク外仲立人ハ各當事者ヲシテ前項ノ書面ニ署名セシメタル後之ヲ其相手方ニ交付スルコトヲ要ス

前二項ノ場合ニ於テ當事者ノ一方カ書面ヲ受領セス又之ニ署名セサルトキハ仲立人ハ遲滯ナク相手方ニ對シテ其通知ヲ發スルコトヲ要ス

第三百九條　仲立人ハ其帳簿ニ前條第一項ニ掲ケタル事項ヲ記載スルコトヲ要ス

當事者ハ何時ニテモ仲立人カ自己ノ爲メニ媒介シタル行爲ニ付キ其帳簿ノ謄本ノ交付ヲ請求スルコトヲ得

第三百十條　當事者カ其氏名又ハ商號ヲ相手方ニ示サヽルヘキ旨ヲ仲立人ニ命シタルトキハ仲立人ハ第三百八條第一項ノ書面及ヒ前條第二項ノ謄本ニ其氏名

●問題

（一）仲立ト取次トノ差異如何（三六、法）

（一）仲立人及ヒ問屋ノ性質ヲ比較論評スヘシ（三六、中）

（一）代理商仲立人及ヒ取次ノ別如何（三八、文）

又ハ商號ヲ記載スルコトヲ得ス

第三百十一條 仲立人カ當事者ノ一方ノ氏名又ハ商號ヲ其相手方ニ示サヽリシトキハ之ニ對シテ自ラ履行ヲ爲ス責ニ任ス

第三百十二條 仲立人ハ第三百八條ノ手續ヲ終ハリタル後ニ非サレハ報酬ヲ請求スルコトヲ得ス

仲立人ノ報酬ハ當事者雙方平分シテ之ヲ負擔ス

◉**判例** 仲立營業者カ其媒介シタル行爲ニ對シ當事者カ特ニ報酬請求權ノ發生チ媒介行爲ノ實行ニカヽラシメ其實行ナクンハ報酬チ請求シ得サルコトチ約スルモ其契約ハ違法ニ非ス（四一、大判錄八二〇頁）

第六章　問屋營業

第三百十三條 問屋トハ自己ノ名ヲ以テ他人ノ爲メニ物品ノ販賣又ハ買入ヲ爲スヲ業トスル者ヲ謂フ

第三百十四條 問屋ハ他人ノ爲メニ爲シタル販賣又ハ買入ニ因リ相手方ニ對シテ自ラ權利ヲ得義務ヲ負フ

問屋ト委託者トノ間ニ於テハ本章ノ規定ノ外委任及ヒ代理ニ關スル規定ヲ準用ス

◉**判例** 取引所仲買人カ委託者ノ承諾チ得スシテ爲シタル轉賣若クハ買戻ハ之チ以テ委託者ニ對抗スルコトチ得ス（三四、大判錄五卷九頁）

第三百十五條 問屋ハ委託者ノ爲メニ爲シタル販賣又

◎**定義** 問屋トハ自己ノ名チ以テ他人ノ爲メニ物品ノ販賣又ハ買入チ爲スチ業トスル者チ云フ

◎**問題**

（一）問屋ノ意義（三三、日）

（一）問屋ト仲立人トノ差異チ問フ（四三、中）

（一）代理商ト問屋ノ差異如何（四一、法）

ハ買入ニ付キ相手方カ其債務ヲ履行セサル場合ニ於テ自ラ其履行ヲ為ス責ニ任ス但別段ノ意思表示又ハ慣習アルトキハ此限ニ在ラス

第三百十六條　問屋カ委託者ノ指定シタル金額ヨリ廉價ニテ販賣ヲ為シ又ハ高價ニテ買入ヲ為シタル場合ニ於テ自ラ其差額ヲ負擔スルトキハ其販賣又ハ買入ハ委託者ニ對シテ其效力ヲ生ス

第三百十七條　問屋カ取引所ノ相場アル物品ノ販賣又ハ買入ノ委託ヲ受ケタルトキハ自ラ買主又ハ賣主ト為ルコトヲ得此場合ニ於テハ賣買ノ代價ハ問屋カ買主又ハ賣主ト為リタルコトノ通知ヲ發シタル時ニ於ケル取引所ノ相場ニ依リテ之ヲ定ム

前項ノ場合ニ於テモ問屋ハ委託者ニ對シテ報酬ヲ請求スルコトヲ得

第三百十八條　問屋カ買入ノ委託ヲ受ケタル場合ニ於テ委託者カ買入レタル物品ヲ受取ルコトヲ拒ミ又ハ之ヲ受取ルコト能ハサルトキハ第二百八十六條ノ規定ヲ準用ス

○準條

第二百八十六條　商人間ノ賣買ニ於テ買主カ其目的物ヲ受取ルコトヲ拒ミ又ハ之ヲ受取ルコト能ハサルトキハ賣主ハ其物ヲ供託シ又

◉問題

(一)問屋ノ權利義務ヲ說明スヘシ(三九、法)

(一)問屋營業者ノ對手權ヲ說明スヘシ(四〇、明)

(一)問屋ハ甲ノ委託ヲ受ケテ物品ヲ乙ニ賣渡シタルニ其後ニ於テ甲ハ問屋ニ對シテ為シタル委託ヲ取消シタリ故ニ問屋ハ乙ニ物品ノ返還ヲ請求セリ乙ハ之ヲ拒絕セリ知ラス問屋ノ請求カ正當ナリヤ乙ノ拒絕カ正當ナリヤ(四〇、中)

ハ相當ノ期間ヲ定メテ催告ヲ為シタル後之ヲ競賣スルコトヲ得此場合ニ於テハ遲滯ナク買主ニ對シテ其通知ヲ發スルコトヲ要ス損敗シ易キ物ハ前項ノ催告ヲ為サスシテ之ヲ競賣スルコトヲ得
前二項ノ規定ニ依リ賣主カ賣買ノ目的物ヲ競賣シタルトキハ其代價ヲ供託スルコトヲ要ス但其全部又ハ一部ヲ代金ニ充當スルコトヲ妨ケス

第三百十九條　第三十七條及ヒ第四十一條ノ規定ハ問屋ニ之ヲ準用ス

○準條

第三十七條　代理商カ商行為ノ代理又ハ媒介ヲ為シタルトキハ遲滯ナク本人ニ對シテ其通知ヲ發スルコトヲ要ス

第四十一條　代理商ハ商行為ノ代理又ハ媒介ヲ為シタルニ因リテ生シタル債權ニ付キ本人ノ為メニ占有スル物又ハ有價證券ヲ留置スルコトヲ得但別段ノ意思表示アリタルトキハ此限ニ在ラス

第三百二十條　本章ノ規定ハ自己ノ名ヲ以テ他人ノ為メニ販賣又ハ買入ニ非サル行為ヲ為スヲ業トスル者ニ之ヲ準用ス

第七章　運送取扱營業

第三百二十一條　運送取扱人トハ自己ノ名ヲ以テ物品運送ノ取次ヲ為スヲ業トスル者ヲ謂フ
運送取扱人ニハ本章ニ別段ノ定アル場合ヲ除ク外問屋ニ關スル規定ヲ準用ス

◎判例　委託者ハ運送取扱人ニ對シテハ取次行為ニ因リテ生シタル

◎定義　運送取扱人トハ自己ノ名ヲ以テ物品運送ノ取次ヲ為スヲ業トスル者ヲ云フ

◉問題

（一）商法ニ掲クル定義ヨリシテ問屋及ヒ運送

債權ヲ有スルモ取次行爲ノ相手方又ハ其他ノ第三者ニ對シテハ運送取扱人ヨリ其債權ヲ讓受クルニ非サレハ直チニ自己ノ債權トシテ行使スルコトヲ得ス（四〇、大判錄六九四頁）

第三百二十二條 運送取扱人ハ自己又ハ其使用人カ運送品ノ受取、引渡、保管、運送人又ハ他ノ運送取扱人ノ選擇其他運送ニ關スル注意ヲ怠ラサリシコトヲ證明スルニ非サレハ運送品ノ滅失、毀損又ハ延著ニ付キ損害賠償ノ責ヲ免ルルコトヲ得ス

◎判例 商法第三百二十二條ニ所謂運送ニ關スル注意ノ程度ハ運送品ノ性質其他諸般ノ狀況ニ依リ一定ナル能ハス（三五、大判錄四券二九頁）

◎判例 運送取扱人又ハ運送人ハ運送貨物ノ滅失又ハ毀損等ニ付テハ充分ナル注意ヲ爲スヘキ責任ヲ有スルモノナルカ故ニ該貨物カ自己ノ過失ニ因ラスシテ滅失シタルトキト雖モ其證明ノ責ハ運送取扱人ニ在リトス（三七、大判錄二五八頁）

第三百二十三條 運送取扱人カ運送品ヲ運送人ニ引渡シタルトキハ直チニ其報酬ヲ請求スルコトヲ得

運送取扱契約ヲ以テ運送賃ノ額ヲ定メタルトキハ運送取扱人ハ特約アルニ非サレハ別ニ報酬ヲ請求スルコトヲ得ス

第三百二十四條 運送取扱人ハ運送品ニ關シ受取ルヘキ報酬、運送賃其他委託者ノ爲メニ爲シタル立替又

取扱人カ一般商人ニ同シキ點異ナル點ヲ說明シ以テ問屋ト運送取扱人ノ異ナル點ヲ示セ（三九、東）

（一）運送取扱人ト運送人トノ區別ヲ論ス（三四、東）

ハ前貸ニ付テノミ其運送品ヲ留置スルコトヲ得

第三百二十五條 數人相次テ運送ノ取次ヲ為ス場合ニ於テハ後者ハ前者ニ代ハリテ其權利ヲ行使スル義務ヲ負フ

前項ノ場合ニ於テ後者カ前者ニ辨濟ヲ為シタルトキハ前者ノ權利ヲ取得ス

◉判例 數人相次テ運送ヲ為ス場合ニハ第一運送人ト荷送人トノ間ニ締結シタル契約ハ第二以下ノ運送人ニ對シテモ當然其效力ヲ生ス故ニ第二以下ノ運送人ハ該契約ノ條項ニ從ヒ直接ニ荷送人又ハ荷受人ニ對シ運送人ノ權利ヲ行使スルコトヲ得（三七、大判錄七頁）

第三百二十六條 運送取扱人カ運送人ニ辨濟ヲ為シタルトキハ運送人ノ權利ヲ取得ス

第三百二十七條 運送取扱人ハ特約ナキトキハ自ラ運送ヲ為スコトヲ得此場合ニ於テハ運送取扱人ハ運送ト同一ノ權利義務ヲ有ス

運送取扱人カ委託者ノ請求ニ因リテ貨物引換證ヲ作リタルトキハ自ラ運送ヲ為スモノト看做ス（本項新設）

第三百二十八條 運送取扱人ノ責任ハ荷受人カ運送品ヲ受取リタル日ヨリ一年ヲ經過シタルトキハ時效ニ因リテ消滅ス

前項ノ期間ハ運送品ノ全部滅失ノ場合ニ於テハ其引渡アルヘカリシ日ヨリ之ヲ起算ス

前二項ノ規定ハ運送取扱人ニ惡意アリタル場合ニハ之ヲ適用セス

◎判例　商法第三百二十八條第一項ニ所謂運送取扱人ノ責任トハ商法上特ニ運送取扱人タル資格ヨリ生スル損害賠償ノ責任ヲ總括的ニ指稱セルモノトス從テ其資格ニ基カサル賠償責任ニ付テハ同條ノ消滅時效ヲ援用スヘキニ非ス（三九、大判録四一九頁）

第三百二十九條　運送取扱人ノ委託者又ハ荷受人ニ對スル債權ハ一年ヲ經過シタルトキハ時效ニ因リテ消滅ス

第三百三十條　第三百三十八條及ヒ第三百四十三條ノ規定ハ運送取扱營業ニ之ヲ準用ス

○準條

第三百三十八條　貨幣、有價證券其他ノ高價品ニ付テハ荷送人カ運送ヲ委託スルニ當タリ其種類及ヒ價額ヲ明告シタルニ非サレハ運送人ハ損害賠償ノ責ニ任セス

第三百四十三條　運送品カ到達地ニ達シタル後ハ荷受人ハ運送契約ニ因リテ生シタル荷送人ノ權利ヲ取得ス

荷受人カ運送品ヲ受取リタルトキハ運送人ニ對シ運送賃其他ノ費用ヲ支拂フ義務ヲ負フ

第八章　運送營業

第三百三十一條　運送人トハ陸上又ハ湖川、港灣ニ於テ物品又ハ旅客ノ運送ヲ爲スヲ業トスル者ヲ謂フ

第一節　物品運送

◎定義　運送人トハ陸上又ハ湖川港灣ニ於テ物品ハ又旅客ノ運送ヲ爲スコトヲ業トスル者ヲ云フ

第三百三十二條　荷送人ハ運送人ノ請求ニ因リ運送狀ヲ交付スルコトヲ要ス

運送狀ニハ左ノ事項ヲ記載シ荷送人之ニ署名スルコトヲ要ス

一　運送品ノ種類、重量又ハ容積及ヒ其荷造ノ種類、個數並ニ記號

二　到達地

三　荷受人ノ氏名又ハ商號

四　運送狀ノ作成地及ヒ其作成ノ年月日

第三百三十三條　運送人ハ荷送人ノ請求ニ因リ貨物引換證ヲ交付スルコトヲ要ス

貨物引換證ニハ左ノ事項ヲ記載シ運送人之ニ署名スルコトヲ要ス

一　前條第二項第一號乃至第三號ニ掲ケタル事項

二　荷送人ノ氏名又ハ商號

三　運送賃

四　貨物引換證ノ作成地及ヒ其作成ノ年月日

◉判例　運送賃ハ貨物引換證ノ絕體的必要事項ナリ故ニ其未拂ナル場合ハ必ラスシモ數額ヲ明示スルヲ要セサルモ之レカ算定ノ標準ヲ知リ得ル程度ニ於テ記載セサルヘカラス（三七、大判錄七六三頁）

◉判例　商法第三百三十三條ノ要式ヲ缺如シタル貨物引換證ハ法律

◉問題

（一）貨物引換證ノ有價證券タル性質ヲ問フ（三九、東）

（一）貨物引換證發行ノ趣旨及ヒ公益上ノ效用ヲ問フ（四三、東）

上其效力ナシ（三九、大判錄九九九頁）

◉判例　會社カ貨物引換證ヲ作ルニハ其代表者ニ於テ署名スルコトヲ要ス故ニ會社ノ記名アルノミニシテ其代表者ノ署名ナキモノハ引換證タルノ效力ナシ（三九、大判錄九九九頁）

◉判例　貨物引換證ハ荷送人ノ請求ニ依リ荷受人ニ對シテ發行スヘキモノトス故ニ荷送人カ之ヲ所持スルモ該證ノ所持人ト云フヲ得ス（四一、三、二日、東京控訴）

◉判例　商法第三百三十三條第一項ノ規定ニ依リ貨物引換證ノ交付ヲ受ケタル荷送人ハ其證券ノ第一所持人トシテ運送人ニ對シ第三百四十二條第一項ニ定メタル權利ヲ行使スルコトヲ得（四一、大判錄七四六頁）

◉判例　貨物引換證ハ無記名式ニ發行シ得サルモノトス（四一、一一月、東京控訴）

第三百三十四條　貨物引換證ヲ作リタルトキハ運送ニ關スル事項ハ運送人ト所持人トノ間ニ於テハ貨物引換證ノ定ムル所ニ依ル

◉判例　運送當事者カ貨物引換證ヲ作成シタルトキハ運送賃ハ引換證ニ記載シタル額ニ依ルヘキモノニシテ契約額ニ依ルヘキモノニ非ス

第三百三十四條ノ二　貨物引換證ヲ作リタルトキハ運送品ニ關スル處分ハ貨物引換證ヲ以テスルニ非サレハ之ヲ爲スコトヲ得ス（本條新設）

第三百三十四條ノ三　貨物引換證ハ其記名式ナルトキト雖モ裏書ニ依リテ之ヲ讓渡スコトヲ得但貨物引換

◉問題

（一）一貨物引換證ハ何人ニ對シテ發行スルモノナリヤ（四二、明）

（一）貨物引換證ノ效力ヲ問フ（三九、東）

（一）裏書ニヨラスシテ貨物引換

證ニ裏書ヲ禁スル旨ヲ記載シタルトキハ此限ニ在ラ

(本條新設)

第三百三十五條　貨物引換證ニ依リ運送品ヲ受取ルコトヲ得ヘキ者ニ貨物引換證ヲ引渡シタルトキハ其引渡ハ運送品ノ上ニ行使スル權利ノ取得ニ付キ運送品ノ引渡ト同一ノ效力ヲ有ス(本條改正)

◉判例　荷爲替ナルモノハ運送品ノ荷主カ荷受人ヲ支拂人ト爲シタル爲替手形ヲ振出シ其受取人ヨリ手形金額ヲ受取リ荷受人カ爲替金ヲ支拂ハサル場合ノ擔保トシテ貨物引換證又ハ船荷證券ヲ債權者ニ交付スルニ依リテ成立スル行爲ニシテ其擔保ハ動産質ノ性質ヲ有スルモノトス(四一、大判錄六五八頁)

第三百三十六條　運送品ノ全部又ハ一部カ不可抗力ニ因リテ滅失シタルトキハ運送人ハ其運送賃ヲ請求スルコトヲ得ス若シ運送人カ既ニ其運送賃ノ全部又ハ一部ヲ受取リタルトキハ之ヲ返還スルコトヲ要ス

運送品ノ全部又ハ一部カ其性質若クハ瑕疵又ハ荷送人ノ過失ニ因リテ滅失シタルトキハ運送人ハ運送賃ノ全額ヲ請求スルコトヲ得

第三百三十七條　運送人ハ自己若クハ運送取扱人又ハ其使用人其他運送ノ爲メ使用シタル者カ運送品ノ受取、引渡、保管及ヒ運送ニ關シ注意ヲ怠ラサリシコ

證ヲ讓渡スコトヲ得ルヤ若シ得ルトセハ其ノ效果如何(三九、中)

(一)運送人ト倉庫營業者トノ責任ヲ比較論評

トヲ證明スルニ非サレハ運送品ノ滅失、毀損又ハ延着ニ付キ損害賠償ノ責ヲ免ルルコトヲ得ス

◉判例　運送人カ契約上ノ場所以外ノ地ニ荷物ヲ送付シタルカ爲メ荷受人ニ到達スルコト能ハサルトキハ商法第三百三十七條ニ所謂滅失ニ該當スルヲ以テ之ヨリ生シタル損害ヲ賠償スルノ責任アリトス（三七、大判錄七三九頁）

第三百三十八條　貨幣、有價證券其他ノ高價品ニ付テハ荷送人カ運送ヲ委託スルニ當タリ其種類及ヒ價額ヲ明告シタルニ非サレハ運送人ハ損害賠償ノ責ニ任セス

第三百三十九條　數人相次テ運送ヲ爲ス場合ニ於テハ各運送人ハ運送品ノ滅失、毀損又ハ延着ニ付キ連帶シテ損害賠償ノ責ニ任ス

◉判例　商法三百三十九條ノ規定ニ基キ損害ヲ賠償シタル運送人ノ一人ハ不法行爲ヲ爲シタル運送人ニ對シテノミ求償權アルノ外他ノ運送人ニ對シテ全部ノ請求權ナシトス（三六、大判錄九一頁）

第三百四十條　運送品ノ全部滅失ノ場合ニ於ケル損害賠償ノ額ハ其引渡アルヘカリシ日ニ於ケル到達地ノ價格ニ依リテ之ヲ定ム

運送品ノ一部滅失又ハ毀損ノ場合ニ於ケル損害賠償ノ額ハ其引渡アリタル日ニ於ケル到達地ノ價格ニ依リテ之ヲ定ム但延着ノ場合ニ於テハ前項ノ規定ヲ準

シ且各自ノ發行スル證券ニ共通ナル性質ヲ說明スヘシ（四一、東）

（一）連帶運送トハ何ソヤ（四二、法）

（一）甲乙丙ノ三運送人相次イデ運送ヲナシタル場合ニ於テ甲乙ハ其運送ニ付テ丙ノ使用人ノ不注意ヨリ生シタル損害ヲ賠償スル責任アリ

用ス
運送品ノ滅失又ハ毀損ノ爲メ支拂フコトヲ要セサル運送賃其他ノ費用ハ前二項ノ賠償額ヨリ之ヲ控除ス

第三百四十一條　運送品カ運送人ノ惡意又ハ重大ナル過失ニ因リテ滅失、毀損又ハ延着シタルトキハ運送人ハ一切ノ損害ヲ賠償スル責ニ任ス（本條改正）

第三百四十二條　荷送人又ハ貨物引換證ノ所持人ハ運送人ニ對シ運送ノ中止、運送品ノ返還其他ノ處分ヲ請求スルコトヲ得此場合ニ於テハ運送人ハ既ニ爲シタル運送ノ割合ニ應スル運送賃、立替金及ヒ其處分ニ因リテ生シタル費用ノ辨濟ヲ請求スルコトヲ得

前項ニ定メタル荷送人ノ權利ハ運送品カ到達地ニ達シタル後荷受人カ其引渡ヲ請求シタルトキハ消滅ス

◉判例　荷送人カ商法第三百四十二條ノ規定ニ依リ運送人ニ對シテ運送品返還請求權ヲ行使スルニハ單ニ其意思ヲ表示スレハ足ルモノニシテ特ニ契約解除ノ意思表示ヲ爲スコトヲ要セス（四一、大判錄一一九七頁）

第三百四十三條　運送品カ到達地ニ達シタル後ハ荷受人ハ運送契約ニ因リテ生シタル荷送人ノ權利ヲ取得ス

荷受人カ運送品ヲ受取リタルトキハ運送人ニ對シ運送賃其他ノ費用ヲ支拂フ義務ヲ負フ

ヤ（三五、判）

（一）甲乙丙ノ三運送人相次テ運送ヲナシタル場合ニ於ケル特別規定如何併セテ其法律的解釋ヲ問フ（三九、東）

（一）相次運送ノ法律關係ヲ論スヘシ（四四、辯）

（一）陸上運送契約ニ於ケル荷受人ノ法律關係ヲ説明スヘシ（四〇、判）

◎判例　貨物引換證ヲ作リタル場合ニハ之ヲ所持セサル荷受人ハ運送品カ到達地ニ達シタル後ニ於テモ尚ホ荷送人ノ權利ヲ取得セス（四一、大判錄五三四頁）

第三百四十四條　貨物引換證ヲ作リタル場合ニ於テハ之ト引換ニ非サレハ運送品ノ引渡ヲ請求スルコトヲ得ス

第三百四十五條　荷受人ヲ確知スルコト能ハサルトキハ運送人ハ運送品ヲ供託スルコトヲ得

前項ノ場合ニ於テ運送人カ荷送人ニ對シ相當ノ期間ヲ定メ運送品ノ處分ニ付キ指圖ヲ爲スヘキ旨ヲ催告スルモ荷送人カ其指圖ヲ爲サヽルトキハ運送品ヲ競賣スルコトヲ得

運送人カ前二項ノ規定ニ從ヒテ運送品ノ供託又ハ競賣ヲ爲シタルトキハ遲滯ナク荷送人ニ對シテ其通知ヲ發スルコトヲ要ス

第三百四十六條　前條ノ規定ハ運送品ノ引渡ニ關シテ爭アル場合ニ之ヲ準用ス

運送人カ競賣ヲ爲スニハ豫メ荷受人ニ對シ相當ノ期間ヲ定メテ運送品ノ受取ヲ催告シ其期間經過ノ後更ニ荷送人ニ對スル催告ヲ爲スコトヲ要ス

運送人ハ遲滯ナク荷受人ニ對シテモ運送品ノ供託又ハ競賣ノ通知ヲ發スルコトヲ要ス

辯）

（一）荷受人ノ運送契約上ノ地位如何（四三、京）

第三百四十七條　第二百八十六條第二項及ヒ第三項ノ規定ハ前二條ノ場合ニ之ヲ準用ス

○準條

第二百八十六條第二項及ヒ第三項

損敗シ易キ物ハ前項ノ催告ヲ爲サスシテ之ヲ競賣スルコトヲ得

前二項ノ規定ニ依リ賣主カ賣買ノ目的物ヲ競賣シタルトキハ其代價ヲ供託スルコトヲ要ス但其全部又ハ一部ヲ代金ニ充當スルコトヲ妨ケス

第三百四十八條　運送人ノ責任ハ荷受人カ留保ヲ爲サスシテ運送品ヲ受取リ且運送賃其他ノ費用ヲ支拂ヒタルトキハ消滅ス但運送品ニ直チニ發見スルコト能ハサル毀損又ハ一部滅失アリタル場合ニ於テ荷受人カ引渡ノ日ヨリ二週間内ニ運送人ニ對シテ其通知ヲ發シタルトキハ此限ニ在ラス

前項ノ規定ハ運送人ニ惡意アリタル場合ニハ之ヲ適用セス

第三百四十九條　第三百二十四條、第三百二十五條、第三百二十八條及ヒ第三百二十九條ノ規定ハ運送人ニ之ヲ準用ス

○準條

第三百二十四條　運送取扱人ハ運送品ニ關シ受取ルヘキ報酬、運送賃其他委託者ノ爲メニ爲シタル立替又ハ前貸ニ付テノミ其運送品ヲ留置スルコトヲ得

第三百二十五條　數人相次テ運送ノ取次ヲ爲ス場合ニ於テハ後者ニ代ハリテ其權利ヲ行使スル義務ヲ負フ

前項ノ場合ニ於テ後者カ前者ニ辨濟ヲ爲シタルトキハ前者ノ權利ヲ取得ス

第三百二十八條　運送取扱人ノ責任ハ荷受人カ運送品ヲ受取リタル日ヨリ一年ヲ經過シタルトキハ時效ニ因リテ消滅ス

前項ノ期間ハ運送品ノ全部滅失ノ場合ニ於テハ其引渡アルヘカリシ日ヨリ之ヲ起算ス

前二項ノ規定ハ運送取扱人ニ惡意アリタル場合ニハ之ヲ適用セス

第三百二十九條　運送取扱人ノ委託者又ハ荷受人ニ對スル債權ハ一年ヲ經過シタルトキハ時效ニ因リテ消滅ス

第二節　旅客運送

第三百五十條　旅客ノ運送人ハ自己又ハ其使用人カ運送ニ關シ注意ヲ怠ラサリシコトヲ證明スルニ非サレハ旅客カ運送ノ爲メニ受ケタル損害ヲ賠償スル責ヲ免ルルコトヲ得ス

損害賠償ノ額ヲ定ムルニ付テハ裁判所ハ被害者及ヒ其家族ノ情況ヲ斟酌スルコトヲ要ス

◉判例

商法第三百五十條ハ不法行爲ヲ原因トスル損害賠償ニ適用スヘキモノニ非ス(三八、大判錄六二九頁)

第三百五十一條　旅客ノ運送人ハ旅客ヨリ引渡ヲ受ケタル手荷物ニ付テハ特ニ運送賃ヲ請求セサルトキト

雖モ物品ノ運送人ト同一ノ責任ヲ負フ
手荷物カ到達地ニ達シタル日ヨリ一週間内ニ旅客カ其引渡ヲ請求セサルトキハ第二百八十六條ノ規定ヲ準用ス但住所又ハ居所ノ知レサル旅客ニハ催告及ヒ通知ヲ爲スコトヲ要セス

○準條

第二百八十六條　商人間ノ賣買ニ於テ買主カ其目的物ヲ受取ルコトヲ拒ミ又ハ之ヲ受取ルコト能ハサルトキハ賣主ハ其物ヲ供託シ又ハ相當ノ期間ヲ定メテ催告ヲ爲シタル後之ヲ競賣スルコトヲ得此場合ニ於テハ遲滯ナク買主ニ對シテ其通知ヲ發スルコトヲ要ス
損敗シ易キ物ハ前項ノ催告ヲ爲サスシテ之ヲ競賣スルコトヲ得
前二項ノ規定ニ依リ賣主カ賣買ノ目的物ヲ競賣シタルトキハ其代價ヲ供託スルコトヲ要ス但其全部又ハ一部ヲ代金ニ充當スルコトヲ妨ケス

第三百五十二條　旅客ノ運送人ハ旅客ヨリ引渡ヲ受ケサル手荷物ノ滅失又ハ毀損ニ付テハ自己又ハ其使用人ニ過失アル場合ヲ除ク外損害賠償ノ責ニ任セス

第九章　寄託

第一節　總則

第三百五十三條　商人カ其營業ノ範圍内ニ於テ寄託ヲ受ケタルトキハ報酬ヲ受ケサルトキト雖モ善良ナル管理者ノ注意ヲ爲スコトヲ要ス

第三百五十四條　旅店、飲食店、浴場其他客ノ來集ヲ

◎定義　寄託トハ他人ノ爲メニ物品ノ保管ヲ爲スヘキ契約ヲ云フ

目的トスル場屋ノ主人ハ客ヨリ寄託ヲ受ケタル物品ノ滅失又ハ毀損ニ付キ其不可抗力ニ因リタルコトヲ證明スルニ非サレハ損害賠償ノ責ヲ免ルルコトヲ得ス

客カ特ニ寄託セサル物品ト雖モ場屋中ニ携帶シタル物品カ場屋ノ主人又ハ其使用人ノ不注意ニ因リテ滅失又ハ毀損シタルトキハ場屋ノ主人ハ損害賠償ノ責ニ任ス

客ノ携帶品ニ付キ責任ヲ負ハサル旨ヲ告示シタルトキト雖モ場屋ノ主人ハ前二項ノ責任ヲ免ルルコトヲ得ス

第三百五十五條　貨幣、有價證券其他ノ高價品ニ付テハ客カ其種類及ヒ價額ヲ明告シテ之ヲ前條ノ場屋ノ主人ニ寄託シタルニ非サレハ其場屋ノ主人ハ其物品ノ滅失又ハ毀損ニ因リテ生シタル損害ヲ賠償スル責ニ任セス

第三百五十六條　前二條ノ責任ハ場屋ノ主人カ寄託物ヲ返還シ又ハ客カ携帶品ヲ持去リタル後一年ヲ經過シタルトキハ時效ニ因リテ消滅ス

前項ノ期間ハ物品ノ全部滅失ノ場合ニ於テハ客カ場屋ヲ去リタル時ヨリ之ヲ起算ス

前二項ノ規定ハ場屋ノ主人ニ惡意アリタル場合ニ之ヲ適用セス

第二節　倉庫營業

第三百五十七條　倉庫營業者トハ他人ノ爲メニ物品ヲ倉庫ニ保管スルヲ業トスル者ヲ謂フ

第三百五十八條　倉庫營業者ハ寄託者ノ請求ニ因リ寄託物ノ預證券及ヒ質入證券ヲ交付スルコトヲ要ス

第三百五十九條　預證券及ヒ質入證券ニハ左ノ事項及ヒ番號ヲ記載シ倉庫營業者之ニ署名スルコトヲ要ス

一　受寄物ノ種類、品質、數量及ヒ其荷造ノ種類、個數竝ニ記號

二　寄託者ノ氏名又ハ商號

三　保管ノ場所

四　保管料

五　保管ノ期間ヲ定メタルトキハ其期間

六　受寄物ヲ保險ニ付シタルトキハ保險金額、保險期間及ヒ保險者ノ氏名又ハ商號

七　證券ノ作成地及ヒ其作成ノ年月日

◎判例　質入證券ハ其證券自體ニ於テ法定ノ形式ヲ具備セサルヘカラス故ニ他ノ事物ヲ以テ其要件ヲ證明スルカ如キハ性質上許ス限リニ非ス(三七、大判錄三二六頁)

第三百六十條　倉庫營業者カ預證券及ヒ質入證券ヲ寄

◎定義　倉庫營業者トハ他人ノ爲メニ物品ヲ倉庫ニ保管スルヲ業トスル者ヲ云フ

◎問題

(一)倉庫證券ノ活動ノ大體ヲ叙スヘシ(四三、東)

(一)倉庫證券ノ物權的效力ヲ論ス(四三、東)

(一)質入證券ノ特質ヲ述ヘ其債務者ハ何人ナリヤヲ説明スヘシ(四二、中)

(一)貨物引換證ト

託者ニ交付シタルトキハ其帳簿ニ左ノ事項ヲ記載スルコトヲ要ス

一　前條第一號、第二號及ヒ第四號乃至第六號ニ掲ケタル事項

二　證劵ノ番號及ヒ其作成ノ年月日

第三百六十一條　預證劵及ヒ質入證劵ノ所持人ハ倉庫營業者ニ對シ寄託物ヲ分割シ且其各部分ニ對スル預證劵及ヒ質入證劵ノ交付ヲ請求スルコトヲ得此場合ニ於テハ所持人ハ前ノ預證劵及ヒ質入證劵ヲ倉庫營業者ニ返還スルコトヲ要ス

前項ニ定メタル寄託物ノ分割及ヒ證劵ノ交付ニ關スル費用ハ所持人之ヲ負擔ス

第三百六十二條　預證劵及ヒ質入證劵ヲ作リタルトキハ寄託ニ關スル事項ハ倉庫營業者ト所持人トノ間ニ於テハ其證劵ノ定ムル所ニ依ル

第三百六十三條　削除

第三百六十四條　預證劵及ヒ質入證劵ハ其記名式ナルトキト雖モ裏書ニ依リテ之ヲ讓渡シ又ハ之ヲ質入スルコトヲ得但證劵ニ裏書ヲ禁スル旨ヲ記載シタルトキハ此限ニ在ラス

預證劵ノ所持人カ未タ質入ヲ爲サヽル間ハ預證劵及

預證劵トノ異同ヲ說明スヘシ（三六、日）

㊞問題

（一）質入證劵ノ裏書ノ效力ヲ論ス（三七、中）

ヒ質入證券ハ各別ニ之ヲ讓渡スコトヲ得ス

第三百六十五條　第三百三十四條ノ二及ヒ第三百三十五條ノ規定ハ預證券及ヒ質入證券ニ之ヲ準用ス（本條改正）

○準條

第三百三十四條ノ二　貨物引換證ヲ作リタルトキハ運送品ニ關スル處分ハ貨物引換證ヲ以テスルニ非サレハ之ヲ爲スコトヲ得ス

第三百三十五條　貨物引換證ニ依リ運送品ヲ受取ルコトヲ得ヘキ者ニ貨物引換證ヲ引渡シタルトキハ其引渡ハ運送品ノ上ニ行使スル權利ノ取得ニ付キ運送品ノ引渡ト同一ノ效力ヲ有ス

第三百六十六條　預證券又ハ質入證券カ滅失シタルトキハ其所持人ハ相當ノ擔保ヲ供シテ更ニ其證券ノ交付ヲ請求スルコトヲ得此場合ニ於テハ倉庫營業者ハ其旨ヲ帳簿ニ記載スルコトヲ要ス

第三百六十七條　質入證券ニ第一ノ質入裏書ヲ爲スニハ債權額、其利息及ヒ辨濟期ヲ記載スルコトヲ要ス」
第一ノ質權者カ前項ニ揭ケタル事項ヲ預證券ニ記載シテ之ニ署名スルニ非サレハ質權ヲ以テ第三者ニ對抗スルコトヲ得ス

第三百六十七條ノ二　預證券ノ所持人ハ寄託物ヲ以テ預證券ニ記載シタル債權額及ヒ利息ヲ辨濟スル義務ヲ負フ（本條新設）

第三百六十七條ノ三　質入證券所持人ノ債權ノ辨濟ハ倉庫營業者ノ營業所ニ於テ之ヲ爲スコトヲ要ス（本條新設）

第三百六十八條　質入證券ノ所持人カ辨濟期ニ至リ支拂ヲ受ケサルトキハ手形ニ關スル規定ニ從ヒテ拒絕證書ヲ作ラシムコトヲ要ス

第三百六十九條　質入證券ノ所持人ハ拒絕證書作成ノ日ヨリ一週間ヲ經過シタル後ニ非サレハ寄託物ノ競賣ヲ請求スルコトヲ得ス

第三百七十條　倉庫營業者ハ競賣代金ノ中ヨリ競賣ニ關スル費用、受寄物ニ課スヘキ租稅、保管料其他保管ニ關スル費用及ヒ立替金ヲ控除シタル後其殘額ヲ質入證券ト引換ニ其所持人ニ支拂フコトヲ要ス

競賣代金ノ內ヨリ前項ニ揭ケタル費用、租稅、保管料、立替金及ヒ質入證券所持人ノ債權額、利息、拒絕證書作成ノ費用ヲ控除シタル後餘剩アルトキハ倉庫營業者ハ之ヲ預證券ト引換ニ其所持人ニ支拂フコトヲ要ス

第三百七十一條　競賣代金ヲ以テ質入證券ニ記載シタル債權ノ全部ヲ辨濟スルコト能ハサリシトキハ倉庫營業者ハ其支拂ヒタル金額ヲ質入證券ニ記載シテ其

證券ヲ返還シ且其旨ヲ帳簿ニ記載スルコトヲ要ス

第三百七十二條　質入證券ノ所持人ハ先ツ寄託物ニ付キ辨濟ヲ受ケ尚ホ不足アルトキハ其裏書人ニ對シテ不足額ヲ請求スルコトヲ得

第四百八十七條ノ二乃至第四百八十八條ノ四、第四百九十一條、第四百九十二號及ヒ第四百九十五條ノ規定ハ前項ニ定メタル不足額ノ請求ニ之ヲ準用ス

（本條改正）

第三百七十三條　質入證券ノ所持人カ辨濟期ニ至リ支拂ヲ受ケサリシ場合ニ於テ拒絶證書ヲ作ラシメサリシトキ又ハ拒絶證書作成ノ日ヨリ二週間内ニ寄託物ノ競賣ヲ請求セサリシトキハ裏書人ニ對スル請求權ヲ失フ

第三百七十四條　質入證券所持人ノ預證券所持人ニ對スル請求權ハ辨濟期ヨリ一年質入證券裏書人ニ對スル請求權ハ寄託物ニ付キ辨濟ヲ受ケタル日ヨリ六个月質入證券裏書人ノ其前者ニ對スル請求權ハ償還ヲ爲シタル日ヨリ六个月ヲ經過シタルトキハ時效ニ因リテ消滅ス（本條改正）

第三百七十五條　寄託者又ハ預證券ノ所持人ハ營業時間内何時ニテモ倉庫營業者ニ對シテ寄託物ノ點檢若クハ其見本ノ摘出ヲ求メ又ハ其保存ニ必要ナル處分

ヲ爲スコトヲ得
質入證券ノ所持人ハ營業時間内ニテモ倉庫營業者ニ對シテ寄託物ノ點檢ヲ求ムルコトヲ得

第三百七十六條　倉庫營業者ハ自己又ハ其使用人カ受寄物ノ保管ニ關シ注意ヲ怠ラサリシコトヲ證明スルニ非サレハ其滅失又ハ毀損ニ付キ損害賠償ノ責ヲ免ルルコトヲ得ス

第三百七十七條　倉庫營業者ハ受寄物出庫ノ時ニ非サレハ保管料及ヒ立替金其他受寄物ニ關スル費用ノ支拂ヲ請求スルコトヲ得ス但受寄物ノ一部出庫ノ場合ニ於テハ割合ニ應シテ其支拂ヲ請求スルコトヲ得
（本條改正）

第三百七十八條　當事者カ保管ノ期間ヲ定メサリシトキハ倉庫營業者ハ受寄物入庫ノ日ヨリ六个月ヲ經過シタル後ニ非サレハ其返還ヲ爲スコトヲ得ス但已ムコトヲ得サル事由アルトキハ此限ニ在ラス

第三百七十九條　預證券及ヒ質入證券ヲ作リタル場合ニ於テハ之ト引換ニ非サレハ寄託物ノ返還ヲ請求スルコトヲ得ス

第三百八十條　預證券ノ所持人ハ質入證券ニ記載シタル債權ノ辨濟期前ト雖モ其債權ノ全額及ヒ辨濟期マ

●**問題**
（一）運送人ト倉庫營業者トノ責任ノ差異ヲ述ヘヨ（三八、日）

テノ利息ヲ倉庫營業者ニ供託シテ寄託物ノ返還ヲ請求スルコトヲ得（本條改正）

第三百八十條ノ二　寄託物カ同種類ニシテ同一ノ品質ヲ有シ且分割スルコトヲ得ヘキ物ナルトキハ預證券ノ所持人ハ債權額ノ一部及ヒ其辨濟期マテノ利息ヲ供託シ其割合ニ應シテ寄託物ノ一部ノ返還ヲ請求スルコトヲ得此場合ニ於テ倉庫營業者ハ供託ヲ受ケタル金額及ヒ返還シタル寄託物ノ數量ヲ預證券ニ記載シ且其旨ヲ帳簿ニ記載スルコトヲ要ス

前項ニ定メタル寄託物ノ一部出庫ニ關スル費用ハ預證券ノ所持人之ヲ負擔ス（本條新設）

第三百八十條ノ三　前二條ノ場合ニ於テ質入證券ノ所持人ノ權利ハ供託金ノ上ニ存在ス

第三百七十一條ノ規定ハ前條第一項ノ供託金ヲ以テ質入證券ニ記載シタル債權ノ一部ヲ辨濟シタル場合ニ之ヲ準用ス（本條新設）

第三百八十一條　第二百八十六條第一項及ヒ第二項ノ規定ハ寄託者又ハ預證券ノ所持人カ寄託物ヲ受取ルコトヲ拒ミ又ハ之ヲ受取ルコト能ハサル場合ニ之ヲ準用ス此場合ニ於テ質入證券ノ所持人ノ權利ハ競賣代金ノ上ニ存在ス

第三百七十條及ヒ第三百七十一條ノ規定ハ前項ノ場合ニ之ヲ準用ス（本條改正）

○準條

第二百八十六條　第一項、第二項商人間ノ賣買ニ於テ買主カ其目的物ヲ受取ルコトヲ拒ミ又ハ之ヲ受取ルコト能ハサルトキハ賣主ハ其物ヲ供託シ又ハ相當ノ期間ヲ定メテ催告ヲ爲シタル後之ヲ競賣スルコトヲ得此場合ニ於テハ遲滯ナク買主ニ對シテ其通知ヲ發スルコトヲ要ス

損敗シ易キ物ハ前項ノ催告ヲ爲サスシテ之ヲ競賣スルコトヲ得

第三百七十條　倉庫營業者ハ競賣代金ノ中ヨリ競賣ニ關スル費用、受寄物ニ課スヘキ租稅、保管料其他保管ニ關スル費用及ヒ立替金ヲ控除シタル後其殘額ヲ質入證券ト引換ニ其所持人ニ支拂フコトヲ要ス

競賣代金ノ中ヨリ前項ニ揭ケタル費用、租稅、保管料、立替金及ヒ質入證券所持人ノ債權額、利息、拒絕證書作成ノ費用ヲ控除シタル後餘剩アルトキハ倉庫營業者ハ之ヲ預證券ト引換ニ其所持人ニ支拂フコトヲ要ス

第三百七十一條　競賣代金ヲ以テ質入證券ニ記載シタル債權ノ全部ヲ辨濟スルコト能ハサリシトキハ倉庫營業者ハ其支拂ヒタル金額ヲ質入證券ニ記載シテ其證券ヲ返還シ且其旨ヲ帳簿ニ記載スルコトヲ要ス

第三百八十二條　第三百四十八條ノ規定ハ倉庫營業者ニ之ヲ準用ス

○準條

第三百四十八條　運送人ノ責任ハ荷受人カ留保ヲ爲サスシテ運送品ヲ受取リ且運送賃其他ノ費用ヲ支拂ヒタルトキハ消滅ス但運送品、

ニ直チニ發見スルコト能ハサル毀損又ハ一部滅失アリタル場合ニ於テ荷受人カ引渡ノ日ヨリ二週間内ニ運送人ニ對シテ其通知ヲ發シタルトキハ此限ニ在ラス

前項ノ規定ハ運送人ニ惡意アリタル場合ニハ之ヲ適用セス

第三百八十三條 寄託物ノ滅失又ハ毀損ニ因リテ生シタル倉庫營業者ノ責任ハ出庫ノ日ヨリ一年ヲ經過シタルトキハ時效ニ因リテ消滅ス

前項ノ期間ハ寄託物ノ全部滅失ノ場合ニ於テハ倉庫營業者カ預證券ノ所持人、若シ其所持人カ知レサルトキハ寄託者ニ對シテ其滅失ノ通知ヲ發シタル日ヨリ之ヲ起算ス

前二項ノ規定ハ倉庫營業者ニ惡意アリタル場合ニハ之ヲ適用セス

第三百八十三條ノ二 倉庫營業者ハ寄託者ノ請求アルトキハ預證券及質入證券ニ代ヘテ倉荷證券ヲ交付スルコトヲ要ス

倉荷證券ニハ預證券ニ關スル規定ヲ準用ス(本條新設)

第三百八十三條ノ三 倉荷證券ヲ以テ質權ノ目的ト爲シタル場合ニ於テ質權者ノ承諾アルトキハ寄託者ハ債權ノ辨濟期前ト雖モ寄託物ノ一部ノ返還ヲ請求スルコトヲ得此場合ニ於テ倉庫營業者ハ返還シタル寄託物ノ種類、品質及ヒ數量ヲ倉荷證券ニ記載シ且其

旨ヲ帳簿ニ記載スルコトヲ要ス（本條新設）

第十章　保險

第一節　損害保險

第一款　總則

第三百八十四條　損害保險契約ハ當事者ノ一方カ偶然ナル一定ノ事故ニ因リテ生スルコトアルヘキ損害ヲ塡補スルコトヲ約シ相手方カ之ニ其報酬ヲ與フルコトヲ約スルニ因リテ其效力ヲ生ス

◉判例　結婚出產又ハ就學兒童アル場合ニ他ノ會員ヨリ若干圓ヲ醵出セシメ其幾分ヲ之ニ給與シテ殘額ヲ利得セントスル會社事業ハ保險行爲ニ類似セル一ノ條件付法律行爲ト云フヲ得ヘキモ之ヲ以テ保險行爲ト云フヲ得ズ（三八、大判錄四七五頁）

第三百八十五條　保險契約ハ金錢ニ見積ルコトヲ得ヘキ利益ニ限リ之ヲ以テ其目的ト爲スコトヲ得

第三百八十六條　保險金額カ保險契約ノ目的ノ價額ニ超過シタルトキハ其超過シタル部分ニ付テハ保險契約ハ無效トス

第三百八十七條　同一ノ目的ニ付キ同時ニ數箇ノ保險契約ヲ爲シタル場合ニ於テ其保險金額カ保險價額ニ超過シタルトキハ各保險者ノ負擔額ハ其各自ノ保險金額ノ割合ニ依リテ之ヲ定ム

數箇ノ保險契約ノ日附カ同一ナルトキハ其契約ハ同

◎定義　保險契約トハ當事者ノ一方カ報酬ヲ受クル其代ハリトシテ不確定ニシテ且經濟的損害ヲ惹起スル事故ノ發生ニ際シテ財產ノ給付ヲ約スル所ノ獨立ノ契約ヲ謂フ

●問題

（一）損害保險ノ意義ヲ論シ其經濟上ノ效果ニ及フ（三七、法）

（一）保險ノ種類ヲ說明スヘシ（四一、法）

（一）被保險利益ヲ論ス（四一、法）

◎定義　超過保險トハ保險金額カ保險契約ノ目的ノ價格ニ超過スル保險契約ヲ云フ

●問題

（一）超過保險ヲ論ス（四三、法）

◎定義　重複保險トハ同一ノ被保險利益ニ關シテ同一ノ危險ニ對シ同一ノ保險期間內ニ爲シタル數個ノ保險契約ノ保險金額カ保險價額ニ超過スルモノヲ云フ

●問題

（一）重複保險超過保險及再保險

時ニ爲シタルモノト推定ス

第三百八十八條　相次テ數箇ノ保險契約ヲ爲シタルトキハ前ノ保險者先ツ損害ヲ負擔シ若シ其負擔額カ損害ノ全部ヲ塡補スルニ足ラサルトキハ後ノ保險者之ヲ負擔ス

第三百八十九條　保險價額ノ全部ヲ保險ニ付シタル後ト雖モ左ノ場合ニ限リ更ニ保險契約ヲ爲スコトヲ得

一　前ノ保險者ニ對スル權利ヲ後ノ保險者ニ讓渡スコトヲ約シタルトキ

二　前ノ保險者ニ對スル權利ノ全部又ハ一部ヲ抛棄スヘキコトヲ後ノ保險者ニ約シタルトキ

三　前ノ保險者カ損害ノ塡補ヲ爲ササルコトヲ條件トシタルトキ

第三百九十條　同時ニ又ハ相次テ數箇ノ保險契約ヲ爲シタル場合ニ於テ保險者ノ一人ニ對スル權利ノ抛棄ハ他ノ保險者ノ權利義務ニ影響ヲ及ホサス

第三百九十一條　保險價額ノ一部ヲ保險ニ付シタル場合ニ於テハ保險者ノ負擔ハ保險金額ノ保險價額ニ對スル割合ニ依リテ之ヲ定ム

第三百九十二條　保險價額カ保險期間中著シク減少シタルトキハ保險契約者ハ保險者ニ對シテ金額及ヒ保

ノ意義ヲ述ヘヨ(四二、法)

(一)重複保險ト超過保險トノ區別ヲ問フ(三九、京)

(一)重複保險ノ場合ニ於ケル保險者ノ塡補責任如何(四〇、中)

(一)保險價額ノ全部ヲ保險ニ付シタル後ニ於テ更ニ締結セル保險契約ノ效力如何(四三、中)

◎定義　一部保險トハ保險金額カ保險價額ニ足ラサル保險契約ヲ云フ

◎問題

(一)一部保險ノ原則及理由ヲ論ス(四二、法)

◎定義　保險期間トハ保險者ノ責任カ存續スル期間ヲ云フ

險料ノ減額ヲ請求スルコトヲ得但保險料ノ減額ハ將來ニ向テノミ其效力ヲ生ス

第三百九十三條　保險者カ塡補スヘキ損害ノ額ハ其損害カ生シタル地ニ於ケル其時ノ價額ニ依リテ之ヲ定ム

前項ノ損害額ヲ計算スルニ必要ナル費用ハ保險者之ヲ負擔ス

第三百九十四條　當事者カ保險價額ヲ定メタルトキハ保險者ハ其價額ノ著シク過當ナルコトヲ證明スルニ非サレハ其塡補額ノ減少ヲ請求スルコトヲ得ス

第三百九十五條　戰爭其他ノ變亂ニ因リテ生シタル損害ハ特約アルニ非サレハ保險者之ヲ塡補スルニ責ニ任セス

第三百九十六條　保險ノ目的ノ性質若クハ瑕疵、其自然ノ消耗又ハ保險契約者若クハ被保險者ノ惡意若クハ重大ナル過失ニ因リテ生シタル損害ハ保險者之ヲ塡補スル責ニ任セス

第三百九十七條　保險契約ノ當時當事者ノ一方又ハ被保險者カ事故ノ生セサルヘキコト又ハ既ニ生シタルコトヲ知レルトキハ其契約ハ無效トス

第三百九十八條　削除

◎定義　保險料トハ保險者カ被保險者ノ財產上ニ損害ヲ及ホスヘキ危險ヲ負擔スルニ對シ保險契約者ヨリ保險者ニ與フル處ノ報酬ヲ云フ

●問題

(一)保險期間內ニ於ケル危險ノ變更又ハ增加ハ保險契約ノ法律關係ニ影響ヲ及ホスヘキモノナリヤ(三五、中)

(一)危險ノ意義ヲ說明スヘシ(明、三五)

(一)危險事實タル條件ノ內三ケ條ヲ揭ケテ說明スヘシ(四一、中)

第三百九十九條　保險契約ノ全部又ハ一部カ無效ナル場合ニ於テ保險契約者及ヒ被保險者カ善意ニシテ且重大ナル過失ナキトキハ保險者ニ對シテ保險料ノ全部又ハ一部ノ返還ヲ請求スルコトヲ得

第三百九十九條ノ二　保險契約ノ當時保險契約者カ惡意又ハ重大ナル過失ニ因リ重要ナル事實ヲ告ケス又ハ重要ナル事項ニ付キ不實ノ事ヲ告ケタルトキハ保險者ハ契約ノ解除ヲ爲スコトヲ得但保險者カ其事實ヲ知リ又ハ過失ニヨリテ之ヲ知ラサリシトキハ此限ニ在ラス

前項ノ解除權ハ保險者カ解除ノ原因ヲ知リタル時ヨリ一ケ月間之ヲ行ハサルトキハ消滅ス契約ノ時ヨリ五年ヲ經過シタルトキ亦同シ（本條新設）

第三百九十九條ノ三　前條ノ規定ニ依リ保險者カ契約ノ解除ヲ爲シタルトキハ其解除ハ將來ニ向テノミ其效力ヲ生ス

保險者ハ危險發生ノ後解除ヲ爲シタル場合ニ於テモ損害ヲ塡補スル責ニ任セス若シ既ニ保險金額ノ支拂ヲ爲シタルトキハ其返還ヲ請求スルコトヲ得但保險契約者ニ於テ危險ノ發生カ其告ケ又ハ告ケサリシ事實ニ基カサルコトヲ證明シタルトキハ此限ニ在ラス

◎問題

（一）保險法ニ於ケル所謂告知義務ヲ説明スヘシ（四四、京）

（本條新設）

第四百條　保險契約ノ當事者カ特別ノ危險ヲ斟酌シテ保險料ノ額ヲ定メタル場合ニ於テ保險期間中其危險カ消滅シタルトキハ保險契約者ハ將來ニ向テ保險料ノ減額ヲ請求スルコトヲ得

第四百一條　保險契約ハ他人ノ爲メニモ之ヲ爲スコトヲ得此場合ニ於テハ保險契約者ハ保險者ニ對シ保險料ヲ支拂フ義務ヲ負フ

第四百二條　保險契約者カ委任ヲ受ケスシテ他人ノ爲メニ契約ヲ爲シタル場合ニ於テ其旨ヲ保險者ニ告ケサルトキハ其契約ハ無效トス若シ之ヲ告ケタルトキハ被保險者ハ當然其契約ノ利益ヲ享受ス

第四百三條　保險者ハ保險契約者ノ請求ニ因リ保險證券ヲ交付スルコトヲ要ス

保險證券ニハ左ノ事項ヲ記載シ保險者之ヲ署名スルコトヲ要ス

一　保險ノ目的
二　保險者ノ負擔シタル危險
三　保險價額ヲ定メタルトキハ其價額
四　保險金額
五　保險料及ヒ其支拂ノ方法

◎問題

（一）保險料不可分ノ原則ヲ說明スヘシ（三六、中）

（一）他人ノ爲メニ取結ハル、保險契約ノ性質ヲ說明スヘシ（三六、中）

（一）第三者ノ爲ニスル契約ノ規定ニ關シテ損害保險ト生命保險トノ間ニ存スル差異ヲ說明スヘシ（三九、中）

（一）保險證券ノ性質ヲ論ス（三九、法）

六　保險期間ヲ定メタルトキハ其始期及ヒ終期
七　保險契約者ノ氏名又ハ商號
八　保險契約ノ年月日
九　保險證券ノ作成地及ヒ其作成ノ年月日

第四百四條　被保險者カ保險ノ目的ヲ讓渡シタルトキハ同時ニ保險契約ニ因リテ生シタル權利ヲ讓渡シタルモノト推定ス

前項ノ場合ニ於テ保險ノ目的ノ讓渡カ著シク危險ヲ變更又ハ增加シタルトキハ保險契約ハ其效力ヲ失フ

第四百五條　保險者カ破產ノ宣告ヲ受ケタルトキハ保險契約者ハ相當ノ擔保ヲ供セシメ又ハ契約ノ解除ヲ爲スコトヲ得

前項ノ場合ニ於テ保險契約者カ契約ノ解除ヲ爲シタルトキハ其解除ハ將來ニ向テノミ其效力ヲ生ス

前二項ノ規定ハ保險契約者カ破產ノ宣告ヲ受ケタル場合ニ之ヲ準用ス但保險契約者カ既ニ保險料ノ全部ヲ支拂ヒタルトキハ此限ニ在ラス

第四百六條　他人ノ爲メニ保險契約ヲ爲シタル場合ニ於テ保險契約者カ破產ノ宣告ヲ受ケタルトキハ保險者ハ被保險者ニ對シテ保險料ヲ請求スルコトヲ得但被保險者カ其權利ヲ拋棄シタルトキハ此限ニ在ラス

●問題

（一）損害保險ノ目的ノ讓渡ナクシテ其保險契約上ノ權利ノミヲ讓渡シ得ルヤ（三八、日）

（一）保險契約ニ因リテ生スル權利ノ讓渡ト保險ノ目的ノ讓渡ト其觀念ニ於テ相異ナル所以ヲ說明スヘシ（三七、中）

（一）被保險物ノ移轉ハ契約ニ如何ナル效果ヲ

第四百七條　保險者ノ責任カ始マル前ニ於テハ保險契約者ハ契約ノ全部又ハ一部ノ解除ヲ爲スコトヲ得

第四百八條　保險者ノ責任カ始マル前ニ於テ保險契約者又ハ被保險者ノ行爲ニ因ラスシテ保險ノ目的ノ全部又ハ一部ニ付キ保險者ノ負擔ニ歸スヘキ危險カ生セサルニ至リタルトキハ保險者ハ保險料ノ全部又ハ一部ヲ返還スルコトヲ要ス

第四百九條　前二條ノ場合ニ於テハ保險者ハ其返還スヘキ保險料ノ半額ニ相當スル金額ヲ請求スルコトヲ得

第四百十條　保險期間中危險カ保險契約者又ハ被保險者ノ責ニ歸スヘキ事由ニ因リテ著シク變更又ハ增加シタルトキハ保險契約ハ其效力ヲ失フ

第四百十一條　保險期間中危險カ保險契約者又ハ被保險者ノ責ニ歸スヘカラサル事由ニ因リテ著シク變更又ハ增加シタルトキハ保險者ハ契約ノ解除ヲ爲スコトヲ得但其解除ハ將來ニ向テノミ其效力ヲ生ス

前項ノ場合ニ於テ保險契約者又ハ被保險者カ危險ノ著シク變更又ハ增加シタルコトヲ知リタルトキハ遲滯ナク之ヲ保險者ニ通知スルコトヲ要ス若シ其通知ヲ怠リタルトキハ保險者ハ危險ノ變更又ハ增加ノ時

生スルヤ（四二、中）

ヨリ保險契約カ其效力ヲ失ヒタルモノト看做スコトヲ得

保險者カ前項ノ通知ヲ受ケ又ハ危險ノ變更若クハ增加ヲ知リタル後遲滯ナク契約ノ解除ヲ爲サヽルトキハ其契約ヲ承認シタルモノト看做ス

第四百十二條 保險者ノ負擔シタル危險ノ發生ニ因リテ損害カ生シタル場合ニ於テ保險契約者又ハ被保險者カ其損害ノ生シタルコトヲ知リタルトキハ遲滯ナク保險者ニ對シテ其通知ヲ發スルコトヲ要ス

第四百十三條 保險ノ目的ニ付キ保險者ノ負擔スヘキ損害カ生シタルトキハ其後ニ至リ其目的カ保險者ノ負擔セサル危險ノ發生ニ因リテ滅失シタルトキト雖モ保險者ハ其損害ヲ塡補スル責ヲ免ルルコトヲ得ス

第四百十四條 被保險者ハ損害ノ防止ヲ力ムルコトヲ要ス但之カ爲メニ必要又ハ有益ナリシ費用及ヒ塡補額カ保險金額ニ超過スルトキト雖モ保險者之ヲ負擔ス

第三百九十一條ノ規定ハ前項但書ノ場合ニ之ヲ準用ス

第四百十五條 保險ノ目的ノ全部カ滅失シタル場合ニ於テ保險者カ保險金額ノ全部ヲ支拂ヒタルトキハ被

保險者カ其目的ニ付キ有セル權利ヲ取得ス但保險償額ノ一部ヲ保險ニ付シタル場合ニ於テハ保險者ノ權利ハ保險金額ノ保險償額ニ對スル割合ニ依リテ之ヲ定ム

第四百十六條 損害カ第三者ノ行爲ニ因テ生シタル場合ニ於テ保險者カ被保險者ニ對シ其負擔額ヲ支拂ヒタルトキハ其支拂ヒタル金額ノ限度ニ於テ保險契約者又ハ被保險者カ第三者ニ對シテ有セル權利ヲ取得ス

保險者カ被保險者ニ對シ其負擔額ノ一部ヲ支拂ヒタルトキハ保險契約者又ハ被保險者ノ權利ヲ害セサル範圍內ニ於テノミ前項ニ定メタル權利ヲ行フコトヲ得

◎判例

商法第四百十六條ニハ損害カ第三者ノ行爲ニ因リテ生シタル云々トアルニ止マリ行爲ニ種類ヲ制限セサルヲ以テ之ヲ不法行爲ニ限定スヘキニ非ス(四四、五、一六二、大審判)

第四百十七條 保險金額支拂ノ義務及保險料返還ノ義務ハ二年保險料支拂ノ義務ハ明年ヲ經過シタルトキハ時效ニ因リテ消滅ス(本條改正)

第四百十八條 本節ノ規定ハ相互保險ニ之ヲ準用ス但其性質カ之ヲ許ササルトキハ此限ニ在ラス

第二款 火災保險

第四百十九條 火災ニ因リテ生シタル損害ハ其火災ノ

◎問題

(一)左記ノ如キ普通保險約款ノ規定ハ有效ナリヤ(四〇、法)

保險契約者若クハ被保險者カ保險事項ノ發生ヲ知リタルトキヨリ一ケ年以內ニ保險金支拂ノ請求ヲナササルトキハ會社ハ支拂ノ責ニ任セス(商法第四百十七條參照)

◎定義 相互保險トハ同一ノ危險ニ依リ脅サルル數人カ相集リテ互ニ救助セムコトヲ約スル契約ヲ云フ

◎問題

(一)相互保險トハ何ソヤ(三三、文)

(一)相互保險ト營利トノ得失ヲ論スヘシ(三九、法)

◎定義 火災保險トハ當事者ノ一方カ火災ニ因リテ生スルコトアルヘキ損害ヲ賠償スルコトヲ約シ他ノ一方カ之ニ對シ報酬ヲ與フルコト

原因如何ヲ問ハス保險者之ヲ塡補スル責ニ任ス但第三百九十五條及ヒ第三百九十六條ノ場合ハ此限ニ在ラス

○不適條

第三百九十五條 戰爭其他ノ變亂ニ因リテ生シタル損害ハ特約アルニ非サレハ保險者之ヲ塡補スル責ニ任セス

第三百九十六條 保險ノ目的ノ性質若クハ瑕疵、其自然ノ消耗又ハ保險契約者若クハ被保險者ノ惡意若クハ重大ナル過失ニ因リテ生シタル損害ハ保險者之ヲ塡補スル責ニ任セス

◎**判例** 家屋ノ買主ハ其登記ヲ經サルモ既ニ自己ノ所有タル以上ハ其家屋ヲ被保險物ト爲シ以テ適法ニ火災保險契約ヲ取結フコトヲ得(三五、大判錄七卷一頁)

第四百二十條 消防又ハ避難ニ必要ナル處分ニ因リ保險ノ目的ニ付キ生シタル損害ハ保險者之ヲ塡補スル責ニ任ス

第四百二十一條 賃借人其他他人ノ物ヲ保管スル者カ其支拂フコトアルヘキ損害賠償ノ爲メ其物ヲ保險ニ付シタルトキハ所有者ハ保險者ニ對シテ直接ニ其損害ノ塡補ヲ請求スルコトヲ得

第四百二十二條 火災保險證劵ニハ第四百三條第二項ニ揭ケタル事項ノ外左ノ事項ヲ記載スルコトヲ要ス

一 保險ニ付シタル建物ノ所在、構造及ヒ用方

ヲ約スル契約ヲ云フ

◎問題

(一)火災保險ノ意義ヲ論スヘシ(三九、法)

(一)火災保險ニ付シタル家屋カ地震ニ因リ崩壞シ之カ爲メ火災ヲ惹起シテ燒失セリト云フ保險會社ハ保險金ノ支拂ヲ要セサルカ(四三、京)

(一)某其作家ヲ火災保險ニ付シタリ然ルニ其家屋ハ下婢ノ重大ナル過失ニヨリテ燒失セリト謂フ保險者ハ損害ノ塡補ヲナスコトヲ要スルヤ(四二、京)

(一)倉庫業者カ其保管貨物ニ付火災保險ヲ契

二　動産ヲ保險ニ付シタルトキハ之ヲ納ムル建物ノ所在、構造及ヒ用方

第三款　運送保險

第四百二十三條　保險者ハ特約ナキトキハ運送人カ運送品ヲ受取リタル時ヨリ之ヲ荷受人ニ引渡ス時マテニ生スルコトアルヘキ損害ヲ塡補スル責ニ任ス

第四百二十四條　運送品ノ保險ニ付テハ發送ノ地及ヒ時ニ於ケル其價額及ヒ到達地マテノ運送賃其他ノ費用ヲ以テ保險價額トス

運送品ノ到達ニ因リテ得ヘキ利益ハ特約アルトキニ限リ之ヲ保險價額中ニ算入ス

第四百二十五條　運送保險證劵ニハ第四百三條第二項ニ掲ケタル事項ノ外左ノ事項ヲ記載スルコトヲ要ス

一　運送ノ道筋及ヒ方法

二　運送人ノ氏名又ハ商號

三　運送品ノ受取及ヒ引渡ノ場所

四　運送期間ノ定アルトキハ其期間

第四百二十六條　保險契約ハ特約アルニ非サレハ運送上ノ必要ニ因リ一時運送ヲ中止シ又ハ運送ノ道筋若

約スルニ際シテ通常如何ナル契約ノ方法ニヨルヤヲ説明セヨ(四二、日)

◎**定義**　運送保險トハ陸上及ヒ内國ノ水上ノ運送中ニ在ル物品ニ關スル財産上ノ利益ヲ目的トスル所ノ保險契約ヲ云フ

クハ方法ヲ變更シタルトキト雖モ其效力ヲ失ハス

第二節　生命保險

第四百二十七條　生命保險契約ハ當事者ノ一方カ相手方又ハ第三者ノ生死ニ關シ一定ノ金額ヲ支拂フヘキコトヲ約シ相手方カ之ニ其報酬ヲ與フルコトヲ約スルニ因リテ其效力ヲ生ス

◎判例　商法第四百二十七條ニ所謂生死トハ死亡ト生存トノ二者ヲ云フモノニシテ出生ヲ包含セス故ニ出生ヲ條件トスル會社事業ハ生命保險ニモ非ス損害保險ニモ非サルナリ（三三、大判錄七卷三四頁）

第四百二十八條　他人ノ死亡ニ因リテ保險金額ノ支拂ヲ爲スヘキコトヲ定ムル保險契約ニハ其者ノ同意アルコトヲ要ス但被保險者カ保險金額ヲ受取ルヘキ者ナルトキハ此限ニ在ラス

前項ノ保險契約ニ由リテ生シタル權利ノ讓渡ニハ被保險者ノ同意アルコトヲ要ス

保險契約者カ被保險者ナル場合ニ於テ保險金額ヲ受取ルヘキ者カ其權利ヲ讓渡ストキ又ハ第一項但書ノ場合ニ於テ權利ヲ讓受ケタル者カ更ニ之ヲ讓渡ストキ亦同シ（本條改正）

第四百二十八條ノ二　保險金額ノ受取ルヘキ者カ第三者ナルトキハ其第三者ハ當然保險契約ノ利益ヲ享受

●問題

（一）生命保險ノ意義ヲ論ス（四四、判檢）

（一）生命保險契約ノ性質（四二、法）

（一）生命保險ニ被保險利益アリヤ（三七、日）

（一）生命保險ト損害保險トハ其性質ニ於テ異ナル所アリヤ（三五、辯）

（一）生命保險契約ニ於ケル被保險關係ヲ損害保險契約ニ於ケル危險ト對照シテ說明スヘシ（三八、中）

（一）生命保險契約ニ於ケル被保

ス但保險契約者カ別段ノ意思ヲ表示シタルトキハ其意思ニ從フ

前項但書ノ規定ニ依リ保險契約者カ保險金額ヲ受取ルヘキ者ヲ指定又ハ變更スル權利ヲ有スル場合ニ於テ其權利ヲ行ハスシテ死亡シタルトキハ保險金額ヲ受取ルヘキ者ノ權利ハ之ニ因リテ確定ス（本條新設）

第四百二十八條ノ三　保險金額ヲ受取ルヘキ者カ被保險者ニ非サル第三者ナル場合ニ於テ其者カ死亡シタルトキハ保險契約者ハ更ニ保險金額ヲ受取ルヘキ者ヲ指定スルコトヲ得

保險契約者カ前項ニ定メタル權利ヲ行ハスシテ死亡シタルトキハ保險金額ヲ受取ルヘキ者ノ相續人ヲ以テ保險金額ヲ受取ルヘキ者トス（本條新設）

第四百二十八條ノ四　保險契約者カ契約後保險金額ヲ受取ルヘキ者ヲ指定又ハ變更シタルトキハ保險者ニ其指定又ハ變更ヲ通知スルニ非サレハ之ヲ以テ保險者ニ對抗スルコトヲ得ス

第四百二十八條第一項ノ規定ハ前項ノ指定及ヒ變更ニ之ヲ準用ス（本條新設）

第四百二十九條　保險契約ノ當時保險契約者又ハ被保險者又ハ被保險者カ惡意又ハ重大ナル過失ニ因リ重要ナル事實ヲ告ケス又ハ重要ナル事項ニ付キ不實ノ

險者カ風船ニ乘リ過チテ地上ニ落チテ死亡セル場合ニ於ケル保險契約ノ效力如何、（三六、法）

（一）生命保險契約ニ於テ保險金額ヲ受取ルヘキ權利ハ之ヲ讓渡スルコトヲ得ルヤ（四三、中）

事ヲ告ケタルトキハ保險者ハ契約ノ解除ヲ爲スコトヲ得但保險者カ其事實ヲ知リ又ハ過失ニヨリテ之ヲ知ラサリシトキハ此限ニ在ラス
第三百九十九條ノ二第二項及ヒ第三百九十九條ノ三ノ規定ハ前項ノ場合ニ之ヲ準用ス

○準條

第三百九十九條ノ二第二項　前項ノ解除權ハ保險者カ解除ノ原因ヲ知リタル時ヨリ一个月間之ヲ行ハサルトキハ消滅ス契約ノ時ヨリ五年ヲ經過シタルトキハ亦同シ

第三百九十九條ノ三　前條ノ規定ニ依リ保險者カ契約ノ解除ヲ爲シタルトキハ其解除ハ將來ニ向テノミ其效力ヲ生ス
保險者ハ危險發生ノ後解除ヲ爲シタル場合ニ於テモ損害ヲ塡補スル責ニ任セス若シ既ニ保險金額ノ支拂ヲ爲シタルトキハ其返還ヲ請求スルコトヲ得但保險契約者ニ於テ危險ノ發生カ其告ケ又ハ告ケサリシ事實ニ基カサルコトヲ證明シタルトキハ此限ニ在ラス

◎判例　被保險者ニ人違又ハ詐欺ノ申込アリタルトキハ民法總則ノ適用上其契約ハ無效又ハ取消スコトヲ得從テ商法第四百二十九條ハ此場合ニ適用ナシ（四〇、大判錄九三九頁）

◎判例　商法第四百二十九條ニ所謂重要ナル事實又ハ事項トハ生命保險契約ノ性質上危險測定ノ爲メニ重要ナルモノヲ指稱シ契約當事者ノ意思如何ハ忖度スヘキ限リニ非ス（四〇、大判錄九三九頁）

◎判例　商法第四百二十九條ハ强制的規定ニ非サルヲ以テ之ニ異ナル別段ノ意思表示ヲ爲スコトヲ妨ケス（四〇、大判錄一〇二五頁）

第四百三十條　生命保險證劵ニハ第四百三條第二項ニ

掲ケタル事項ノ外左ノ事項ヲ記載スルコトヲ要ス
一　保險契約ノ種類
二　被保險者ノ氏名
三　保險金額ヲ受取ルヘキ者ヲ定メタルトキハ其者ノ氏名（本條改正）

第四百三十一條　左ノ場合ニ於テハ保險者保險金額ヲ支拂フ責ニ任セス
一　被保險者カ自殺、決鬪其他ノ犯罪又ハ死刑ノ執行ニ因リテ死亡シタルトキ
二　保險金額ヲ受取ルヘキ者カ故意ニテ被保險者ヲ死ニ致シタルトキ但其者カ保險金額ノ一部ヲ受取ルヘキ場合ニ於テハ保險者ハ其殘額ヲ支拂フ責ヲ免ルルコトヲ得ス
三　保險契約者カ故意ニテ被保險者ヲ死ニ致シタルトキ

前項第一號及ヒ第二號ノ場合ニ於テハ保險者ハ被保險者ノ爲メニ積立テタル金額ヲ保險契約者ニ拂戻スコトヲ要ス（本條改正）

第四百三十二條　保險契約者又ハ保險金額ヲ受取ルヘキ者カ被保險者ノ死亡シタルコトヲ知リタルトキハ遲滯ナク保險者ニ對シテ其通知ヲ發スルコトヲ要ス

第四百三十二條ノ二　被保險者ノ爲メニ積立テタル金額ヲ拂戻ス義務ハ二年ヲ經過シタルトキハ時效ニ因リテ消滅ス（本條新設）

第四百三十三條　第三百九十五條、第三百九十七條、第三百九十九條、第四百條、第四百一條、第四百三條第一項、第四百五條乃至第四百七條、第四百十條第四百十一條、第四百十七條及ヒ第四百十八條ノ規定ハ生命保險ニ之ヲ準用ス

第三百九十五條、第四百五條、第四百七條、第四百十條及ヒ第四百十一條ノ場合ニ於テ保險者保險金額ヲ支拂フコトヲ要セサルトキハ被保險者ノ爲メニ積立テタル金額ヲ保險契約者ニ拂戻スコトヲ要ス（本條改正）

第四編　手形

第一章　總則

第四百三十四條　本法ニ於テ手形トハ爲替手形、約束手形及ヒ小切手ヲ謂フ

◎判例　商法施行後當事者カ爲替手形ノ名稱ヲ以テ發行シタル證券ハ縱令荷爲替ノ方法ニ供セラレタル場合ト雖モ其手形關係ニ付テハ手形ノ規定ヲ適用スヘキモノトス（四〇、大判錄三五〇頁）

第四百三十五條　手形ニ署名シタル者ハ其手形ノ文言ニ從ヒテ責任ヲ負フ

◎定義　手形トハ法定ノ形式ヲ必要トスル有價證券ヲ云フ

●問題

（一）手形ト株券トハ其有價證券タル性質ニ於テ異ナル所アリヤ（三七、文

（一）手形ハ有價證券トシテ株券

◎判例　商法ニ署名トハ自署ノ義ニシテ單ニ記名ノミノ意ニ非ス（三五、大判錄九卷五九頁）

◎判例　手形ニ使用セル文言カ地方ノ慣習上如何ナル意義ヲ有スルヤニ付テハ當事者ニ於テ釋明スヘシ（三七、大判錄二七九頁）

◎判例　手形債務ノ履行ハ手形ニ署名セシ者ニ對シテノミ之ヲ强要シ得ルモノトス（三七、大判錄一九九頁）

◎判例　手形ノ債權關係ハ一ニ其振出當時ノ文言ニ依リテ定マルモノニシテ後日訂正補充スルモ既往ニ遡リテ其效力ヲ及サスト雖モ其補充カ當事者任意ニ行ハレタル場合ニ於テハ補正ノ當時更ニ新ナル振出行爲アリシモノト認ムルニ妨ケナシ（三七、大判錄、一一三三頁）

◎判例　手形署名者ノ責任ハ手形ノ文言ニ從ヒ定ムヘキモノニシテ他ノ立證方法ニ依リ其文言ノ意義ヲ變更シ又ハ補充スルコトヲ許サス（三八、大判錄二五九頁）

◎判例　手形カ外觀上法定ノ要件ヲ具備スルトキハ形式上有效ナレトモ其實質ニ於テ手形行爲ノ成立ヲ妨クヘキ瑕疵アルトキハ其手形行爲ハ無效トス（三八、大判錄七〇六頁）

◎判例　他人ニ手形ノ要件ヲ補充セシムル意思ヲ以テ署名シ之ヲ交付シタルトキハ署名者ノ行爲ハ其交付ノ當時既ニ完成シ手形行爲トシテ有效トス從テ後手形要件補充ノ時ニ至ル迄ノ間ニ於テ署名者死亡又ハ無能力ノ事故發生スルモ原則トシテ其署名ノ效力ニ影響ヲ及ホスコトナシ（四〇、大判錄六〇八頁）

◎判例　記名捺印カ名義人ノ意思ニ出テタル以上ハ縱令他人ヲシテ

ト異ル所ヲ説明スヘシ（四一、東）

（一）手形債權ハ契約ヨリ生スルカ單獨行爲ヨリ生スルカ（三九、京）

之ヲ爲サシムルモ名義人ハ手形上ノ責任ヲ免ル、コトヲ得サルモノトス(四二、大判錄一九八頁)

◎判例 手形行爲ハ各獨立ノ者ニシテ振出人ノ手形行爲ノ效力ハ受取人ノ裏書行爲ノ效力ニ何等ノ影響ナシ(四二、大判錄八四六頁)

第四百三十六條 代理人カ本人ノ爲メニスルコトヲ記載セスシテ手形ニ署名シタルトキハ本人ハ手形上ノ責任ヲ負フコトナシ

◎判例 代理人カ手形面ニ本人ヲ表示スルニハ其氏名又ハ商號ヲ記載スヘキ旨ノ規定ナケレハ本人其人ヲ認識シ得ル程度ニ記載スルヲ以テ足レリトス(四〇、大判錄三五九頁)

◎判例 營利的法人カ手形行爲ヲ爲ス場合ニ於テ代表者カ署名シテ之ヲ爲サストモ相當權限アルモノカ法人ノ商號ヲ以テ之ヲ爲スコトヲ得ヘシ(四〇、一二、六日大阪控訴)

第四百三十七條 僞造又ハ變造シタル手形ニ署名シタル者ハ其僞造又ハ變造シタル手形ノ文言ニ從ヒテ責任ヲ負フ

變造シタル手形ニ署名シタル者ハ變造前ニ署名シタルモノト推定ス

僞造者、變造者及ヒ惡意又ハ重大ナル過失ニ因リ僞造又ハ變造シタル手形ヲ取得シタル者ハ手形上ノ權利ヲ有セス

◎判例 手形ヲ僞造シタルモノハ善意ノ取得者ニ對シテ手形上ノ責任ヲ免ルルコトヲ得ス故ニ他人カ僞造手形ヲ受領シタレハトテ未

㊂問題

(一)手形行爲ハ獨立シテ其效力ヲ生ストス云フ意味及其適用如何(四一、法)

(一)僞造又ハ變造ニ係ル手形ノ效力如何(三一、辯)

タ損害ヲ被リタルモノト云フヲ得ス(三七、大判錄六七一頁)

◎判例　手形ノ變造ニシテ單ニ或ル文言ヲ添加シタルニ止マリ既存ノ文言ヲ變改セサル場合ニハ變造ニ係ル部分ヲ除却セハ變造前ノ文言ハ依然存在スルヲ以テ手形上ノ權利關係ニ何等ノ影響ヲ及ホサス(三八、大判錄七八九頁)

◎判例　一覽拂ノ手形ニ裏書シタル者ハ爾後該手形カ滿期日記載ノモノニ變造セラル、モ一覽拂手形裏書人トシテ責任ヲ負フニ止マリ變造シタル文言ニ從テ責任ヲ負フヘキモノニ非ス(三九、大判錄一二〇三頁)

第四百三十八條　無能力者カ手形ヨリ生シタル債務ヲ取消シタルトキト雖モ他ノ手形上ノ權利義務ニ影響ヲ及ホサス

◎判例　商法第四百三十八條ノ無能力者トハ行爲無能力者ノ義ニシテ全然意思能力ヲ有セサル無能力者ノ手形行爲ヲ以テ有效トスルノ趣旨ニ非ス(三八、大判錄七〇六頁)

◎判例　商法第四百三十八條ニ所謂他ノ手形上ノ權利關係トハ手形行爲ヲ取消シタル無能力者以外ノ者ノ權利關係ヲ指稱セルモノトス從テ無能力者ニ對スル手形所持人ノ支拂請求權ノ如キヲ含マス(三九、大判錄七五八頁)

第四百三十九條　本編ニ規定ナキ事項ハ之ヲ手形ニ記載スルモ手形上ノ效力ヲ生セス

第四百四十條　手形ノ債務者ハ本編ニ規定ナキ事由ヲ以テ手形上ノ請求ヲ爲ス者ニ對抗スルコトヲ得ス但直接ニ之ニ對抗スルコトヲ得ヘキ事由ハ此限ニ在ラ

◎問題

(一)原因關係資金關係ヲ以テ手形上ノ關係トセサルノ得失如何(三八、中)

ス

◎判例　雇人カ主人ノ代理トシテ手形ヲ振出シ受取人ヨリ手形金額支拂ノ請求ヲ受ケタル場合ニ於テ受取人ハ其事實ヲ知得タリトノ抗辯ハ當事者間ニ生セシ直接ノ事由ナルヲ以テ第四百四十條但書ノ適用ヲ受ケ振出人ヨリ受取人ニ對抗シ得ルモノトス(三六、大判錄八〇〇頁)

◎判例　手形債務者ハ眞實ナル所持人ニ對シテノミ債務ヲ辨濟スル責任アルヲ以テ眞正ノ所持人ニ非サルモノニ對シ抗爭スルコトヲ得(三九、大判錄一二四八頁)

第四百四十一條　何人ト雖モ惡意又ハ重大ナル過失ナクシテ手形ヲ取得シタル者ニ對シ其手形ノ返還ヲ請求スルコトヲ得ス

第四百四十二條　手形ノ引受又ハ支拂ヲ求ムル爲メニスル呈示、拒絶證書ノ作成其他手形上ノ權利ヲ行使又ハ保全ニ付キ利害關係人ニ對シテ爲スヘキ行爲ハ其營業所、若シ營業所ナキトキハ其住所又ハ居所ニ於テ之ヲ爲スコトヲ要ス但其者ノ承諾アルトキハ他ノ場所ニ於テ之ヲ爲スコトヲ妨ケス

利害關係人ノ營業所。住所又ハ居所カ知レサルトキハ拒絶證書ヲ作ルヘキ公證人又ハ執達吏ハ其地ノ官署又ハ公署ニ問合ヲ爲スコトヲ要ス若シ問合ヲ爲スモ營業所、住所又ハ居所カ知レサルトキハ其役場又

●問題

(一)手形上ノ權利ノ意義ヲ說明スヘシ(三四、判檢)

(一)手形上ノ權利ヲ行使スル形式條件及ヒ實質條件トハ何ソ(四一、法)

(一)手形上ノ法律關係ト手形行爲ヲナスノ基礎タル實質上ノ法律關係トヲ分離スルノ

ハ官署若クハ公署ニ於テ拒絶證書ヲ作ルコトヲ得

◉判例　執達吏カ當該官署又ハ公署ニ問合ヲ爲サスシテ振出人ノ住所ナリト判斷シタル事項ハ裁判所ヲ羈束スル效力ナシ（三四、大判錄一卷六三頁）

◉判例　支拂ノ場所ヲ記載シタル手形ニ付テハ該場所ニ於テ呈示及ヒ拒絶證書ヲ作成スルコトヲ得（三四、大判錄五卷七七頁）

第四百四十三條　引受人又ハ約束手形ノ振出人ニ對スル債權ハ滿期日ヨリ三年所持人ノ其前者ニ對スル償還請求權ハ支拂拒絶證書作成ノ日ヨリ一年裏書人ノ其前者ニ對スル償還請求權ハ償還ヲ爲シタル日ヨリ一年ヲ經過シタルトキハ時效ニ因リテ消滅ス（本條改正）

第四百四十四條　手形ヨリ生シタル債權カ時效又ハ手續ノ欠缺ニ因リテ消滅シタルトキト雖モ所持人ハ振出人又ハ引受人ニ對シ其受ケタル利益ノ限度ニ於テ償還ノ請求ヲ爲スコトヲ得

◉判例　商法第四百四十四條ニ所謂振出人ノ受ケタル利益トハ其現實ニ受ケタル利益ヲ指稱シ手形債務者カ支拂ニ代ヘテ更ニ手形ヲ振出シタル如キ場合ハ此ニ包含セス（四〇、大判錄二〇頁）

◉判例　手形行爲ハ商行爲ナリト雖モ第四百四十四條ニ基ク償還請求權ハ不當利得ヲ原因トスル民法上ノ債權ニシテ商法上ノ債權ニ非ス從テ其時效ハ民法第百六十七條ニ依リテ計算スヘシ（四一、七、三日宮城控訴）

效益如何例ヲ舉ケテ說明スヘシ（四〇、中）

（一）利得返還ノ本質ヲ論ス（四二、法）

（一）所持人カ手形ニ因ル債權ヲ時效又ハ手續ノ欠缺ニヨリテ失ヒタルトキハ之ニ關シ絶對ニ請求權ヲ有セサル

第二章　爲替手形

第一節　振出

第四百四十五條　爲替手形ニハ左ノ事項ヲ記載シ振出人之ニ署名スルコトヲ要ス

一　其爲替手形タルコトヲ示スヘキ文字
二　一定ノ金額
三　支拂人ノ氏名又ハ商號
四　受取人ノ氏名又ハ商號
五　單純ナル支拂ノ委託
六　振出ノ年月日
七　一定ノ滿期日
八　支拂地

◉判例　二人以上共同シテ手形行爲ヲ爲スコトハ法律ノ禁スル所ニアラス故ニ數人カ一ノ手形ヲ振出ス行爲ハ有效ナリ（三七、大判錄一五五七頁）

第四百四十六條　爲替手形ノ主タル部分ニ記載シタル金額カ他ノ部分ニ記載シタル金額ト異ナルトキハ主タル部分ニ記載シタル金額ヲ以テ手形金額トス

第四百四十七條　振出人ハ自己ヲ受取人又ハ支拂人ト定ムルコトヲ得

第四百四十八條　振出人ハ爲替手形ニ其支拂地ニ於ケル豫備支拂人ヲ記載スルコトヲ得

ヤ（三二、判檢）

（一）爲替手形ト船荷證券トノ異同ヲ說明セヨ（四三、東）

（一）振出要件ニ關シ爲替手形約束手形及ヒ小切手ノ差異ヲ說明セヨ（三九、京）

（一）手形要件タル單純ナル支拂ノ委託單純ナル支拂ノ約束ノ意義ヲ說明シ如何ナルモノカ支拂ノ委託又ハ約束ニシテ單純ナルカ或ハ單純ナラサルカヲ例示スヘシ（三八、明）

第四百四十九條　爲替手形ハ其金額三十圓以上ノモノニ限リ之ヲ無記名式ト爲スコトヲ得

第四百四十九條ノ二　振出人ハ爲替手形ニ受取人ノ氏名又ハ商號ト共ニ其爲替手形ノ所持人カ支拂ヲ受クルコトヲ得ヘキ旨ヲ記載スルコトヲ得

前項ノ爲替手形ハ之ヲ無記名式ノモノト同一ノ效力ヲ有ス（本條新設）

第四百四十九條ノ三　第四百四十九條ノ規定ハ前條第一項ニ定メタル爲替手形ニ之ヲ準用ス（本條新設）

第四百五十條　滿期日ハ左ニ掲ケタル種類ノ一タルコトヲ要ス

一　確定セル日
二　日附後確定セル期間ヲ經過シタル日
三　一覽ノ日
四　一覽後確定セル期間ヲ經過シタル日

第四百五十一條　振出人カ爲替手形ニ滿期日ヲ記載セサリシトキハ一覽ノ日ヲ以テ其爲替手形ノ滿期日トス

◎判例　手形ノ滿期日ヲ表示スヘキ場所ニ年ノミヲ記載シテ月日ノ記載ヲ缺クトキハ一覽拂ノモノト認ムルヲ相當トス（三七、大判錄一五七八頁）

●問題

（一）手形法ニ所謂外觀的解釋ノ原則トハ何ソヤ例ヲ擧ケテ其適用ヲ示スヘシ（四三、東）

（一）爲替手形發行行爲無效ナル場合ニ於テ他ノ手形行爲ノ效力如何例ヲ擧ケ且理由ヲ附シ說明スヘシ（四二、中）

（一）明治四十三年六月三十一日ヲ以テ滿期日トセル手形ハ有效ナリヤ（四三、早）

第四百五十二條　振出人カ為替手形ニ支拂地ヲ記載セサリシトキハ支拂人ノ氏名又ハ商號ニ附記シタル地ヲ以テ其支拂地トス（本條改正）

第四百五十二條ノ二　支拂人ノ氏名又ハ商號ニ附記シタル地ハ之ヲ其營業所又ハ住所ノ所在地ト看做ス（本條新設）

第四百五十三條　振出人ハ支拂人ニアラサル者ヲ以テ支拂擔當者トシテ為替手形ニ記載スルコトヲ得（本條改正）

◉判例　支拂擔當者ナル者ハ支拂地カ支拂人ノ住所地ト異ナル場合ニ限リ記載スルコトヲ得ルモノトス（三四、大判錄二卷一一二頁）

第四百五十四條　振出人ハ為替手形ニ其支拂地ニ於ケル支拂ノ場所ヲ記載スルコトヲ得

◉判例　商法ニ於テ補箋ヲ使用スルコトヲ得ルニハ特ニ明文アル場合ニ限ル故ニ支拂地又ハ支拂場所ヲ補箋ニ記載シタル事項ハ手形上ノ效力ナシ（三五、大判錄九卷一〇二頁）

◉判例　手形ノ支拂場所ノ表示方法ニ付テハ商法中別段ノ規定ナキヲ以テ苟クモ普通ノ方法タル以上ハ如何ナル名稱ヲ以テ表示スルモ妨ナシトス（三八、大判錄八六頁）

◉判例　手形ノ支拂場所ニ付テハ法律上何等ノ制限ナキカ故ニ振出人ハ銀行若クハ他人ノ店舗ノ如キ自己ノ營業所ニ非ル場所ヲ以テ支拂場所ト定ムルコトヲ得（四一、大判錄八九〇頁）

◉判例　商法ニ所謂白地裏書トハ被裏書人ヲ指定セサル裏書ノ方法

◉問題

（一）支拂擔當者ト支拂場所トノ別ヲ論スヘシ（四三、京）

ナルヲ以テ偶々其年月日ヲ記入スルモ被裏書人ヲ指定セサル以上ハ白地裏書トシテ有效ナリ(四三、二、一五日大審判)

第二節　裏書

第四百五十五條　爲替手形ハ其記名式ナルトキト雖モ裏書ニ依リテ之ヲ讓渡スコトヲ得但振出人カ裏書ヲ禁スル旨ヲ記載シタルトキハ此限ニ在ラス

◎判例　本店ト支店トノ間ニ於ケル手形ノ裏書ハ同一人間ニ爲シタル裏書ニシテ手形上裏書ノ記載ナキト同一ナリ(三四、大判錄七卷二五頁)

◎判例　裏書ニ因ル手形債權ノ讓渡ハ當事者カ裏書ヲ爲スノミヲ以テ足レリトセス該手形ヲ被裏書人ニ交付スルニ依テ始メテ完成ス(三六、大判錄七五四頁)

第四百五十六條　振出人、引受人又ハ裏書人カ裏書ニ依リテ爲替手形ヲ讓受ケタルトキハ更ニ裏書ニ依リテ之ヲ讓渡スコトヲ得

第四百五十七條　裏書ハ爲替手形、其謄本又ハ補箋ニ被裏書人ノ氏名又ハ商號及ヒ裏書ノ年月日ヲ記載シ裏書人署名スルニ依リテ之ヲ爲ス

裏書ハ裏書人ノ署名ノミヲ以テ之ヲ爲スコトヲ得此場合ニ於テハ爾後爲替手形ハ引渡ノミニ依リテ之ヲ讓渡スコトヲ得

◎判例　記名式又ハ指圖式ノ手形ト雖モ白地裏書ヲ以テ讓渡シ得ル

◎定義　裏書トハ無記名式ニ非サル手形ノ權利者カ他人ヲシテ手形上ノ權利ヲ行使スル資格ヲ與フル附屬的手形行爲ヲ云フ

◎定義　裏書禁止トハ振出人裏書人ニ於テ裏書ヲ禁スル文句ヲ記載スルヲ云フ

⊗問題

(一)裏書ノ法律上ノ性質如何(三九、法)

(一)手形裏書ノ種類及效力ヲ説明スヘシ(三七、判辯)

(一)裏書ノ效力ヲ論ス(四三、中)

(一)手形讓渡裏書ノ效力ヲ説明セヨ(四二、京)

◎定義　戻裏書トハ既ニ手形上ノ法律關係ニ立チタル者ニ爲ス裏書ヲ云フ

⊗問題

(一)戻裏書トハ何ソヤ(四二、法)

モノトス(三四、大判錄一一卷一〇八頁)

◎判例　被裏書人ノ指定ナキ裏書ニ在リテハ裏書人ノ署名アルヲ以テ足リ年月日ノ有無ハ裏書ノ效力ニ影響ナシ(三六、大判錄一〇七一頁)

◎判例　手形行爲ヲ爲ス者カ其手形ニ記載スル氏名又ハ商號ハ必ス公簿上ノモノニ限ルヘキ理由ナケレハ平常慣用セル通稱ハ勿論雅號ト雖モ亦手形方式上ノ氏名若クハ商號タルニ妨ケナシ(三九、大判錄一二〇三頁)

◎判例　裏書人カ裏書ノ日附ヲ遡記シタル場合ト雖モ外觀上日附ノ存在セル以上ハ直ニ裏書ノ形式不適法ナリト云フヲ得ス(四一、大判錄八二六頁)

◎判例　署名ノミヲ以テ爲ス裏書ニアリテハ手形ノ所持人カ之ヲ他人ニ交付スルニ依テ讓渡ノ效力ヲ生ス從テ縱令取立委任ノ目的ニ出テタリトスルモ單ニ當事者間ニ或法律關係ヲ生スルニ止マリ讓渡ノ效力ニ影響ヲ及ホスヘキモノニ非ス(四一、大判錄一一五四頁)

第四百五十八條　裏書人ハ裏書ヲ爲スニ當タリ支拂地ニ於ケル豫備支拂人ヲ記載スルコトヲ得

第四百五十九條　裏書人ハ裏書ヲ爲スニ當タリ手形上ノ責任ヲ負ハサル旨ヲ記載スルコトヲ得

第四百六十條　裏書人カ裏書ヲ爲スニ當タリ爾後裏書ヲ禁スル旨ヲ記載シタルトキハ其裏書人ハ被裏書人ノ後者ニ對シテ手形上ノ責任ヲ負フコトナシ

◎定義　無記名式裏書トハ被裏書人ノ氏名又ハ商號ヲ記載セサル裏書ヲ云フ

◎定義　無擔保裏書トハ裏書人カ裏書ヲ爲スニ當リ手形上ノ責任ナキ旨ヲ記載スル裏書ヲ云フ

㊟問題

(一)手形裏書人カ償還義務ヲ負ハサル場合ヲ列

第四百六十一條 裏書人カ其署名ノミヲ以テ裏書ヲ爲シタルトキハ所持人ハ自己ヲ其被裏書人ト爲スコトヲ得

◉**判例** 無記名裏書ノ手形ノ所持人カ自己ヲ被裏書人ト爲スニハ年月日ヲ記載スルコトヲ要セス(四〇、大判錄一〇九六頁)

第四百六十二條 支拂拒絕證書作成ノ期間經過ノ後所持人カ裏書ヲ爲シタルトキハ被裏書人ハ裏書人ノ有シタル權利ノミヲ取得ス此場合ニ於テハ其裏書人ハ手形上ノ責任ヲ負フコトナシ

◉**判例** 支拂拒絕證書作成期間經過ノ後裏書ヲ爲シタルトキハ手形債務者ハ手形ニ記載ナキ事項ト雖モ裏書人ニ對抗スルコトヲ得ヘカリシ事由ハ總テ之ヲ被裏書人ニ對抗スルコトヲ得(三八、大判錄七二〇頁)

◉**判例** 商法第四百六十二條ニ依ル被裏書人ハ裏書人ノ有シタル權利ノミヲ取得スル趣旨ニシテ畢竟スルニ被裏書人ニ對シテハ第四百四十條ノ適用ヲ受ケサル旨ヲ示シタルニ外ナラス(四一、大判錄六〇七頁)

◉**判例** 拒絕證書作成期間經過後ノ手形ノ被裏書人ハ第一ノ被裏書人タルト否トヲ問ハス其裏書人ノ有セシ以上ノ權利ヲ取得シ得サルカ故ニ債務者ハ滿期後ノ裏書人ニ對抗シ得ヘキ抗辯ヲ以テ其被裏書人ニ對抗スルコトヲ得ルモノトス(四二、大判錄五六〇頁)

◉**判例** 商法第四百六十二條ハ畢竟スルニ民法第九十四條第二項ノ適用ヲ除外シタル規定ナリトス(四二、大判錄五六〇頁)

第四百六十三條 所持人ハ裏書ニ依リテ爲替手形ノ取

擧スヘシ(三七、日)

(一)振出人ノ裏書禁止ト裏書人ノ裏書禁止トノ異同ヲ問フ(四一、中)

(一)裏書禁止ノ範圍並ニ效力ヲ說明スヘシ(三六、法)

(一)無記名式ノ裏書無擔保ノ裏書及ヒ裏書禁止ノ裏書ノ意義如何其各裏書ニ於ケル裏書人ノ責任ニ差異アリヤ(三八、中)

◎**定義** 後裏書トハ支拂拒絕證書作成期間經過過後ノ裏書ヲ云フ

●**問題**

(一)支拂拒絕證書ノ作成期間經過後ニ於ケル裏書ノ效力如

立ヲ委任スルコトヲ得此場合ニ於テハ裏書ニ其目的ヲ附記スルコトヲ要ス

前項ノ場合ニ於テ被裏書人ハ同一ノ目的ヲ以テ更ニ裏書ヲ爲スコトヲ得（本條改正）

◉判例　手形債權取立ノ爲メニスル裏書ヲ表面上讓渡ノ爲メニスルカ如ク假裝スルハ事實上必スシモ爲シ得サルモノニ非ス（三九、大判錄一二四八頁）

◉判例　取立委任ノ裏書ヲ爲スモ其裏書人ハ依然手形債權者ナルカ故ニ何時ニテモ其手形ヲ囘收シ裏書讓渡ヲ爲シ得ヘキ地位ニ在ルモノトス（三九、大判錄一六一三頁）

第四百六十四條　裏書アル爲替手形ノ所持人ハ其裏書カ連續スルニ非サレハ其權利ヲ行フコトヲ得ス但署名ノミヲ以テ爲シタル裏書アルトキハ次ノ裏書人ハ其裏書ニ因リテ爲替手形ヲ取得シタルモノト看做ス

抹消シタル裏書ハ裏書ノ連續ニ付テハ其記載ナキモノト看做ス（本項新設）

◉判判　差押債權者カ轉付命令ニ依リテ取得シタル手形ニ基キ振出人ニ對シテ支拂ヲ請求スル場合ハ裏書ヲ要セス（三八、大判錄五九八頁）

◉判例　手形ノ所持人甲者カ署名ノミニヨル裏書ヲ以テ之ヲ乙者ニ讓渡シ乙者ハ之ヲ丙者ニ裏書シタルモ不適式ナルトキハ裏書ナキト異ナラス故ニ丙者カ自己ヲ被裏書人ト爲シタル場合ニアリテハ甲者ハ直接ノ前者ニシテ其間裏書連續ノ問題ヲ生セス（四一、大判

何（四一、判辯）

◎定義　取立委任ノ裏書トハ被裏書人ニ手形法上ノ行爲ヲ爲ス權限ヲ與フルヲ目的トスル裏書ヲ云フ

◉問題

（一）裏書連續ノ作用如何例ヲ擧ケテ明確ニ說述スヘシ（三九、東）

（一）裏書連續ノ意義ヲ說明シ其法律上及ヒ實際上ノ效果ヲ叙スヘシ（四二、中）

（一）裏書連續ノ法律上ノ效果如

錄一一四八頁）

第三節　引受

第四百六十五條　所持人ハ何時ニテモ為替手形ヲ支拂人ニ呈示シテ其引受ヲ求ムルコトヲ得

◎判例　支拂人カ手形ノ引受ヲ為スト否トハ自己ノ自由ニシテ資金ノ問題トハ何等ノ關係ナシ（三五、大判錄九卷一一八頁）

第四百六十六條　一覽後定期拂ノ為替手形ノ所持人ハ其日附ヨリ一年內ニ為替手形ヲ支拂人ニ呈示シテ其引受ヲ求ムルコトヲ要ス但振出人ハ之ヨリ短キ呈示期間ヲ定ムルコトヲ得

所持人カ拒絶證書ニ依リ前項ニ定メタル呈示ヲ為シタルコトヲ證明セサルトキハ其前者ニ對スル手形上ノ權利ヲ失フ

第四百六十七條　所持人カ一覽後定期拂ノ為替手形ヲ呈示シタル場合ニ於テ支拂人カ其引受ヲ為サス又ハ引受ノ日附ヲ為替手形ニ記載セサリシトキハ所持人ハ呈示期間內ニ拒絶證書ヲ作ラシムルコトヲ要ス此場合ニ於テハ其拒絶證書作成ノ日ヲ以テ呈示ノ日ト看做ス

所持人カ拒絶證書ヲ作ラシメサリシトキハ其前者ニ對スル手形上ノ權利ヲ失フ

何（四四、中）

◎定義　引受トハ為替手形ノ支拂人ヲシテ手形ノ文言ニ從ヒ手形金額支拂ノ債務ヲ負ハシムル附屬的手形行為ヲ云フ

●問題

（一）引受行為ノ性質及ヒ效力ヲ論ス（四三、判、辯）

（一）引受ニ關シ一覽後定期拂手形ト他ノ手形ト異ナル點ヲ說明スヘシ（三九、明）

（一）商法第四百六十七條ニ理由ヲ附シテ此規定ノ趣旨ヲ說明スヘシ（三六、中）

引受人カ引受ノ日附ヲ記載セサリシ場合ニ於テ所持人カ拒絶證書ヲ作ラシメサリシトキハ呈示期間ノ末日ヲ以テ呈示ノ日ト看做ス

第四百六十八條　引受ハ爲替手形ニ其旨ヲ記載シ支拂人署名スルニ依リテ之ヲ爲ス

支拂人カ爲替手形ニ署名シタルトキハ其引受ヲ爲シタルモノト看做ス

◎判例　爲替手形ノ振出以前ニ引受人トシテ署名シタル者カ將來他人カ之ニ振出要件ヲ記載スル所ニ從ヒ手形上ノ債務ヲ負擔スヘキ意思ヲ以テ其手形ヲ他人ニ交付シタルトキハ手形行爲トシテ有效ナリトス（四〇、大判録六〇五頁）

第四百六十九條　支拂人ハ手形金額ノ一部ニ付キ引受ヲ爲スコトヲ得

前項ノ場合ヲ除ク外支拂人カ爲替手形ノ單純ナル引受ヲ爲サヽリシトキハ其引受ヲ拒絶シタルモノト看做ス但引受人ハ其引受ノ文言ニ從ヒテ責任ヲ負フ

第四百七十條　支拂人ハ爲替手形ノ引受ニ因リ滿期日ニ於テ其引受ケタル金額ヲ支拂フ義務ヲ負フ

第四百七十一條　引受人カ爲替手形ノ支拂ヲ爲サヽリシ場合ニ於テ其所持人又ハ償還ヲ爲シタル裏書人若クハ振出人ニ對シテ支拂フヘキ金額ハ第四百九十一條又ハ第四百九十二條ノ規定ニ依リテ之ヲ定ム

◎問題
（一）單純ナラサル引受ノ效力如何（三六、文）

○適條

第四百九十一條　爲替手形ノ所持人ハ左ノ金額ニ付キ償還ノ請求ヲ爲スコトヲ得

一　支拂アラサリシ手形金額及ヒ滿期日以後ノ法定利息

二　拒絕證書作成ノ手數料其他ノ費用

前項ノ金額ハ償還ノ請求ヲ受クル者ノ營業所又ハ住所ノ所在地カ支拂地ト異ナル場合ニ於テハ支拂地ヨリ償還ノ請求ヲ受クル者ノ營業所又ハ住所ノ所在地ニ宛テ振出シタル一覽拂ノ爲替手形ノ相場ニ依リテ之ヲ計算ス若シ支拂地ニ於テ其相場ナキトキハ償還ノ請求ヲ受クル者ノ營業所又ハ住所ノ所在地ニ最モ近キ地ニ宛テ振出シタル一覽拂ノ爲替手形ノ相場ニ依ル

第四百九十二條　償還ノ請求ヲ受ケタル裏書人ハ左ノ金額ニ付キ償還ノ請求ヲ爲スコトヲ得

一　其支拂ヒタル金額及ヒ支拂ノ日以後ノ法定利息

二　其支出シタル費用

前條第二項ノ規定ハ前項ノ場合ニ之ヲ準用ス

第四百七十二條　振出人カ爲替手形ニ支拂擔當者ヲ記載セサリシトキハ支拂人ハ其引受ヲ爲スニ當リ之ヲ記載スルコトヲ得若シ支拂人カ之ヲ記載セサリシトキハ支拂地ニ於テ自ラ支拂ヲ爲ス責ニ任ス

前項ノ場合ニ於テ振出人ハ爲替手形ニ其引受ヲ求ムル爲メ之ヲ呈示スヘキ旨ヲ記載スルコトヲ得此場合ニ於テ所持人カ拒絕證書ニ依リ其呈示ヲ爲シタルコトヲ證明セサルトキハ其前者ニ對スル手形上ノ權利

◎問題

（一）所持人カ爲替手形ヲ支拂人ニ呈示シテ其引受ケヲ求メタルトキニ支拂人ハ其ノ手形ノ支拂地ヲ變更シ且ツ之ニ支拂擔當者

ヲ失フ(本條改正)

第四百七十三條　支拂人ハ引受ヲ爲スニ當タリ爲替手形ニ其支拂地ニ於ケル支拂ノ場所ヲ記載スルコトヲ得

第四節　擔保ノ請求

第四百七十四條　支拂人カ爲替手形ノ引受ヲ爲サザリシトキハ所持人ハ其前者ニ對シ手形金額及ヒ費用ニ付キ相當ノ擔保ヲ請求スルコトヲ得

支拂人カ手形金額ノ一部ニ付キ引受ヲ爲シタルトキハ所持人ハ其殘額及ヒ費用ニ付キ相當ノ擔保ヲ請求スルコトヲ得

第四百七十五條　爲替手形ノ所持人カ前條ノ請求ヲ爲サント欲スルトキハ引受拒絶證書ヲ作ラシムルコトヲ要ス(本條改正)

第四百七十六條　擔保ノ請求ヲ受ケタル裏書人ハ其前者ニ對シ其擔保スヘキ金額及ヒ費用ニ付キ相當ノ擔保ヲ請求スルコトヲ得(本條改正)

第四百七十七條　前三條ノ規定ニ依リテ擔保ノ請求ヲ受ケタル者ハ遲滯ナク引受拒絶證書ト引換ニ相當ノ擔保ヲ供スルコトヲ要ス但擔保ニ代ヘテ相當ノ金額ヲ供託スルコトヲ得

第四百七十八條　前者カ擔保ヲ供シ又ハ供託ヲ爲シタ

チ記載シテ引受チナシタリ其引受ノ效力如何(三四、法)

(一)擔保請求權ト償還請求權ト其行使ノ條件ニ於テ如何ナル差異アルヤ(四二、文)

(一)爲替手形ノ引受チ求ムルト否ト及擔保チ請求スル否トハ所持人ノ自由ニアリトノ意義チ說明スヘシ(三六、中)

(一)擔保ノ效力如何(三九、法)

ルトキハ其後者全員ノ爲メ且其後者全員ニ對シテ之ヲ爲シタルモノト看做ス（本條改正）

第四百七十九條 左ノ場合ニ於テハ第四百七十七條ノ規定ニ依リテ供シタル擔保ハ其效力ヲ失ヒ又供託シタル金額ハ之ヲ取戻スコトヲ得

一 後日ニ至リ爲替手形ノ單純ナル引受アリタルトキ

二 手形金額及ヒ費用ノ支拂アリタルトキ

三 擔保ヲ供シ若クハ供託ヲ爲シタル者又ハ其前者カ償還ヲ爲シタルトキ

四 手形上ノ權利カ時效又ハ手續ノ欠缺ニ因リテ消滅シタルトキ

五 擔保ヲ供シ又ハ供託ヲ爲シタル者カ滿期日ヨリ一年內ニ償還ノ請求ヲ受ケサリシトキ

第四百八十條 引受人カ破產ノ宣告ヲ受ケタル場合ニ於テ相當ノ擔保ヲ供セサルトキハ所持人ハ豫備支拂人ノ引受ヲ求ムルコトヲ得但拒絕證書ヲ作ラシムルコトヲ要ス

豫備支拂人ナキトキ又ハ豫備支拂人カ單純ナル引受ヲ爲サヽリシトキハ所持人ハ其前者ニ對シテ相當ノ擔保ヲ請求スルコトヲ得此場合ニ於テハ第四百七十

●問題
（一）爲替手形ニ豫備支拂人ヲ記載シタル效力如何（四二、京）

四條乃至第四百七十八條ノ規定ヲ準用ス（本條改正）

第四百八十一條　左ノ場合ニ於テハ前條第二項ノ規定ニ依リテ供シタル擔保ハ其效力ヲ失ヒ又供託シタル金額ハ之ヲ取戻スコトヲ得

一　豫備支拂人カ後日ニ至リ單純ナル引受ヲ爲シタルトキ

二　引受人カ後日ニ至リ相當ノ擔保ヲ供シタルトキ

三　第四百七十九條第二號乃至第五號ノ場合

第五節　支拂

第四百八十二條　一覽拂ノ爲替手形ノ所持人ハ其日附ヨリ一年內ニ爲替手形ヲ呈示シテ其支拂ヲ求ムルコトヲ要ス但振出人ハ之ヨリ短キ呈示期間ヲ定ムルコトヲ得

所持人カ拒絶證書ニ依リ前項ニ定メタル呈示ヲ爲シタルコトヲ證明セサルトキハ其前者ニ對スル手形上ノ權利ヲ失フ

◎判例　手形ヲ呈示シテ支拂ヲ求ムルニハ必スシモ家屋內ニ限ルノ規定ナキヲ以テ縱令手形ニ特記セラレタル支拂場所カ庭園堀又ハ池ニ變シタルトキト雖モ其場所ニ於テ手形ノ呈示及拒絶證書作成ノ手續ヲ行フモノトス（三六、大判錄一一〇七頁）

◎問題

（一）完全ナル手形ヲ拾得シテ支拂ヲ請求スル者ニ對シテ引受人ハ支拂ヲ拒ムコトヲ得ルヤ（三八、11）

◉判例　手形ノ呈示ヲ伴ハサル支拂ノ催告ハ無效ニシテ從テ時效中斷ノ效果ヲ生セス（三八、大判錄八九三頁）

◉判例　手形所持人カ支拂ヲ求ムル爲メ其支拂場所ニ至ルモ支拂義務者ニ面會スルコト能ハサルトキハ手形ノ呈示ハ完了セルモノト云フヲ得（三七、大判錄一〇九一頁）

第四百八十三條　支拂ハ爲替手形ト引換ニ非サレハ之ヲ爲スコトヲ要セス

支拂ヲ爲ス者ハ所持人ヲシテ爲替手形ニ其支拂ヲ受ケタル旨ヲ記載セシメ且之ニ署名セシムルコトヲ得

◉判例　手形債務者カ滿期日前所持人ニ對シ手形ノ交付ヲ受ケスシテ手形金額ヲ支拂ヒタル場合ト雖モ直接ノ當事者間ニ於テハ支拂ノ效力ヲ生スルモノトス（三九、大判錄七五〇頁）

第四百八十四條　手形金額ノ全部ニ付キ引受アリタルトキト雖モ所持人ハ其一部ノ支拂ヲ拒ムコトヲ得ス

一部ノ支拂アリタルトキハ所持人ハ其旨ヲ爲替手形ニ記載シ且其寫本ヲ作リ署名ノ後之ヲ交付スルコトヲ要ス（本條改正）

第四百八十五條　爲替手形ノ支拂ノ請求ナキトキハ引受人ハ支拂拒絕證書作成ノ期間經過ノ後手形金額ヲ供託シテ其債務ヲ免ルルコトヲ得

第六節　償還ノ請求

第四百八十六條　支拂人カ爲替手形ノ支拂ヲ爲ササリ

シトキハ所持人ハ其前者ニ對シテ償還ノ請求ヲ為スコトヲ得

第四百八十七條　所持人カ前條ノ請求ヲ為サント欲スルトキハ滿期日又ハ其後二日内ニ支拂ヲ求ムル為メ為替手形ヲ支拂人ニ呈示シ、若シ手形金額ノ支拂ナキトキハ同一期間内ニ支拂拒絶證書ヲ作ラシムルコトヲ要ス但此期間ニハ休日ヲ算入セス（本項改正）

所持人カ前項ニ定メタル手續ヲ為ササリシトキハ其前者ニ對スル手形上ノ權利ヲ失フ

◎判例　償還請求ノ通知ハ拒絶證書作成ノ翌日マテニ發スレハ足ルモノニシテ敢テ到達スルヲ要セサルモノトス（三四、大判錄一〇巻七七頁）

◎判例　執達吏カ支拂拒絶證書作成ノ委任ヲ受ケ滿期日又ハ其後二日内ニ支拂人ニ對シ手形ヲ呈示シテ為シタル支拂ノ請求ハ有效ニシテ且ツ償還請求ノ一要件ナリトス（三六、大判錄一三九頁）

◎判例　償還請求ノ通知ヲ管轄違ノ執達吏ニ為シタル行為ハ無效ナルヲ以テ償還請求ノ條件ヲ滿サザルモノトス（三八、大判錄一五四八頁）

◎判例　償還請求ノ通知發送ノ方法ニ付テハ法律上何等ノ制限ナキカ故ニ通常被通知者ニ到達スヘキ方法ヲ採レハ足ルモノトス（四〇、大判錄八六三頁）

第四百八十七條ノ二　前條第一項ノ場合ニ於テハ所持

◎問題

（一）償還請求權行使ノ條件（四二、法）

（一）手形ノ償還請求權ヲ行使スルニ要スル手續ヲ說明セヨ（四〇、明）

人ハ其直接ノ前者ニ對シ拒絕證書作成ノ日又ハ其後二日內ニ償還請求ノ通知ヲ發スルコトヲ要ス（本條新設）

第四百八十八條　裏書人カ其後者ヨリ償還請求ノ通知ヲ受ケタルトキハ其直接ノ前者ニ對シ通知ヲ受ケタル日又ハ其後二日內ニ償還請求ノ通知ヲ發スルコトヲ要ス（本條改正）

◎判例　手形ノ所持人カ拒絕證書作成ヲ免除セラレタル場合ト雖モ之ヲ作成セシムル權能ヲ失フモノニ非ス（三五、大判錄一卷三八頁）

◎判例　支拂拒絕證書作成ノ免除ハ手形上ノ權利行使ニ重大ナル關係アルヲ以テ其旨ヲ手形ニ記載スルニ非レハ其效力ヲ生セス（三五、八、七日東京控訴）

第四百八十八條ノ二　所持人又ハ裏書人カ其直接ノ前者ニ非サル前者ニ對シテ償還請求ノ通知ヲ發シタルトキハ其ノ者ノ後者ニ對シ之ニ因リテ生シタル損害ヲ賠償スル責ニ任シ且利息及ヒ費用ノ償還ヲ請求スル權利ヲ失フ

所持人又ハ裏書人カ其前者ノ何レニ對シテモ通知ヲ發セサリシトキハ其前者全員ニ對スル權利義務ニ付キ前項ノ規定ヲ準用ス（本條新設）

第四百八十八條ノ三　裏書人カ裏書ヲ爲スニ當タリ裏書地ヲ記載セサリシ時ハ償還請求ノ通知ハ其直接ノ前者ニ對シテ之ヲ爲スコトヲ要ス

前條ノ規定ハ裏書地ヲ記載セサリシ裏書人ニ對スル權利義務ニハ之ヲ適用セス振出人カ振出地ヲ記載セサリシトキ亦同シ（本條新設）

第四百八十八條ノ四　所持人又ハ裏書人カ其前者ニ對シ第四百八十七條ノ二又ハ第四百八十八條ノ期間内ニ書面ヲ發送シタル事實アルトキハ其事實ニ付キ通信官署又ハ公衆通信取扱所ノ證アル場合ニ限リ其書面ハ之ヲ償還請求ノ通知書ト推定ス（本條新設）

第四百八十九條　爲替手形ノ所持人ハ支拂拒絕證書ヲ作ラシメサリシトキト雖モ其作成ヲ免除シタル者ニ對シテハ手形上ノ權利ヲ失フコトナシ

所持人カ支拂拒絕證書ヲ作ラシメタルトキハ其作成ヲ免除シタル者ト雖モ其費用ヲ償還スル義務ヲ免ルルコトヲ得ス

第四百八十九條ノ二　支拂拒絕證書ノ作成ヲ免除シタル者ニ對シテハ所持人ハ支拂拒絕證書作成ノ期間内ニ支拂ヲ求ムル爲メ爲替手形ヲ呈示シタルモノト推定ス（本條新設）

●問題

(一)支拂拒絕證書作成免除ハ如何ナル效果ヲ生スルヤ（三三、文）

(一)爲替手形ノ所持人ハ其手形ニ拒絕證書ノ作成及ヒ償還請求ノ通知ノ免除ヲ明記シ

第四百九十條　所持人カ償還ノ請求ヲ爲サント欲スルトキハ支拂擔當者ニ、若シ爲替手形ニ支拂擔當者ノ記載ナキトキハ支拂地ニ於テ支拂人ニ爲替手形ヲ呈示シテ其支拂ヲ求ムルコトヲ要ス此場合ニ於テ支拂擔當者又ハ支拂人カ支拂ヲ爲ササリシトキハ所持人ハ支拂地ニ於テ第四百八十七條第一項ノ規定ニ從ヒ支拂拒絶證書ヲ作ラシムルコトヲ要ス

爲替手形ニ支拂擔當者ノ記載アル場合ニ於テ所持人カ前項ニ定メタル手續ヲ爲ササリシトキハ引受人ニ對シテモ手形上ノ權利ヲ失フ（本條改正）

第四百九十一條　爲替手形ノ所持人ハ左ノ金額ニ付キ償還ノ請求ヲ爲スコトヲ得

一　支拂アラサリシ手形金額及ヒ滿期日以後ノ法定利息

二　拒絶證書作成ノ手數料其他ノ費用

前項ノ金額ハ償還ノ請求ヲ受クル者ノ營業所又ハ住所ノ所在地カ支拂地ト異ナル場合ニ於テハ支拂地ヨリ償還ノ請求ヲ受クル者ノ營業所又ハ住所ノ所在地ニ宛テ振出シタル一覽拂ノ爲替手形ノ相場ニ依リテ之ヲ計算ス若シ支拂地ニ於テ其相場ナキトキハ償還ノ請求ヲ受クル者ノ營業所又ハ住所ノ所在地ニ最モ

タル裏書人ニ對シテハ證書チ作成セス又通知チナサスシテ償還ノ請求チナスコトチ得ルヤ（四二、明）

（一）支拂拒絶證書作成ノ免除アリタル場合ニ於テ

一、呈示ノ有無ニ關スル擧證ハ所持人又ハ免除者孰レニ於テ之チナスヘキカ

二、償還請求ノ通知ハ之チ發スルコトチ要セサルヤ若シ必要ナリトセ

近キ地ニ宛テ振出シタル一覽拂爲替手形ノ相場ニ依ル（本條改正）

第四百九十二條　償還ノ請求ヲ受ケタル裏書人ハ左ノ金額ニ付キ償還ノ請求ヲ爲スコトヲ得

一　其支拂ヒタル金額及ヒ支拂ノ日以後ノ法定利息

二　其支出シタル費用

前條第二項ノ規定ハ前項ノ場合ニ之ヲ準用ス

第四百九十三條　爲替手形ノ所持人又ハ裏書人ハ償還ノ請求ヲ爲ス爲メ其前者ヲ支拂人トシテ更ニ爲替手形ヲ振出スコトヲ得

第四百九十四條　所持人又ハ裏書人カ前條ノ規定ニ依リテ振出ス爲替手形ハ償還ノ請求ヲ受クル者ノ營業所又ハ住所ノ所在地ヲ以テ其支拂地ト定メタル一覽拂ノモノタルコトヲ要ス

所持人カ振出ス爲替手形ニハ本爲替手形ノ支拂地ヲ以テ振出地ト定メ裏書人カ振出ス爲替手形ニハ其營業所又ハ住所ノ所在地ヲ以テ振出地ト定ムルコトヲ要ス（本條改正）

第四百九十五條　償還ハ爲替手形、支拂拒絕證書及ヒ償還計算書ト引換ニ非サレハ之ヲ爲スコトヲ要セス」

ハ其時期如何（四一、法）

償還ヲ爲ス者ハ之ヲ受クル者ヲシテ償還計算書ニ償還ヲ受ケタル旨ヲ記載セシメ且之ニ署名セシムルコトヲ得

第四百九十六條　削除

第七節　保證

第四百九十七條　爲替手形ヨリ生シタル債務ヲ保證スル爲メ爲替手形、其謄本又ハ補箋ニ署名シタル者ハ其債務カ無效ナルトキト雖モ主タル債務者ト同一ノ責任ヲ負フ

◎判例　商法第四百九十七條ハ手形法上保證ノ形式ヲ規定シタルニ過キスシテ別個ノ書面ニ依リテ民事上ノ保證ヲ爲スコトハ敢テ妨クル所ニアラス(三六、大判錄三二四頁)

第四百九十八條　何人ノ爲メニ保證ヲ爲シタルカ分明ナラサルトキハ其保證ハ引受人ノ爲メニ之ヲ爲シタルモノト看做ス但未タ引受アラサリシトキハ振出人ノ爲メニ之ヲ爲シタルモノト看做ス

第四百九十九條　保證人カ其債務ヲ履行シタルトキハ所持人カ主タル債務者ニ對シテ有セシ權利及ヒ主タル債務者カ其前者ニ對シテ有スヘキ權利ヲ取得ス

第八節　參加

第一款　參加引受

◎定義　保證トハ主タル手形行爲ニ依リテ生シタル債務ヲ擔保スル目的ヲ以テ爲ス從タル手形行爲ヲ云フ

◎問題

(一)手形裏書ト手形保證トノ效力ノ差異ヲ說明スヘシ(四三、明)

第五百條　爲替手形ノ所持人カ引受拒絕證書ヲ作ラシメタル場合ニ於テ豫備支拂人アルトキハ其豫備支拂人ニ引受ヲ求メタル後ニ非サレハ其前者ニ對シテ擔保ヲ請求スルコトヲ得ス
豫備支拂人カ引受ヲ爲ササリシトキハ所持人ハ其旨ヲ引受拒絕證書ニ記載セシムルコトヲ要ス

第五百一條　爲替手形ノ所持人ハ豫備支拂人ニ非サル者ノ參加引受ヲ拒ムコトヲ得

第五百二條　參加引受ヲ爲サントスル者數人アルトキハ所持人ハ其選擇ニ從ヒ其一人ヲシテ引受ヲ爲サシムルコトヲ得

第五百三條　參加引受ハ爲替手形ニ其旨ヲ記載シ參加引受人署名スルニ依リテ之ヲ爲ス
參加引受人カ爲替手形ニ被參加人ヲ定メサリシトキハ其引受ハ振出人ノ爲メニ之ヲ爲シタル者ト看做ス

第五百四條　所持人ハ引受拒絕證書ニ參加引受アリタル旨ヲ記載セシメ且其證書作成ノ費用ノ支拂ト引換ニ之ヲ參加引受人ニ交付スルコトヲ要ス參加引受人ハ遲滯ナク前項ノ拒絕證書ヲ被參加人ニ送付スルコトヲ要ス

第五百五條　參加引受人ハ支拂人カ手形金額ノ支拂ヲ

◎定義
(一)參加トハ擔保又ハ償還請求ノ場合ニ於テ遡及權ノ行使ヲ止メ之ニヨリ生スル費用ヲ避ケ同時ニ手形ノ信用ヲ維持スル爲メ手形上ノ法律關係ニ立ツ行爲ヲ云フ
(一)參加引受トハ支拂人カ單純ナル引受ヲ爲ササルトキ又ハ引受人カ破產ノ宣告ヲ受ケ相當ノ擔保ヲ供セサル場合ニ特定ノ擔保義務者ニ對スル擔保請求權ヲ消滅セシムル爲メニ爲ス手形行爲ヲ云フ

◎問題
(一)參加引受ノ法律上ノ性質及ヒ效力ヲ論ス
(一)引受ト參加引受トノ異同ヲ辨明スヘシ
(三六、法)
(一)豫備支拂人ニ關シテ知ル所ヲ悉ク述ヘヨ
(三八、日)
(一)手形ノ參加引受人又ハ參加支拂人ト爲リ得ル者及ヒ爲リ得サル者ヲ詳細ニ說明

爲サヽル場合ニ於テ被參加人ノ後者ニ對シ支拂アラサリシ手形金額及ヒ費用ヲ支拂フ義務ヲ負フ但所持人カ支拂拒絶證書作成ノ期間內ニ支拂ヲ求ムル爲メ爲替手形ヲ參加引受人ニ呈示セサルトキハ參加引受人ハ其義務ヲ免ル（本條改正）

第五百六條　爲替手形ノ所持人其他被參加人ノ後者ハ參加引受ニ因リテ擔保ヲ請求スル權利ヲ失フ

第五百七條　被參加人ハ其前者ニ對シテ擔保ヲ請求スルコトヲ得此場合ニ於テハ第四百七十六條乃至第四百七十九條ノ規定ヲ準用ス（本條改正）

○準條

第四百七十六條　擔保ノ請求ヲ受ケタル裏書人ハ其前者ニ對シ其擔保スヘキ金額及ヒ費用ニ付キ相當ノ擔保ヲ請求スルコトヲ得

第四百七十七條　前三條ノ規定ニ依リテ擔保ノ請求ヲ受ケタル者ハ遲滯ナク引受拒絶證書ト引換ニ相當ノ擔保ヲ供スルコトヲ要ス但擔保ニ代ヘテ相當ノ金額ヲ供託スルコトヲ得

第四百七十八條　前者カ擔保ヲ供シ又ハ供託ヲ爲シタルトキハ其後者全員ノ爲メ且其後者全員ニ對シテ之ヲ爲シタルモノト看做ス

第四百七十九條　左ノ場合ニ於テハ第四百七十七條ノ規定ニ依リテ供シタル擔保ハ其效力ヲ失ヒ又供託シタル金額ハ之ヲ取戻スコトヲ得

一　後日ニ至リ爲替手形ノ單純ナル引受アリタルトキ

二　手形金額及ヒ費用ノ支拂アリタルトキ

三　擔保ヲ供シ若クハ供託ヲ爲シタル者又ハ其前者カ償還ヲ爲

セヨ（四二、東）

（一）參加引受ノ效力ヲ說明セヨ（四一、明）

シタルトキ
四　手形上ノ權利カ時效又ハ手續ノ欠缺ニ因リテ消滅シタルトキ
五　擔保ヲ供シ又ハ供託ヲ爲シタル者カ滿期日ヨリ一年内ニ償還ノ請求ヲ受ケサリシトキ

第二款　參加支拂

第五百八條　爲替手形ノ所持人カ支拂拒絶證書ヲ作ラシメタル場合ニ於テ豫備支拂人又ハ參加引受人アルトキハ所持人支拂拒絶證書作成ノ期間內ニ參加引受人ニ、若シ參加引受人ナキトキ又ハ參加引受人カ支拂ヲ爲サヽリシトキハ豫備支拂人ニ爲替手形ヲ呈示シテ其支拂ヲ求メタル後ニ非サレハ其前者ニ對シテ償還ノ請求ヲ爲スコトヲ得ス

參加引受人又ハ豫備支拂人カ支拂ヲ爲サヽリシトキハ所持人ハ其旨ヲ支拂拒絶證書ニ記載セシムルコトヲ要ス

所持人カ前二項ニ定メタル手續ヲ爲サヽリシトキハ豫備支拂人ヲ指定シタル者又ハ被參加人及ヒ其後者ニ對スル手形上ノ權利ヲ失フ（本條改正）

第五百九條　爲替手形ノ所持人ハ豫備支拂人又ハ參加引受人ニ非サル者ノ參加支拂ト雖モ之ヲ拒ムコトヲ得ス若シ之ヲ拒ミタルトキハ被參加人及ヒ其後者ニ

◎定義　參加支拂トハ支拂ノ拒絶アリタルトキ償還請求權タル行使ヲ止ムル爲メニ爲ス支拂ヲ云フ

●問題
（一）參加引受及參加支拂ハ所持人之ヲ拒ムコ

對スル手形上ノ權利ヲ失フ

第五百十條　參加支拂ヲ爲サントスル者數人アルトキハ所持人ハ最モ多數ノ者ヲシテ債務ヲ免レシムル效力ヲ有スル支拂ヲ受クルコトヲ要ス

第五百十一條　豫備支拂人又ハ參加引受人ニ非サル參加支拂人カ被參加人ヲ示ササリシトキハ其支拂ハ支拂人ノ爲メニ之ヲ爲シタルモノト看做ス

第五百十二條　所持人ハ支拂拒絕證書ニ參加支拂アリタル旨ヲ記載セシメ且手形金額及ヒ費用ノ支拂ト引換ニ其拒絕證書及ヒ爲替手形ヲ參加支拂人ニ交付スルコトヲ要ス

第五百十三條　參加支拂人カ支拂ヲ爲シタルトキハ引受人、被參加人及ヒ其前者ニ對スル所持人ノ權利ヲ取得ス

第九節　拒絕證書

第五百十四條　拒絕證書ハ爲替手形ノ所持人ノ請求ニ因リ公證人又ハ執達吏之ヲ作ル

◉判例　執達吏カ支拂拒絕證書作成ノ委任ヲ受ケタル以上ハ支拂人ニ對シ手形ヲ呈示シテ支拂ヲ請求スルノ權能アリトス(三六、大判錄一三九頁)

◉判例　振出人カ其營業所以外ニ支拂ノ場所ヲ定メタルトキハ拒絕證書ノ作成等支拂ニ關スル行爲ハ其場所ニ於テ之ヲ爲スヘキモノ

トヲ得ルヤ(三九、京)

◎定義　拒絕證書トハ手形上ノ權利ノ行使又ハ保全ニ必要ナル行爲ヲ爲シタルコト及其行爲ノ結果ヲ證明スル唯一ノ要式的證券ヲ云フ

◉問題

(一)拒絕證書トハ何ソヤ其種類ヲ擧テ且各種ニ付之ヲ作成スル目的ヲ述

トス(四一、大判錄一八九〇頁)

第五百十五條 拒絕證書ニハ左ノ事項ヲ記載シ公證人又ハ執達吏之ニ署名、捺印スルコトヲ要ス

一 拒絕者及ヒ被拒絕者ノ氏名又ハ商號

二 拒絕者ニ對スル請求ノ趣旨及ヒ拒絕者カ其請求ニ應セサリシコト、拒絕者ニ面會スルコト能ハサリシコト又ハ其營業所、住所若クハ居所カ知レサリシコト

三 前號ノ請求ヲ爲シ又ハ之ヲ爲スコト能ハサリシ地及ヒ年月日

四 法定ノ場所外ニ於テ拒絕證書ヲ作ルトキハ拒絕者カ之ヲ承諾シタルコト

五 參加引受又ハ參加支拂アルトキハ參加ノ種類及ヒ參加人竝ニ被參加人ノ氏名又ハ商號

六 拒絕證書作成ノ場所及ヒ年月日(本條改正)

◎判例 第五百十五條第三號ハ前號ノ請求ヲ爲シ又ハ爲スコト能サリシ地ノ記載方ニ付一定ノ形式ナケレハ拒絕證書ハ之ニ記載セル他ノ事項ト對照シテ其地タルコトヲ知リ得ヘキ記載アルヲ以テ足ル(三六、大錄判一〇九七頁)

◎判例 拒絕證書ノ要件ヲ記載スルニハ必スシモ一定ノ方式ニ從フコトヲ要セス證書ノ全體ヨリシテ其要件ヲ具備スルヲ以テ足ル(三八、大判錄一一五八頁)

◎判例 拒絕者ニ面會スルコト能ハサル場合ニ拒絕證書ヲ作成スル

ヘヨ(三六、日)

(一)拒絕證書ノ性質及ヒ之ヲ作成スヘキ場合ヲ說明スヘシ(三四、辯)

ニハ單ニ面會不能ノ理由ヲ記載スレハ足ルモノニシテ請求ノ旨趣ヲ記載スルノ要ナシ（三八、大判錄一六四五頁）

第五百十五條ノ二　支拂拒絕證書ノ作成ハ爲替手形又ハ附箋ニ依リテ之ヲ爲ス（本條新設）

第五百十五條ノ三　爲替手形ノ數通ノ複本又ハ原本及ヒ謄本ヲ呈示シタル場合ニ於テ支拂拒絕證書ヲ作ルトキハ其作成ハ一通ノ複本若クハ原本又ハ附箋ニ依リ之ヲ爲スヲ以テ足ル

前項ノ規定ニ依リテ支拂拒絕證書ヲ作リタルトキハ他ノ複本又ハ謄本ニ其旨ヲ記載スルコトヲ要ス（本條新設）

第五百十五條ノ四　支拂拒絕ノ場合ヲ除ク外拒絕證書ノ作成ハ爲替手形若クハ其謄本ノ寫本又ハ附箋ニ依リテ之ヲ爲ス（本條新設）

第五百十五條ノ五　爲替手形、複本、原本又ハ爲替手形若クハ其謄本ノ寫本ニ依リテ拒絕證書ヲ作ル場合ニ於テハ第五百十五條ニ揭ケタル事項ハ其裏面ニ記載シタル事項ニ接續シテ之ヲ記載スルコトヲ要ス

附箋ニ依ル場合ニ於テハ公證人又ハ執達吏ハ其接目ニ契印ヲ爲スコトヲ要ス（本條新設）

第五百十六條　數人ニ對シテ手形上ノ請求ヲ爲スヘキ

トキハ其請求ニ付キ一通ノ拒絶證書ヲ作ラシムルヲ以テ足ル

第五百十七條 公證人又ハ執達吏カ拒絶證書ヲ作リタルトキハ其謄本ニ左ノ事項ヲ記載シ之ヲ其役場ニ備フルコトヲ要ス

一 手形金額

二 振出人、支拂人及ヒ受取人ノ氏名又ハ商號

三 振出ノ年月日

四 滿期日及ヒ支拂地

五 支拂擔當者、豫備支拂人又ハ參加引受人アルトキハ其氏名又ハ商號（本項改正）

拒絶證書カ滅失シタルトキハ利害關係人ハ其謄本ノ交付ヲ請求スルコトヲ得此謄本ハ原本ト同一ノ效力ヲ有ス

第十節 爲替手形ノ複本及ヒ謄本

第五百十八條 爲替手形ノ所持人ハ振出人ニ對シテ其爲替手形ノ複本ノ交付ヲ請求スルコトヲ得但所持人カ受取人ニ非サルトキハ順次ニ其前者ヲ經由シテ之ヲ請求スルコトヲ要ス

振出人カ爲替手形ノ複本ヲ作リタルトキハ各裏書人ハ各通ニ其裏書ヲ爲スコトヲ要ス

●問題

(一)爲替手形ノ複本ト謄本トノ別チ明示スヘシ(三七、中)

第五百十九條　爲替手形ノ複本ニ其複本タルコトヲ示サヽルトキハ其各通ハ獨立ノ爲替手形トシテ其效力ヲ有ス

第五百二十條　爲替手形ノ複本ヲ作リタル場合ニ於テ其一通ノ支拂アリタルトキハ他ノ各通ハ其效力ヲ失フ但引受アルモノハ此限ニ在ラス

二人以上ニ各別ニ數通ノ爲替手形ノ裏書ヲ爲シタル者又ハ數通ノ爲替手形ニ引受ヲ爲シタル者ハ支拂ノ時ニ於テ返還アラサリシ各通ニ付キ手形上ノ責任ヲ免ルルコトヲ得ス

第五百二十一條　爲替手形ノ複本ノ所持人カ引受ヲ求ムル爲メ其一通ヲ送付シタルトキハ他ノ各通ニ其送付先ヲ記載スルコトヲ要ス

前項ノ記載アル爲替手形ノ所持人ハ引受ヲ求ムル爲メニ送付シタル一通ノ爲替手形ヲ受取リタル者ニ對シテ其返還ヲ請求スルコトヲ得若シ其者カ之ヲ返還セサルトキハ拒絶證書ニ依リ其事實及ヒ他ノ一通又ハ數通ノ爲替手形ヲ以テ引受又ハ支拂ヲ受クルコト能ハサリシコトヲ證明スルニ非サレハ其前者ニ對シテ擔保又ハ償還ノ請求ヲ爲スコトヲ得ス

第五百二十二條　爲替手形ノ所持人ハ其謄本ヲ作ルコ

トヲ得
爲替手形ノ謄本ニ或事項ヲ記載シタルトキハ其事項ト原本ニ記載シタル事項トヲ區別スルコトヲ要ス

第五百二十三條　所持人カ爲替手形ノ引受ヲ求ムル爲メ其原本ヲ送付シタル場合ニ於テ其謄本ヲ作リタルトキハ之ニ其原本ノ送付先ヲ記載スルコトヲ要ス
前項ノ記載アル謄本ノ所持人ハ原本ヲ受取リタル者ニ對シテ其返還ヲ請求スルコトヲ得

第五百二十四條　引受ヲ求ムル爲メニ送付シタル爲替手形ヲ受取リタル者カ之ヲ返還セサル場合ニ於テ其謄本ノ所持人カ拒絶證書ニ依リテ其事實ヲ證明スルトキハ謄本ニ署名シタル者ニ對シテ擔保ノ請求ヲ爲シ又謄本ニ記載シタル滿期日カ到來シタル後ハ償還ノ請求ヲ爲スコトヲ得

第三章　約束手形

第五百二十五條　約束手形ニハ左ノ事項ヲ記載シ振出人之ニ署名スルコトヲ要ス
一　其約束手形タルコトヲ示スヘキ文字
二　一定ノ金額
三　受取人ノ氏名又ハ商號
四　單純ナル支拂ノ約束

●問題
(一)約束手形ト爲替手形トノ差異如何(三五、判)
(一)約束手形ノ償還請求ノ手續

五　振出ノ年月日

六　一定ノ滿期日

七　振出地

◉判例　約束手形振出人ノ肩書ノ地ハ之ヲ住所地ト解スルヨリハ寧ロ要件タル振出地ト解スルヲ可トス(三四、大判錄九卷一一二二頁)

◉判例　約束手形ノ振出人カ其手形ニ住所地ヲ振出地トシテ記載シ別ニ住所ヲ記載セサルモ振出ハ違法ニ非ズ(三六、大判錄五三一頁)

◉判例　約束手形ノ振出人カ支拂地以外ニ在ル場所ヲ支拂場所トシテ手形ニ記載スルモ何等ノ效力ナシ(三六、大判錄六二九頁)

◉判例　商法第五百二十五條第七號ニ所謂振出地ハ市町村ノ如キ獨立シタル最初ノ行政區劃ヲ指スニ外ナラサレハ市内ニ於ケル區ノ如キハ之ヲ振出地ト爲スコトヲ得サルモノトス(三六、大判錄一二〇一頁)

◉判例　振出地ハ約束手形ニ記載スヘキ要件ナレハ縱令之ヲ推測シ得ヘキ事項ヲ記載スルモ振出地ヲ記載シタルモノト爲スヲ得サルモノトス(三六、大判錄一二〇一頁)

◉判例　手形カ形式上成立要件ヲ具備スル以上ハ單ニ振出ノ日附ト振出地ノ記載カ眞ノ事實ニ適セサルノ一事ヲ以テ當然無效ナルモノニ非ス從テ重大ナル過失ナキ善意ノ取得者ハ其手形上ノ權利ヲ取得スルモノトス(三七、大判錄四四七頁)

◉判例　手形振出ノ年月日カ實際ノ振出ノ日附ト異ナルモ手形ノ形式ニ缺クル所ナキ以上ハ此一事ヲ以テ直チニ手形ノ實質ニ瑕疵アリト云フヲ得ス(三七、大判錄、七一八頁)

ヲ述フヘシ
(四三、京)

◉判例　約束手形カ形式上振出ノ要件ヲ欠缺スル以上ハ縱令其記載事項中事實ニ適合セサルモノアルモ手形ノ成立ニ何等ノ瑕疵ヲ生スルコトナシ此法理ハ手形ヲ授受セシ直接ノ當事者ナルト否ト將タ手形取得者ノ善意又ハ惡意ナルトニ依リテ其適用ヲ異ニスヘキニ非ス(三七、大判錄、一〇二二頁)

◉判例　受取人ノ氏名ヲ手形ニ記入スルカ如キ行爲ハ振出人ヨリ受取人ニ依賴シテ之レヲ爲サシムルコトヲ得此場合ニ於テ手形ハ其記入ノ時ヨリ其效力ヲ生ス(三八、大判錄、五七頁)

◉判例　株式會社ノ取締役カ會社ノ爲メニ手形振出ノ意思ヲ表示スルニ當リテハ會社ノ爲メニスルノ意ヲ明ニシ且其手形ニ取締役ノ名ヲ署スヘキモノトス(三八、大判錄、一二三五頁)

◉判例　約束手形ノ受取人トシテ之ニ記載スヘキ會社ノ商號ハ必スシモ公簿ニ登錄セラレタル文字ヲ完備スルコトヲ要セス多少之ニ異ナル所アルモ商號ノ實質ヲ具備シ取引上會社ノ慣用ニ依リテ其稱呼タルコトヲ世人ニ知ラレタルモノハ通稱ノ如キモノト雖モ手形方式上ノ商號タルニ妨ケナシ(四二、大判錄、四八三頁)

◉判例　約束手形ノ振出人ノ住所ハ振出地ト常ニ一致スヘキモノニ非ス故ニ三名連名ノ振出人アル場合ニ於テ各振出人ノ住所ヲ記載シアルノミニテハ振出地何レナルヤ判然セサルヲ以テ其手形ハ無效ナリ(三三、一二、二〇日東京控訴)

◉判例　約束手形ノ要件タル振出地ノ記載ハ番地ノ如キ詳細ナル記載ヲ以テ之ヲ表示スルヲ要セス(三四、三、二日東京控訴)

◉判例　株式會社ノ取締役カ自己ニ宛テ振出シタル約束手形ハ民法第百八條商法第百七十六條ニ違反スルヲ以テ無效ナリ(三五、三、六日東京控訴)

◉判例　手形カ振出ノ要行ヲ缺キタル爲メ無效トナリタリトキハ振出人ハ之ヲ以テ善意ノ被裏書人ニモ對抗スルコトヲ得ヘシ（三七大判錄、七六頁）

◉判例　約束手形ノ支拂期日トシテ月日ノミヲ記載シ年數ヲ記載セサル場合ニ於テハ振出年數ノ支拂期日ト認メラルヘキモノニシテ該手形ハ有效ナリ（四〇、六、一七日、東京控訴）

◉判例　賭博ニ原因スル債務ヲ確保スル爲メニ交付シタル約束手形ハ無效ニシテ此無效ハ事實ヲ知テ裏書讓受ケタル所持人ニ對シテモ主張スルコトヲ得（四二、一一、二四日、宮城控訴）

第五百二十六條　振出人カ約束手形ニ支拂地ヲ記載セサリシトキハ振出地ヲ以テ其支拂地トス

◉判例　約束手形ノ支拂地カ支拂義務者ノ住所地ト異ナル場合ニ於テ所持人カ前者ニ對スル償還請求ヲ爲スニハ手形ノ呈示拒絶證書ノ作成ハ支拂地ニ於テスルコトヲ要スルモノニシテ商法第四百四十二條ト第四百九十條トノ間ニ原則例外ノ關係アルコトナシ（三六、大判錄、四二三頁）

第五百二十六條ノ二　振出地ハ之ヲ振出人ノ營業所又ハ住所ノ所在地ト看做ス（本條新設）

第五百二十七條　一覽後定期拂ノ約束手形ノ所持人ハ其日附ヨリ一年內ニ振出人ニ約束手形ヲ呈示スルコトヲ要ス但振出人ハ之ヨリ短キ呈示期間ヲ定ムルコトヲ得

所持人カ拒絶證書ニ依リ前項ニ定メタル呈示ヲ爲シ

タルコトヲ證明セサルトキハ振出人以外ノ前者ニ對スル手形上ノ權利ヲ失フ

第五百二十八條　所持人カ一覧後定期拂ノ約束手形ヲ呈示シタル場合ニ於テ振出人カ呈示ヲ受ケタル旨又ハ其日附ヲ約束手形ニ記載セサリシトキハ所持人ハ呈示期間内ニ拒絶證書ヲ作ラシムルコトヲ要ス此場合ニ於テハ其拒絶證書作成ノ日ヲ以テ呈示ノ日ト看做ス

所持人カ拒絶證書ヲ作ラシメサリシトキハ振出人以外ノ前者ニ對スル手形上ノ權利ヲ失フ

振出人カ呈示ノ日附ヲ記載セサリシ場合ニ於テ所持人カ拒絶證書ヲ作ラシメサリシトキハ呈示期間ノ末日ヲ以テ呈示ノ日ト看做ス

第五百二十九條　第四百四十六條、第四百四十九條乃至第四百五十一條、第四百五十三條乃至第四百六十四條、第四百七十一條、第四百八十條乃至第四百九十九條、第五百八條乃至第五百十七條及ヒ第五百二十二條ノ規定ハ約束手形ニ之ヲ準用ス（本條改正）

○準條

第四百四十六條　爲替手形ノ主タル部分ニ記載シタル金額カ他ノ部分ニ記載シタル金額ト異ナルトキハ主タル部分ニ記載タケル金額

ヲ以テ手形金額トス

第四百四十九條 爲替手形ハ其金額三十圓以上ノモノニ限リ之ヲ無記名式ト爲スコトヲ得

第四百四十九條ノ二 振出人ハ爲替手形ニ受取人ノ氏名又ハ商號ト共ニ其爲替手形ノ所持人カ支拂ヲ受クルコトヲ得ヘキ旨ヲ記載スルコトヲ得

前項ノ爲替手形ハ之ヲ無記名式ノモノト同一ノ效力ヲ有ス

第四百四十九條ノ三 第四百四十九條ノ規定ハ前條第一項ニ定メタル爲替手形ニ之ヲ準用ス

第四百五十條 滿期日ハ左ニ掲ケタル種類ノ一タルコトヲ要ス

一 確定セル日

二 日附後確定セル期間ヲ經過シタル日

三 一覽ノ日

四 一覽後確定セル期間ヲ經過シタル日

◎**判例** 約束手形ノ振出人カ破產ノ宣告ヲ受ケタル場合ニ於テハ所持人ハ破產宣告ノ日ヲ以テ滿期日ト爲シ支拂ノ爲メ手形ヲ呈示スルノ權利ヲ取得スルモ之レカ爲メニ手形面ノ滿期日ニ至リ其請求ヲ爲スノ權利ヲ失ハス(三七、大判錄、三〇九頁)

第四百五十一條 振出人カ爲替手形ニ滿期日ヲ記載セサリシトキハ一覽ノ日ヲ以テ其爲替手形ノ滿期日トス

◎**判例** 「右金額明治年月日貴殿又ハ貴殿ノ指圖人ニ此手形引換ニ無相違支拂可申候也」トノ約束手形ノ支拂ノ約束ハ單純ニシテ滿期日ノ記載ナキカ故ニ一覽拂ノ手形ト解スルヲ相當トス(三八、月日不明大阪控訴)

第四百五十三條 振出人ハ支拂人ニ非サル者ヲ以テ支拂擔當者トシテ爲替手形ニ記載スルコトヲ得

第四百五十四條 振出人ハ爲替手形ニ其支拂地ニ於ケル支拂ノ場所

チ記載スルコトチ得

◉**判例** 約束手形ノ振出人カ特ニ支拂ノ場所チ定メタルトキハ支拂ニ關スル事項ニ付キ振出人ニ對シテ爲スヘキ行爲ハ其指定ノ場所ニ於テスルコトチ要ス(三六、大判錄、一一七七頁)。

◉**判例** 約束手形ノ支拂場所ノ指定ハ支拂行爲チ爲スヘキ一定ノ場所チ表示セサルヘカラサルモ之チ手形ニ表示スル文字ニ付キ法律上一定ノ標準ナシ(三七、大判錄、二一七九頁)

◉**判例** 手形ニ記載スヘキ支拂場所ハ其當時支拂地內ニ實在セル場所チ記載スルチ以テ足ル(三九、大判錄、一一四頁)

第四百五十五條 爲替手形ハ其記名式ナルトキト雖モ裏書ニ依リテ之チ讓渡スコトチ得但振出人カ裏書チ禁スル旨チ記載シタルトキハ此限ニ在ラス

◉**判例** 約束手形ノ裏書讓渡ニ關シテハ商法第五百二十九條ニヨリ第四百五十五條乃至第四百五十七條及ヒ第四百六十四條ノ特別規定アルチ以チ民法第四百六十九條ハ之ニ適用スヘキ限リニ非ス(三五、大判錄八卷四二頁)

◉**判例** 受取人トナル行爲ト被裏書人トナル行爲トハ互ニ相獨立シテ成立スル行爲ナルチ以テ請求ノ原因タル事實ハ同一ニアラス(三五、大判錄一一卷八九頁)

第四百五十六條 振出人、引受人又ハ裏書人カ裏書ニ依リテ爲替手形チ讓受ケタルトキハ更ニ裏書ニ依リテ之チ讓渡スコトナ得

◉**判例** 約束手形ノ振出人カ自己ノ振出シタル手形ナ他人ヨリ讓受クルモ民法上混同ノ規定ナ適用スヘキニ非ス(三六、大判錄一〇九七頁)

第四百五十七條 裏書ハ爲替手形、其謄本又ハ補箋ニ被裏書人ノ氏

名又ハ商號及ヒ裏書ノ年月日ヲ記載シ裏書人署名スルニ依リテ之ヲ爲ス

裏書ハ裏書人ノ署名ノミヲ以テ之ヲ爲スコトヲ得此場合ニ於テハ爾後爲替手形ハ引渡ノミニ依リテ之ヲ讓渡スコトヲ得

◎判例　約束手形ニ被裏書人トシテ某銀行何々出張所ト記載シアル場合ハ某銀行カ裏被書人ナルコトヲ示スモノニシテ出張所ノ記載ハ無カリシモノト見ルヲ可トス（三四、大判錄九卷一一八頁）

◎判例　裏書人カ裏書ノ年月日ヲ遡記シタルトキハ其記載ハ無效ニシテ裏書行爲モ亦無效ナリ從テ裏書人カ裏書ニ依リテ得タル利益ハ所謂法律上ノ原因ナクシテ受ケタルモノトス（三六、大判錄一四四頁）

第四百五十八條　裏書人ハ裏書ヲ爲スニ當タリ支拂地ニ於ケル豫備支拂人ヲ記載スルコトヲ得

第四百五十九條　裏書人ハ裏書ヲ爲スニ當タリ手形上ノ責任ヲ負ハサル旨ヲ記載スルコトヲ得

第四百六十條　裏書人カ裏書ヲ爲スニ當タリ爾後裏書ヲ禁スル旨ヲ記載シタルトキハ其裏書人ハ被裏書人ノ後者ニ對シテ手形上ノ責任ヲ負フコトヲナシ

第四百六十一條　裏書人カ其署名ノミヲ以テ裏書ヲ爲シタルトキハ所持人ハ自己ヲ其被裏書人ト爲スコトヲ得

第四百六十二條　支拂拒絕證書作成ノ期間經過ノ後所持人カ裏書ヲ爲シタルトキハ被裏書人ハ裏書人ノ有シタル權利ノミヲ取得ス此場合ニ於テハ其裏書人ハ手形上ノ責任ヲ負フコトナシ

第四百六十三條　所持人ハ裏書ニ依リテ爲替手形ノ取立ヲ委任スルコトヲ得此場合ニ於テハ裏書ニ其目的ヲ附記スルコトヲ要ス

前項ノ場合ニ於テ被裏書人ハ同一ノ目的ヲ以テ更ニ裏書ヲ爲スコトヲ得

第四百六十四條 裏書アル爲替手形ノ所持人ハ其裏書カ連續スルニ非サレハ其權利ヲ行フコトヲ得ス但署名ノミヲ以テ爲シタル裏書アルトキハ次ノ裏書人ハ其裏書ニ因リテ爲替手形ヲ取得シタルモノト看做ス

抹消シタル裏書ハ裏書ノ連續ニ付キテハ其記載ナキモノト見做ス

◎**判例** 有效ノ裏書ニ依リテ約束手形ヲ讓受ケタル者ハ裏書ニ因ラスシテ其占有ヲ失フモ其後更ニ無效ノ裏書ニ因リテ其手形ヲ所持スルニ至リタルトキハ卽チ一旦喪失シタル手形ノ占有ヲ回復シタルニ外ナラサレハ手形上ノ權利ヲ行フコトヲ得（三五、大判錄一〇卷一八〇頁）

第四百七十一條 引受人カ爲替手形ノ支拂ヲ爲ササリシ場合ニ於テ其所持人又ハ償還ヲ爲シタル裏書人若クハ振出人ニ對シテ支拂フヘキ金額ハ第四百九十一條又ハ第四百九十二條ノ規定ニ依リテ之ヲ定ム

第四百八十條 引受人カ破產ノ宣告ヲ受ケタル場合ニ於テ相當ノ擔保ヲ供セサルトキハ所持人ハ豫備支拂人ノ引受ヲ求ムルコトヲ得

但拒絕證書ヲ作ラシムルコトヲ要ス

豫備支拂人ナキトキ又ハ豫備支拂人カ單純ナル引受ヲ爲ササリシトキハ所持人ハ其前者ニ對シテ相當ノ擔保ヲ請求スルコトヲ得此場合ニ於テハ第四百七十四條乃至第四百七十八條ノ規定ヲ準用ス

第四百八十一條 左ノ場合ニ於テハ前條第二項ノ規定ニ依リテ供シタル擔保ハ其效力ヲ失ヒ又供託シタル金額ハ之ヲ取戻スコトヲ得

一 豫備支拂人カ後日ニ至リ單純ナル引受ヲ爲シタルトキ

二　引受人カ後日ニ至リ相當ノ擔保ヲ供シタルトキ
三　第四百七十九條第二號乃至第五號ノ場合
○再準條
第四百七十九條第二號乃至第五號
二　手形金額及ヒ費用ノ支拂アリタルトキ
三　擔保ヲ供シ若クハ供託ヲ爲シタル者又ハ其前者カ償還ヲ爲シタルトキ
四　手形上ノ權利カ時效又ハ手續ノ欠缺ニ依リテ消滅シタルトキ
五　擔保ヲ供シ又ハ供託ヲ爲シタル者カ滿期日ヨリ一年内ニ償還ノ請求ヲ受ケサリシトキ
第四百八十二條　一覽拂ノ爲替手形ノ所持人ハ其日附ヨリ一年内ニ爲替手形ヲ呈示シテ其支拂ヲ求ムルコトヲ要ス但振出人ハ之ヨリ短キ呈示期間ヲ定ムルコトヲ得
所持人カ拒絶證書ニ依リ前項ニ定メタル呈示ヲ爲シタルコトヲ證明セサルトキハ其前者ニ對スル手形上ノ權利ヲ失フ
◉**判例**　約束手形ノ所持人カ支拂保證人ニ對シテ支拂ヲ求ムルニハ其前提トシテ振出人ニ對シテ支拂ノ爲メニ手形ヲ呈示スルノ要ナシ（三七、大判錄、三〇一頁）
第四百八十三條　支拂ハ爲替手形ト引換ニ非サレハ之ヲ爲スコトヲ要セス
支拂ヲ爲ス者ハ所持人ヲシテ爲替手形ニ其支拂ヲ受ケタル旨ヲ記載セシメ且之ニ署名セシムルコトヲ得
◉**判例**　約束手形ノ振出人ハ所持人カ正當ノ手形債權者ナルヤ否ヤヲ調査スルノ權利ヲ有ス從テ振出人カ裏書讓渡ノ事實ヲ否認

スル以上ハ所持人ニ於テ之ヲ立證スルノ責任アリトス（三七、大判錄、一〇八四頁）

◉判例　約束手形ノ振出人ハ所持人カ手形面ニ記載セラレタル支拂場所ニ於テ手形ヲ呈示セサルトノ理由ヲ以テ手形金支拂義務ヲ免ルルモノニアラ非ス（三八、大判錄、二九八頁）

第四百八十四條　手形金額ノ全部ニ付キ引受アリタルトキト雖モ所持人ハ其一部ノ支拂ヲ拒ムコトヲ得ス

一部ノ支拂アリタルトキハ所持人ハ其旨ヲ爲替手形ニ記載シ且其寫本ヲ作リ署名ノ後之ヲ交付スルコトヲ要ス

第四百八十五條　爲替手形ノ支拂ノ請求ナキトキハ引受人ハ支拂拒絶證書作成ノ期間經過ノ後手形金額ヲ供託シテ其債務ヲ免ルルコトヲ得

第四百八十六條　支拂人カ爲替手形ノ支拂ヲ爲ササリシトキハ所持人ハ其前者ニ對シテ償還ノ請求ヲ爲スコトヲ得

◉判例　振出人ニ對シ支拂ヲ請求スル場合ニ於テ手形呈示ノ事實ヲ證明スルニハ必ラスシモ拒絶證書又ハ之ト類似ノ方法ニ從ヒテ作成シタル文書ヲ以テスルコトラ要セス（三八、大判錄四七一頁）

◉判例　商法第四百八十六條第二項ヲ約束手形ニ準用スル場合ニ在リテハ其所謂前者中ニハ振出人ヲ含マサルモノト解スルヲ以テ約束手形ノ精神ニ適スルモノトス（四二、一二月大阪控訴）

第四百八十七條　所持人カ前條ノ請求ヲ爲サント欲スルトキハ滿期日又ハ其後二日內ニ支拂ヲ求ムル爲メ爲替手形ヲ支拂人ニ呈示シ若シ手形金額ノ支拂ナキトキハ同一期　內ニ支拂拒絶證書ヲ作ラシムルコトヲ要ス但此期間ニハ休日ヲ算入セス

所持人カ前項ニ定メタル手續ヲ爲ササリシトキハ其前者ニ對スル

手形上ノ權利ヲ失フ

◉判例　手形ノ所持人カ其前者ニ對シ償還請求ヲ爲サントスルニハ滿期日後三日即チ支拂拒絕證書作成期間ノ翌日マテニ償還請求ノ通知ヲ發スルヲ以テ足ルヘク拒絕證作成義務ヲ免除セラレタル場合ナルト否トハ該期間ニ何等ノ影響ヲ及ホサス(三七、大判錄、五七二頁)

◉判例　爲替手形ニ在リテハ振出人ト支拂人トハ別人ナルカ故ニ償還請求ノ通知ヲ受クルニ非ラサレハ支拂拒絕ノ事實ヲ知ルヲ得サルニ反シ約束手形ノ振出人ハ自己カ支拂ヲ拒絕スルモノナレハ償還請求ノ通知ヲ爲スコトヲ要セス(四二、月日不明大阪控訴)

第四百八十七條ノ二　前條第一項ノ場合ニハ所持人ハ其直接ノ前者ニ對シ拒絕證書作成ノ日又ハ其後二日內ニ償還請求ノ通知ヲ發スルコトヲ要ス

第四百八十八條　裏書人カ其後者ヨリ償還請求ノ通知ヲ受ケタルトキハ其直接ノ前者ニ對シ通知ヲ受ケタル日又ハ其後二日內ニ償還請求ノ通知ヲ發スルコトヲ要ス

第四百八十八條ノ二　所持人又ハ裏書人カ其直接ノ前者ニ非サル前者ニ對シテ償還請求ノ通知ヲ發シタルトキハ其者ノ後者ニ對シ之ニ因リテ生シタル損害ヲ賠償スル責ニ任シ且利息及ヒ費用ノ償還ヲ請求スル權利ヲ失フ

所持人又ハ裏書人カ其前者ノ何レニ對シテモ通知ヲ發セサリシトキハ其前者全員ニ對スル權利義務ニ付キ前項ノ規定ヲ準用ス

第四百八十八條ノ三　裏書人カ裏書ヲ爲スニ當タリ裏書地ヲ記載セサリシ時ハ償還請求ノ通知ハ其直接ノ前者ニ對シテ之ヲ爲スコトヲ要ス

前條ノ規定ハ裏書地ヲ記載セサリシ裏書人ニ對スル權利義務ニハ之ヲ適用セス振出人カ振出地ヲ記載セサリシトキ亦同シ

第四百八十八條ノ四 所持人又ハ裏書人カ其前者ニ對シ第四百八十七條ノ二又ハ第四百八十八條ノ期間内ニ書面ヲ發送シタル事實アルトキハ其事實ニ付キ通信官署又ハ公衆通信取扱所ノ證アル場合ニ限リ其書面ハ之ヲ償還請求ノ通知書ト推定ス

第四百八十九條 爲替手形ノ所持人ハ支拂拒絶證書ヲ作ラシメサリシトキト雖モ其作成ヲ免除シタル者ニ對シテハ手形上ノ權利ヲ失フコトナシ

所持人カ支拂拒絶證書ヲ作ラシメタルトキハ其作成ヲ免除シタル者ト雖モ其費用ヲ償還スル義務ヲ免ルルコトヲ得ス

第四百八十九條ノ二 支拂拒絶證書ノ作成ヲ免除シタル者ニ對シテハ所持人ハ支拂拒絶證書作成ノ期間内ニ支拂ヲ求ムル爲メ爲替手形ヲ呈示シタルモノト推定ス

第四百九十條 所持人カ償還ノ請求ヲ爲サント欲スルトキハ支拂擔當者ニ、若シ爲替手形ニ支拂擔當者ノ記載ナキトキハ支拂地ニ於テ支拂人ニ爲替手形ヲ呈示シテ其支拂ヲ求ムルコトヲ要ス此場合ニ於テ支拂擔當者又ハ支拂人カ支拂ヲ爲ササリシトキハ所持人ハ支拂地ニ於テ第四百八十七條第一項ノ規定ニ從ヒ支拂拒絶證書ヲ作ラシムルコトヲ要ス

爲替手形ニ支拂擔當者ノ記載アル場合ニ於テ所持人カ前項ニ定メタル手續ヲ爲ササリシトキハ引受人ニ對シテモ手形上ノ權利ヲ失フ

第四百九十一條 爲替手形ノ所持人ハ左ノ金額ニ付キ償還ノ請求ヲ選スコトヲ得

一　支拂アラサリシ手形金額及ヒ滿期日以後ノ法定利息

二　拒絶證書作成ノ手數料其他ノ費用

前項ノ金額ハ償還ノ請求ヲ受クル者ノ營業所又ハ住所ノ所在地カ支拂地ト異ナル場合ニ於テハ支拂地ヨリ償還ノ請求ヲ受クル者ノ營業所又ハ住所ノ所在地ニ宛テ振出シタル一覽拂ノ爲替手形ノ相場ニ依リテ之ヲ計算ス若シ支拂地ニ於テ其相場ナキトキハ償還ノ請求ヲ受クル者ノ營業所又ハ住所ノ所在地ニ最モ近キ地ニ宛テ振出シタル一覽拂ノ爲替手形ノ相場ニ依ル

第四百九十二條　償還ノ請求ヲ受ケタル裏書人ハ左ノ金額ニ付キ償還ノ請求ヲ爲スコトヲ得

一　其支拂ヒタル金額及ヒ支拂ノ日以後ノ法定利息

二　其支出シタル費用

前條第二項ノ規定ハ前項ノ場合ニ之ヲ準用ス

第四百九十三條　爲替手形ノ所持人又ハ裏書人ハ償還ノ請求ヲ爲ス爲メ其前者ヲ支拂人トシテ更ニ爲替手形ヲ振出スコトヲ得

第四百九十四條　所持人又ハ裏書人カ前條ノ規定ニ依リテ振出ス爲替手形ハ償還ノ請求ヲ受クル者ノ營業所又ハ住所ノ所在地ヲ以テ其支拂地ト定メタル一覽拂ノモノタルコトヲ要ス

所持人カ振出ス爲替手形ニハ本爲替手形ノ支拂地ヲ以テ振出地ト定メ裏書人カ振出ス爲替手形ニハ其營業所又ハ住所ノ所在地ヲ以テ振出地ト定ムルコトヲ要ス

第四百九十五條　償還ハ爲替手形、支拂拒絶證書及ヒ償還計算書ト引換ニ非サレハ之ヲ爲スコトヲ要セス

償還ヲ爲ス者ハ之ヲ受クル者ヲシテ償還計算書ニ償還ヲ受ケタル旨ヲ記載セシメ且之ニ署名セシムルコトヲ得

第四百九十六條 削除

第四百九十七條 爲替手形ヨリ生シタル債務ヲ保證スル爲メ爲替手形ヘ其謄本又ハ補箋ニ署名シタル者ハ其債務カ無效ナルトキト雖モ主タル債務者ト同一ノ責任ヲ負フ

第四百九十八條 何人ノ爲メニ保證ヲ爲シタルカ分明ナラサルトキハ其保證ハ引受人ノ爲メニ之ヲ爲シタルモノト看做ス但未タ引受アラサリシトキハ振出人ノ爲メニ之ヲ爲シタルモノト看做ス

第四百九十九條 保證人カ其債務ヲ履行シタルトキハ所持人カ主タル債務者ニ對シテ有セシ權利及ヒ主タル債務者カ其前者ニ對シテ有スヘキ權利ヲ取得ス

第五百八條 爲替手形ノ所持人カ支拂拒絶證書ヲ作ラシメシメタル場合ニ於テ豫備支拂人又ハ參加引受人アルトキハ所持人ハ支拂拒絶證書作成ノ期間内ニ參加引受人ニ、若シ參加引受人ナキトキ又ハ參加引受人カ支拂ヲ爲ササリシトキハ豫備支拂人ニ爲替手形ヲ呈示シテ其支拂ヲ求メタル後ニ非サレハ其前者ニ對シテ償還ノ請求ヲ爲スコトヲ得ス

參加引受人又ハ豫備支拂人カ支拂ヲ爲ササリシトキハ所持人ハ其旨ヲ支拂拒絶證書ニ記載セシムルコトヲ要ス

所持人カ前二項ニ定メタル手續ヲ爲ササリシトキハ豫備支拂人ヲ指定シタル者又ハ被參加人及ヒ其後者ニ對スル手形上ノ權利ヲ失フ

第五百九條 爲替手形ノ所持人ハ豫備支拂人又ハ參加引受人ニ非サル者ノ參加支拂ト雖モ之ヲ拒ムコトヲ得ス若シ之ヲ拒ミタルトキハ被參加人及ヒ其後者ニ對スル手形上ノ權利ヲ失フ

第五百十條　參加支拂ヲ爲サントスル者數人アルトキハ所持人ハ最モ多數ノ者ヲシテ債務ヲ免レシムル效力ヲ有スル支拂ヲ受クルコトヲ要ス

第五百十一條　豫備支拂人又ハ參加引受人ニ非サル參加支拂人カ被參加人ヲ示ササリシトキハ其支拂ハ支拂人ノ爲メニ之ヲ爲シタルモノト看做ス

第五百十二條　所持人ハ支拂拒絶證書ニ參加支拂アリタル旨ヲ記載セシメ且手形金額及ヒ費用ノ支拂ト引換ニ其拒絶證書及ヒ爲替手形ヲ參加支拂人ニ交付スルコトヲ要ス

第五百十三條　參加支拂人カ支拂ヲ爲シタルトキハ引受人、被參加人及ヒ其前者ニ對スル所持人ノ權利ヲ取得ス

第五百十四條　拒絶證書ハ爲替手形ノ所持人ノ請求ニ因リ公證人又ハ執達吏之ヲ作ル

第五百十五條　拒絶證書ニハ左ノ事項ヲ記載シ公證人又ハ執達吏之ニ署名、捺印スルコトヲ要ス

一　拒絶者及ヒ被拒絶者ノ氏名又ハ商號

二　拒絶者ニ對スル請求ノ趣旨及ヒ拒絶者カ其請求ニ應セサリシコト、拒絶者ニ面會スルコト能ハサリシコト又ハ其營業所、住所若クハ居所カ知レサリシコト

三　前號ノ請求ヲ爲シ又ハ之ヲ爲スコト能ハサリシ地及ヒ年月日

四　法定ノ場所外ニ於テ拒絶證書ヲ作ルトキハ拒絶者カ之ヲ承諾シタルコト

五　參加引受又ハ參加支拂アルトキハ參加ノ種類及ヒ參加人並

ニ被参加人ノ氏名又ハ商號
六　拒絶證書作成ノ場所及ヒ年月日
第五百十五條ノ二　支拂拒絶證書ノ作成ハ爲替手形又ハ附箋ニ依リテ之ヲ爲ス
第五百十五條ノ三　爲替手形ノ數通ノ複本又ハ原本及ヒ謄本ヲ呈示シタル場合ニ於テ支拂拒絶證書ヲ作ルトキハ其作成ハ一通ノ複本若クハ原本又ハ附箋ニ依リ之ヲ爲スヲ以テ足ル
前項ノ規定ニ依リテ支拂拒絶證書ヲ作リタルトキハ他ノ複本又ハ謄本ニ其旨ヲ記載スルコトヲ要ス
第五百十五條ノ四　支拂拒絶ノ場合ヲ除ク外拒絶證書ノ作成ハ爲替手形若クハ其謄本ノ寫本又ハ附箋ニ依リテ之ヲ爲ス
第五百十五條ノ五　爲替手形、複本、原本又ハ爲替手形若クハ其謄本ノ寫本ニ依リテ拒絶證書ヲ作ル場合ニ於テハ第五百十五條ニ掲ケタル事項ハ其裏面ニ記載シタル事項ニ接續シテ之ヲ記載スルコトヲ要ス
附箋ニ依ル場合ニ於テハ公證人又ハ執達吏ハ其接目ニ契印ヲ爲スコトヲ要ス
第五百十六條　數人ニ對シテ手形上ノ請求ヲ爲スヘキトキハ其請求ニ付キ一通ノ拒絶證書ヲ作ラシムルヲ以テ足ル
第五百十七條　公證人又ハ執達吏カ拒絶證書ヲ作リタルトキハ其謄本ニ左ノ事項ヲ記載シ之ヲ其役場ニ備フルコトヲ要ス
一　手形金額
二　振出人、支拂人及ヒ受取人ノ氏名又ハ商號
三　振出ノ年月日
四　滿期日及ヒ支拂地

五　支拂擔當者、豫備支拂人又ハ參加引受人アルトキハ其氏名又ハ商號

拒絶證書カ滅失シタルトキハ利害關係人ハ其謄本ノ交付ヲ請求スルコトヲ得此謄本ハ原本ト同一ノ效力ヲ有ス

第五百二十九條　爲替手形ノ所持人ハ其謄本ヲ作ルコトヲ得

爲替手形ノ謄本ニ或事項ヲ記載シタルトキハ其事項ト原本ニ記載シタル事項トヲ區別スルコトヲ要ス

第四章　小切手

第五百三十條　小切手ニハ左ノ事項ヲ記載シ振出人之ニ署名スルコトヲ要ス

一　其小切手タルコトヲ示スヘキ文字

二　一定ノ金額

三　支拂人ノ氏名又ハ商號

四　受取人ノ氏名若クハ商號又ハ所持人ニ支拂フヘキコト

五　單純ナル支拂ノ委託

六　振出ノ年月日

七　支拂地

第五百三十一條　削除

第五百三十二條　小切手ハ一覽拂ノモノトス

第五百三十三條　小切手ノ所持人ハ其日附ヨリ十日內ニ小切手ヲ呈示シテ其支拂ヲ求ムルコトヲ要ス（本

問題

（一）小切手ハ其本體支拂證券ナリト云フハ如何ナル理由ニヨルヤ（三八、文）

（一）爲替手形ト小切手トノ異同ヲ辯明スヘシ（三三、判檢）

（一）手形引受ノ性質ヲ說明シ小切手ニ引受アリヤ否ヤヲ論決スヘシ（三八、明）

項改正）
所持人カ前項ニ定メタル呈示ヲ爲サヽリシトキハ其前者ニ對シテ償還ノ請求ヲ爲スコトヲ得ス

第五百三十三條ノ二　小切手ノ振出人ハ呈示期間經過前ニハ支拂ノ委託ヲ取消スコトヲ得ス
支拂人ハ呈示期間經過ノ後ト雖モ小切手ノ支拂ヲ爲スコトヲ得（本條新設）

第五百三十三條ノ三　小切手ノ所持人カ支拂人ノ加入シタル手換交換所ニ小切手ヲ提出シタルトキハ支拂地ニ於テ支拂ヲ求ムル爲メ之ヲ呈示シタルト同一ノ效力ヲ有ス（本條新設）

第五百三十四條　小切手ノ所持人カ其前者ニ對シテ償還ノ請求ヲ爲スニハ支拂拒絶證書ノ作成ニ代ヘ支拂人ヲシテ呈示期間內ニ支拂拒絶ノ旨及ヒ其年月日ヲ小切手ニ記載セシメ且之ニ署名セシムルヲ以テ足ル
手形交換所ニ於テ呈示期間內ニ小切手ノ呈出及ヒ支拂拒絶アリタル旨ヲ證明シタルトキ亦同シ（本條改正）

第五百三十四條ノ二　前二條ノ手形交換所ハ司法大臣之ヲ指定ス（本條新設）

第五百三十五條　小切手ノ振出人又ハ所持人カ其表面

㊤問題
（一）線引（橫線）小

二二條ノ平行線ヲ畫キ其線內ニ銀行又ハ之ト同一ノ意義ヲ有スル文字ヲ記載シタルトキハ支拂人ハ銀行ニ對シテノミ支拂ヲ爲スコトヲ得

振出人又ハ所持人カ平行線內ニ特定セル銀行ノ商號ヲ記載シタルトキハ支拂人ハ其銀行ニ對シテノミ支拂ヲ爲スコトヲ得但其銀行カ其商號ヲ抹消シテ他ノ銀行ノ商號ヲ記載シ之ニ取立ノ委任ヲ爲スコトヲ妨ケス

第五百三十六條　振出人カ支拂人ヲシテ支拂ヲ爲サシムルコトヲ得ル金額ヲ超エテ小切手ヲ振出シタルトキハ五圓以上千圓以下ノ過料ニ處ス（本條改正）

◉判例　振出人ト支拂人トノ間ニ交互計算ノ約アリテ小切手ヲ振出シタル場合ニ於テハ振出人カ振出ノ當時現實ニ資金ヲ有シタルト否トニ拘ハラス法律上資金アリテ小切手ヲ振出シタルモノト看做スヘシ（三五、大判錄七卷三四頁）

第五百三十七條　第四百四十六條、第四百四十七條、第四百四十九條ノ二、第四百五十二條、第四百五十二條ノ二、第四百五十五條、第四百五十七條、第四百五十九條乃至第四百六十四條、第四百八十三條、第四百八十四條、第四百八十六條乃至第四百八十九條ノ二、第四百九十一條、第四百九十二條、第四百九

切手トハ何ソヤ（四三、関）

（一）平行線內ニ特定銀行ノ商號ヲ記載セル小切手ノ被裏書人カ支拂ヲ請求シタルニ支拂人ハ其請求者ノ眞ナルコトヲ確メタル上ニテ支拂ヲ爲セリ其支拂ハ有效ナリヤ（四二、東）

十五條、第五百十四條乃至第五百十五條ノ二、第五百十五條ノ五及ヒ第五百十七條ノ規定ハ小切手ニ之ヲ準用ス（本條改正）

○準條

第四百四十六條　爲替手形ノ主タル部分ニ記載シタル金額カ他ノ部分ニ記載シタル金額ト異ナルトキハ主タル部分ニ記載シタル金額ヲ以テ手形金額トス

第四百四十七條　振出人ハ自己ヲ受取人又ハ支拂人ト定ルコトヲ得

第四百四十九條ノ二　振出人ハ爲替手形ニ受取人ノ氏名又ハ商號ト共ニ其爲替手形ノ所持人カ支拂ヲ受クルコトヲ得ヘキ旨ヲ記載スルコトヲ得

前項ノ爲替手形ハ之ヲ無記名式ノモノト同一ノ效力ヲ有ス

第四百五十二條　振出人カ爲替手形ニ支拂地ヲ記載セサリシトキハ支拂人ノ氏名又ハ商號ニ附記シタル地ヲ以テ其支拂地トス

第四百五十二條ノ二　支拂人ノ氏名又ハ商號ニ附記シタル地ハ之ヲ其營業所又ハ住所ノ所在地ト看做ス

第四百五十五條　爲替手形ハ其記名式ナルトキト雖モ裏書ニ依リテ之ヲ讓渡スコトヲ得但振出人カ裏書ヲ禁スル旨ヲ記載シタルトキハ此限ニ在ラス

第四百五十七條　裏書ハ爲替手形、其謄本又ハ補箋ニ被裏書人ノ氏名又ハ商號及ヒ裏書ノ年月日ヲ記載シ裏書人署名スルニ依リテ之ヲ爲ス

裏書ハ裏書人ノ署名ノミヲ以テ之ヲ爲スコトヲ得此場合ニ於テハ爾後爲替手形ハ引渡ノミニ依リテ之ヲ讓渡スコトヲ得

第四百五十九條　裏書人ハ裏書ヲ爲スニ當タリ手形上ノ責任ヲ負ハサル旨ヲ記載スルコトヲ得

第四百六十條　裏書人カ裏書ヲ爲スニ當タリ爾後裏書ヲ禁スル旨ヲ記載シタルトキハ其裏書人ハ被裏書人ノ後者ニ對シテ手形上ノ責任ヲ負フコトナシ

第四新六十一條　裏書人カ其署名ノミヲ以テ裏書ヲ爲シタルトキハ所持人ハ自己ヲ其被裏書人ト爲スコトヲ得

第四百六十二條　支拂拒絶證書作成ノ期間經過ノ後所持人カ裏書ヲ爲シタルトキハ被裏書人ハ裏書人ノ有シタル權利ノミヲ取得ス此場合ニ於テハ其裏書人ハ手形上ノ責任ヲ負フコトナシ

第四百六十三條　所持人ハ裏書ニ依リテ爲替手形ノ取立ヲ委任スルコトヲ得此場合ニ於テハ裏書ニ其目的ヲ附記スルコトヲ要ス

前項ノ場合ニ於テ被裏書人ハ同一ノ目的ヲ以テ更ニ裏書ヲ爲スコトヲ得

第四百六十四條　裏書アル爲替手形ノ所持人ハ其裏書カ連續スルニ非サレハ其權利ヲ行フコトヲ得ス但署名ノミヲ以テ爲シタル裏書アルトキハ次ノ裏書人ハ其裏書ニ因リテ爲替手形ヲ取得シタルモノト看做ス

抹消シタル裏書ハ裏書ノ連續ニ付テハ其記載ナキモノト看做ス

第四百八十三條　支拂ハ爲替手形ト引換ニ非サレハ之ヲ爲スコトヲ要セス

支拂ヲ爲ス者ハ所持人ヲシテ爲替手形ニ其支拂ヲ受ケタル旨ヲ記載セシメ且之ニ署名セシムルコトヲ得

第四百八十四條　手形金額ノ全部ニ付キ引受アリタルトキト雖モ所持人ハ其一部ノ支拂ヲ拒ムコトヲ得ス

一部ノ支拂アリタルトキハ所持人ハ其旨ヲ爲替手形ニ記載シ且其寫本ヲ作リ署名ノ後之ヲ交付スルコトヲ要ス

第四百八十六條　支拂人カ爲替手形ノ支拂ヲ爲ササリシトキハ所持人ハ其前者ニ對シテ償還ノ請求ヲ爲スコトヲ得

第四百八十七條　所持人カ前條ノ請求ヲ爲サント欲スルトキハ滿期日又ハ其後二日内ニ支拂ヲ求ムル爲メ爲替手形ヲ支拂人ニ呈示シ若シ手形金額ノ支拂ナキトキハ同一期間内ニ支拂拒絶證書ヲ作ラシムルコトヲ要ス但此期間ニハ休日ヲ算入セス

所持人カ前項ニ定メタル手續ヲ爲ササリシトキハ其前者ニ對スル手形上ノ權利ヲ失フ

第四百八十七條ノ二　前條第一項ノ場合ニ於テハ所持人ハ其直接ノ前者ニ對シ拒絶證書作成ノ日又ハ其後二日内ニ償還請求ノ通知ヲ發スルコトヲ要ス

第四百八十八條　裏書人カ其後者ヨリ償還請求ノ通知ヲ受ケタルトキハ其直接ノ前者ニ對シ通知ヲ受ケタル日又ハ其後二日内ニ償還請求ノ通知ヲ發スルコトヲ要ス

第四百八十八條ノ二　所持人又ハ裏書人カ其直接ノ前者ニ非サル前者ニ對シテ償還請求ノ通知ヲ發シタルトキハ其者ノ後者ニ對シ之ニ因リテ生シタル損害ヲ賠償スル責ニ任シ且利息及費用ノ償還ヲ請求スル權利ヲ失フ

所持人又ハ裏書人カ其前者ノ何レニ對シテモ通知ヲ發セサリシトキハ其前者全員ニ對スル權利義務ニ付キ前項ノ規定ヲ準用ス

第四百八十八條ノ三　裏書人カ裏書ヲ爲スニ當リ裏書地ヲ記載セサリシトキハ償還請求ノ通知ハ其直接ノ前者ニ對シテ之ヲ爲スコトヲ要ス

前條ノ規定ハ裏書地ヲ記載セサリシ裏書人ニ對スル權利義務ニハ之ヲ適用セス振出人カ振出地ヲ記載セサリシトキ亦同シ

第四百八十八條ノ四　所持人又ハ裏書人カ其前者ニ對シ第四百八十七條ノ二又ハ第四百八十八條ノ期間内ニ書面ヲ發送シタル事實アルトキハ其事實ニ付キ通信官署又ハ公衆通信取扱所ノ證アル場合ニ限リ其書面ハ之ヲ償還請求ノ通知書ト推定ス

第四百八十九條　爲替手形ノ所持人ハ支拂拒絕證書ヲ作ラシメサリシトキト雖モ其作成ヲ免除シタル者ニ對シテハ手形上ノ權利ヲ失フコトナシ

所持人カ支拂拒絕證書ヲ作ラシメタルトキハ其作成ヲ免除シタル者ト雖モ其費用ヲ償還スル義務ヲ免ルルコトヲ得ス

第四百八十九條ノ二　支拂拒絕證書ノ作成ヲ免除シタル者ニ對シテハ所持人ハ支拂拒絕證書作成ノ期間内ニ支拂ヲ求ムル爲メ爲替手形ヲ呈示シタルモノト推定ス

第四百九十一條　爲替手形ノ所持人ハ左ノ金額ニ付キ償還ノ請求ヲ爲スコトヲ得

一　支拂アラサリシ手形金額及ヒ滿期日以後ノ法定利息

二　拒絕證書作成ノ手數料其他ノ費用

前項ノ金額ハ償還ノ請求ヲ受クル者ノ營業所又ハ住所ノ所在地カ支拂地ト異ナル場合ニ於テハ支拂地ヨリ償還ノ請求ヲ受クル者ノ營業所又ハ住所ノ所在地ニ宛テ振出シタル一覽拂ノ爲替手形ノ相場ニ依リテ之ヲ計算ス若シ支拂地ニ於テ其相場ナキトキハ償還ノ請求ヲ受クル者ノ營業所又ハ住所ノ所在地ニ最モ近キ地ニ宛テ振出シタル一覽拂ノ爲替手形ノ相場ニ依ル

第四百九十二條　償還ノ請求ヲ受ケタル裏書人ハ左ノ金額ニ付キ償

還ノ請求ヲ為スコトヲ得

一　其支拂ヒタル金額及ヒ支拂ノ日以後ノ法定利息

二　其支出シタル費用

前條第二項ノ規定ハ前項ノ場合ニ之ヲ準用ス

第四百九十五條　償還ハ為替手形、支拂拒絶證書及ヒ償還計算書ト引換ニ非サレハ之ヲ為スコトヲ要セス

償還ヲ為ス者ハ之ヲ受クル者ヲシテ償還計算書ニ償還ヲ受ケタル旨ヲ記載セシメ且之ニ署名セシムルコトヲ得

第五百十四條　拒絶證書ハ為替手形ノ所持人ノ請求ニ因リ公證人又ハ執達吏之ヲ作ル

第五百十五條　拒絶證書ニハ左ノ事項ヲ記載シ公證人又ハ執達吏之ニ署名、捺印スルコトヲ要ス

一　拒絶者及ヒ被拒絶者ノ氏名又ハ商號

二　拒絶者ニ對スル請求ノ趣旨及ヒ拒絶者カ其請求ニ應セサリシコト又ハ拒絶者ニ面會スルコト能ハサリシコト又ハ其營業所、住所若クハ居所カ知レサリシコト

三　前號ノ請求ヲ為シ又ハ之ヲ為スコト能ハサリシ地及ヒ年月日

四　法定ノ場所外ニ於テ拒絶證書ヲ作ルトキハ拒絶者カ之ヲ承諾シタルコト

五　參加引受又ハ參加支拂アルトキハ參加ノ種類及ヒ參加人並ニ被參加人ノ氏名又ハ商號

六　拒絶證書作成ノ場所及ヒ年月日

第五百十五條ノ二　支拂拒絶證書ノ作成ハ為替手形又ハ附箋ニ依リテ之ヲ為ス

第五百十五條ノ五　爲替手形、複本、原本又ハ爲替手形若クハ其謄本ノ寫本ニヨリテ拒絶證書ヲ作ル場合ニ於テハ第五百十五條ニ揭ケタル事項ハ其裏面ニ記載シタル事項ニ接續シテ之ヲ記載スルコトヲ要ス

附箋ニ依ル場合ニ於テハ公證人又ハ執達吏ハ其接目ニ契印ヲ爲スコトヲ要ス

第五百十七條　公證人又ハ執達吏カ拒絶證書ヲ作リタルトキハ其謄本ニ左ノ事項ヲ記載シ之ヲ其役場ニ備フルコトヲ要ス

一　手形金額
二　振出人、支拂人及ヒ受取人ノ氏名又ハ商號
三　振出ノ年月日
四　滿期日及ヒ支拂地
五　支拂擔當者、豫備支拂人又ハ參加引受人アルトキハ其氏名又ハ商號

拒絶證書カ滅失シタルトキハ利害關係人ハ其謄本ノ交付ヲ請求スルコトヲ得此謄本ハ原本ト同一ノ效力ヲ有ス

第五編　海商

第一章　船舶及ヒ船舶所有者

第五百三十八條　本法ニ於テ船舶トハ商行爲ヲ爲ス目的ヲ以テ航海ノ用ニ供スルモノヲ謂フ

本編ノ規定ハ端舟其他櫓櫂ノミヲ以テ運轉シ又ハ主トシテ櫓櫂ヲ以テ運轉スル舟ニハ之ヲ適用セス

第五百三十九條　船舶ノ屬具目錄ニ記載シタル物ハ其

●問題
(一)船舶ノ普通動産ト異ナル所ヲ述ベヨ（四三、文）
(一)公海法ノ意義

從物ト推定ス

第五百四十條　船舶所有者ハ特別法ノ定ムル所ニ從ヒ登記ヲ爲シ且船舶國籍證書ヲ請受クルコトヲ要ス

前項ノ規定ハ總噸數二十噸未滿又ハ積石數二百石未滿ノ船舶ニハ之ヲ適用セス

第五百四十一條　船舶所有權ノ移轉ハ其登記ヲ爲シ且船舶國籍證書ニ之ヲ記載スルニ非サレハ之ヲ以テ第三者ニ對抗スルコトヲ得ス（本條改正）

第五百四十二條　航海中ニ在ル船舶ノ所有權ヲ讓渡シタル場合ニ於テ特約ナキトキハ其航海ニ因リテ生スル損益ハ讓受人ニ歸スヘキモノトス

第五百四十三條　差押及ヒ假差押ハ發航ノ準備ヲ終ハリタル船舶ニ對シテハ之ヲ爲スコトヲ得ス

但其船舶カ發航ヲ爲ス爲メニ生シタル債務ニ付テハ此限ニ在ラス

第五百四十四條　船舶所有者ハ船長カ其法定ノ權限內ニ於テ爲シタル行爲又ハ船長其他ノ船員カ其職務ヲ行フニ當タリ他人ニ加ヘタル損害ニ付テハ航海ノ終ニ於テ船舶、運送賃及ヒ船舶所有者カ其船舶ニ付キ有スル損害賠償又ハ報酬ノ請求權ヲ債權者ニ委付シテ其責ヲ免ルルコトヲ得但船舶所有者ニ過失アリタ

及ヒ範圍ヲ論セヨ（四三、東）

（一）船舶所有者ノ責任制限ニ關スル我商法ノ規定ヲ略述シ其主義ヲ詳細ニ論評スヘシ

ルトキハ此限ニ在ラス
前項ノ規定ハ雇傭契約ニ因リテ生シタル船員ノ權利ニ付テハ之ヲ適用セス

◎判例　商法第五百四十四條ハ船舶所有者自ラ其船舶ヲ利用スル場合ニ限リ適用セラルヘキモノニシテ他ニ賃貸シタル場合ニハ第五百五十七條ノ適用ヲ受クルモノトス（三六、大判錄三六八頁）

◎判例　商法第五百四十四條第一項ニ航海ノ終ニ於テ云々トアルハ航海ノ終ニ於ケル狀態ヲ以テ委付スルコトヲ得ルノ謂ニシテ專ラ海産委付ノ範圍ヲ定メタルモノトス（四〇、大判錄二二三頁）

◎判例　委付ヲ爲スヘキ時期ニ付テハ商法第五百四十五條ノ外規定ナキヲ以テ航海ヲ了リタル後ト雖モ委付ヲ爲シ得ルモノトス（四〇、大判錄二二三頁）

◎判例　委付ハ航海ノ　リニ於テ現存スルモノノ全部ニ付テ爲スコトヲ要シ單ニ其一部ニ付テ爲スコトヲ得サルモノトス（四〇、大判錄二二三頁）

◎判例　商法第五百四十四條ハ海産委付責任ノ範圍ヲ限定シタルニ過キスシテ航海ノ終リニ於ケル海産ノ狀態ニ變更ヲ生シタル場合ノ如何ヲ決シタルモノニアラス（四一、大判錄七六六頁）

◎判例　商法第五百四十四條ニ依リ委付スヘキ損害賠償權ノ有無ハ所有者カ自ラ其權利ヲ實行スル意思アルト否トニ因リテ之ヲ決スヘキモノニ非スシテ其船舶ニ付キ生シタル損害ノ事實關係如何ニ因リテ定マルモノトス（四二、大判錄五九六頁）

第五百四十四條ノ二　登記シタル船舶ノ委付ハ登記ヲ爲スニ因リテ其效力ヲ生ス（本條新設）

（四二、東）

（一）船舶所有者ノ責任ノ制限ニ關スル諸主義ヲ論評スヘシ（四四、京）

（一）船舶所有者カ委付ニヨリテ其責ヲ免ルルコトヲ得ル債務ノ範圍ヲ論スヘシ（四二、京）

（一）船舶所有者ノ有限責任ト合資會社ニ於ケル有限責任社員ノ有限責任トノ異同ヲ説明スヘシ（三七、文）

（一）船主カ免責ノ爲メニスルノ委付ト保險者

第五百四十五條　船舶所有者カ債權者ノ同意ヲ得スシテ更ニ航海ヲ爲サシメタルトキハ第五百四十四條ニ定メタル權利ヲ行フコトヲ得ス（本條改正）

第五百四十六條　船舶共有者ノ間ニ在リテハ船舶ノ利用ニ關スル事項ハ各共有者ノ持分ノ價格ニ從ヒ其過半數ヲ以テ之ヲ決ス

第五百四十七條　船舶共有者ハ其持分ノ價格ニ應シ船舶ノ利用ニ關スル費用ヲ負擔スルコトヲ要ス

第五百四十八條　船舶共有者カ新ニ航海ヲ爲シ又ハ船舶ノ大修繕ヲ爲スヘキコトヲ決議シタルトキハ其決議ニ對シテ異議アル者ハ他ノ共有者ニ對シ相當代價ヲ以テ自己ノ持分ヲ買取ルヘキコトヲ請求スルコトヲ得

前項ノ請求ヲ爲サントスル者ハ決議ノ日ヨリ三日內ニ他ノ共有者又ハ船舶管理人ニ對シテ其通知ヲ發スルコトヲ要ス但此期間ハ決議ニ加ハラサリシ者ニ付テハ其決議ノ通知ヲ受ケタル日ノ翌日ヨリ之ヲ起算ス

第五百四十九條　船舶共有者ハ其持分ノ價格ニ應シ船舶ノ利用ニ付テ生シタル債務ヲ辨濟スル責ニ任ス

第五百五十條　損益ノ分配ハ每航海ノ終ニ於テ船舶共

ニ對シテ爲ス委付ヲ比較シテ論セヨ（四四、中）

（一）船舶カ航海ニ堪ヘサルニ因リテ生スル損害賠償義務ニ付テハ船主ハ特約ニヨリテ之ヲ免ルルコトヲ得ルヤ委付權ヲ行使シテ之ヲ免ルルコトヲ得ルヤ（四二、中）

（一）船舶共有ノ特質如何（三九、中）

（一）合名會社員ノ持分ト船舶共有者ノ持分トノ異同ヲ辨明

有者ノ持分ノ價格ニ應シテ之ヲ爲ス

第五百五十一條　船舶共有者間ニ組合關係アルトキト雖モ各共有者ハ他ノ共有者ノ承諾ヲ得スシテ其持分ノ全部又ハ一部ヲ他人ニ讓渡スコトヲ得但船舶管理人ハ此限ニ在ラス

第五百五十二條　船舶共有者ハ船舶管理人ヲ選任スルコトヲ要ス

船舶共有者ニ非サル者ヲ船舶管理人ト爲スニハ共有者全員ノ同意アルコトヲ要ス

船舶管理人ノ選任及ヒ其代理權ノ消滅ハ之ヲ登記スルコトヲ要ス

第五百五十三條　船舶管理人ハ左ニ掲ケタル行爲ヲ除ク外船舶共有者ニ代ハリテ船舶ノ利用ニ關スル一切ノ裁判上又ハ裁判外ノ行爲ヲ爲ス權限ヲ有ス

一　船舶ノ讓渡、委付若クハ賃貸ヲ爲シ又ハ之ヲ抵當ト爲スコト

二　船舶ヲ保險ニ付スルコト

三　新ニ航海ヲ爲スコト

四　船舶ノ大修繕ヲ爲スコト

五　借財ヲ爲スコト

船舶管理人ノ代理權ニ加ヘタル制限ハ之ヲ以テ善意

スヘシ(三六、文)

(一)船舶管理人ト船長トノ各其代理權ヲ說明スヘシ(三八、判辯)

權ノ第三者ニ對抗スルコトヲ得ス

第五百五十四條　船舶管理人ハ特ニ帳簿ヲ備ヘ之ニ船舶ノ利用ニ關スル一切ノ事項ヲ記載スルコトヲ要ス
船舶管理人ハ毎航海ノ終ニ於テ遲滯ナク其航海ニ關スル計算ヲ爲シテ各船舶共有者ノ承諾ヲ求ムルコトヲ要ス

第五百五十五條　船舶共有者ノ持分ノ移轉又ハ其國籍喪失ニ因リテ船舶カ日本ノ國籍ヲ喪失スヘキトキハ他ノ共有者ハ相當代價ヲ以テ其持分ヲ買取リ又ハ其競賣ヲ裁判所ニ請求スルコトヲ得
社員ノ持分ノ移轉ニ因リ會社ノ所有ニ屬スル船舶カ日本ノ國籍ヲ喪失スヘキトキハ合名會社ニ在テハ他ノ社員、合資會社及ヒ株式合資會社ニ在テハ他ノ無限責任社員ハ相當代價ヲ以テ其持分ヲ買取ルコトヲ得

第五百五十六條　船舶ノ賃貸借ハ之ヲ登記シタルトキハ爾後其船舶ニ付キ物權ヲ取得シタル者ニ對シテモ其效力ヲ生ス

第五百五十七條　船舶ノ賃借人カ商行爲ヲ爲ス目的ヲ以テ其船舶ヲ航海ノ用ニ供シタルトキハ其利用ニ關スル事項ニ付テハ第三者ニ對シテ船舶所有者ト同一

問題
(一)船舶ノ賃貸借契約ト傭船契約トノ區別如何(三五、文)
(一)船舶賃借人ハ船舶ヲ委付シテ其責ヲ免ルルコトヲ得ル

ノ權利義務ヲ有ス
前項ノ場合ニ於テ船舶ノ利用ニ付キ生シタル先取特權ハ船舶所有者ニ對シテモ其效力ヲ生ス但先取特權者カ其利用ノ契約ニ反スルコトヲ知レルトキハ此限ニ在ラス

第二章　船員

第一節　船長

第五百五十八條　船長ハ其職務ヲ行フニ付キ注意ヲ怠ラサリシコトヲ證明スルニ非サレハ船舶所有者、傭船者、荷送人其他ノ利害關係人ニ對シテ損害賠償ノ責ヲ免ルルコトヲ得ス
船長ハ船舶所有者ノ指圖ニ從ヒタルトキト雖モ船舶所有者以外ノ者ニ對シテハ前項ニ定メタル責任ヲ免ルルコトヲ得ス

第五百五十九條　海員カ其職務ヲ行フニ當タリ他人ニ損害ヲ加ヘタル場合ニ於テ船長ハ監督ヲ怠ラサリシコトヲ證明スルニ非サレハ損害賠償ノ責ヲ免ルルコトヲ得ス

◉判例　海員監督ノ責ハ一ニ船長ニアルヲ以テ船長ハ平常海員ノ職務執行ニ注意シテ相當ノ監督ヲ怠ラサリシ場合ニ非サレハ休養時間中ニ生シタル海員ノ過失ニ基ク損害ヲ付テモ亦其責ニ任セサルヲ得ス(四二、大判錄五九六頁)

ヤ執レニスルモ其理由ヲ詳說スヘシ(四〇、東)

◎定義：船長トハ商行爲ヲナス目的ヲ以テ航海ノ用ニ供スル船舶ノ指導者ニシテ法定ノ權限ヲ有スル者ヲ云フ

㊟問題
(一)海員ノ行爲ニ對スル船長ノ責任ヲ論セヨ(四二、判辯)

第五百六十條　船長カ已ムコトヲ得サル事由ニ因リテ自ラ船舶ヲ指揮スルコト能ハサルトキハ法令ニ別段ノ定メアル場合ヲ除ク外他人ヲ選任シテ自己ノ職務ヲ行ハシムルコトヲ得此場合ニ於テハ船長ハ其選任ニ付キ船舶所有者ニ對シテ其責ニ任ス

第五百六十一條　船長ハ發航前船舶ノ航海ニ支障ナキヤ否ヤ其他航海ニ必要ナル準備ノ整頓セルヤ否ヤヲ檢査スルコトヲ要ス

第五百六十二條　船長ハ左ニ掲ケタル書類ヲ船中ニ備ヘ置クコトヲ要ス

一　船舶國籍證書
二　海員名簿
三　屬具目錄
四　航海日誌
五　旅客名簿
六　運送契約及ヒ積荷ニ關スル書類
七　稅關ヨリ交付シタル書類

前項第三號乃至第五號ニ掲ケタル書類ハ外國ニ航行セサル船舶ニ限リ命令ヲ以テ之ヲ備フルコトヲ要セサルモノト定ムルコトヲ得

第五百六十三條　船長ハ已ムコトヲ得サル場合ヲ除ク

外自己ニ代ハリテ船舶ヲ指揮スヘキ者ニ其職務ヲ委任シタル後ニ非サレハ荷物ノ船積及ヒ旅客ノ乘込ノ時ヨリ荷物ノ陸揚及ヒ旅客ノ上陸ノ時マテ其指揮スル船舶ヲ去ルコトヲ得ス

第五百六十四條　船長ハ航海ノ準備カ終ハリタルトキハ遲滯ナク發航ヲ爲シ且必要アル場合ヲ除ク外豫定ノ航路ヲ變更セスシテ到達港マテ航行スルコトヲ要ス

第五百六十五條　船長ハ航海中最モ利害關係人ノ利益ニ適スヘキ方法ニ依リテ積荷ノ處分ヲ爲スコトヲ要ス

利害關係人ハ船長ノ行爲ニ因リ其積荷ニ付テ生シタル債權ノ爲メ之ヲ債權者ニ委付シテ其責ヲ免ルルコトヲ得但利害關係人ニ過失アリタルトキハ此限ニ在ラス

第五百六十六條　船籍港外ニ於テハ船長ハ航海ノ爲メニ必要ナル一切ノ裁判上又ハ裁判外ノ行爲ヲ爲ス權限ヲ有ス

船籍港ニ於テハ船長ハ特ニ委任ヲ受ケタル場合ヲ除ク外海員ノ雇入及ヒ雇止ヲ爲ス權限ノミヲ有ス

◉判例　船長ハ航海繼續ニ必要ナル費用ヲ生シタルトキト雖モ其費

◉問題

(一)船長ノ積荷處分ノ權限如何(四〇、法)

(一)船長カ航海中ニ船舶所有者ト取引關係ナキ者ヲ支拂人トシテ小切手ヲ振出シタル

用支辨ノ爲ニ借財ヲ爲スコトハ航海ノ繼續ニ之ヲ必要トスル場合ニ在ラサレハ其權限ナキモノトス(四一、大判錄四六一頁)

第五百六十七條　船長ノ代理權ニ加ヘタル制限ハ之ヲ以テ善意ノ第三者ニ對抗スルコトヲ得ス

第五百六十八條　船長ハ船舶ノ修繕費、救助料其他航海ヲ繼續スルニ必要ナル費用ヲ支辨スル爲メニ非サレハ左ニ掲ケタル行爲ヲ爲スコトヲ得ス

一　船舶ヲ抵當ト爲スコト

二　借財ヲ爲スコト

三　積荷ノ全部又ハ一部ヲ賣却又ハ質入スルコト

但第五百六十五條第一項ノ場合ハ此限ニ在ラス

船長カ積荷ヲ賣却又ハ質入シタル場合ニ於ケル損害賠償ノ額ハ其積荷ノ到達スヘカリシ時ニ於ケル陸揚港ノ價格ニ依リテ之ヲ定ム但其價格中ヨリ支拂フコトヲ要セサリシ費用ヲ控除スルコトヲ要ス(本條改正)

第五百六十九條　船長カ特ニ委任ヲ受ケスシテ航海ノ爲メニ費用ヲ出タシ又ハ債務ヲ負擔シタルトキハ船舶所有者ハ船長ニ對シテ第五百四十四條ニ定メタル權利ヲ行フコトヲ得

第五百七十條　船籍港外ニ於テ船舶カ修繕スルコト能ハサルニ至リタルトキハ船長ハ管海官廳ノ認可ヲ得

後ニ船舶沈沒シタリトセンニ船舶所有者ハ小切手上ノ義務ヲ負フヤ(三八、東)

(一)船長ノ權限ト支配人ノ權限トノ異同ヲ問フ(三八、法)

テ之ヲ競賣スルコトヲ得

第五百七十一條　左ノ場合ニ於テハ船舶ハ修繕スルコト能ハサルニ至リタルモノト看做ス

一　船舶カ其現在地ニ於テ修繕ヲ受クルコト能ハス且其修繕ヲ爲スヘキ地ニ到ルコト能ハサルトキ

二　修繕費カ船舶ノ價額ノ四分ノ三ニ超ユルトキ

前項第二號ノ價額ハ船舶カ航海中毀損シタル場合ニ於テハ其發航ノ時ニ於ケル價額トシ其他ノ場合ニ於テハ其毀損前ニ有セシ價額トス

第五百七十二條　船長ハ航海ヲ繼續スル爲メ必要ナルトキハ積荷ヲ航海ノ用ニ供スルコトヲ得此場合ニ於テハ第五百六十八條第二項ノ規定ヲ準用ス

第五百七十三條　船長ハ遲滯ナク航海ニ關スル重要ナル事項ヲ船舶所有者ニ報告スルコトヲ要ス

船長ハ毎航海ノ終ニ於テ遲滯ナク其航海ニ關スル計算ヲ爲シテ船舶所有者ノ承認ヲ求メ又船舶所有者ノ請求アルトキハ何時ニテモ計算ノ報告ヲ爲スコトヲ要ス

第五百七十四條　船舶所有者ハ何時ニテモ船長ヲ解任スルコトヲ得但正當ノ理由ナクシテ之ヲ解任シタル

トキハ船長ハ船舶所有者ニ對シ解任ニ因リテ生シタル損害ノ賠償ヲ請求スルコトヲ得
船長カ船舶共有者ナル場合ニ於テ其意ニ反シテ解任セラレタルトキハ他ノ共有者ニ對シ相當代價ヲ以テ自己ノ持分ヲ買取ルヘキコトヲ請求スルコトヲ得
船長カ前項ノ請求ヲ爲サント欲スルトキハ遲滯ナク他ノ共有者又ハ船舶管理人ニ對シテ其通知ヲ發スルコトヲ要ス
第五百七十五條　船長ノ船舶所有者ニ對スル債權ハ一年ヲ經過シタルトキハ時效ニ因リテ消滅ス

第二節　海員

第五百七十六條　海員ハ其雇入ノ手續カ終ハリタルトキハ船長ノ指定シタル時ニ於テ船舶ニ乘込ムコトヲ要ス
海員ハ船長ノ許可ヲ得ルニ非サレハ其乘込ミタル船舶ヲ去ルコトヲ得ス
第五百七十七條　海員ノ服役中ノ食料ハ船舶所有者ノ負擔トス
第五百七十八條　海員カ服役中不行跡其他重大ナル過失ニ因ラスシテ疾病ニ罹リ又ハ傷痍ヲ受ケタルトキハ船舶所有者ハ三个月ヲ超エサル期間内ノ治療及ヒ

◎定義　海員トハ船長ヲ除キタル一切ノ乘組員ヲ云フ

看護ノ費用ヲ負擔ス

前項ノ場合ニ於テ海員ハ其服役シタル期間ニ對スル給料ヲ請求スルコトヲ得但其職務ヲ行フニ因リテ疾病ニ罹リ又ハ傷痍ヲ受ケタルトキハ其給料ノ全額ヲ請求スルコトヲ得

第五百七十九條 一航海ニ付キ給料ヲ定メタル場合ニ於テ航海ノ日數ヲ延長シ又ハ不可抗力ニ因ラスシテ其里程ヲ延長シタルトキハ海員ハ其割合ニ應シテ給料ノ增加ヲ請求スルコトヲ得但航海ノ日數又ハ里程ヲ短縮シタルトキト雖モ給料ノ全額ヲ請求スルコトヲ得

第五百八十條 海員カ就役ノ後死亡シタルトキハ船舶所有者ハ死亡ノ日マテノ給料ヲ支拂フコトヲ要ス

海員カ其職務ヲ行フニ因リテ死亡シタルトキハ其葬式ノ費用ハ船舶所有者ノ負擔トス

第五百八十一條 左ノ場合ニ於テハ船長ハ海員ヲ雇止ムルコトヲ得

一　發航前海員カ其職務ニ不適任ナルコトヲ認メタルトキ

二　海員カ著シク其職務ヲ怠リ又ハ其職務ニ關シ之ニ重大ナル過失アリタルトキ

三　海員カ禁錮以上ノ刑ニ處セラレタルトキ
四　海員カ疾病ニ罹リ又ハ傷痍ヲ受ケ其職務ニ堪ヘサルニ至リタルトキ
五　不可抗力ニ因リ發航ヲ爲シ又ハ航海ヲ繼續スルコト能ハサルニ至リタルトキ
前項第一號乃至第三號ノ場合ニ於テハ海員ハ其服役シタル期間ニ對スル給料ヲ請求スルコトヲ得
第一項第四號及ヒ第五號ノ場合ニ於テハ海員ハ其雇止ノ日マテノ給料及ヒ雇入港マテノ送還ヲ請求スルコトヲ得但第四號ノ場合ニ於テ海員ニ過失アルトキハ前項ノ規定ヲ準用ス
第五百八十二條　海員カ前條第一項ニ掲ケタル事由ニ因ラスシテ雇止メラレタルトキハ其服役シタル期間ニ對スル給料ノ外一个月分ノ給料ヲ請求スルコトヲ得若シ雇入港外ニ於テ雇止メラレタルトキハ雇入港マテ歸航スルニ必要ナル期間ニ對スル給料及ヒ雇入港マテノ送還ヲ請求スルコトヲ得
第五百八十三條　左ノ場合ニ於テハ海員ハ其雇止ヲ請求スルコトヲ得
一　船舶カ日本ノ國籍ヲ喪失シタルトキ
二　自己ノ過失ニ因ラスシテ疾病ニ罹リ又ハ傷痍

ヲ受ケ其職務ニ堪ヘサルニ至リタルトキ

三　船長ヨリ虐待ヲ受ケタルトキ

前項ノ場合ニ於テハ海員ハ其雇止ノ日マテノ給料及ヒ雇入港マテノ送還ヲ請求スルコトヲ得

第五百八十四條　航海中船舶ノ所有者カ變更シタルトキハ海員ハ新所有者ニ對シ雇傭契約ニヨリテ生シタル權利義務ヲ有ス

第五百八十五條　海員ノ雇入期間ハ一年ヲ超ユルコトヲ得ス若シ之ヨリ長キ期間ヲ以テ海員ヲ雇入レタルトキハ其期間ハ之ヲ一年ニ短縮ス

海員ノ雇入ハ之ヲ更新スルコトヲ得但其期間ハ更新ノ時ヨリ一年ヲ超ユルコトヲ得ス

第五百八十六條　雇入期間ノ定ナキトキハ海員ハ特約アル場合ヲ除ク外船舶カ安全ニ碇泊シ且積荷ノ陸揚及ヒ旅客ノ上陸カ終ハリタル後ニ非サレハ其雇止ヲ請求スルコトヲ得ス

第五百八十七條　海員ノ雇入契約ハ左ノ事由ニ因リテ終了ス

一　船舶カ沈没シタルコト

二　船舶カ修繕スルコト能ハサルニ至リタルコト

三　船舶カ捕獲セラレタルコト
前項ノ場合ニ於テハ海員ハ契約終了ノ日マテノ給料及ヒ雇入港マテノ送還ヲ請求スルコトヲ得

第五百八十八條　海員カ雇入港マテノ送還ヲ請求スル權利ヲ有スル場合ニ於テハ送還ニ代ヘテ其費用ヲ請求スルコトヲ得

第五百八十九條　第五百七十五條ノ規定ハ海員ノ債權ニ之ヲ準用ス

○準條
第五百七十五條　船長ノ船舶所有者ニ對スル債權ハ一年ヲ經過シタルトキハ時効ニ因リテ消滅ス

第三章　運送

第一節　物品運送

第一款　總則

第五百九十條　船舶ノ全部又ハ一部ヲ以テ運送契約ノ目的ト爲シタルトキハ各當事者ハ相手方ノ請求ニ因リ運送契約書ヲ交付スルコトヲ要ス

第五百九十一條　船舶所有者ハ傭船者又ハ荷送人ニ對シ發航ノ當時船舶カ安全ニ航海ヲ爲スニ堪フルコトヲ擔保ス

第五百九十二條　船舶所有者ハ特約ヲ爲シタルトキト

◎定義　傭船契約トハ當事者ノ一方カ船舶ノ全部若クハ一部ヲ貸切リ之ニ船積シタル物品又ハ乘込ミタル旅客ヲ運送スルコトヲ約シ相手方カ之ニ報酬ヲ與フルコトヲ約スル一種ノ運送契約ヲ謂フ

◎問題
(一)傭船契約ノ意義ヲ說明シ併セテ船舶賃貸借契約トノ差異ヲ辯ズベシ

雖モ自己ノ過失、船員其他ノ使用人ノ惡意若クハ重大ナル過失又ハ船舶カ航海ニ堪ヘサルニ因リテ生シタル損害ヲ賠償スル責ヲ免ルルコトヲ得ス

第五百九十三條　法令ニ違反シ又ハ契約ニ依ラスシテ船積シタル運送品ハ船長ニ於テ何時ニテモ之ヲ陸揚シ、若シ船舶又ハ積荷ニ危害ヲ及ホス虞アルトキハ之ヲ放棄スルコトヲ得但船長カ之ヲ運送スルトキハ其船積ノ地及ヒ時ニ於ケル同種ノ運送品ノ最高ノ運送賃ヲ請求スルコトヲ得

前項ノ規定ハ船舶所有者其他ノ利害關係人カ損害賠償ノ請求ヲ爲スコトヲ妨ケス

第五百九十四條　船舶ノ全部ヲ以テ運送契約ノ目的ト爲シタル場合ニ於テ運送品ヲ船積スルニ必要ナル準備カ整頓シタルトキハ船舶所有者ハ遲滯ナク傭船者ニ對シテ其通知ヲ發スルコトヲ要ス

傭船者カ運送品ヲ船積スヘキ期間ノ定アル場合ニ於テハ其期間ハ前項ノ通知アリタル日ノ翌日ヨリ之ヲ起算ス其期間經過ノ後運送品ヲ船積シタルトキハ船舶所有者ハ特約ナキトキト雖モ相當ノ報酬ヲ請求スルコトヲ得

前項ノ期間中ニハ不可抗力ニ因リテ船積ヲ爲スコト能ハサル日ヲ算入セス

(四四、判檢)

(一)傭船契約ト物品運送契約トノ差異ヲ說明セヨ(四〇、文)

(一)船舶所有者ノ堪航擔保ノ義務ヲ說明セヨ(三七、日)

(一)運送契約ニ於ケル船舶所有者ノ責任ヲ說明スヘシ(三六、中)

(一)船舶所有者ハ水先人ノ重大ナル過失ニヨツテ積荷ニツキ生シタル損害ヲ賠償スル責ヲ負ハストノ特約ヲナシ得ルヤ此特約アル場合ニ於ケル船主ノ責

第五百九十五條　船長カ第三者ヨリ運送品ヲ受取ルヘキ場合ニ於テ其者ヲ確知スルコト能ハサルトキ又ハ其者カ運送品ヲ船積セサルトキハ船長ハ直チニ傭船者ニ對シテ其通知ヲ發スルコトヲ要ス此場合ニ於テハ船積期間内ニ限リ傭船者ニ於テ運送品ヲ船積スルコトヲ得

第五百九十六條　傭船者ハ運送品ノ全部ヲ船積セサルトキト雖モ船長ニ對シテ發航ノ請求ヲ為スコトヲ得
傭船者カ前項ノ請求ヲ為シタルトキハ運送賃ノ全額ノ外運送品ノ全部ヲ船積セサルニ因リテ生シタル費用ヲ支拂ヒ尚ホ船舶所有者ノ請求アルトキハ相當ノ擔保ヲ供スルコトヲ要ス

第五百九十七條　船積期間經過ノ後ハ傭船者カ運送品ノ全部ヲ船積セサルトキト雖モ船長ハ直チニ發航ヲ為スコトヲ得
前條第二項ノ規定ハ前項ノ場合ニ之ヲ準用ス

第五百九十八條　發航前ニ於テハ傭船者ハ運送賃ノ半額ヲ支拂ヒテ契約ノ解除ヲ為スコトヲ得
往復航海ヲ為スヘキ場合ニ於テ傭船者カ其歸航ノ發航前ニ契約ノ解除ヲ為シタルトキハ運送賃ノ三分ノ二ヲ支拂フコトヲ要ス他港ヨリ船積港ニ航行スヘキ

任ヲ論セヨ（四四、中）

（一）船舶所有者ノ運送契約上ノ責任ヲ輕減スル特約ノ効力如何（四三、京）

（一）傭船者ノ權利義務ハ如何ナルモノナリヤ（四一、明）

（一）海商法ニ於ケル運送賃ノ性質ヲ説明セヨ（四四、東）

場合ニ於テ傭船者カ其船積港ヲ發スル前ニ契約ノ解除ヲ爲シタルトキ亦同シ

運送品ノ全部又ハ一部ヲ船積シタル後前二項ノ規定ニ從ヒテ契約ノ解除ヲ爲シタルトキハ其船積及ヒ陸揚ノ費用ハ傭船者之ヲ負擔ス

傭船者カ船積期間内ニ運送品ノ船積ヲ爲ササリシトキハ契約ノ解除ヲ爲シタルモノト看做ス

第五百九十九條　傭船者カ前條ノ規定ニ從ヒテ契約ノ解除ヲ爲シタルトキト雖モ附隨ノ費用及ヒ立替金ヲ支拂フ責ヲ免ルルコトヲ得ス

前條第二項ノ場合ニ於テハ傭船者ハ前項ニ掲ケタルモノノ外運送品ノ價格ニ應シ共同海損又ハ救助ノ爲メ負擔スヘキ金額ヲ支拂フコトヲ要ス（本條改正）

第六百條　發航後ニ於テハ傭船者ハ運送賃ノ全額ヲ支拂フ外第六百六條第一項ニ定メタル債務ヲ辨濟シ且陸揚ノ爲メニ生スヘキ損害ヲ賠償シ又ハ相當ノ擔保ヲ供スルニ非サレハ契約ノ解除ヲ爲スコトヲ得ス

第六百一條　船舶ノ一部ヲ以テ運送契約ノ目的ト爲シタル場合ニ於テ傭船者カ他ノ傭船者及ヒ荷送人ト共同セスシテ發航前ニ契約ノ解除ヲ爲シタルトキハ運送賃ノ全額ヲ支拂フコトヲ要ス但船舶所有者カ他ノ

運送品ヨリ得タル運送賃ハ之ヲ控除ス
發航前ト雖モ傭船者カ既ニ運送品ノ全部又ハ一部ヲ船積シタルトキハ他ノ傭船者及ヒ荷送人ノ同意ヲ得ルニ非サレハ契約ヲ解除ノ爲スコトヲ得ス
前七條ノ規定ハ船舶ノ一部ヲ以テ運送契約ノ目的ト爲シタル場合ニ之ヲ準用ス
第六百二條 箇箇ノ運送品ヲ以テ運送契約ノ目的ト爲シタルトキハ荷送人ハ船長ノ指圖ニ從ヒ遲滯ナク運送品ヲ船積スルコトヲ要ス
荷送人カ運送品ノ船積ヲ怠リタルトキハ船長ハ直チニ發航ヲ爲スコトヲ得此場合ニ於テハ荷送人ハ運送賃ノ全額ヲ支拂フコトヲ要ス但船舶所有者カ他ノ運送品ヨリ得タル運送賃ハ之ヲ控除ス
第六百三條 第六百一條ノ規定ハ荷送人カ契約ノ解除ヲ爲ス場合ニ之ヲ準用ス
第六百四條 傭船者又ハ荷送人ハ船積期間內ニ運送ニ必要ナル書類ヲ船長ニ交付スルコトヲ要ス
第六百五條 船舶ノ全部又ハ一部ヲ以テ運送契約ノ目的ト爲シタル場合ニ於テ運送品ヲ陸揚スルニ必要ナル準備カ整頓シタルトキハ船長ハ遲滯ナク荷受人ニ對シテ其通知ヲ發スルコトヲ要ス

運送品ヲ陸揚スヘキ期間ノ定アル場合ニ於テハ其期間ハ前項ノ通知アリタル日ノ翌日ヨリ之ヲ起算ス其期間經過ノ後運送品ヲ陸揚シタルトキハ船舶所有者ハ特約ナキトキト雖モ相當ノ報酬ヲ請求スルコトヲ得

前項ノ期間中ニハ不可抗力ニ因リテ陸揚ヲ爲スコト能ハサル日ヲ算入セス

箇箇ノ運送品ヲ以テ運送契約ノ目的ト爲シタルトキハ荷受人ハ船長ノ指圖ニ從ヒ遲滯ナク運送品ヲ陸揚スルコトヲ要ス

第六百六條 荷受人カ運送品ヲ受取リタルトキハ運送契約又ハ船荷證券ノ趣旨ニ從ヒ運送賃、附隨ノ費用、立替金、碇泊料及ヒ運送品ノ價格ニ應シ共同海損又ハ救助ノ爲メ負擔スヘキ金額ヲ支拂フ義務ヲ負フ

(本條改正)

船長ハ前項ニ定メタル金額ノ支拂ト引換ニ非サレハ運送品ヲ引渡スコトヲ要セス

第六百七條 荷受人カ運送品ヲ受取ルコトヲ怠リタルトキハ船長ハ之ヲ供託スルコトヲ得此場合ニ於テハ遲滯ナク荷受人ニ對シテ其通知ヲ發スルコトヲ要ス荷受人ヲ確知スルコト能ハサルトキ又ハ荷受人カ運

送品ヲ受取ルコトヲ拒ミタルトキハ船長ハ運送品ヲ供託スルコトヲ要ス此場合ニ於テハ遲滯ナク傭船者又ハ荷送人ニ對シテ其通知ヲ發スルコトヲ要ス

第六百八條 運送品ノ重量又ハ容積ヲ以テ運送賃ヲ定メタルトキハ其額ハ運送品引渡ノ當時ニ於ケル重量又ハ容積ニ依リテ之ヲ定ム

第六百九條 期間ヲ以テ運送賃ヲ定メタルトキハ其額ハ運送品ノ船積著手ノ日ヨリ其陸揚終了ノ日マテノ期間ニ依リテ之ヲ定ム但船舶カ不可抗力ニ因リ發航港若クハ航海ノ途中ニ於テ碇泊ヲ爲スヘキトキ又ハ航海ノ途中ニ於テ船舶ヲ修繕スヘキトキハ其期間ハ之ヲ算入セス第五百九十四條第二項又ハ第六百五條第二項ノ場合ニ於テ船積期間又ハ陸揚期間經過ノ後運送品ノ船積又ハ陸揚ヲ爲シタル日數亦同シ

第六百十條 船舶所有者ハ第六百六條第一項ニ定メタル金額ノ支拂ヲ受クル爲メ裁判所ノ許可ヲ得テ運送品ヲ競賣スルコトヲ得

船長カ荷受人ニ運送品ヲ引渡シタル後ト雖モ船舶所有者ハ其運送品ノ上ニ權利ヲ行使スルコトヲ得但引渡ノ日ヨリ二週間ヲ經過シタルトキ又ハ第三者カ其占有ヲ取得シタルトキハ此限ニ在ラス

第六百十一條　船舶所有者カ前條ニ定メタル權利ヲ行ハサルトキハ傭船者又ハ荷送人ニ對スル請求權ヲ失フ但傭船者又ハ荷送人ハ其受ケタル利益ノ限度ニ於テ償還ヲ爲スコトヲ要ス

第六百十二條　船舶ノ全部又ハ一部ヲ以テ運送契約ノ目的ト爲シタル場合ニ於テ傭船者カ更ニ第三者ト運送契約ヲ爲シタルトキハ其契約ノ履行カ船長ノ職務ニ屬スル範圍內ニ於テハ船舶所有者ノミ其第三者ニ對シテ履行ノ責ニ任ス但第五百四十四條ニ定メタル權利ヲ行フコトヲ妨ケス

○適條

第五百四十四條　船舶所有者ハ船長カ其法定ノ權限內ニ於テ爲シタル行爲又ハ船長其他ノ船員カ其職務ヲ行フニ當タリ他人ニ加ヘタル損害ニ付テハ航海ノ終ニ於テ船舶、運送賃及ヒ船舶所有者カ其船舶ニ付キ有スル損害賠償又ハ報酬ノ請求權ヲ債權者ニ委付シテ其責ヲ免ルルコトヲ得但船舶所有者ニ過失アリタルトキハ此限ニ在ラス

前項ノ規定ハ雇傭契約ニ因リテ生シタル船員ノ權利ニ付テハ之ヲ適用セス

◉判例　傭船者ハ運送賃ヲ支拂ハサルニ依リ船主ハ其運送品ノ上ニ留置權ヲ有スルトキハ第三者ハ傭船者ニ對シ第二ノ契約ニ從ヒテ既ニ運送賃ヲ支拂ヒタルトキト雖モ船主ハ運送賃ノ支拂ヲ受クルマテ留置權ヲ主張シテ運送品ノ引渡ヲ拒ムコトヲ得（四二、大判錄

◉問題
（一）再傭船（四二、關）

八五八頁〕

第六百十三條　船舶ノ全部ヲ以テ運送契約ノ目的ト爲シタル場合ニ於テハ其契約ハ左ノ事由ニ因リテ終了ス

一　第五百八十七條第一項ニ揭ケタル事由

二　運送品カ不可抗力ニ因リテ滅失シタルコト

第五百八十七條第一項ニ揭ケタル事由カ航海中ニ生シタルトキハ傭船者ハ運送ノ割合ニ應シ運送品ノ價格ヲ超エサル限度ニ於テ運送賃ヲ支拂フコトヲ要ス

○適條

第五百八十七條　海員ノ雇入契約ハ左ノ事由ニ因リテ終了ス

一　船舶カ沈沒シタルコト

二　船舶カ修繕スルコト能ハサルニ至リタルコト

三　船舶カ捕獲セラレタルコト

◉判例　商法第六百十三條第二項ニ所謂運送品ノ價格ヲ超エサル限度トハ滅失シタル積荷ノ價格ヲ控除シタルモノヲ指ス（三四、大判錄七卷四八頁）

第六百十四條　航海又ハ運送カ法令ニ反スルニ至リタルトキ其他不可抗力ニ因リテ契約ヲ爲シタル目的ヲ達スルコト能ハサルニ至リタルトキハ各當事者ハ契約ノ解除ヲ爲スコトヲ得

前項ニ揭ケタル事由カ發航後ニ生シタル場合ニ於テ

契約ノ解除ヲ爲シタルトキハ傭船者ハ運送ノ割合ニ應シテ運送賃ヲ支拂フコトヲ要ス

第六百十五條　第六百十三條第一項第二號及ヒ前條第一項ニ掲ケタル事由カ運送品ノ一部ニ付テ生シタルトキハ傭船者ハ船舶所有者ノ負擔ヲ重カラシメサル範圍内ニ於テ他ノ運送品ヲ船積スルコトヲ得

傭船者カ前項ニ定メタル權利ヲ行ハント欲スルトキハ遲滯ナク運送品ノ陸揚又ハ船積ヲ爲スコトヲ要ス若シ其陸揚又ハ船積ヲ怠リタルトキハ運送賃ノ全額ヲ支拂フコトヲ要ス

第六百十六條　第六百十三條及ヒ第六百十四條ノ規定ハ船舶ノ一部又ハ箇箇ノ運送品ヲ以テ運送契約ノ目的ト爲シタル場合ニ之ヲ準用ス

第六百十三條第一項第二號及ヒ第六百十四條第一項ニ掲ケタル事由カ運送品ノ一部ニ付テ生シタルトキト雖モ傭船者又ハ荷送人ハ契約ノ解除ヲ爲スコトヲ得但運送賃ノ全額ヲ支拂フコトヲ要ス

第六百十七條　船舶所有者ハ左ノ場合ニ於テハ運送賃ノ全額ヲ請求スルコトヲ得

一　船長カ第五百六十八條第一項ノ規定ニ從ヒテ積荷ヲ賣却又ハ質入シタルトキ

二　船長カ第五百七十二條ノ規定ニ從ヒテ積荷ヲ航海ノ用ニ供シタルトキ

三　船長カ第六百四十一條ノ規定ニ從ヒテ積荷ヲ處分シタルトキ

○適條

第五百六十八條　船長ハ船舶ノ修繕費、救助料其他航海ヲ繼續スルニ必要ナル費用ヲ支辨スル爲メニ非サレハ左ニ掲ケタル行爲ヲ爲スコトヲ得ス

一　船舶ヲ抵當ト爲スコト

二　借財ヲ爲スコト

三　積荷ノ全部又ハ一部ヲ賣却又ハ質入スルコト但第五百六十五條第一項ノ場合ハ此限ニ在ラス

第五百七十二條　船長ハ航海ヲ繼續スル爲メ必要ナルトキハ積荷ヲ航海ノ用ニ供スルコトヲ得此場合ニ於テハ第五百六十八條第二項ノ規定ヲ準用ス

第六百四十一條　船長カ船舶及ヒ積荷ヲシテ共同ノ危險ヲ免レシムル爲メ船舶又ハ積荷ニ付キ爲シタル處分ニ因リテ生シタル損害及ヒ費用ハ之ヲ共同海損トス

前項ノ規定ハ危險カ過失ニ因リテ生シタル場合ニ於テ利害關係人ノ過失者ニ對スル求償ヲ妨ケス

第六百十八條　船舶所有者ノ傭船者、荷送人又ハ荷受人ニ對スル債權ハ一年ヲ經過シタルトキハ時效ニ因リテ消滅ス

第六百十九條　第三百二十八條、第三百三十六條乃至第三百四十一條及ヒ第三百四十八條ノ規定ハ船舶所有者ニ之ヲ準用ス

○準條

第三百二十八條　運送取扱人ノ責任ハ荷受人カ運送品ヲ受取リタル日ヨリ一年ヲ經過シタルトキハ時效ニ因リテ消滅ス

前項ノ期間ハ運送品ノ全部滅失ノ場合ニ於テハ其引渡アルヘカリシ日ヨリ之ヲ起算ス

前二項ノ規定ハ運送取扱人ニ惡意アリタル場合ニハ之ヲ適用セス

第三百三十六條　運送品ノ全部又ハ一部カ不可抗力ニ因リテ滅失シタルトキハ運送人ハ其運送賃ヲ請求スルコトヲ得ス若シ運送人カ既ニ其運送賃ノ全部又ハ一部ヲ受取リタルトキハ之ヲ返還スルコトヲ要ス

運送品ノ全部又ハ一部カ其性質若クハ瑕疵又ハ荷送人ノ過失ニ因リテ滅失シタルトキハ運送人ハ運送賃ノ全額ヲ請求スルコトヲ得

第三百三十七條　運送人ハ自己若クハ運送取扱人又ハ其使用人其他運送ノ爲メ使用シタル者カ運送品ノ受取、引渡、保管及ヒ運送ニ關シ注意ヲ怠ラサリシコトヲ證明スルニ非サレハ運送品ノ滅失、毀損又ハ延著ニ付キ損害賠償ノ責ヲ免ルルコトヲ得ス

第三百三十八條　貨幣、有價證券其他ノ高價品ニ付テハ荷送人カ運送ヲ委託スルニ當タリ其種類及ヒ價額ヲ明告シタルニ非サレハ運送人ハ損害賠償ノ責ニ任セス

第三百三十九條　數人相次テ運送ヲ爲ス場合ニ於テハ各運送人ハ運送品ノ滅失、毀損又ハ延著ニ付キ連帶シテ損害賠償ノ責ニ任ス

第三百四十條　運送品ノ全部滅失ノ場合ニ於ケル損害賠償ノ額ハ其引渡アルヘカリシ日ニ於ケル到達地ノ價格ニ依リテ之ヲ定ム

運送品ノ一部滅失又ハ毀損ノ場合ニ於ケル損害賠償ノ額ハ其引渡アリタル日ニ於ケル到達地ノ價格ニ依リテ之ヲ定ム但延著ノ場合ニ於テハ前項ノ規定ヲ準用ス

運送品ノ滅失又ハ毀損ノ爲メ支拂フコトヲ要セサル運送賃其他ノ費用ハ前二項ノ賠償額ヨリ之ヲ控除ス

第三百四十一條　運送品カ運送人ノ惡意又ハ重大ナル過失ニ因リテ滅失毀損又ハ延着シタルトキハ運送人ハ一切ノ損害ヲ賠償スル責ニ任ス

第三百四十八條　運送人ノ責任ハ荷受人カ留保ヲ爲サスシテ運送品ヲ受取リ且運送賃其他ノ費用ヲ支拂ヒタルトキハ消滅ス但運送品ニ直チニ發見スルコト能ハサル毀損又ハ一部滅失アリタル場合ニ於テ荷受人カ引渡ノ日ヨリ二週間内ニ運送人ニ對シテ其通知ヲ發シタルトキハ此限ニ在ラス

前項ノ規定ハ運送人ニ惡意アリタル場合ニハ之ヲ適用セス

第二款　船荷證券

第六百二十條　船長ハ傭船者又ハ荷送人ノ請求ニ因リ運送品ノ船積後遲滯ナク一通又ハ數通ノ船荷證券ヲ交付スルコトヲ要ス

◎判例　船荷證券ハ積荷前ニ作成授受スルモ違法ニ非ス然レトモ通例ハ積荷後ニ於テシ其效力モ亦積荷後ニ發生スルヲ常トス（三三、大判錄一一卷七一頁）

◎判例　船長カ船荷證券ヲ發行スルコトハ船舶所有者ノ代理人トシテ其權限内ニ於テ發行スルモノトス（三四、大判錄五卷一四九頁）

◎問題

（一）船荷證券ノ性質（四二、關）

（一）船荷證券ハ物權證券又ハ債

第六百二十一條　船舶所有者ハ船長以外ノ者ニ船長ニ代ハリテ船荷證券ヲ交付スルコトヲ委任スルコトヲ得

第六百二十二條　船荷證券ニハ左ノ事項ヲ記載シ船長又ハ之ニ代ハル者署名スルコトヲ要ス

一　船舶ノ名稱及ヒ國籍
二　船長カ船荷證券ヲ作ラサルトキハ船長ノ氏名
三　運送品ノ種類、重量若クハ容積及ヒ其荷造ノ種類、箇數並ニ記號
四　傭船者又ハ荷送人ノ氏名又ハ商號
五　荷受人ノ氏名若クハ商號（本號改正）
六　船積港
七　陸揚港但發航後傭船者又ハ荷送人カ陸揚港ヲ指定スヘキトキハ其之ヲ指定スヘキ港
八　運送賃
九　數通ノ船荷證券ヲ作リタルトキハ其員數
十　傭船證券ノ作成地及ヒ其作成ノ年月日

◉判例　船荷證券トシテ無效ナルモノハ他ノ指圖證券トシテ有效ナルヤ否ヤハ當事者ノ意思解釋ニヨリテ定マル（三六、一大判錄一一一頁）

第六百二十三條　傭船者又ハ荷送人ハ船長又ハ之ニ代ハル者ノ請求ニ因リ船荷證券ノ謄本ニ署名シテ之ヲ

權證券ナリトノ意義如何（四一、文）

（一）船荷證券ト預證券トノ異同ヲ說明セヨ（三九、文）

交付スルコトヲ要ス

第六百二十四條　陸揚港ニ於テハ船長ハ數通ノ船荷證券中ノ一通ノ所持人カ運送品ノ引渡ヲ請求シタルトキト雖モ其引渡ヲ拒ムコトヲ得ス

第六百二十五條　陸揚港外ニ於テハ船長ハ船荷證券ノ各通ノ返還ヲ受クルニ非サレハ運送品ヲ引渡スコトヲ得ス

第六百二十六條　二人以上ノ船荷證券所持人カ運送品ノ引渡ヲ請求シタルトキハ船長ハ遲滯ナク運送品ヲ供託シ且請求ヲ爲シタル各所持人ニ對シテ其通知ヲ發スルコトヲ要ス船長カ第六百二十四條ノ規定ニ依リテ運送品ノ一部ヲ引渡シタル後他ノ所持人カ運送品ノ引渡ヲ請求シタル場合ニ於テ其殘部ニ付キ亦同シ

第六百二十七條　二人以上ノ船荷證券所持人アル場合ニ於テ其一人カ他ノ所持人ニ先チテ船長ヨリ運送品ノ引渡ヲ受ケタルトキハ他ノ所持人ノ船荷證券ハ其效力ヲ失フ

第六百二十八條　二人以上ノ船荷證券所持人アル場合ニ於テ船長カ未タ運送品ノ引渡ヲ爲ササルトキハ原所持人カ最モ先ニ發送シ又ハ引渡シタル證券ヲ所持

●問題

(一)二通ノ船荷證券中一通ヲ紛失シタル場合ニ船舶カ陸揚港ニ到達セサルトキハ如何ニシテ積荷ヲ受取ルコトヲ得ルヤ(四二、東)

(一)船荷證券ノ效用ヲ說明シ併テ二人以上ノ船荷證券所持人アル場合ニ於テ各所持人ノ運送品上ニ有スル權利ヲ說明スヘシ(三三、判檢)

スル者他ノ所持人ニ先チテ其權利ヲ行フ

第六百二十九條　第三百三十四條乃至第三百三十五條及ヒ第三百四十四條ノ規定ハ船荷證劵ニ之ヲ準用ス

（本條改正）

○準條

第三百三十四條　貨物引換證ヲ作リタルトキハ運送ニ關スル事項ハ運送人ト所持人トノ間ニ於テハ貨物引換證ノ定ムル所ニ依ル

第三百三十四條ノ二　貨物引換證ヲ作リタルトキハ運送品ニ關スル處分ハ貨物引換證ヲ以テスルニ非サレハ之ヲ爲スコトヲ得ス

第三百三十四條ノ三　貨物引換證ハ其記名式ナルトキト雖モ裏書ニ依リテ之ヲ讓渡スコトヲ得但貨物引換證ニ裏書ヲ禁スル旨ヲ記載シタルトキハ此限ニアラス

第三百三十五條　貨物引換證ニ依リ運送品ヲ受取ルコトヲ得ヘキ者ニ貨物引換證ヲ引渡シタルトキハ其引渡ハ運送品ノ上ニ行使スル權利ノ取得ニ付キ運送品ノ引渡ト同一ノ效力ヲ有ス

第三百四十四條　貨物引換證ヲ作リタル場合ニ於テハ之ト引換ニ非サレハ運送品ノ引渡ヲ請求スルコトヲ得ス

第二節　旅客運送

第六百三十條　記名ノ乘船切符ハ之ヲ他人ニ讓渡スコトヲ得ス

第六百三十一條　旅客ノ航海中ノ食料ハ船舶所有者ノ負擔トス

第六百三十二條　旅客カ契約ニ依リ船中ニ携帶スルコ

トヲ得ル手荷物ニ付テハ船舶所有者ハ特約アルニ非サレハ別ニ運送賃ヲ請求スルコトヲ得ス

第六百三十三條　旅客カ乘船時期マテニ船舶ニ乘込マサルトキハ船長ハ發航ヲ爲シ又ハ航海ヲ繼續スルコトヲ得此場合ニ於テハ旅客ハ運送賃ノ全額ヲ支拂フコトヲ要ス

第六百三十四條　發航前ニ於テハ旅客ハ運送賃ノ半額ヲ支拂ヒテ契約ノ解除ヲ爲スコトヲ得
發航後ニ於テハ旅客ハ運送賃ノ全額ヲ支拂フニ非サレハ契約ノ解除ヲ爲スコトヲ得ス

第六百三十五條　旅客カ發航前ニ死亡、疾病其他一身ニ關スル不可抗力ニ因リテ航海ヲ爲スコト能ハサルニ至リタルトキハ船舶所有者ハ運送賃ノ四分ノ一ヲ請求スルコトヲ得
前項ニ揭ケタル事由カ發航後ニ生シタルトキハ船舶所有者ハ其選擇ニ從ヒ運送賃ノ四分ノ一ヲ請求シ又ハ運送ノ割合ニ應シテ運送賃ヲ請求スルコトヲ得

第六百三十六條　航海ノ途中ニ於テ船舶ヲ修繕スヘキトキハ船舶所有者ハ其修繕中旅客ニ相當ノ住居及ヒ食料ヲ供スルコトヲ要ス但旅客ノ權利ヲ害セサル範圍內ニ於テ他ノ船舶ヲ以テ上陸港マテ旅客ヲ運送ス

ルコトヲ提供シタルトキハ此限ニ在ラス

第六百三十七條 旅客運送契約ハ第五百八十七條第一項ニ掲ケタル事由ニ因リテ終了ス若シ其事由カ航海中ニ生シタルトキハ旅客ハ運送ノ割合ニ應シテ運送賃ヲ支拂フコトヲ要ス

○適條

第五百八十七條第一項 海員ノ雇入契約ハ左ノ事由ニ因リテ終了ス

一 船舶カ沈沒シタルコト

二 船舶カ修繕スルコト能ハサルニ至リタルコト

三 船舶カ捕獲セラレタルコト

第六百三十八條 旅客カ死亡シタルトキハ船長ハ最モ其相續人ノ利益ニ適スヘキ方法ニ依リテ其船中ニ在ル手荷物ノ處分ヲ爲スコトヲ要ス

第六百三十九條 第三百五十條、第三百五十一條第一項、第三百五十二條、第五百九十一條、第五百九十二條、第六百十四條及ヒ第六百十八條ノ規定ハ海上ノ旅客運送ニ之ヲ準用ス

第五百九十三條及ヒ第六百十七條ノ規定ハ旅客ノ手荷物ニ之ヲ準用ス

○準條

第三百五十條 旅客ノ運送人ハ自己又ハ其使用人カ運送ニ關シ注意ヲ怠ラサリシコトヲ證明スルニ非サレハ旅客カ運送ノ爲メニ受ケ

ル損害ヲ賠償スル責ヲ免ルルコトヲ得ス

損害賠償ノ額ヲ定ムルニ付テハ裁判所ハ被害者及ヒ其家族ノ情況ヲ斟酌スルコトヲ要ス

第三百五十一條第一項　旅客ノ運送人ハ旅客ヨリ引渡ヲ受ケタル手荷物ニ付テハ特ニ運送賃ヲ請求セサルトキト雖モ物品ノ運送人ト同一ノ責任ヲ負フ

第三百五十二條　旅客ノ運送人ハ旅客ヨリ引渡ヲ受ケサル手荷物ノ滅失又ハ毀損ニ付テハ自己又ハ使用人ニ過失アル場合ヲ除ク外損害賠償ノ責ニ任セス

第五百九十一條　船舶所有者ハ傭船者又ハ荷送人ニ對シ發航ノ當時船舶カ安全ニ航海ヲ爲スニ堪フルコトヲ擔保ス

第五百九十二條　船舶所有者ハ特約ヲ爲シタルトキト雖モ自己ノ過失、船員其他ノ使用人ノ惡意若クハ重大ナル過失又ハ船舶カ航海ニ堪ヘサルニ因リテ生シタル損害ヲ賠償スル責ヲ免ルルコトヲ得ス

第六百十四條　航海又ハ運送カ法令ニ反スルニ至リタルトキ其他不可抗力ニ因リテ契約ヲ爲シタル目的ヲ達スルコト能ハサルニ至リタルトキハ各當事者ハ契約ノ解除ヲ爲スコトヲ得

前項ニ掲ケタル事由カ發航後ニ生シタル場合ニ於テ契約ノ解除ヲ爲シタルトキハ傭船者ハ運送ノ割合ニ應シテ運送賃ヲ支拂フコトヲ要ス

第六百十八條　船舶所有者ノ傭船者、荷送人又ハ荷受人ニ對スル債權ハ一年ヲ經過シタルトキハ時效ニ因リテ消滅ス

第五百九十三條　法令ニ違反シ又ハ契約ニ依ラスシテ船積シタル運送品ハ船長ニ於テ何時ニテモ之ヲ陸揚シ、若シ船舶又ハ積荷ニ危害ヲ及ホス虞アルトキハ之ヲ放棄スルコトヲ得但船長カ之ヲ運送

スルトキハ其船積ノ地及ヒ時ニ於ケル同種ノ運送品ノ最高ノ運送賃ヲ請求スルコトヲ得

前項ノ規定ハ船舶所有者其他ノ利害關係人カ損害賠償ノ請求ヲ爲スコトヲ妨ケス

第六百十七條　船舶所有者ハ左ノ場合ニ於テハ運送賃ノ全額ヲ請求スルコトヲ得

一　船長カ第五百六十八條第一項ノ規定ニ從ヒヲ積荷ヲ賣却又ハ質入シタルトキ

二　船長カ第五百七十二條ノ規定ニ從ヒテ積荷ヲ航海ノ用ニ供シタルトキ

三　船長カ第六百四十一條ノ規定ニ從ヒテ積荷ヲ處分シタルトキ

○適條

第五百六十八條第一項　船長ハ船舶ノ修繕費、救助料其他航海ヲ繼續スルニ必要ナル費用ヲ支辨スル爲メニ非サレハ左ニ掲ケタル行爲ヲ爲スコトヲ得ス

一　船舶ヲ抵當ト爲スコト

二　借財ヲ爲スコト

三　積荷ノ全部又ハ一部ヲ賣却又ハ質入スルコト但第五百六十五條第一項ノ場合ハ此限ニ在ラス

第五百七十二條　船長ハ航海ヲ繼續スル爲メ必要ナルトキハ積荷ヲ航海ノ用ニ供スルコトヲ得此場合ニ於テハ第五百六十八條第二項ノ規定ヲ準用ス

○再準條

第五百六十八條第二項　船長カ積荷ヲ賣却又ハ質入シタル場合

ニ於ケル損害賠償ノ額ハ其積荷ノ到達スヘカリシ時ニ於ケル陸揚港ノ價格ニ依リテ之ヲ定ム但其價格中ヨリ支拂フコトヲ要セサリシ費用ヲ控除スルコトヲ要ス

第六百四十條　旅客運送ヲ爲ス爲メ船舶ノ全部又ハ一部ヲ以テ運送契約ノ目的ト爲シタル場合ニ於テハ船舶所有者ト傭船者トノ關係ニ付テハ前節第一款ノ規定ヲ準用ス

第四章　海損

第六百四十一條　船長カ船舶及ヒ積荷ヲシテ共同ノ危險ヲ免レシムル爲メ船舶又ハ積荷ニ付キ爲シタル處分ニ因リテ生シタル損害及ヒ費用ハ之ヲ共同海損トス

前項ノ規定ハ危險カ過失ニ因リテ生シタル場合ニ於テ利害關係人ノ過失者ニ對スル求償ヲ妨ケス

第六百四十二條　共同海損ハ之ニ因リテ保存スルコトヲ得タル船舶又ハ積荷ノ價格ト運送賃ノ半額ト共同海損タル損害ノ額トノ割合ニ應シテ各利害關係人之ヲ分擔ス

第六百四十三條　共同海損ノ分擔額ニ付テハ船舶ノ價格ハ到達ノ地及ヒ時ニ於ケル價格トシ積荷ノ價格ハ陸揚ノ地及ヒ時ニ於ケル價格トス但積荷ニ付テハ其

◎**定義**　共同海損トハ船長カ船舶及ヒ積荷ヲシテ共同ノ危險ヲ免レシムル爲メ船舶又ハ積荷ニ付キ爲シタル處分ヨリ生シタル損害及ヒ費用ヲ云フ

◎**問題**

(一)共同海損トハ何ソヤ(四四、辯)

(一)共同海損分擔ノ法理上ノ性質如何(四〇、法)

(一)共同海損ハ不當利得ニ基クトノ見解ヲ説明シ之ヲ批評

價格中ヨリ滅失ノ場合ニ於テ支拂フコトヲ要セサル運送賃其他ノ費用ヲ控除スルコトヲ要ス

第六百四十四條　前二條ノ規定ニ依リ共同海損ヲ分擔スヘキ者ハ船舶ノ到達又ハ積荷ノ引渡ノ時ニ於テ現存スル價格ノ限度ニ於テノミ其責ニ任ス

第六百四十五條　船舶ニ備付ケタル武器、船員ノ給料、船員及ヒ旅客ノ食料竝ニ衣類ハ共同海損ノ分擔ニ付キ其價額ヲ算入セス但此等ノ物ニ加ヘタル損害ハ他ノ利害關係人之ヲ分擔ス

第六百四十六條　船荷證劵其他積荷ノ價格ヲ評定スルニ足ルヘキ書類ナクシテ船積シタル荷物又ハ屬具目錄ニ記載セサル屬具ニ加ヘタル損害ハ利害關係人ニ於テ之ヲ分擔スルコトヲ要セス

甲板ニ積込ミタル荷物ニ加ヘタル損害亦同シ但沿岸ノ小航海ニ在リテハ此限ニ在ラス

前二項ニ掲ケタル積荷ノ利害關係人ト雖ヒ共同海損ヲ分擔スル責ヲ免ルコトヲ得ス

第六百四十七條　共同海損タル損害ノ額ハ到達ノ地及ヒ時ニ於ケル船舶ノ價格又ハ陸揚ノ地及ヒ時ニ於ケル積荷ノ價格ニ依リテ之ヲ定ム但積荷ニ付テハ其滅失又ハ毀損ノ爲メ支拂フコトヲ要セサリシ一切ノ費

スヘシ(三七、中)

(一)共同海損ノ分擔原則竝ニ例外ヲ說明スヘシ(三九、法)

(一)共同海損ノ債務者ハ何人ナリヤ(三七、日)

(一)共同海損タル處分其效ヲ奏セス却テ他ノ偶然ノ事故ニ因リ船舶又ハ積荷カ保存セラレタル場合ニ於テ利害關係人ハ尙共同海損タル處分ニ因ル損害ヲ分擔スル義務アリヤ(四〇、中)

(一)武器、食料衣類等ニ對シテ共同海損トシテ加ヘタル損

用ヲ控除スルコトヲ要ス
第三百三十八條ノ規定ハ共同海損ノ場合ニ之ヲ準用ス
○準條
第三百三十八條　貨幣有價證劵其他ノ高價品ニ付テハ荷送人カ運送ヲ委託スルニ當タリ其種類及ヒ價額ヲ明告シタルニ非サレハ運送人ハ損害賠償ノ責ニ任セス
第六百四十八條　船荷證劵其他積荷ノ價格ヲ評定スルニ足ルヘキ書類ニ積荷ノ實價ヨリ低キ價額ヲ記載シタルトキハ其積荷ニ加ヘタル損害ノ額ハ其記載シタル價額ニ依リテ之ヲ定ム
積荷ノ實價ヨリ高キ價額ヲ記載シタルトキハ其積荷ノ利害關係人ハ其記載シタル價額ニ應シテ共同海損ヲ分擔ス
前二項ノ規定ハ積荷ノ價格ニ影響ヲ及ホスヘキ事項ニ付キ虚僞ノ記載ヲ爲シタル場合ニ之ヲ準用ス
第六百四十九條　第六百四十二條ノ規定ニ依リテ利害關係人カ共同海損ヲ分擔シタル後船舶、其屬具若クハ積荷ノ全部又ハ一部カ其所有者ニ復シタルトキハ其所有者ハ償金中ヨリ救助料及ヒ一部滅失又ハ毀損ニ因リテ生シタル損害ノ額ヲ控除シタルモノヲ返還スルコトヲ要ス（本條改正）
第六百五十條　船舶カ雙方ノ船員ノ過失ニ因リテ衝突

害ハ如何ニ之ヲ分擔スルヤ（三七、法）

シタル場合ニ於テ雙方ノ過失ノ輕重ヲ判定スルコト能ハサルトキハ其衝突ニ因リテ生シタル損害ハ各船舶ノ所有者平分シテ之ヲ負擔ス

第六百五十一條　共同海損又ハ船舶ノ衝突ニ因リテ生シタル債權ハ一年ヲ經過シタルトキハ時效ニ因リテ消滅ス

前項ノ期間ハ共同海損ニ付テハ其計算終了ノ時ヨリ之ヲ起算ス

◉判例　商法第六百五十一條ニハ廣ク船舶ノ衝突ニ因リテ生シタル債權トアルヲ以テ船舶カ一方ノ船員ノ過失ニ因リテ衝突シタル場合ノ債權ヲ包含スルコトハ當然ナリ(四〇、大判錄一六頁)

◉判例　商法第六百五十一條ノ規定ハ櫓櫂ヲ以テ運轉スル舟ニハ之ヲ適用セス(四〇、大判錄一三九頁)

第六百五十二條　本章ノ規定ハ船舶カ不可抗力ニ因ク發航港又ハ航海ノ途中ニ於テ碇泊ヲ爲ス爲メニ要スル費用ニ之ヲ準用ス

第五章　海難救助

第六百五十二條ノ二　船舶又ハ積荷ノ全部又ハ一部カ海難ニ遭遇セル場合ニ於テ義務ナクシテ之ヲ救助シタル者ハ其結果ニ對シテ相當ノ救助料ヲ請求スルコトヲ得(本條新設)

第六百五十二條ノ三　救助料ニ付キ特約ナキ場合ニ於テ其額ニ付キ爭アルトキハ危險ノ程度、救助ノ結果、

救助ノ爲メニ要シタル勞力及ヒ費用其他一切ノ事情ヲ斟酌シテ裁判所之ヲ定ム（本條新設）

第六百五十二條ノ四　海難ニ際シ契約ヲ以テ救助料ヲ定メタル場合ニ於テ其額カ著シク不相當ナルトキハ當事者ハ其増加又ハ減少ヲ請求スルコトヲ得此場合ニ於テハ前條ノ規定ヲ準用ス（本條新設）

第六百五十二條ノ五　救助料ノ額ハ特約ナキトキハ救助セラレタル物ノ價格ニ超ユルコトヲ得ス

先順位ノ先取特權アルトキハ救助料ノ額ハ先取特權者ノ債權額ヲ控除シタル殘額ニ超ユルコトヲ得ス（本條新設）

第六百五十二條ノ六　數人カ共同シテ救助ヲ爲シタル場合ニ於テ救助料分配ノ割合ニ付テハ第六百五十二條ノ三ノ規定ヲ準用ス

人命ノ救助ニ從事シタル者モ亦前項ノ規定ニ從ヒテ救助料ノ分配ヲ受クルコトヲ得（本條新設）

第六百五十二條ノ七　救助ニ從事シタル船舶カ汽船ナルトキハ救助料ノ三分ノ二、帆船ナルトキハ其二分ノ一ヲ船舶所有者ニ支拂ヒ其殘額ハ折半シテ之ヲ船長及ヒ海員ニ支拂フコトヲ要ス

前項ノ規定ニ依リテ海員ニ支拂フヘキ金額ノ分配ハ船長之ヲ行フ此場合ニ於テハ前條ノ規定ヲ準用ス

前二項ノ規定ニ反スル契約ハ無效トス（本條新設）
第六百五十二條ノ八 船長カ前條第二項ノ規定ニ依リ救助料ノ分配ヲ爲スニハ航海ヲ終ハルマテニ分配案ヲ作リ之ヲ海員ニ告示スルコトヲ要ス（本條新設）
第六百五十二條ノ九 海員カ前條ノ分配案ニ對シテ異議ノ申立ヲ爲サントスルトキハ其告示アリタル後異議ノ申立ヲ爲スコトヲ得ル最初ノ港ノ管海官廳ニ之ヲ爲スコトヲ要ス
管海官廳ハ異議ヲ理由アリトスルトキハ分配案ヲ更正スルコトヲ得
船長ハ異議ノ落着前ニハ救助料ノ支拂ヲ爲スコトヲ得ス（本條新設）
第六百五十二條ノ十 船長カ分配案ノ作成ヲ怠リタルトキハ管海官廳ハ海員ノ請求ニ因リ船長ニ對シテ分配案ノ作成ヲ命スルコトヲ得
船長カ前項ノ命令ニ從ハサルトキハ管海官廳ハ分配案ヲ作ルコトヲ得（本條新設）
第六百五十二條ノ十一 左ノ場合ニ於テハ救助者ハ救助料ヲ請求スルコトヲ得ス
一　故意又ハ過失ニ因リテ海難ヲ惹起シタルトキ
二　正當ノ事由ニ因リテ救助ヲ拒マレタルニ拘ハ

ラス強ヒテ之ニ従事シタルトキ

三　救助シタル物品ヲ隱匿シ又ハ濫ニ之ヲ處分シタルトキ（本條新設）

第六百五十二條ノ十二　救助者ハ其債權ニ付キ救助シタル積荷ノ上ニ先取特權ヲ有ス

前項ノ先取特權ニハ船舶債權者ノ先取特權ニ關スル規定ヲ準用ス（本條新設）

第六百五十二條ノ十三　船長ハ救助料ノ債務者ニ代ハリテ其支拂ニ關スル一切ノ裁判上又ハ裁判外ノ行爲ヲ爲ス權限ヲ有ス

救助料ニ關スル訴ニ於テハ船長ハ自ラ原告又ハ被告ト爲ルコトヲ得但其訴ニ付キ言渡シタル判決ハ救助料ノ債務者ニ對シテモ其效力ヲ有ス（本條新設）

第六百五十二條ノ十四　積荷ノ所有者ハ救助セラレタル物ヲ以テ救助料ヲ支拂フ義務ヲ負フ（本條新設）

第六百五十二條ノ十五　積荷ノ上ニ存スル先取特權ハ債務者カ其積荷ヲ第三取得者ニ引渡シタル後ハ其積荷ニ付キ之ヲ行フコトヲ得ス（本條新設）

第六百五十二條ノ十六　救助料ノ請求權ハ救助ヲ爲シタル時ヨリ一年ヲ經過シタルトキハ時效ニ因リテ消滅ス（本條新設）

第六章　保險

第六百五十三條　海上保險契約ハ航海ニ關スル事故ニ因リテ生スルコトアルヘキ損害ノ塡補ヲ以テ其目的トス

海上保險契約ニハ本章ニ別段ノ定アル場合ヲ除ク外第三編第十章第一節第一款ノ規定ヲ適用ス

第六百五十四條　保險者ハ本章又ハ保險契約ニ別段ノ定アル場合ヲ除ク外保險期間中保險ノ目的ニ付キ航海ニ關スル事故ニ因リテ生シタル一切ノ損害ヲ塡補スル責ニ任ス

◎判例　積荷ヲ保險ニ付シタル場合ニ於テ船積方法ニ關スル船長ノ過失ニ因リ航海中ニ損害ヲ生シタルトキハ保險者ハ塡補ノ責任アリトス（四〇、大判錄九八一頁）

第六百五十五條　保險者ハ被保險者カ支拂フヘキ共同海損ノ分擔額ヲ塡補スル責ニ任ス但保險價額ノ一部ヲ保險ニ付シタル場合ニ於テハ保險者ノ負擔ハ保險金額ノ保險價額ニ對スル割合ニ依リテ之ヲ定ム

第六百五十六條　船舶ノ保險ニ付テハ保險者ノ責任カ始マル時ニ於ケル其價額ヲ以テ保險價額トス

第六百五十七條　積荷ノ保險ニ付テハ其船積ノ地及ヒ時ニ於ケル其價額及ヒ船積竝ニ保險ニ關スル費用ヲ

◎定義　海上保險契約トハ當事者ノ一方カ航海ニ關スル事故ニ因リテ生スルコトアルヘキ損害ヲ塡補スルコトヲ約シ相手方カ之ニ報酬ヲ與フルコトヲ約スル一種ノ損害保險契約ヲ云フ

◉問題

（一）浮流水雷ヨリ生スル損害ハ戰時非戰時ヲ問ハス保險者之ヲ塡補セサルモノナリヤ（三九、法）

以テ保險價額トス

第六百五十八條　積荷ノ到達ニ因リテ得ヘキ利益又ハ報酬ノ保險ニ付テハ契約ヲ以テ保險價額ヲ定メサリシトキハ保險金額ヲ以テ保險價額トシタルモノト推定ス

第六百五十九條　一航海ニ付キ船舶ヲ保險ニ付シタル場合ニ於テハ保險者ノ責任ハ荷物又ハ底荷ノ船積ニ著手シタル時ヲ以テ始マル

荷物又ハ底荷ノ船積ヲ爲シタル後船舶ヲ保險ニ付シタルトキハ保險者ノ責任ハ契約成立ノ時ヲ以テ始マル

前二項ノ場合ニ於テ保險者ノ責任ハ到達港ニ於テ荷物又ハ底荷ノ陸揚カ終了シタル時ヲ以テ終ハル但其陸揚カ不可抗力ニ因ラスシテ遲延シタルトキハ其終了スヘカリシ時ヲ以テ終ハル

第六百六十條　積荷ヲ保險ニ付シ又ハ積荷ノ到達ニ因リテ得ヘキ利益若クハ報酬ヲ保險ニ付シタル場合ニ於テハ保險者ノ責任ハ其積荷カ陸地ヲ離レタル時ヲ以テ始マリ陸揚港ニ於テ其陸揚カ終了シタル時ヲ以テ終ハル

前條第三項但書ノ規定ハ前項ノ場合ニ之ヲ準用ス

第六百六十一條　海上保險證劵ニハ第四百三條第二項ニ揭ケタル事項ノ外左ノ事項ヲ記載スルコトヲ要ス

一　船舶ヲ保險ニ付シタル場合ニ於テハ其船舶ノ名稱、國籍竝ニ種類、船長ノ氏名及ヒ發航港、到達港又ハ寄航港ノ定アルトキハ其港名

二　積荷ヲ保險ニ付シ又ハ積荷ノ到達ニ因リテ得ヘキ利益若クハ報酬ヲ保險ニ付シタル場合ニ於テハ船舶ノ名稱、國籍竝ニ種類、船積港及ヒ陸揚港

第六百六十二條　保險者ノ責任カ始マル前ニ於テ航海ヲ變更シタルトキハ保險契約ハ其效力ヲ失フ

保險者ノ責任カ始マリタル後航海ヲ變更シタルトキハ保險者ハ其變更後ノ事故ニ付キ責任ヲ負フコトナシ但其變更カ保險契約者又ハ被保險者ノ責ニ歸スヘカラサル事由ニ因リタルトキハ此限ニ在ラス

到達港ヲ變更シ其實行ニ著手シタルトキハ保險シタル航路ヲ離レサルトキト雖モ航海ヲ變更シタルモノト看做ス

第六百六十三條　被保險者カ發航ヲ爲シ若クハ航海ヲ繼續スルコトヲ怠リ又ハ航路ヲ變更シ其他著シク危險ヲ變更若クハ增加シタルトキハ保險者ハ其變更又

●問題

（一）航海ノ變更ト航路ノ變更トノ區別ヲ辨明シ且此各變更カ海上保險者ノ責任ニ及ホスヘキ效果ヲ説明スヘシ

（三三、判檢）

ハ増加以後ノ事故ニ付キ責任ヲ負フコトナシ但其變更又ハ増加カ事故ノ發生ニ影響ヲ及ホサヽリシトキ又ハ保險者ノ負擔ニ歸スヘキ不可抗力若クハ正當ノ理由ニ因リテ生シタルトキハ此限ニ在ラス

第六百六十四條 保險契約中ニ船長ヲ指定シタルトキト雖モ船長ノ變更ハ契約ノ效力ニ影響ヲ及ホサス

◎判例　商法第六百六十四條ハ公益規定ニアラサルヲ以テ保險者カ保險契約締結當時ノ船長ニ重キヲ置キ被保險者カ保險者ノ承諾ナクシテ船長ヲ變更シタルトキハ損害塡補ノ責ニ任セサルヘキ旨ノ特約ハ法律上有效ナリトス（三八、大判錄五七〇頁）

第六百六十五條 積荷ヲ保險ニ付シ又ハ積荷ノ到達ニ因リテ得ヘキ利益若クハ報酬ヲ保險ニ付シタル場合ニ於テ船舶ヲ變更シタルトキハ保險者ハ其變更以後ノ事故ニ付キ責任ヲ負フコトナシ但其變更カ保險契約者又ハ被保險者ノ責ニ歸スヘカラサル事由ニ因リタルトキハ此限ニ在ラス

第六百六十六條 保險契約ヲ爲スニ當タリ荷物ヲ積込ムヘキ船舶ヲ定メサリシ場合ニ於テ保險契約者又ハ被保險者カ其荷物ヲ船積シタルコトヲ知リタルトキハ遲滯ナク保險者ニ對シテ船舶ノ名稱及ヒ國籍ノ通知ヲ發スルコトヲ要ス

保險契約者又ハ被保險者カ前項ノ通知ヲ怠リタルト

キハ保險契約ハ其效力ヲ失フ
第六百六十七條　保險者ハ左ニ掲ケタル損害又ハ費用ヲ塡補スル責ニ任セス
一　保險ノ目的ノ性質若クハ瑕疵、其自然ノ消耗又ハ保險契約者若クハ被保險者ノ惡意若クハ重大ナル過失ニ因リテ生シタル損害
二　船舶又ハ運送賃ヲ保險ニ付シタル場合ニ於テ發航ノ當時安全ニ航海ヲ爲スニ必要ナル準備ヲ爲サス又ハ必要ナル書類ヲ備ヘサルニ因リテ生シタル損害
三　積荷ヲ保險ニ付シ又ハ積荷ノ到達ニ因リテ得ヘキ利益若クハ報酬ヲ保險ニ付シタル場合ニ於テ傭船者、荷送人又ハ荷受人ノ惡意若クハ重大ナル過失ニ因リテ生シタル損害
四　水先案内料、入港料、燈臺料、檢疫料其他船舶又ハ積荷ニ付キ航海ノ爲メニ出タシタル通常ノ費用
第六百六十八條　共同海損ニ非サル損害又ハ費用カ其計算ニ關スル費用ヲ算入セスシテ保險價額ノ百分ノ二ヲ超エサルトキハ保險者ハ之ヲ塡補スル責ニ任セス

右ノ損害又ハ用費カ保險價額ノ百分ノ二ヲ超エタルトキハ保險者ハ其全額ヲ支拂フコトヲ要ス

前二項ノ規定ハ當事者カ契約ヲ以テ保險者ノ負擔セサル損害又ハ費用ノ割合ヲ定メタル場合ニ之ヲ準用ス

前三項ニ定メタル割合ハ各航海ニ付キ之ヲ計算ス

第六百六十九條 保險ノ目的タル積荷カ毀損シテ陸揚港ニ到達シタルトキハ保險者ハ其積荷カ毀損シタル狀況ニ於ケル價額ノ毀損セサル狀況ニ於テ有スヘカリシ價額ニ對スル割合ヲ以テ保險價額ノ一部ヲ塡補スル責ニ任ス

第六百七十條 航海ノ途中ニ於テ不可抗力ニ因リ保險ノ目的タル積荷ヲ賣却シタルトキハ其賣却ニ依リテ得タル代價ノ中ヨリ運送賃其他ノ費用ヲ控除シタルモノト保險價額トノ差ヲ以テ保險者ノ負擔トス但保險價額ノ一部ヲ保險ニ付シタル場合ニ於テ第三百九十一條ノ適用ヲ妨ケス

前項ノ場合ニ於テ買主カ代價ヲ支拂ハサルトキハ保險者ハ其支拂ヲ爲スコトヲ要ス但其支拂ヲ爲シタルトキハ被保險者ノ買主ニ對シテ有セル權利ヲ取得ス

○適條

第三百九十一條　保險價額ノ一部ヲ保險ニ付シタル場合ニ於テハ保險者ノ負擔ハ保險金額ノ保險價額ニ對スル割合ニ依リテ之ヲ定ム

◎判例　商法第六百七十條ニ所謂航海ノ途中ニ於テ不可抗力ニ因リ保險ノ目的タル積荷ヲ賣却シタルトキトハ單ニ被保險事故ニ因ル場合ニ限ラス縱令衝突事故ノ爲メ航海ヲ繼續スルコト能ハサルニ至リ他ノ方法ヲ以テスレハ莫大ノ費用ヲ用シ途中賣却スルニ比シテ一層多額ノ損失ヲ受クルカ如キ場合ヲモ包含ス（三七、大判錄八九〇頁）

第六百七十一條　左ノ場合ニ於テハ被保險者ハ保險ノ目的ヲ保險者ニ委付シテ保險金額ノ全部ヲ請求スルコトヲ得

一　船舶カ沈沒シタルトキ

二　船舶ノ行方カ知レサルトキ

三　船舶カ修繕スルコト能ハサルニ至リタルトキ

四　船舶又ハ積荷カ捕獲セラレタルトキ

五　船舶又ハ積荷カ官ノ處分ニ依リテ押收セラレ六个月間解放セラレサルトキ

第六百七十二條　船舶ノ存否カ六个月間分明ナラサルトキハ其船舶ハ行方ノ知レサルモノトス

保險期間ノ定アル場合ニ於テ其期間カ前項ノ期間内ニ經過シタルトキト雖モ被保險者ハ委付ヲ爲スコトヲ得但船舶カ保險期間内ニ滅失セサリシコトノ證明

◎問題

（一）海上保險ノ委付ヲ說明シ一般ノ損害保險ニ之ヲ認ムヘキヤ否ヤヲ論セヨ（三七、明）

（一）商法第五百四十四條ニ所謂委付ト第六百七十一條ニ所謂委付トハ其請求上ノ性質當事者及ヒ效力ヲ同フスルヤ同フセストセハ其酷似セ

アリタルトキハ其委付ハ無效トス

第六百七十三條　第六百七十一條第三號ノ場合ニ於テ船長カ遲滯ナク他ノ船舶ヲ以テ積荷ノ運送ヲ繼續シタルトキハ被保險者ハ其積荷ヲ委付スルコトヲ得ス

第六百七十四條　被保險者カ委付ヲ爲サント欲スルトキハ三个月內ニ保險者ニ對シテ其通知ヲ發スルコトヲ要ス

前項ノ期間ハ第六百七十一條第一號、第三號及ヒ第四號ノ場合ニ於テハ被保險者カ其事由ヲ知リタル時ヨリ之ヲ起算ス

再保險ノ場合ニ於テハ第一項ノ期間ハ其被保險者カ自己ノ被保險者ヨリ委付ノ通知ヲ受ケタル時ヨリ之ヲ起算ス

第六百七十五條　委付ハ單純ナルコトヲ要ス

委付ハ保險ノ目的ノ全部ニ付テ之ヲ爲スコトヲ要ス但委付ノ原因カ其一部ニ付テ生シタルトキハ其部分ニ付テノミ之ヲ爲スコトヲ得

保險價額ノ一部ヲ保險ニ付シタル場合ニ於テハ委付ハ保險金額ノ保險價額ニ對スル割合ニ應シテ之ヲ爲スコトヲ得

第六百七十六條　保險者カ委付ヲ承認シタルトキハ後

ル點及差異アル點ニ就テ說明スヘシ（四〇、日）

日其委付ニ對シテ異議ヲ述フルコトヲ得ス

第六百七十七條　保險者ハ委付ニ因リ被保險者カ保險ノ目的ニ付キ有セル一切ノ權利ヲ取得ス

被保險者カ委付ヲ爲シタルトキハ保險ノ目的ニ關スル證書ヲ保險者ニ交付スルコトヲ要ス

第六百七十八條　被保險者ハ委付ヲ爲スニ當タリ保險者ニ對シ保險ノ目的ニ關スル他ノ保險契約竝ニ其負擔ニ屬スル債務ノ有無及ヒ其種類ヲ通知スルコトヲ要ス

保險者ハ前項ノ通知ヲ受クルマテハ保險金額ノ支拂ヲ爲スコトヲ要セス

保險金額ノ支拂ニ付キ期間ノ定アルトキハ其期間ハ保險者カ第一項ノ通知ヲ受ケタル時ヨリ之ヲ起算ス

第六百七十九條　保險者カ委付ヲ承認セサルトキハ被保險者ハ委付ノ原因ヲ證明シタル後ニ非サレハ保險金額ノ支拂ヲ請求スルコトヲ得ス

第七章　船舶債權者

第六百八十條　左ニ揭ケタル債權ヲ有スル者ハ船舶、其屬具及ヒ未タ受取ラサル運送賃ノ上ニ先取特權ヲ有ス

一　船舶竝ニ其屬具ノ競賣ニ關スル費用及ヒ競賣

●問題

(一)船員ノ給料債權ノ通常債權ト異ナル點ヲ示セ(三八、明)

手續開始後ノ保存費
二 最後ノ港ニ於ケル船舶及ヒ其屬具ノ保存費
三 航海ニ關シ船舶ニ課シタル諸税
四 水先案內料及ヒ挽船料
五 救助料及ヒ船舶ノ負擔ニ屬スル共同海損
六 航海繼續ノ必要ニ因リテ生シタル債權
七 雇傭契約ニ因リテ生シタル船長其他ノ船員ノ債權
八 船舶カ其賣買又ハ製造ノ後未タ航海ヲ爲ササル場合ニ於テ其賣買又ハ製造竝ニ艤裝ニ因リテ生シタル債權及ヒ最後ノ航海ノ爲メニスル船舶ノ艤裝、食料竝ニ燃料ニ關スル債權
九 第二號、第四號乃至第六號及ヒ前號ニ揭ケタルモノヲ除ク外第五百四十四條ノ規定ニ依リ委付ヲ許シタル債權

○適條

第五百四十四條 船舶所有者ハ船長カ其法定ノ權限內ニ於テ爲シタル行爲又ハ船長其他ノ船員カ其職務ヲ行フニ當タリ他人ニ加ヘタル損害ニ付テハ航海ノ終ニ於テ船舶、運送賃及ヒ船舶所有者カ其船舶ニ付キ有スル損害賠償又ハ報酬ノ請求權ヲ債權者ニ委付シテ其責ヲ免ルルコトヲ得但船舶所有者ニ過失アリタルトキハ此限ニ在ラス

(一)船舶債權ヲ說明スヘシ（四四、文）

(一)救援救助ノ費用ハ我法律上民法不當利得ノ規定ニヨラスシテ之ヲ請求スルコトヲ得ルヤ（一四、中）

前項ノ規定ハ雇傭契約ニ因リテ生シタル船員ノ權利ニ付テハ之ヲ適用セス

第六百八十一條　船舶債權者ノ先取特權ハ運送賃ニ付テハ其先取特權ノ生シタル航海ニ於ケル運送賃ノ上ニノミ存在ス

第六百八十二條　船舶債權者ノ先取特權カ互ニ競合スル場合ニ於テハ其優先權ノ順位ハ第六百八十條ニ掲ケタル順序ニ從フ但同條第四號乃至第六號ノ債權間ニ在リテハ後ニ生シタルモノ前ニ生シタルモノニ先ツ

同一順位ノ先取特權者數人アルトキハ各其債權額ノ割合ニ應シテ辨濟ヲ受ク但第六百八十條第四號乃至第六號ノ債權カ同時ニ生セサリシ場合ニ於テハ後ニ生シタルモノ前ニ生シタルモノニ先ツ

先取特權カ數回ノ航海ニ付テ生シタル場合ニ於テハ前二項ノ規定ニ拘ハラス後ノ航海ニ付テ生シタルモノ前ノ航海ニ付テ生シタルモノニ先ツ

第六百八十三條　船舶債權者ノ先取特權ト他ノ先取特權ト競合スル場合ニ於テハ船舶債權者ノ先取特權ハ他ノ先取特權ニ先ツ

第六百八十四條　船舶所有者カ其船舶ヲ讓渡シタル場

合ニ於テハ讓受人ハ其讓渡ヲ登記シタル後先取特權者ニ對シ一定ノ期間內ニ其債權ノ申出ヲ爲スヘキ旨ヲ公告スルコトヲ要ス但其期間ハ一个月ヲ下ルコトヲ得ス
先取特權者カ前項ノ期間內ニ其債權ノ申出ヲ爲ササリシトキハ其先取特權ハ消滅ス
第六百八十五條 船舶債權者ノ先取特權ハ其發生後一年ヲ經過シタルトキハ消滅ス
第六百八十條第八號ノ先取特權ハ船舶ノ發航ニ因リテ消滅ス
第六百八十六條 登記シタル船舶ハ之ヲ以テ抵當權ノ目的ト爲スコトヲ得
船舶ノ抵當權ハ其屬具ニ及フ
船舶ノ抵當權ニハ不動產ノ抵當權ニ關スル規定ヲ準用ス
第六百八十七條 船舶ノ先取特權ハ抵當權ニ先チテ之ヲ行フコトヲ得
第六百八十八條 登記シタル船舶ハ之ヲ以テ質權ノ目的ト爲スコトヲ得ス
第六百八十九條 本章ノ規定ハ製造中ノ船舶ニ之ヲ準用ス

◎商法中改正法律附則

第一條　本法施行ノ期日ハ勅令ヲ以テ之ヲ定ム

第二條　本法ノ規定ハ本法施行ノ日ヨリ其施行前ニ生シタル事項ニモ亦之ヲ適用ス但從前ノ規定ニ依リテ生シタル效力ヲ妨ケス

第三條　本法施行前ニ會社カ合併ノ決議ヲ爲シタル場合ニ於テハ第四十四條ノ三第二項及ヒ第三項ノ規定ニ依ルコトヲ要セス

第四條　第九十一條ノ二ノ規定ハ本法施行前ニ淸算結了ノ登記ヲ爲シタル場合ニハ之ヲ適用セス

第五條　第九十九條ノ三第二項及ヒ第九十九條ノ四乃至第九十九條ノ六ノ規定ハ本法施行前ニ提起シタル設立無效ノ訴ニモ亦之ヲ適用ス但其訴ニ付キ爲シタル判決カ本法施行前ニ確定シタルトキハ此限ニ在ラス

第六條　前二條ノ規定ハ合資會社ニ之ヲ準用ス

第七條　本法施行前ニ株式會社ノ發起人カ定款ヲ作リタル場合ニ於テハ其設立ニハ從前ノ規定ヲ適用ス

前項ノ規定ハ第百二十六條ノ二及ヒ第百四十二條ノ二乃至第百四十二條ノ四ノ規定ノ適用ヲ妨ケス

第八條　第百五十二條第三項及ヒ第百五十三條ノ二ノ規定ハ本法施行前ニ第百五十二條第一項ノ催告ヲ爲シタル場合ニモ亦之ヲ適用ス

第九條　第百六十三條及ヒ第百六十三條ノ二ノ規定ハ本法施行前ニ生シタル事由ニ基キ其施行後ニ決議無效ノ訴ヲ提起スル場合ニモ亦之ヲ適用ス

第十條　第九十九條ノ三第二項、第九十九條ノ四及ヒ第百六十三條ノ四ノ規定ハ本法施行前ニ提起シタル決議無效ノ訴ニモ亦之ヲ適用ス但其訴ニ付キ爲シタル判決カ本法施行前ニ確定シタルトキハ此限ニ在ラス

第十一條　前二條ノ規定ハ創立總會ノ決議無效ノ訴ニ之ヲ準用ス
第百六十三條ノ三ノ規定ハ本法施行前ニ提起シタル創立總會ノ決議無效ノ訴ニモ亦之ヲ適用ス

第十二條　第百六十七條ノ二ノ規定ハ本法施行前ニ選任シタル取締役又ハ監査役ノ任務カ本法施行後ニ終了シタル場合ニモ亦之ヲ適用ス

第十三條　第百七十七條及ヒ第百八十六條ノ規定ハ本法施行前ニ選任シタル取締役又ハ監査役ノ行爲カ本法施行後ニ在リタル場合ニモ亦之ヲ適用ス

第十四條　本法施行前ニ株式會社カ社債募集ノ決議ヲ爲シタル場合ニ於テハ從前ノ規定ニ從ヒテ其募集ヲ爲スコトヲ得但未タ社債募集ノ公告ヲ爲ササルトキハ第二百三條、第二百三條ノ二、第二百四條ノ二及ヒ第二百七條ノ二ノ規定ヲ適用ス

第十五條　本法施行前ニ株式會社カ資本增加ノ決議ヲ爲シタル場合ニ於テハ從前ノ規定ニ從ヒテ其增加ヲ爲スコトヲ得

第十六條　第二百二十條ノ二乃至第二百二十條ノ五ノ規定ハ本法施行前ニ資本減少ノ決議ヲ爲シタル場合ニモ亦之ヲ適用ス但株主總會ノ決議ニ反スルトキハ此限ニ在ラス

第十七條　第二百二十條ノ二乃至第二百二十條ノ五ノ規定ハ券面額五十圓未滿ノ株式ヲ併合スル場合ニ之ヲ準用ス

第十八條　本法施行前ニ株式會社カ合併ノ決議ヲ爲シタル場合ニ於テモ株主ハ其記名株ヲ讓渡スコトヲ得

第十九條 附則第十六條ノ規定ハ會社ノ合併ニ因ル株式併合ノ場合ニ之ヲ準用ス

第二百二十五條第三項ノ規定ハ本法施行前ニ合併ノ決議ヲ爲シタル場合ニモ亦之ヲ適用ス

第二十條 本法施行前ニ株式會社ノ設立ノ無效ナルコトヲ發見シタル場合ニ於テ裁判所カ未タ淸算人ヲ選任セサリシトキハ設立無效ノ主張ニ付テハ本法ノ規定ヲ適用ス

第二十一條 附則第九條、第十條、第十二條及ヒ第十三條ノ規定ハ株式會社ノ淸算ノ場合ニ之ヲ準用ス

第二十二條 附則第四條及ヒ第五條ノ規定ハ株式會社ニ之ヲ準用ス

第二十三條 前十六條ノ規定ハ株式合資會社ニ之ヲ準用ス

第二十四條 本法施行前ニ會社ニ關スル從前ノ罰則ヲ適用スヘキ行爲アリタルトキハ本法施行ノ後ト雖モ其罰則ヲ適用ス

第二十五條 第四百八十七條乃至第四百八十八條ノ二及ヒ第四百八十八條ノ四ノ規定ハ本法施行前ニ第一ノ質入裏書アリタル質入證券ノ所持人カ本法施行後ニ支拂ヲ求ムル爲メ其證券ヲ呈示スル場合ニモ亦之ヲ適用ス

第二十六條 質入證券所持人ノ裏書人ニ對スル請求權ハ寄託物ニ付キ辨濟ヲ受ケタル日カ本法施行前ニ在リタル場合ニ於テハ其施行ノ日ヨリ六个月本法施行後ニ在ル場合ニ於テハ辨濟ヲ受ケタル日ヨリ六个月ヲ經過シタルトキハ時效ニ因リテ消滅ス

質入證券裏書人ノ其前者ニ對スル請求權ハ本法施行前ニ償還ヲ爲シタル場合ニ於テハ其施行ノ日ヨリ六个月本法施行後ニ償還ヲ爲シタル場合ニ於テハ其償還ノ日ヨリ六个月ヲ經過シタルトキハ時效ニ因リテ消滅ス

本法施行前ニ進行ヲ始メタル時效ノ殘期カ其施行ノ日ヨリ起算シテ六个月ヨリ短キトキハ時效ハ其殘期ヲ經過スルニ因リテ完成ス

第二十七條 第三百六十七條ノ三、第三百八十條ノ二及ヒ第三百八十條ノ三ノ規定ハ本法施行前ニ作リタル預證劵又ハ質入證劵ニモ亦之ヲ適用ス但其證劵ニ別段ノ意思表示アリタルトキハ此限ニ在ラス

第二十八條 第四百十七條ノ規定ハ本法施行前ニ生シタル保險料返還ノ義務ニ付キ其施行後ニ時效カ進行ヲ始ムル場合ニモ亦之ヲ適用ス

本法施行前ニ進行ヲ始メタル時效ノ殘期カ其施行ノ日ヨリ起算シテ二年ヨリ長キトキハ時效ハ其施行ノ日ヨリ二年ヲ經過スルニ因リテ二年ヨリ短キトキハ其殘期ヲ經過スルニ因リテ完成ス

前二項ノ規定ハ第四百三十二條ノ二ノ義務ニ之ヲ準用ス

第二十九條 第四百二十八條乃至第四百二十八條ノ四ノ規定ハ本法施行前ニ爲シタル保險契約ニハ之ヲ適用セス

第三十條 本法施行前ニ振出シタル爲替手形ニ付キ其施行後ニ引受拒絕證書ヲ作ラシメタル場合ニ於テハ擔保請求ノ通知ヲ發スルコトヲ要セス本法施行後ニ擔保ヲ供セサル爲メ拒絕證書ヲ作ラシメタル場合亦同シ

第三十一條 第四百八十七條乃至第四百八十八條ノ二、第四百八十八條ノ四及ヒ第四百八十九條ノ二ノ規定ハ本法施行前ニ振出シタル爲替手形ニ付キ所持人カ本法施行後ニ支拂ヲ求ムル爲メ之ヲ呈示スル場合ニモ亦之ヲ適用ス

第三十二條 第五百十五條乃至第五百十五條ノ五及ヒ第五百十七條第一項ノ規定ハ本法施行前ニ振出シタル爲替手形ニ付キ其施行後

ニ拒絶證書ヲ作ル場合ニモ亦之ヲ適用ス

第三十三條　前三條ノ規定ハ約束手形ニ之ヲ準用ス

第三十四條　第五百三十三條ノ三及ヒ第五百三十四條第二項ノ規定ハ本法施行前ニ振出シタル小切手ニ付キ所持人カ本法施行後ニ支拂ヲ求ムル爲メ之ヲ呈示スル場合ニモ亦之ヲ適用ス

附則第三十一條及ヒ第三十二條ノ規定ハ小切手ニ之ヲ準用ス

第三十五條　第五百四十四條ノ二ノ規定ハ本法施行前ニ生シタル原因ニ基キ其施行後ニ委付ヲ爲ス場合ニモ亦之ヲ適用ス

◎破産法（明治二十三年四月二十六日法律第三十二號）

第三編　破産

第一章　破産宣告

第九百七十八條　商人カ支拂ヲ停止シタルトキハ裁判所ハ本人又ハ債權者ノ申立ニ因リ決定ヲ以テ破産ヲ宣告ス

裁判所ハ口頭辯論ヲ經スシテ裁判ヲ爲スコトヲ得此裁判ニ對シテハ卽時抗告ヲ爲スコトヲ得

⦿判例　民事訴訟法第四百五十五條ノ規定ハ商法破産ニ關スル訴訟手續ニ準用スルヲ得ス（二八、大判錄三卷一一二頁）

⦿判例　支拂停止ノ事實アル以上ハ其支拂ヲ停止セラレタル債權者ト他ノ債權者ト共同シテ破産宣告ノ申請ヲ爲スヲ妨ケス（三一、大判錄七卷一三頁）

⦿判例　約束手形ニ付督促手續ニ依リ支拂命令ヲ發シタル場合ニ於テハ其命令ヲ送達シタルトキニ支拂ノ請求アリタルモノト認メ右命令記載ノ期間經過後仍ホ支拂ヲ爲ササル時ヲ以テ支拂停止アリタルモノトス（三一、大判錄七卷一三頁）

⦿判例　破産事件ニ付テハ商法及ヒ同施行條例ニ特ニ民事訴訟法ノ規定ニ依ルヘキ旨ノ明文アルモノノ外同法ノ規定ヲ適用セス（三一、大判錄八卷一六頁）

⦿判例　商取引ヨリ生シタル債權ト雖モ民事訴訟ニ依リ强制執行ノ

◎定義

（一）破産トハ債務者カ其債務ヲ完濟スルコト能ハサル場合ニ競合セル多數債權者ニ公平ナル滿足ヲ得セシメントスル訴訟事件ヲ云フ

（一）支拂停止トハ債務者カ支拂ヲ爲スコト能ハサル旨ヲ表示シタル行爲ヲ云フ

●問題

（一）破産法ハ社會的政策ノ立法ノ一ニ屬スト謂フ學說ノ意義ヲ說明スヘシ（四三、東）

（一）破産法ト他ノ法律トノ關係ヲ叙セヨ（三九、東）

（一）支拂不能ノ意義（四二、明）

（一）支拂停止トハ何ソヤ（三八、

結果辨濟不能トナリタル如キハ商ヲ爲スニ當リテ支拂ヲ停止シタルモノト云フヲ得サルモノトス(三一、大判錄七卷一三頁)

◎判例　商人ニシテ支拂ヲ停止シタルトキハ其行爲ノ商行爲ナルト否トヲ問ハス破産ノ宣告ヲ受クヘキモノトス而シテ其支拂停止ナル事實ハ破産決定ニ依リテ確定スヘキモノトス(三二、大判錄九卷五二頁)

◎判例　手形ニ在リテハ單ニ滿期日ニ支拂ヲ拒絕シタル事實ノミヲ以テ支拂停止ト看做スヘキモノニアラス(三一、大判錄一一卷一三〇頁)

◎判例　商法第九百七十八條第二項末段ノ裁判中ニハ破産ノ宣告ナルト申立ヲ却下シタルトヲ問ハス汎ク之ヲ包含ス(三三、大判錄四卷五三頁)

◎判例　支拂停止トハ支拂ヲ停ムルノ意ニシテ單ニ期日ニ支拂ヲ爲ササリシ事實ノミニテハ未タ以テ支拂ヲ停止シタリト云フヲ得ス(三三、大判錄一一卷四八頁)

◎判例　破産宣告ニ關スル事件ハ其性質非訟事件ナルカ故ニ破産裁判所ハ單ニ債務者カ支拂ヲ停止シタルヤ否ヲ判斷シ得ルニ止マリ債權ノ有無及ヒ其成立原因等ヲ審判スルノ職權ヲ有セサルモノトス(三四、大判錄四卷三六頁)

◎判例　商法ニハ破産ノ決定ニ對スル抗告ノ規定アレトモ其辯論中止ノ申請ヲ却下シタル裁判ニ付テハ商法及同施行條例中抗告ヲ許スノ規定ナキ以上ハ之ニ對シテ抗辯スルヲ得ス(三四、大判錄一一卷八四頁)

◎判例　破産ハ各債權ノ額ニ應シテ債務者ノ總財産ヲ以テ其總債權者ニ平等分配ヲ得セシムル爲メノ裁判上ノ手續ニシテ其性質一ノ

東)

(一)破産手續ト普通民事訴訟手續トノ重要ナル差異ヲ問フ(四一、東)

(一)破産事件ノ性質ヲ論スヘシ(四八、東)

(一)合資會社ノ有限責任社員ノ破産セル場合ニ於テ會社債權者ニ對スル其責任如何(四三、東)

強制執行方法ナリトス(三五、大判錄六卷八五頁)

◉判例　支拂停止ナルモノハ債務者カ無資力ナルト否ト將タ故意ナルト否トヲ問ハス正當ノ理由ナクシテ辨濟期ニ辨濟ヲ爲サヽル事實ヲ指ス(三六、大判錄六四二頁)

◉判例　商法第九百七十八條ハ破產宣告ニ關スル裁判ノ口頭辯論ヲ經タルト否トヲ問ハス卽時抗告ヲ然シ得ヘキコトヲ規定シタルモノニシテ第二項ハ單ニ口頭辯論ヲ經スシテ爲シタル裁判ニ限リ該抗告ヲ爲スコトヲ許シタルモノニ非ス(三六、大判錄九二八頁)

◉判例　商法第九百七十八條ノ規定ハ支拂停止トナリタル債權ハ商行爲ニ基因スルコトヲ要スルノミナラス其債務者ハ支拂停止ノ時商人タル資格ナケレハ之ヲ適用スルヲ得サルモノトス(三六、大判錄九六〇頁)

◉判例　商法第九百七十八條第二項ノ口頭辯論ハ民事訴訟法ト同一ノ意ニシテ卽チ公開スヘキ對審ノ辯論ヲ指稱ス(三七、大判錄一三五三頁)

◉判例　破產宣告ノ決定ニ對シ抗告ヲ爲スノ權利ハ財產ニ關スル一種ノ權利ニシテ相續人ニ移轉スルモノナレハ抗告申立人カ其申立後ニ死亡セシ事實アル以上ハ其相續人ヲシテ該事件ノ手續ヲ受繼セシメタル後ニ非サレハ事件ニ付キ裁判ヲ爲スヲ得サルモノトス(三八、大判錄二六八頁)

第九百七十九條　支拂停止ハ其停止ヲ爲シタル本人ヨリ又會社ニ在テハ業務擔當ノ任アル社員又ハ取締役又ハ清算人ヨリ支拂停止ノ日ヲ算入シテ五日内ニ其營業所又ハ住所ノ裁判所ニ書面ヲ以テ又ハ口述ヲ調

書ニ筆記セシメテ之ヲ届出ツ可シ此届出ニハ支拂停止ノ事由ヲ明示シ及ヒ貸借對照表並ニ商業帳簿ヲ添フルコトヲ要ス貸借對照表ニハ左ノ諸件ヲ包含ス

第一　總テノ動產、不動產其他債權ノ列擧及ヒ價額

第二　總テノ債務

第三　利益及ヒ損失ノ概要

第四　每月ノ一身上ノ費用及ヒ家事費用ノ支出額

◉判例　會社ノ爲スヘキ支拂停止ノ届出ハ其主タル營業所所在地ノ裁判所ニ爲スコトヲ要ス故ニ會社ニ在リテハ破產事件ノ管轄裁判所ハ其主タル營業所ノ所在地ノ裁判所ナリトス(三七、大判錄一五一七頁)

◉判例　商法第九百七十九條ニハ單ニ營業所又ハ住所ト在ルノミニシテ破產事件ハ支拂停止地ノ裁判所ニ專屬セシムヘキ規定ナキヲ以テ債務者ノ營業所又ハ住所所在地ノ裁判所ニ於テ管轄スヘキモノトス(三八、大判錄一七二一頁)

第九百八十條　破產決定書ニハ左ノ諸件ヲ包含ス

第一　支拂停止ノ日時但此日時ハ後日裁判所ノ決定ヲ以テ之ヲ定ムルコトヲ得

第二　破產主任官及ヒ一人又ハ二人以上ノ破產管財人ノ選定

第三　破產財團ノ保全ニ必要ナル處分ニ付テノ命

令

第四　破產者ノ債務者又ハ財團ニ屬スル物ノ占有者ニ對スル拂渡差押ノ命令

第五　破產者ノ總債權者ニ對シ其請求權ヲ短クトモ三个月長クトモ六个月ノ期間ニ破產主任官ニ屆出ツ可キ旨ノ催告

第六　調査會ノ期日及ヒ債權者集會ノ期日ノ指定

第七　破產宣告ノ日時

破產決定書ハ之ヲ檢事ニ送致ス可シ

第九百八十一條　破產宣告ハ即時ニ裁判所ノ揭示場竝ニ破產者ノ營業場ニ貼附シ及ヒ其地ノ新聞紙ニ載セテ之ヲ公告スルコトヲ要ス其宣告ハ假執行ヲ爲スコトヲ得

第九百八十二條　破產者ノ財產ヲ以テ破產手續ノ費用ヲ償フニ足ラサルトキハ前條ノ手續ヲ除ク外其後ノ手續ヲ停止ス其手續ノ停止ハ之ヲ公告スルコトヲ要ス

然レトモ破產手續ノ費用ヲ償フニ足ル破產者ノ財產アルコトヲ證明スルトキハ申立ニ因リ又ハ職權ヲ以テ即時其手續ヲ再施ス

破產手續ノ停止ハ其繼續スル間ハ第千四十九條ニ揭ケタル效力ヲ有ス

●問題

（一）破產財團カ破產手續ノ費用ヲモ償フコト能ハサル場合ニ於テ裁判所ノ處分如何（三九、東）

第九百八十三條　破產主任官ハ總テノ破產手續ヲ指揮シ及ヒ監督スルコノヲ要ス其命令ハ假執行ヲ爲スコトヲ得然レトモ此命令ニ對シテハ破產裁判所ニ卽時抗告ヲ爲スコトヲ得

第九百八十四條　檢事ハ職權ヲ以テ破產者ノ罰セラル可キ所爲ノ有無ヲ搜查シ且此カ爲メ取引帳簿其他ノ書類ノ展閱ヲ求ムルコトヲ得

第二章　破產ノ效力

第九百八十五條　破產宣告ニ依リ破產者ハ破產手續ノ繼續中自己ノ財產ヲ占有シ管理シ及ヒ處分スル權利ヲ失フ

破產宣告ノ日ヨリ以後ハ破產者ノ爲シタル支拂其他總テノ權利行爲及ヒ破產者ニ爲シタル支拂ハ當然無效トス

破產者ノ動產、不動產ニ關スル訴及ヒ執行ハ獨リ管財人ヨリ又ハ管財人ニ對シテ之ヲ起シ又ハ繼續スルコトヲ得

◉判例　破產宣告ハ宣告裁判所々屬國ノ裁判カ執行力ヲ有スル地域內ニ限リ效力ヲ有スルコトハ裁判其モノノ性質效力上當然ニシテ特別ノ法令條約ナキ限リハ甲國ニ於テ宣告シタル破產ハ乙國ニ於テ其效力ヲ有スルモノニ非ス（三五、大判錄六卷八五頁）

◉判例　破產宣告後ニ至リ宣告申立ノ取下アルモ旣ニ爲シタル破產

◉問題

（一）破產宣告ノ私法上ノ效果（三九、京）

（一）破產宣告後ニ於ケル破產者ノ行爲ノ效力ヲ問フ（四二、東）

（一）破產者カ破產宣告ノ日ニ於テ爲シタル辨濟ノ效力ヲ述ヘ其辨濟ヲ否認シ得ヘキ場合アリヤニ論及スヘシ（四

宣告ヲ取消スヘキニ非ス（三三、大判錄四卷七六頁）

◉判例 破產ノ宣告後ニ至リテ最初破產ノ申立ヲ爲シタル債權者カ其申立ノ取下ヲ爲スモ他ノ債權者ニ影響ヲ及ホサス（三四、大判錄二卷一〇六頁）

◉判例 商法第九百八十五條第二項ノ規定ハ破產財團ニ影響ヲ及ホスヘキ法律行爲ヲ無效トシタルモノニシテ身分權ニ關スル行爲マテ無效トシタルモノニ非ス（三六、大判錄一〇八五頁）

第九百八十六條 破產者ノ營業ノ用ニ供スル動產ニ對シテ不動產賃貸ノ爲メニスル强制執行ハ三十日間之ヲ猶豫ス但賃貸人カ其賃貸物ヲ取戻ス權利ヲ有スルトキハ此限ニ在ラス

第九百八十七條 各箇債權者ハ優先權ノ存スルニ非サレハ破產處分中破產者ノ財產ニ對シテ强制執行ヲ爲スコトヲ得ス

第九百八十八條 辨濟期限ノ未タ至ラサル破產者ノ債務ハ破產宣告ニ依リテ辨濟期限ニ至リタルモノトス

爲替手形ノ引受人又ハ引受ナキ爲替手形ノ振出人又ハ約束手形ノ振出人カ破產宣告ヲ受ケタルトキハ其償還義務ニ付テモ前項ノ規定ヲ適用ス

第九百八十九條 財團ニ對シテハ破產宣告ノ日ヨリ利息ヲ生スルコトヲ止ム但抵當權、質權其他ノ優先權ヲ以テ擔保セラレタル債權ハ其擔保物ノ賣拂代金ニ

三、法）

（一）破產宣告カ破產者ノ權利ニ及ホス效果ヲ論スヘシ（三四、判）

（一）破產債權者ノ法律上ノ地位如何（四三、京）

滿ツルマテヲ限トシテ利息ヲ生スルコトヲ得

◎判例 商法第九百八十九條ハ各普通債權者間ノ關係ヲ律スルノ旨趣ニシテ各債權者ト破產者トノ關係ニ於ケ破產者ナシテ破產宣告後ニ生スヘキ利息支拂ノ義務ヲ免レシムル法意ニ非ス(四二、大判錄七九九頁)

第九百九十條 支拂停止後又ハ支拂停止前三十日內ニ破產者カ爲シタル贈與其他ノ無償行爲又ハ之ト同視ス可キ有償行爲期限ニ至ラサル債務ノ支拂、期限ニ至リタル債務ノ代物辨濟及ヒ從來負擔シタル債務ノ爲メ新ニ供スル擔保ハ財團ニ對シテハ當然無效トス

◎判例 商法第九百九十條ニ所謂從來負擔シタル債務トアル中ニハ民法第五百八十八條ノ如キ所謂準消費貸借ヲモ包含ス(三四、大判錄三卷八一頁)

◎判例 商法第九百九十條ノ適用ハ債務カ辨濟ノ當時未タ期限ニ至ラサリシ一事ヲ以テ足ルモノニシテ其辨濟期カ支拂停止以前ニアルト否トヲ問ハサルモノトス(三八、大判錄一一五三頁)

◎判例 商法第九百九十條ニハ期限ニ至ラサル債務ノ支拂トアルカ故ニ既ニ期限ニ至リタル債務ノ支拂ハ期限ヲ豫定セルト特約ニ基キ到來スヘキモノナルトヲ問ハス同條ノ適用ナキモノトス(三九、大判錄三〇七頁)

第九百九十一條 前條ニ揭ケタルモノノ外債務者カ支拂停止後破產宣告前ニ財團ノ損害ニ於テ爲シタル總テノ支拂及ヒ權利行爲ハ相手方カ支拂停止ヲ知リタ

◉問題

(一)破產者ニ對スル質權ハ如何ニシテ之ヲ行使スヘキヤ(四三、中)

ルトキニ限リ財團ノ計算ノ爲メ之ニ對シテ異議ヲ述フルコトヲ得

然レトモ手形ヲ支拂ヒタル場合ニ於テハ爲替手形ヲ振出シ又ハ振出サシムル際支拂停止ヲ知リタル振出人又ハ振出委託人ヨリ又約束手形ニ在テハ裏書讓渡ノ際支拂停止ヲ知リタル第一ノ裏書讓渡人ヨリ其支拂金額ヲ償還スルコトヲ要ス

◉判例　破産財團ノ計算ノ爲メニ破産手續ヲ遂行スヘキモノハ財團ノ管理者タル破産管財人ニ限ルモノトス從テ商法第九百九十一條ノ異議ハ獨リ破産管財人ニ於テノミ之ヲ主張スルコトヲ得ルモノトス（四二、大判錄九六頁）

第九百九十二條　有效ニ取得シタル抵當權其他合式ノ登記ニ因リテ法律上效力ヲ有ス可キ權利ハ支拂停止後ニ在テハ其取得ノ時ヨリ十五日ヲ過キサルトキニ限リ破産宣告ノ日マテ登記ヲ爲スコトヲ得

第九百九十三條　破産宣告ノ時ニ破産者及ヒ其相手方ノ未タ履行セス又ハ履行ヲ終ラサル雙務契約ハ孰レノ方ヨリモ無賠償ニテ其解約ヲ申入ルルコトヲ得

賃貸借契約又ハ雇傭契約ニ在テハ解約申入ノ期間ニ付キ協議調ハサルトキハ法律上又ハ慣習上ノ豫告期間ヲ遵守ス可シ

第九百九十四條　契約者ノ一方ノ義務不履行ノ爲メ他

◉問題

（一）双務契約ニ對スル破産宣告ノ效力如何其原則ヲ説明スヘシ（四三、東）

ノ一方ニ於テ契約ヲ解除スル權利又ハ既ニ給付シタル物ヲ取戻ス權利ハ財團ニ對シテ之ヲ行フコトヲ得ス

第九百九十五條　相殺ノ權利アル債權者ハ期限ニ至ラサル債權又ハ金額未定ノ債權ト雖モ財團ニ對シテ其效用ヲ致サシムルコトヲ得

債權カ支拂停止後ニ生シ又ハ取得シタルモノナルトキハ支拂停止ヲ知リタル場合ニ限リ相殺ヲ許サス

第九百九十六條　債務者カ債權者ニ損害ヲ加フル目的ヲ以テ爲シタル權利行爲ハ相手方カ情ヲ知リタルトキニ限リ其日附ノ如何ヲ問ハス之ニ對シテ異議ヲ述フルコトヲ得

第三章　別除權

第九百九十七條　債務者ノ動產又ハ不動產ニ對シテ抵當權、質權其他ノ優先權ヲ有スル債權者ハ財團ヨリ先ツ辨償ヲ受ケタルニ非サレハ其擔保物ノ賣拂代金ヨリ費用、利息及ヒ元金ノ支拂ヲ受クル爲メ別除ノ辨償ヲ請求スルコトヲ得若シ其賣拂代金ノ剩餘アルトキハ買主之ヲ財團ニ拂込ム可シ

◎判例　先取特權者ハ目的物ノ對價ニ對シテ其權利ヲ行フニハ其拂渡又ハ引渡前ニ於テ差押ヲ爲スヲ要スルコトハ債務者カ目的物ヲ

◉問題
(一)破產法上ノ相殺權ノ性質如何 三八、東
(一)否認權ノ行ハルル範圍ヲ問フ(四〇、法)

◎定義　別除權トハ破產財團ニ屬スル特定財產ニ付キ破產債權者ニ先チテ辨濟ヲ受クル權利ヲ云フ

◉問題
(一)別除權ノ性質及ヒ其行使ノ方法(三九、京)
(一)破產債務者別除權者財團債權者トハ何ソ其區別ヲ明ニスヘシ(四三、

賣渡シタル場合ト破產管財人カ適法ニ換價處分ヲ爲シタル場合トニ因リテ異ナル所ナシ（三五、大判錄七卷九頁）

第九百九十八條　優先權及ヒ其順序ハ民法及ヒ特別ノ法律ニ依リテ定マル

第九百九十九條　優先權ヲ有スル者其擔保物ノ賣拂代金ヨリ完全ナル辨償ヲ受ケサルトキハ其未濟ノ債權ハ他ノ債權者ト平等ナル割合ヲ以テ財團ニ對シテ之ヲ主張スルコトヲ得

第千條　債務者カ其支拂停止後ニ遺產ヲ取得シタルトキハ遺產債權者及ヒ受遺者ハ遺產トシテ仍ホ現存スル遺產物ヨリ又ハ未タ債務者ニ支拂ハレサル遺產ニ屬スル金錢ヨリ別除ノ辨償ヲ請求スルコトヲ得

第千一條　破產者ノ財產ニシテ民事訴訟法ニ從ヒ强制執行ノ爲メ差押フルコトヲ得サルモノハ之ヲ財團ニ加フルコトヲ得ス但債權者ニ優先權ノ屬スルモノニ付テハ第九百九十七條ノ規定ニ從フ

第四章　保全處分

第千二條　裁判所ハ破產宣告ト同時ニ債務者ノ動產ノ封印ヲ命ス

會社ニ在テハ連帶無限ノ責任ヲ負ヘル總社員ノ財產ニ對シテ右ノ處分ヲ行フ

京）

◯問題

（一）別除權ト取消權ノ區別（三九、日）

（一）現行法上相續財產ニ對シ破產ヲ開始シ又ハ之ヲ續行スルコトヲ得ヘキ場合アリヤ（四三、中）

第千三條　破産者カ逃走シ若クハ其財産ヲ隱匿スルノ虞アリト認ムルトキハ裁判所ハ其監守ヲ命スルコトヲ得

會社ニ在テハ業務擔當ノ任アル社員又ハ取締役ニ對シテ右ノ處分ヲ行フ

破産者ハ裁判所ノ許可ヲ受クルニ非サレハ其住地ヲ離ルルコトヲ得ス又裁判所ハ何時ニテモ破産者ノ引致ヲ命スルコトヲ得

第千四條　管財人カ破産者ノ財産ヲ財産目錄ニ載セ且之ヲ占有シタルトキ又ハ監守ノ事由最早存セサルトキハ裁判所ハ其決定ヲ以テ破産者ヲ釋放ス可シ然レトモ破産者ヲシテ裁判所又ハ管財人ノ呼出ニ應シ何時ニテモ出頭ス可キ爲メノ擔保ヲ供スル義務ヲ負ハシムルコトヲ得

取上ケタル擔保ハ之ヲ財團ニ歸セシム

第千五條　管財人カ債務者ノ財産ヲ財産目錄ニ載セ且之ヲ占有シタルトキハ直チニ其封印ヲ解ク可シ

第千一條ニ依リ財團ニ加フルコトヲ得サル者及ヒ財團ノ爲メニスル即時ノ換價又ハ繼續利用ヲ封印ノ爲メ妨ケラルル物ニハ封印ヲ爲サヽルコトヲ得此等ノ物ハ直チニ財産目錄ニ載セ管財人之ヲ占有スルコト

●問題

(一)破産者ノ身上ニ對スル保全處分ヲ問フ(四一、東)

(一)破産債務者破産債權者及破産管財人ノ法律上ノ地位ヲ論シ其者及ヒ相互間ノ關係

ヲ要ス
債務者ノ商業帳簿ハ即時之ヲ管財人ニ交付シ且其帳簿ノ現状ハ破産主任官之ヲ認證ス
特ニ高價ナル物ハ即時之ヲ管財人ニ交付シ又ハ一時之ヲ裁判所ニ引取ルコトヲ得

第千六條　破産者ニ對シテ債務ヲ負ヒ又ハ財團ニ屬スル物ヲ占有スル者ハ其支拂又ハ交付ヲ管財人ニノミ爲ス可キコトヲ拂渡差押ノ命令ヲ以テ催告セラレタルモノトス
別除權ヲ行ハント欲スル者ハ其旨ヲ管財人ニ申出ツ可シ若シ管財人ヨリ其物ノ評價ヲ爲サンコトヲ求ムルトキハ之ヲ承諾スルコトヲ要ス
債務者ニ宛テタル電信、書状其他ノ送達物ハ之ヲ管財人ニ交付ス可シ其管財人ハ開封ノ權ヲ有ス然レトモ其旨趣カ財團ニ關係ナキトキハ管財人ヨリ債務者ニ引渡スコトヲ要ス
破産裁判所ハ此カ爲メ郵便局、電信局其他ノ運送取扱所ニ必要ナル命令ヲ發ス可シ

第千七條　破産主任官ハ破産者及ヒ其家族ニ財團ヨリ給養ノ扶助料ヲ與フルコトヲ得

第五章　財團ノ管理及ヒ換價

チ説明セヨ
(四二、京)

第千八條 各裁判所管轄區ニハ職務上義務ヲ負フ可キ破產管財人ノ名簿ヲ備置キ破產裁判所ハ各箇ノ場合ニ於テ其名簿中ヨリ管財人ヲ選定ス

第千九條 管財人ノ勤勞ニ對スル報酬ハ財團ヨリ第一ニ之ヲ支拂ヒ其額ハ破產裁判所之ヲ定ム

第千十條 裁判所ハ何時ニテモ管財人ヲ易ヘ又ハ他ノ管財人ヲ加フルコトヲ得

第千十一條 管財人ハ其行爲ニ付テハ代理人ト同一ノ責任ヲ負フ若シ管財人二人以上アルトキハ共同ニ非サレハ行爲ヲ爲スコトヲ得ス但破產主任官カ或ル行爲ニ付キ各箇ニ特別ノ委任ヲ與ヘタルトキハ此限ニ在ラス

◎判例　裁判所ハ破產管財人カ訴訟ヲ爲ス場合ト雖モ破產者ヲ訊問スルニ妨ケナシ(三九、大判錄三〇七頁)

第千十二條 管財人ハ破產宣告後卽時ニ財團ヲ占有シ且其管理及ヒ換價ニ着手スルコトヲ要ス

管財人ハ其執務ノ爲メ破產者ノ補助ヲ求ムルコトヲ得破產主任官ハ此カ爲メ破產者ニ報酬ヲ與フルコトヲ得

第千十三條 管財人ハ破產主任官ノ監督ヲ受ケ且其指揮ニ從フ義務アリ若シ管財人ノ行爲又ハ決斷ニ對シ

◎問題

(一)破產管財人ノ地位ヲ論スヘシ(四二、東)

テ異議ヲ述フル者アルトキハ破產主任官命令ヲ以テ之ヲ決ス此命令ニ對シテハ破產裁判所ニ卽時抗告ヲ爲スコトヲ得

第千十四條　財產目錄ハ裁判所職員又ハ其地警察官吏ノ立會ヲ以テ管財人之ヲ作リ若シ必要アルトキハ破產者ヲモ立會ハシム

破產者ニ屬スル總テノ財產ハ財團ニ組入ル可カラサルモノト雖モ其價額ヲ明示シテ之ヲ財產目錄ニ記入スルコトヲ要ス必要ナル場合ニ在テハ其價額ハ鑑定人ヲシテ之ヲ鑑定セシム

財產目錄及ヒ之ニ關スル調書ノ認證アル謄本ハ公衆ノ展閲ニ供スル爲メ裁判所ニ之ヲ備フ

檢事ハ其見込ニ因リ職權ヲ以テ財產目錄ノ作成ニ立會フコトヲ得

第千十五條　破產者ニ屬セサル財產ヲ財團ヨリ取戾スコトニ係ル爭訟ハ破產裁判所之ヲ裁判シ不動產ニ付テハ其所在地ヲ管轄スル裁判所之ヲ裁判ス

第千十六條　管財人ハ破產主任官ノ定メタル三十日以內ノ期間ニ破產者ヨリ差出シタル屆書及ヒ貸借對照表ヲ調査シ若シ破產者ヨリ之ヲ差出サヽリシトキハ自ラ貸借對照表ヲ作リ且其報告書ニ貸借對照表ヲ添

ヘテ破産主任官ニ提出ス可シ
報告書及ヒ貸借對照表ノ認證アル謄本ハ公衆ノ展閲ニ供スル爲メ裁判所ニ之ヲ備フ
報告書及ヒ貸借對照表ハ之ヲ檢事ニ送致スルコトヲ要ス

第千十七條 貸方ノ借方ニ超ユルコト判然ナルトキ又ハ協諧契約ノ豫期セラルヽ間ハ裁判所ハ破産主任官ノ申立ニ因リ且管財人ノ意見ヲ聽キタル後管財人ヲシテ破産者ノ營業ヲ續行セシムル決定ヲ爲スコトヲ得
管財人營業ヲ續行スル場合ニ在テ財團ニ屬スル物ヲ通常ノ營業外ニテ賣却セントスルニハ破産主任官ノ認可ヲ受ケ且豫メ破産者ノ意見ヲ聽クコトヲ要ス

第千十八條 不動産ハ破産主任官ノ認可ヲ受ケテ之ヲ競賣スルコトヲ要ス
動産ハ競賣スルヲ通例トスト雖モ破産主任官ノ認可ヲ受クルトキハ相對ヲ以テ之ヲ賣却スルコトヲ得
競賣ノ手續ハ總テ民事訴訟法ノ規定ニ依ル

第千十九條 管財人ハ財團ニ屬スル破産者ノ貸方ヲ取立テ及ヒ破産者ノ權利ヲ債務者其他ノ人ニ對シテ主張シ且保全スルコトヲ要ス管財人ハ左ニ掲クル行爲

㊂問題
(一)破産財團ヲ構成スヘキ財産ニ關スル立法

ニ付テハ破産者ノ意見ヲ聽キ且破産主任官ノ認可ヲ受ク可シ

第一　訴訟ヲ爲スコト

第二　和解契約又ハ仲裁契約ヲ取結フコト

第三　質物ヲ受戻スコト

第四　債權ヲ轉付スルコト

第五　相續又ハ遺贈ヲ拒絶スルコト

第六　消費借ヲ爲スコト

第七　不動産ヲ買入ルルコト

第八　權利ヲ抛棄スルコト

第九　總テ財團ニ新ナル義務ヲ負ハシムルコト

◎判例　商法第千十九條第二項第一號ニハ訴訟ヲ爲スコトノ記載アルノミナルヲ以テ管財人カ最初訴ヲ提起スルニ當リ破産主任官ノ認可ヲ受ケタル以上ハ上訴ヲ爲シ又ハ其相手方ト爲ル場合ニハ再ヒ認可ヲ求ムルノ要ナシ（三三、大判錄九卷一〇三頁）

◎判例　破産者ノ意見ヲ聽クコトハ破産管財人ノ訴訟提起ノ要件ニ非ス從テ其意見ヲ聽カスシテ提起シタル訴訟ハ不適法ニ非ス（三六、大判錄一四五二頁）

◎判例　商法第千十九條第二項第八號ニ所謂權利トハ財産ニ關スル權利ノミヲ指稱スルモノニシテ訴訟行爲ニ關スル責問權ノ如キハ之ニ包含セス（三九、大判錄三〇七頁）

◎判例　破産管財人ハ破産財團ニ屬スル共通利益ニ付代表スルモノニシテ各個ノ債權者ノ特殊ナル利益ノ爲メニ代表スルモノニ非ス

主義ヲ說明シ其結果ノ異同ヲ明ニセヨ（四二、京）

（三五、大判錄七卷九頁）

◉判例　破產管財人ハ公ノ機關トシテ破產財團ニ屬スル破產者ノ貸方ヲ取立破產者ノ權利ヲ主張シ且ツ之ヲ保全スヘキ權能及責任ヲ有ス從テ管財人ハ自ラ當事者トシテ訴訟ヲ提起スルコトヲ得（三九、大判錄四六七頁）

第千二十條　財團ニ收入スル金錢ハ破產主任官ノ定ム可キ常用支出額ノ外遲延ナク之ヲ供託所ニ寄託スルコトヲ要ス其金錢ハ破產主任官ノ支拂命令ニ依ルニ非サレハ支出スルコトヲ得ス

第千二十一條　管財人ハ其管財中破產者ニ罰セラル可キ行爲アルヲ知リタルトキハ之ヲ破產主任官ニ屆出ツル義務アリ破產主任官其屆出ヲ受ケタルトキハ之ヲ檢事ニ通知ス

第千二十二條　破產主任官ハ破產ノ原由、事情、貸方借方並ニ其對照表其他管理及ヒ破產手續ニ關スル事項ニ付キ破產者、其商業使用人、雇人其他ノ人ヲ何時ニテモ訊問スルコトヲ得

◉判例　破產主任官ハ支拂停止ノ日時ニ付キ破產者ノ債權者ヲモ訊問スル權能ヲ有ス（三九、大判錄七三四頁）

第六章　債權者

第一節　債權ノ屆出及ヒ確定

第千二十三條　破產者ノ總債權者ハ破產決定ノ公告ニ

◎定義　破產債權者トハ形式的ニ言ヘハ破產手續ニ參加シテ破產財團ヨリ公平ナル辨濟ヲ受クヘキ債權者ヲ云ヒ實質的ニ言ヘハ破產者ノ債權者ニシテ破產宣告前ノ原因ニ因リテ生シタル財產上ノ請求權ヲ有スル者ヲ云フ

因リ債權屆出ノ期間ニ其債權ヲ破産主任官ニ屆出ツ可キ旨ノ催告ヲ受ケタルモノトス其屆出ニハ各債權ノ合法ノ原因及ヒ請求金額若シ優先權アルモノハ其權利ヲ明記シ且證據書類又ハ其謄本ヲ添フ可シ

他所ニ住スル債權者ハ裁判所所在地ニ代人ヲ置ク可シ

債權及ヒ代人任置ノ屆出ハ書面ヲ以テ又ハ調書ニ筆記セシメテ之ヲ爲スコトヲ得書面ヲ以テスル場合ニ在テハ二通ヲ差出スコトヲ要ス

所在ノ知レタル債權者ハ右ノ外特ニ裁判所ヨリ書面ヲ以テ其債權屆出ノ催告ヲ受ク然レトモ其書面カ債權者ニ達セサルモ此カ爲メ損害賠償ノ請求ヲ爲スコトヲ得ス

第千二十四條　屆出ハ之ヲ受取リタルトキ直チニ順次番號ヲ付シテ二箇ノ表ニ記載ス可シ其一ニハ優先權アル債權ヲ掲ケ他ノ一ニハ通常ノ債權ヲ掲ク此債權表ハ公衆ノ展閲ニ供スル爲メ裁判所ニ之ヲ備フ

管財人ハ其使用ノ爲メ屆出書及ヒ債權表ノ謄本ヲ受領ス

第千二十五條　調査會ハ管財人及ヒ成ル可ク破産者ノ面前ニ於テ破産主任官之ヲ開キ且其調書ヲ作ル可シ

⊜問題
(一)破産債權ハ如何ニシテ確定スルカ(三八、東)

(一)債權屆出期後遲レテ屆出タ

債權者ハ自身又ハ代理人ヲ以テ此會ニ參加スルコトヲ得

破產主任官ハ債權者ニ取引帳簿若クハ其拔書ノ提出ヲ命スルコトヲ得調査ノ結果ハ債權表及ヒ提出シタル債務證書ニ附記シ且各債權者又ハ其代理人ニ告知スルコトヲ要ス

調査會ハ屆出期間ノ滿了後十日乃至十五日間ニ之ヲ開クヲ通例トス

屆出期間ノ滿了後ニ屆出テタル債權ハ調査會ニ於テ之ヲ調査スルコトヲ得然レトモ其調査ヲ爲スコトニ付キ異議ノ申立アリタルトキ又ハ調査會ノ終リタル後債權ヲ屆出テタルトキハ其債權者ノ費用ヲ以テ新ナル調査會ヲ開ク

第千二十六條　債權ノ確定ハ承認又ハ裁判所ノ判決ヲ以テ之ヲ爲ス

調査會ニ於テ管財人ヨリモ又債權ノ確定シ若クハ貸借對照表ニ揭ケタル債權者ヨリモ異議ヲ申立テサルトキハ債權ハ承認ヲ得タルモノトス

管財人ノ債權ニ係ル承認又ハ異議ハ破產主任官其管財人ニ代ハリテ之ヲ爲ス

◎**判例**　破產管財人カ破產債權者ノ債權申出ニ對シ異議ノ申立ヲ爲

ル債權者ハ如何ナル不利益アリヤ(三九、東)

(一)破產債權確定ノ訴訟手續ヲ問フ(四一、東)

ス場合ニ其申立ニハ訴訟印紙ノ貼用ヲ要セス（三二、大判錄一〇卷八二頁）

◎判例　債權ノ申出ニ對シ破産管財人ヨリ申立タル異議ニ付破産裁判所ノ下ス裁判ハ商事非訟事件ナリトス（三二、大判錄一一卷五三頁）

◎判例　破産者ニ對スル債權確定ノ請求ハ訴ノ形式ニ依ルノ規定ナキ以上ハ申請ノ形式ニ依ルモ敢テ違法ニ非ス（三七、大判錄一六三二頁）

第千二十七條　異議ヲ受ケタル各債權ハ若シ其債權者之ヲ取消サヽルトキハ破産裁判所公廷ニ於テ破産主任官ノ演述ヲ聽キ成ル可ク合併シテ其判決ヲ爲ス可シ其辯論及ヒ判決ハ原告、被告ノ出頭セサルトキト雖モ之ヲ爲ス但此判決ニ對シテハ故障ヲ申立ツルコトヲ得ス

第千二十八條　判決ハ成ル可ク債權者集會前ニ之ヲ爲スコトヲ要ス若シ之ヲ爲スコト能ハス又ハ判決ニ對シテ控訴ヲ爲シタルトキハ裁判所ハ異議ヲ受ケタル債權者ノ右集會ニ加ハルコトヲ許ス可キヤ否ヤ又幾許ノ金額ニ付キ加ハルコトヲ許ス可キヤ否ヤヲ決定ス

債權者ノ優先權ノミカ異議ヲ受ケタルトキハ其債權者ハ通常ノ債權者トシテ右集會ニ加ハルコトヲ得

第千二十九條　債權ヲ正當時期ニ屆出テス又ハ債權ノ

◎問題

（一）破産債權ノ確定ニ對スル破産者ノ異議ノ效果ヲ問フ（三八、東）

（一）破産宣告ノ國

確定セサル債權者ハ以後ノ確定ニ因リテ爲ス可キ財團ノ配當ニノミ加ハルコトヲ得然レトモ異議ヲ受ケテ訴訟中ニ在ル債權及ヒ屆出並ニ調査ノ爲メ別段ノ期間ヲ定メラレタル在外國債權者ノ債權ニ付テハ以前ノ配當ニ於テ其債權ニ歸スル割前ヲ留存ス

第二節　特種ノ債權者

第千三十條　主タル債務者ノ破産ニ於テ屆出テタル債權ハ協諧契約ノ場合ト雖モ保證人其他ノ共同義務者ニ對シ其全額ニ付キ之ヲ主張スルコトヲ得又保證人又ハ共同義務者ハ主タル債務者ノ破産ニ於テ其償還請求ヲ屆出ツルコトヲ得然レトモ主タル債務者ノ爲メニスル協諧契約ノ效果ニ從フ

第千三十一條　二人以上ノ共同義務者カ破産シタルトキハ其各義務者ノ破産ニ於テ債權ノ全額ヲ屆出ツルコトヲ得

各自ノ破産財團ノ間ニ於ケル償還請求權ハ之ヲ主張スルコトヲ得ス然レトモ債權者カ受取ル割前ノ額カ主タルモノ及ヒ從タルモノヲ合セタル債權ノ總額ヲ超過スルトキハ其超過額ハ共同義務者中他ノ共同義務者ニ對シテ償還請求權ヲ有スル者ノ財團ニ歸ス

第千三十二條　左ニ掲クル債權ハ屆出及ヒ確定ニ關ス

際的效力ニ關スル諸主義ヲ論評スヘシ（四〇、東）

（一）多數當事者ノ債權ノ破産手續上ニ於ケル效力ヲ說明スヘシ（四二、東）

◎定義　財團債權トハ破産財團ヨリ破産債權者ニ先チテ辨濟ヲ受クル

ル規定ニ從フコトヲ要セス
第一　裁判費用、管理費用其他破産手續上ノ費用
第二　公ノ手數料及ヒ諸税
第三　管財人カ財團ノ爲メニ負擔シタル義務ヨリ
生スル債權
右債權ハ破産主任官ノ指圖ニ從ヒ通常ノ方法ヲ以テ財團ノ現額ヨリ之ヲ支拂フ
第千三十三條　破産手續ニ加ハリタルニ因リテ債權者ニ生シタル費用ハ財團ニ對シテ之ヲ請求スルコトヲ得ス
第千三十四條　削除
第三節　債權者集會
第千三十五條　債權者集會ハ破産主任官之ヲ招集シ及ヒ之ヲ指揮ス其招集ハ會議ノ事項ヲ明示スル公告ヲ以テ之ヲ爲ス
其集會ハ管財人、債權ノ確定シタル債權者及ヒ第千二十八條ニ依リテ參加スルコトヲ得ヘキ債權者ヨリ成立ス然レトモ優先權ノ確定シタル債權者ハ其優先權ヲ抛棄シタル限度又ハ優先權ヲ行フニ當リ不足アル可シト推定セラルル限度ニ於テノミ參加ス
債權者ハ代理人ヲ差出スコトヲ得
破産者ハ之ヲ集會ニ呼出スコトヲ得

權利ヲ云フ
（一）破産債權者ノ權利ヲ說明ズヘシ（四二、明）

◎定義　債權者集會トハ破産債權者ノ共同ノ利益ヲ計ル爲メノ決議機關ヲ云フ

第千三十六條　決議ハ出席シタル債權者ノ過半數ヲ以テ爲スヲ通例トス其過半數ハ出席員ノ有スル債權額ノ半ヨリ多キ額ニ當ルコトヲ要ス

第千三十七條　集會ニ於テハ破產主任官ハ破產手續ノ從來ノ成行ニ付テノ報告ヲ爲シ管財人ハ管財ノ處理、其結果及ヒ財團ノ現況ニ付テノ報告ヲ爲ス

集會ハ右ノ報告ニ付テ決議ヲ爲シ若シ破產主任官又ハ管財人ノ意見アリタルトキハ其意見及ヒ債權者ノ爲シタル申立又ハ破產主任官ノ認可ヲ受ケテ破產者ノ爲シタル申立ニ付テ決議ヲ爲ス可シ此等ノ決議ハ裁判所ノ認可ヲ受クルコトヲ要ス

第七章　協諧契約

第千三十八條　法律上ノ義務ヲ履行シタル破產者ニシテ有罪破產ノ判決ヲ受ケス又其審問中ニ在ラサル者ハ破產主任官ノ認可ヲ受ケ第一ノ集會ニ於テ債權者ニ協諧契約ヲ提供スルコトヲ得又十分ノ理由アルトキハ以後ノ集會ニ於テモ之ヲ提供スルコトヲ得然レトモ其提供ハ一回ニ限ル

第一ノ集會ハ普通ノ調査會ヨリ四週日後ニ之ヲ爲ス

協諧契約ノ申立書ハ少ナクトモ集會ノ二十日前ニ之ヲ裁判所ニ差出シ裁判所ハ之ヲ公衆ノ展閱ニ供シ且

◎定義　協諧契約トハ破產手續ナル訴訟事件ニ於テ破產者ト債權者トノ間ニ成立シタル訴訟上ノ和解ヲ云フ

◉問題

(一)強制和議(協諧契約)ト支拂猶豫トノ異同ヲ問フ(四一、東)

(一)破產者ハ如何ナル條件ニ因リ協諧契約ヲ提供スルコト

其旨ヲ公告ス可シ

第千三十九條　協諧契約ヲ承諾スルニハ出席シタル債權者ノ過半數ノ承諾ヲ要ス其過半數ハ議決權アル總債權額ノ四分三以上ニ當ルコトヲ要ス

管財人及ヒ議決權ヲ有スル債權者又後ニ至リ債權ノ確定シタル債權者ハ協諧契約ニ對シテ十日内ニ理由ヲ附シタル異議ヲ裁判所ニ申立ツルコトヲ得

第千四十條　債權者ノ承諾シタル協諧契約ハ裁判所ノ認可ヲ得テ始メテ法律上有效トス其認可又ハ棄却ニ付テノ決定ハ破産主任官ノ演述ヲ聽キ前條ノ期間滿了後直チニ之ヲ爲ス此決定ニ對シテハ債務者及ヒ異議申立ノ權利アル者ヨリ即時抗告ヲ爲スコトヲ得

第千四十一條　協諧契約ハ左ノ場合ニ於テハ之ヲ棄却ス可シ

第一　第千三十八條及ヒ第千三十九條ノ規定ヲ踐行セサルトキ

第二　協諧契約ニ依リ或ル債權者カ其承諾ナクシテ偏頗ノ處置ヲ受ケ損害ヲ被フルトキ

第三　協諧契約カ詐欺其他不正ノ方法ヲ以テ成リタルトキ

第四　協諧契約カ公益ニ觸ルルトキ

ナ得ルヤ（三〇、判檢）

第千四十二條 協諧契約ハ破產者カ後ニ至リ有罪破產ノ判決ヲ受ケタルトキハ當然消滅シ其審問中ハ免訴又ハ無罪ノ宣告ヲ受クルマテ之ヲ停止ス

前條第三號ニ揭ケタル理由アルトキハ協諧契約認可ノ後ト雖モ尙ホ之ニ對シテ異議ヲ申立ツルコトヲ得

第千四十三條 協諧契約ノ確定シタルトキハ管財人ハ直チニ其執務ヲ罷メ且其執務ニ付キ計算ヲ爲ス可シ

破產者ハ協諧契約ニ別段ノ定メナキトキニ限リ任意ノ管理及ヒ處分ノ爲メ其財產ヲ取戾スコトヲ得

協諧契約ノ履行ハ破產主任官ノ監督ヲ以テ之ヲ爲ス

第千四十四條 協諧契約カ棄却セラレ又ハ後ニ至リ消滅シ若クハ取消サルルトキ又ハ不履行ノ爲メ解除セラルルトキハ破產手續ヲ再施シ直チニ財團ノ換價及ヒ配當ヲ爲シテ終局ニ至ラシム其再施シタル手續ニハ再施マテノ間ニ債權ヲ得タル者モ參加スルコトヲ得

不履行ノ場合ニ在テハ協諧契約ノ爲メ立テタル保證人ハ其義務ヲ免カレス

第八章　配當

第千四十五條 第千三十二條ニ揭ケタル債權及ヒ優先權アル債權ヲ支拂ヒタル後ニ殘レル財團ハ他ノ債權

問題

(一)配當ノ種類並

者間ニ平等ノ割合ヲ以テ之ヲ配當ス
破産者カ資本ヲ分チ數個ノ營業ヲ爲シタル場合ニ在テハ各營業ニ對スル債權者ハ其營業ニ屬スル財團ヨリ優先權ヲ以テ辨償ヲ受ク

第千四十六條　配當ハ普通ノ調査會ノ終リタル後ハ配當ニ足ル可キ財團ノ生スル毎ニ管財人ノ調製シテ破産主任官ノ認可ヲ受ケタル配當案ニ依リテ之ヲ爲ス
其案ハ破産主任官之ニ署名シ公衆ノ展閲ニ供スル爲メ裁判所ニ備置キ且其旨ヲ公告ス可シ
配當案ニ對スル異議ハ其公告ノ日ヨリ起算シ十四日内ニ之ヲ裁判所ニ申立ツルコトヲ得

第千四十七條　前條ニ掲ケタル期間ニ配當案ニ對シテ異議ヲ申立ツル者ナキトキ又ハ異議ノ落著シタルトキハ管財人ハ各債權者ヲシテ其債務證書ヲ提出セシメ之ニ毎回ノ支拂額ヲ記入シテ支拂ヲ爲ス若シ債務證書ノ提出ヲ爲スコト能ハサルトキハ破産主任官ノ許可ヲ得テ債權表ニ依リ支拂ヲ爲スコトヲ得孰レノ場合ニ於テモ債權者ハ配當案ニ受取書ヲ記スルコトヲ要ス

第千四十八條　財團ノ換價及ヒ配當ヲ全ク終リタルト

ニ其手續ノ概要ヲ說明スヘシ

キハ債權者集會ヲ開キ此集會ニ於テ管財人ハ終局ノ計算ヲ爲ス可シ此計算ノ濟了シタルトキハ裁判所ハ直チニ破產主任官ノ中立ニ因リテ破產手續ノ終結ヲ決定ス此決定ハ之ヲ公告ス可シ

第千四十九條 破產手續終結ノ後ハ辨償ヲ受ケサル債權者ハ破產手續ニ於テ確定シタルニ因リテ得タル權利名義ニ基キ其債權ヲ債務者ニ對シテ無限ニ行フコトヲ得

第九章 有罪破產

第千五十條 破產宣告ヲ受ケタル債權者カ支拂停止又ハ破產宣告ノ前後ヲ問ハス履行スル意ナキ義務又ハ履行スル能ハサルコトヲ知リタル義務ヲ負擔シタルトキ又ハ債權者ニ損害ヲ被フラシムル意思ヲ以テ貸方財產ノ全部若クハ一部ヲ藏匿シ轉匿シ若クハ脱漏シ又ハ借方現額ヲ過度ニ揭ケ又ハ商業帳簿ヲ毀滅シ藏匿シ若クハ僞造、變造シタルトキハ詐欺破產ノ刑ニ處ス

第千五十一條 破產宣告ヲ受ケタル債務者カ支拂停止又ハ破產宣告ノ前後ヲ問ハス左ニ揭クル行爲ヲ爲シタルトキハ過怠破產ノ刑ニ處ス

●問題
(一)過怠破產ニ共犯アリヤ（四一、法）

第一　一身又ハ一家ノ過分ナル費用、博奕、空取引又ハ不相應ノ射利ニ因リテ貸方財産ヲ甚シク減少シ若クハ過分ノ債務ヲ負ヒタルトキ
第二　支拂停止ヲ延ハサンカ爲メ損失ヲ生スル取引ヲ爲シテ支拂資料ヲ調ヘタルトキ
第三　支拂停止ヲ爲シタル後支拂又ハ擔保ヲ爲シテ或ル債權者ニ利ヲ與ヘ財團ニ損害ヲ加ヘタルトキ
第四　商業帳簿ヲ秩序ナク記載シ藏匿シ毀滅シ又ハ全ク記載セサルトキ
第五　財産目録、貸借對照表ノ作成若クハ支拂停止屆出ノ義務ヲ怠リタルトキ又ハ裁判所ノ許可ヲ得スシテ其住地ヲ離レタルトキ

第千五十二條　前二條ノ罰則ハ會社ノ業務擔當ノ任アル社員若クハ取締役及ヒ淸算人ニモ之ヲ適用シ又第千五十條ノ罰則ハ破産管財人及ヒ有罪行爲ヲ行フ際犯者ヲ助ケ又ハ有罪行爲ヲ破産者ノ利益ニ行ヒタル者ニモ之ヲ適用ス

第千五十三條　債權者集會ニ於ケル議決ニ關シ債權者ニ賄賂ヲ爲シタルトキハ其雙方ヲ二年以下ノ重禁錮

又ハ千圓以下ノ罰金ニ處ス

第十章　破産ヨリ生スル身上ノ結果

第千五十四條　破産宣告ヲ受ケタル債務者ハ復權ヲ得ルニ非サレハ會社ノ無限責任社員、舊商法ノ規定ニ從ヒテ設立シタル合資會社ノ業務擔當社員、株式會社ノ取締役若クハ監査役、清算人、破産管財人又ハ商業會議所ノ會員ト爲ルコトヲ得ス

第千五十五條　復權ヲ得ルニハ協諧契約ノ調ヒタルト否トヲ問ハス破産者カ元債、利息及ヒ費用ノ全額ヲ債權者總員ニ辨償シタルコト又所在ノ知レサル爲メ未タ辨償ヲ受ケサル債權者ニ全額ヲ辨償スル準備及ヒ資力アルコトヲ證明ス可シ

復權ノ申立ニハ債權者ノ受取證其他必要ナル證據物ヲ添フ可シ

（三十二年法律第四十九號ヲ以テ第三項削除）

第千五十六條　復權ノ申立アリタルトキハ破産裁判所ハ異議アル者ヲシテ二ケ月ノ期間ニ異議ヲ起サシメンカ爲メ裁判所ノ掲示場ト取引所トニ其旨ヲ掲示シ且裁判所ノ見込ニ因リ新聞紙ヲ以テ之ヲ公告シ又調

査及ヒ捜査ヲ爲サシメンカ爲メ之ヲ檢事ニ通知ス可シ
裁判所ハ檢事ノ意見ヲ聽キタル後復權ノ申立ヲ許可スルト否トヲ決定ス此決定ニ對シテハ即時抗告ヲ爲スコトヲ得確定シタル決定ハ之ヲ公告ス
棄却セラレタル申立ハ一个年ノ滿了前ニハ再ヒ之ヲ爲スコトヲ得ス
第千五十七條 復權ハ債務者ノ死亡後ト雖モ之ヲ許ス
第千五十八條 復權ハ詐欺破產ノ爲メニ判決ヲ受ケタル破產者又ハ重罪、輕罪ノ爲ニ剝奪公權若クハ停止公權ヲ受ケテ其期間中ニ在ル破產者ニハ之ヲ許サス
過怠破產ノ場合ニ在テハ復權ハ刑ノ滿期ト爲リ又ハ恩赦ヲ得タル後ニ非サレハ之ヲ許サス

第十一章　支拂猶豫

第千五十九條 商人カ商行爲ニ因リテ生シタル債務ニ付キ自己ノ過失ナクシテ支拂ヲ中止セサルコトヲ得サルニ至リスル場合ニ於テ其債權者ノ過半數以上ノ承諾ヲ得タルトキハ營業所ノ所在地又ハ住所地ヲ管轄スル裁判所ハ一年ヲ超エサル範圍內ニ於テ支拂猶豫ヲ與フルコトヲ得
第千六十條 支拂猶豫ノ申立ニハ左ノ諸件ヲ添附スル

コトヲ要ス
第一　支拂中止ノ事由ノ完全ナル明示
第二　貸借對照表、財産目錄及ヒ住所ト債權額トヲ明示シタル債權者名簿
第三　債權者ニ主タルモノ及ヒ從タルモノノ完全ナル辨償ヲ爲シ得ル方法、期間及ヒ此カ爲メ供スルコトヲ得ル擔保ノ證明
右申立及ヒ添附書類ハ公衆ノ展閲ニ供スル爲メ之ヲ裁判所ニ備置キ且債權者ノ集會期日ヲ定メテ之ト共ニ其備置キタル旨ヲ公告スルコトヲ要ス債權者ハ集會ノ爲メ各別ニ招集ヲ受ク
支拂猶豫ハ裁判所ヨリ假ニ之ヲ許可スルコトヲ得
第千六十一條　集會期日ニ於テハ裁判所ヨリ任セラレタル主任判事ノ上席ヲ以テ債務者ト債權者トノ間ニ支拂猶豫ノ申立ニ付キ辯論ヲ爲ス其申立ヲ承諾スルニハ第千三十六條ニ掲ケタル過半數ヲ要ス其辯論及ヒ議決ニ付テハ調書ヲ作ル可シ
第千六十二條　裁判所ハ承諾ヲ得タル支拂猶豫ノ認否ニ付キ主任判事ノ演述ヲ聽キテ決定ヲ爲ス此決定ニ對シテハ即時抗告ヲ爲スコトヲ得
支拂猶豫ハ申立ニ因リテ前數條ノ手續ニ從ヒ一回ニ

限リ之ヲ延長スルコトヲ得然レトモ其期間ハ一个年ヲ超ユルコトヲ得ス

第千六十三條 債務者有效ナル支拂猶豫ヲ得タルトキハ猶豫期間中其以前ニ取結ヒタル商取引ヨリ生スル債權ノ爲メニ强制執行及ヒ破產宣告ヲ受クルコト無シ但猶豫契約ノ履行及ヒ業務ノ施行ニ關シテハ主任判事ノ監督ヲ受ク

債務者ノ保證人及ヒ共同義務者ノ義務ハ右猶豫ノ爲メニ變更スルコト無シ

第千六十四條 支拂猶豫ノ承諾ヲ得ス若クハ裁判所之ヲ棄却シタルトキ又ハ後日ニ至リ債務者ノ詐欺若クハ不正ノ爲メ若クハ法律上ノ條件ノ缺クルカ爲メ之ヲ廢止シタルトキ又ハ債務者ニ於テ其猶豫契約ヲ履行セサルトキ又ハ其猶豫期間中債務者ノ財產ニ付キ他ノ債權者ヨリ强制執行ヲ爲ストキハ直チニ債務者ニ對シテ破產手續ヲ開始ス此場合ニ於テハ支拂猶豫申立ノ日附ヲ以テ支拂停止ノ日ト定ム

◎商法施行法

（明治三十二年三月九日法律第四十九號）

朕帝國議會ノ協贊ヲ經タル商法施行法ヲ裁可シ茲ニ之ヲ公布セシム

商法施行法

第一條 商法施行前ニ生シタル事項ニ付テハ本法ニ別段ノ定アル場合ヲ除ク外舊法ノ規定ヲ適用ス

第二條 商事ニ關スル特別ノ法令ハ商法施行ノ後ト雖モ仍ホ其效力ヲ存ス

第三條 特別ノ法令中舊商法ノ規定ニ依ルヘキモノト定メタル場合ニ付テハ舊商法ハ商法施行ノ後ト雖モ仍ホ其效力ヲ存ス

第四條 商法施行前ヨリ商業ヲ營ム未成年者、妻及ヒ後見人ハ商法ノ規定ニ從ヒテ登記ヲ爲スコトヲ要ス

第五條 商法施行前ニ會社ノ無限責任社員ト爲ルコトヲ許サレタル未成年者又ハ妻ハ商法施行ノ日ヨリ其會社ノ業務ニ關シ之ヲ能力者ト看做ス

第六條 商法第七條第二項ノ規定ハ商法施行ノ日ヨリ其施行前ニ定メタル制限ニモ亦之ヲ適用ス

第七條 商法第八條ニ定メタル小商人ノ範圍ハ勅令ヲ以テ之ヲ定ム

第八條 商法施行前ニ舊法ノ規定ニ依リテ爲シタル登記ハ商法ノ規定ニ從ヒテ爲シタルモノト同一ノ效力ヲ有ス

第九條 商法施行前ニ登記シタル事項ニ變更ヲ生シ又ハ其事項カ消滅シタル場合ニ於テ商法施行前ニ登記ヲ爲サヽリシトキハ當事者ハ其施行ノ後遲滯ナク登記ヲ爲スコトヲ要ス

第十條 商法施行前ニ設立ノ登記ヲ爲シタル會社ノ社名ハ商法ノ規定ニ從ヒテ登記シタル商號ト同一ノ效力ヲ有ス

第十一條 商法施行前ニ設立シタル合名會社ニシテ其社名中ニ合名會社ナル文字ヲ用ヰサルモノハ其施行ノ日ヨリ三个月内ニ商法第十七條ノ規定ニ從ヒテ其社名ヲ改メ且其登記ヲ爲スコトヲ要ス

會社ノ業務ヲ執行スル社員カ前項ノ規定ニ違反シタルトキハ五圓以上五十圓以下ノ過料ニ處セラル

第十二條 商法第十八條ノ規定ハ商法施行前ヨリ使用スル商號ニハ之ヲ適用セス

第十三條 商法第十九條ノ規定ハ舊商法施行前ヨリ使用スル商號ニハ之ヲ適用セス

商法施行後ニ商號ノ登記ヲ爲シタル者ト雖モ舊商法施行前ヨリ同一又ハ類似ノ商號ヲ使用スル者ニ對シテハ商法第二十條ニ定メタル權利ヲ行フコトヲ得ス

第十四條 商法第十九條、第二十條第二項、第二十二條第一項及ヒ第二百八十九條第三項ニ掲ケタル市町村ハ市制又ハ町村制ヲ施行セサル地方ニ在リテハ從來ノ町村其他之ニ類スル區域トシ東京市、京都市及ヒ大阪市ニ在リテハ其各區トス

第十五條 商法施行前ニ東京市又ハ大阪市ニ於テ商號ノ登記ヲ爲シタル者ハ商法施行ノ日ヨリ六个月内ニ其市ニ存スル他ノ登記所ニ於テ其登記ヲ爲スコトヲ要ス

前項ニ定メタル登記ヲ爲サヽリシ者ハ其登記ヲ爲サヽリシ登記所ノ管轄區域内ニ於テハ商法第二十條ニ定メタル權利ヲ行フコトヲ得ス

第十六條 商法第二十二條第二項ノ適用ニ付テハ北海道ハ之ヲ一府縣ト看做ス

第十七條 商法第二十八條ノ規定ハ商法施行前ニ作リタル商業帳簿ニモ亦之ヲ適用ス

第十八條　代務人ニハ商法施行ノ日ヨリ支配人ニ關スル規定ヲ適用ス

第十九條　商法施行前ヨリ支配人又ハ支配役ト稱スル者カ商法第三十條ニ定メタル權限ヲ有セサルトキハ主人ハ商法施行ノ日ヨリ三个月内ニ其名稱ヲ改ムルコトヲ要ス

主人カ前項ノ期間内ニ支配人又ハ支配役ノ名稱ヲ改メサリシトキハ其者ハ商法第三十條ニ定メタル權限ヲ有スルモノト看做ス

第二十條　商法第三十二條第三項ノ規定ハ舊商法第五十條ノ規定ニ反シテ爲シタル行爲ニ之ヲ準用ス但一年ノ期間ハ商法施行ノ日ヨリ之ヲ起算ス

主人カ商法施行前ニ前項ノ行爲ヲ知リタルトキハ二週間ノ期間モ亦其施行ノ日ヨリ之ヲ起算ス

第二十一條　商法中代理商ニ關スル規定ハ商法施行ノ日ヨリ其施行前ニ定メタル代理商ニモ亦之ヲ適用ス

第二十二條　商法中會社ニ關スル規定ハ本法ニ別段ノ定アル場合ヲ除ク外商法施行ノ日ヨリ其施行前ニ設立シタル會社ニモ亦之ヲ適用ス

第二十三條　商法第四十七條ニ定メタル期間ハ商法施行前ニ本店ノ所在地ニ於テ設立ノ登記ヲ爲シタル會社ニ付テハ其施行ノ日ヨリ之ヲ起算ス

第二十四條　商法施行前ニ設立シタル合名會社ニシテ未タ設立ノ登記ヲ爲サヽルモノハ商法施行ノ日ヨリ一个月内ニ商法ノ規定ニ從ヒテ定款ヲ作リ且商法第五十一條第一項ニ定メタル登記ヲ爲スコトヲ要ス

第二十五條　商法施行前ニ本店ノ所在地ニ於テ設立ノ登記ヲ爲シタル合名會社ハ商法施行ノ日ヨリ一个月内ニ本店ノ所在地ニ於テハ支店、支店ノ所在地ニ於テハ本店竝ニ他ノ支店及ヒ社員ノ出資ノ種類竝ニ財産ヲ目的トスル出資ノ價格ヲ登記スルコトヲ要ス

第二十六條　商法第五十一條第二項、第三項及ヒ第五十二條ノ規定ハ合名會社カ設立ノ登記ヲ爲シタル後商法施行前ニ支店ヲ設ケ又ハ其本店若クハ支店ヲ移轉シタル場合ニ之ヲ準用ス但登記期間ハ商法施行ノ日ヨリ之ヲ起算ス

第二十七條　會社ノ業務ヲ執行スル社員カ前二條ノ規定ニ依リ爲スヘキ登記ヲ怠リタルトキハ五圓以上五十圓以下ノ過料ニ處セラル

第二十八條　商法第六十條第二項及ヒ第三項ノ規定ハ舊商法第四條ノ規定ニ反シテ爲シタル行爲ニ之ヲ準用ス

第二十條ノ規定ハ前項ノ場合ニ之ヲ準用ス

第二十九條　商法第七十一條ノ規定ハ商法施行前ニ設立シタル合名會社ニハ之ヲ適用セス

第三十條　合名會社ノ目的タル事業ノ成功カ商法施行前ニ不能ト爲リタルトキハ裁判所カ解散ヲ命シタル場合ヲ除ク外其會社ハ商法ノ施行ト同時ニ解散シタルモノト看做ス

第三十一條　合名會社カ商法施行前ニ解散シタル場合ニ於テ未タ清算人ヲ選任セサルトキハ其施行ノ日ヨリ二週間内ニ商法第七十六條ノ規定ニ從ヒテ登記ヲ爲スコトヲ要ス

第三十二條　合名會社カ商法施行前ニ解散シタル場合ニ於テ既ニ清算人ヲ選任シタルトキハ其施行ノ日ヨリ二週間内ニ商法第七十六條及ヒ第九十條ノ規定ニ從ヒテ登記ヲ爲スコトヲ要ス

第三十三條　商法第七十八條第二項ノ規定ニ依リ爲スヘキ公告ハ裁判所カ爲スヘキ登記事項ノ公告ト同一ノ方法ヲ以テ之ヲ爲スコトヲ要ス

第三十四條　合名會社カ商法施行前ニ解散シタル場合ニ於テ未タ清算

人ヲ選任セサルトキハ總社員ノ同意ヲ以テ會社財産ノ處分方法ヲ定ムルコトヲ得此場合ニ於テハ商法施行ノ日ヨリ二週間內ニ財産目錄又ヒ貸借對照表ヲ作ルコトヲ要ス

商法第七十八條第二項、第七十九條及ヒ第八十條ノ規定ハ前項ノ場合ニ之ヲ準用ス

第三十五條 合名會社カ商法施行前ニ解散ノ登記ヲ爲シタル場合ニ於テハ清算ハ舊商法ノ規定ニ依リテ之ヲ爲ス

第三十六條 合名會社ニ於テ商法施行前ニ清算人ノ解任又ハ變更アリタルトキハ其施行ノ日ヨリ二週間內ニ商法第九十七條ノ規定ニ從ヒテ登記ヲ爲スコトヲ要ス

第三十七條 商法第百三條ノ規定ハ商法施行前ニ解散シタル合名會社ニモ亦之ヲ適用ス

第三十八條 商法施行前ニ設立シタル合資會社ニハ舊商法ノ規定ヲ適用ス

第二十三條、第二十五條乃至第三十二條及ヒ前三條ノ規定ハ前項ノ會社ニ之ヲ準用ス

第三十九條 商法施行前ニ設立シタル合資會社ハ其取引ニ關スル一切ノ書類ニ商法施行前ニ設立シタル會社タルコトヲ示スコトヲ要ス

業務擔當社員カ前項ノ規定ニ違反シタルトキハ五圓以上五十圓以下ノ過料ニ處セラル

第四十條 商法施行前ニ設立シタル合資會社ハ舊商法第百五十一條第二項ノ規定ニ從ヒ其組織ヲ變更シテ之ヲ商法ニ定メタル合資會社、株式會社又ハ株式合資會社ト爲スコトヲ得

前項ノ場合ニ於テハ總會ハ直チニ新會社ノ組織ニ必要ナル事項ヲ決議スルコトヲ要ス

第四十一條 商法第七十八條、第七十九條第一項、第二項及ヒ第二百五十四條ノ規定ハ前條ノ場合ニ之ヲ準用ス

第四十二條 商法施行前ニ設立シタル合資會社ハ商法ノ規定ニ從ヒテ合併ヲ爲スコトヲ得但合併後存續シ又ハ合併ニ因リテ設立スル會社ハ商法ニ定メタル種類ノ一タルコトヲ要ス

合併ノ決議ハ舊商法第百五十一條第二項ノ規定ニ依ルニ非サレハ之ヲ爲スコトヲ得ス

第四十三條 商法施行前ニ發起ノ認可ヲ得タル株式會社ニ於テハ其發起人ハ七人以上ナルコトヲ要セス

第四十四條 商法施行前ニ發起ノ認可ヲ得タル株式會社ト雖モ其發起人カ未タ株主ノ募集ニ著手セサルトキハ之ニ商法ノ規定ヲ適用ス

第四十五條 株式會社ノ發起人カ商法施行前ニ株主ノ募集ニ著手シタルトキハ舊商法ノ規定ニ從ヒテ會社ノ設立ヲ爲スコトヲ得但商法ノ規定ニ從ヒテ定款ヲ作ルコトヲ要ス

第四十六條 商法施行前ニ創業總會ニ於テ定款ヲ確定シタル場合ニ於テハ商法ノ規定ニ從ヒテ其定款ヲ變更スルコトヲ要ス

第四十七條 商法第百三十條ノ規定ハ前二條ノ場合ニモ亦之ヲ適用ス

第四十八條 商法第百六十三條第一項及ヒ第二項ノ規定ハ舊商法ノ規定ニ依リテ招集シタル創業總會ノ決議ニ之ヲ準用ス但同條第二項ノ期間ハ商法施行前ニ決議ヲ爲シタル場合ニ於テハ其施行ノ日ヨリ之ヲ起算ス

第四十九條 第四十五條ノ場合ニ於テ商法施行前ニ株式總數ノ引受アリタルトキハ其施行ノ日ヨリ商法施行後ニ株式總數ノ引受アリタルトキハ其日ヨリ六个月內ニ發起人カ創業總會ヲ招集セサルトキハ株式申込人ハ其申込ヲ取消スコトヲ得

第五十條　第四十五條及ヒ第四十六條ノ場合ニ於テハ株式會社ハ各株ニ付キ株金ノ四分ノ一ノ拂込アリタル後二週間内ニ商法第百四十一條第一項ニ定メタル登記ヲ爲スコトヲ要ス

第五十一條　商法施行前ニ本店ノ所在地ニ於テ設立ノ登記ヲ爲シタル株式會社ニシテ其定款ニ商法第百二十條第一號乃至第七號ニ揭ケタル事項ヲ定メサルモノハ商法施行ノ日ヨリ三个月内ニ其定款ヲ變更スルコトヲ要ス

第五十二條　商法施行前ニ本店ノ所在地ニ於テ設立ノ登記ヲ爲シタル株式會社ハ商法施行ノ日ヨリ三个月内ニ本店ノ所在地ニ於テハ支店支店ノ所在地ニ於テハ本店竝ニ他ノ支店及ヒ會社カ公告ヲ爲ス方法竝ニ監査役ノ氏名、住所ヲ登記スルコトヲ要ス

第五十三條　商法施行前ニ設立シタル株式會社カ登記シタル事項中ニ變更ヲ生シタル場合ニ於テ商法施行前ニ登記ヲ爲ササリシトキハ其施行ノ日ヨリ二週間内ニ本店及ヒ支店ノ所在地ニ於テ其登記ヲ爲スコトヲ要ス

舊商法ノ規定ニ依リ登記スヘキ事項カ商法施行前ニ生シタル場合ニ於テハ舊商法ニ登記期間ノ定ナキトキニ限リ前項ノ規定ヲ準用ス

第五十四條　取締役カ前三條ノ規定ニ違反シタルトキハ五圓以上五十圓以下ノ過料ニ處セラル

第五十五條　商法施行前ニ設立シタル株式會社ニ於テ株式ノ金額カ商法第百四十五條第二項ノ規定ニ反スルモ舊商法及ヒ舊商法施行條例ノ規定ニ反セサル場合ニ於テハ定款ノ定ムル所ニ依ルコトヲ得商法施行後ニ新株ヲ發行スルトキ亦同シ

前項ノ規定ハ商法施行後ニ株式ノ金額ヲ變更スル場合ニハ之ヲ適用セス

第五十六條　商法中株券ニ關スル規定ハ商法施行前ニ發行シタル假株券ニモ亦之ヲ適用ス

第五十七條　商法施行前ニ發行シタル株券及ヒ假株券ハ商法第百四十八條又ハ第二百十八條ノ規定ニ違フモ之ヲ改ムルコトヲ要セス但商法施行後ニ株金ノ拂込ヲ爲シタル場合ニ於テハ前ニ拂込ミタル金額及ヒ新ニ拂込ミタル金額ヲ假株券ニ記載スルコトヲ要ス

第五十八條　舊商法第二百十二條乃至第二百十五條ノ規定ハ商法施行前ニ株金拂込ノ催告アリタル場合ニ限リ之ヲ適用ス

第五十九條　商法第百五十三條第二項乃至第四項ノ規定ハ商法施行前ニ株式ヲ讓渡シタル者ニシテ舊商法第百八十二條ノ規定ニ依リ擔保義務ナキ者ニハ之ヲ適用セス

第六十條　法令ノ規定ニ依リ日本人ノミヲ以テ組織スヘキ株式會社及ヒ日本人ノミヲ以テ組織スルコトヲ條件トシテ特別ノ權利ヲ有スル株式會社ハ無記名式ノ株券ヲ發行スルコトヲ得ス若シ之ニ違反シタルトキハ其株券ハ無效トシ最後ノ記名株主ヲ以テ株主トス

取締役カ前項ノ規定ニ反シテ無記名式ノ株券ヲ發行シタルトキハ百圓以上千圓以下ノ過料ニ處セラル

第六十一條　舊商法施行前ニ設立シタル株式會社ニ於テハ株主ノ議決權ノ制限カ商法第百六十二條ノ規定ニ反スルモ定款ノ定ムル所ニ依ルコトヲ得但商法施行後ニ其制限ヲ變更スル場合ハ此限ニ在ラス

第六十二條　商法第百六十三條ノ規定ハ株主總會カ商法施行前ニ決議ヲ爲シタル場合ニモ亦之ヲ適用ス但同條第二項ノ期間ハ商法施行ノ日ヨリ之ヲ起算ス

第六十三條　商法第百六十七條但書ノ規定ハ商法施行前ニ選任シタル取締役及ヒ監査役ニハ之ヲ適用セス

第六十四條　商法施行前ニ選任シタル取締役又ハ監査役ト雖モ其禁治

産ニ因リテ退任ス

第六十五條　商法施行前ニ選任シタル取締役ハ其施行ノ後遲滯ナク定款ニ定メタル員數ノ株券ヲ監査役ニ供託スルコトヲ要ス

第六十六條　商法施行前ニ設立シタル株式會社ニ於テ其施行後ニ株金ノ拂込アリタルトキハ取締役ハ其拂込ノ年月日ヲ株主名簿ニ記載スルコトヲ要ス

第六十七條　商法施行前ニ設立シタル株式會社ノ取締役ハ其施行ノ後遲滯ナク社債ノ總額及ヒ其償還ノ方法ヲ社債原簿ニ記載スルコトヲ要ス

第六十八條　株式會社カ商法施行前ニ其資本ノ半額ヲ失ヒタル場合ニ於テハ取締役ハ商法施行ノ後遲滯ナク株主總會ヲ招集シテ之ヲ報告スルコトヲ要ス

商法施行前ニ會社財産ヲ以テ會社ノ債務ヲ完濟スルコト能ハサルニ至リタル場合ニ於テハ取締役ハ商法施行ノ後遲滯ナク破産宣告ノ請求ヲ爲スコトヲ要ス

第六十九條　取締役カ前三條ノ規定ニ違反シタルトキハ五圓以上百圓以下ノ科料ニ處セラル

第七十條　商法第百七十五條ノ規定ハ商法施行前ニ選任シタル取締役ニハ之ヲ適用セス

第七十一條　舊商法第百八十九條ノ規定ハ商法施行前ニ選任シタル取締役ニノミ之ヲ適用ス

第七十二條　商法施行前ニ舊商法第二百二十八條又ハ第二百二十九條ノ規定ニ依リテ提起シタル訴ニハ商法ノ規定ヲ適用セス

第七十三條　商法施行前ニ選任シタル監査役ハ其任期カ一年ヨリ長キトキト雖モ其任期間在任ス

第七十四條　商法第百九十條ニ掲ケタル書類ハ商法施行前ニ總會招集ノ通知ヲ發シタル場合ニ限リ會日マテニ之ヲ提出スルヲ以テ足ル

第七十五條　商法第百九十六條ノ規定ハ商法施行前ニ本店ノ所在地ニ於テ設立ノ登記ヲ爲シタル株式會社カ其登記後二年以上開業ヲ爲スコト能ハサルモノト認ムル場合ニモ亦之ヲ適用ス

裁判所カ定款ノ規定ヲ認可シタルトキハ取締役ハ二週間内ニ本店及ヒ支店ノ所在地ニ於テ其登記ヲ爲スコトヲ要ス

取締役カ前項ニ定メタル登記ヲ爲スコトヲ怠リタルトキハ五圓以上五十圓以下ノ過料ニ處セラル

第七十六條　明治二十三年法律第六十號ハ商法施行ノ日ヨリ之ヲ廢止ス

第七十七條　株式會社カ商法施行前ニ債券發行ノ認許ヲ得タル場合ニ於テハ舊商法ノ規定ニ依リテ其募集ヲ完了スルコトヲ得

第七十八條　商法第二百四條第一項ノ規定ハ株式會社カ商法施行前ニ債券發行ノ認許ヲ得タル場合ニハ之ヲ適用セス

第七十九條　株式會社カ商法施行前ニ債券發行ノ認許ヲ得タル場合ニ於テ一時ニ全額ノ拂込ヲ爲サシメサルトキハ第一回ノ拂込アリタル後二週間内ニ本店及ヒ支店ノ所在地ニ於テ拂込ミタル金額及ヒ商法第百七十三條第三號乃至第六號ニ掲ケタル事項ヲ登記スルコトヲ要ス

第八十條　商法施行前ニ社債ノ全額又ハ一部ノ拂込アリタルトキハ其施行ノ日ヨリ二週間内ニ本店及ヒ支店ノ所在地ニ於テ拂込ミタル金額及ヒ商法第百七十三條第三號乃至第六號ニ掲ケタル事項ヲ登記スルコトヲ要ス

第八十一條　商法施行前ニ發行シタル債券ハ商法第二百五條ノ規定ニ

進フモ之ヲ改ムルコトヲ要セ
第五十七條但書ノ規定ハ債券ニ之ヲ準用ス
第八十二條　商法第二百九條第二項ノ規定ハ商法施行前ニ假決議ヲ爲シテ未タ其通知ヲ發セサル場合ニモ亦之ヲ適用ス
第八十三條　商法第二百九條第四項ノ規定ハ株式會社カ商法施行前ニ定款變更ノ決議又ハ假決議ヲ爲シタル場合ニハ之ヲ適用セス
第八十四條　株式會社カ商法施行前ニ資本ノ增加若クハ減少ノ決議又ハ假決議ヲ爲シタル場合ニ於テハ舊商法ノ規定ニ依リテ其增加又ハ減少ヲ爲スコトヲ得
商法第百二十八條乃至第百三十條ノ規定ハ前項ノ場合ニ之ヲ準用ス
第八十五條　商法施行前ニ爲シタル決議又ハ假決議ニ依リテ資本ヲ增加シタル場合ニ於テ商法施行前ニ新株ニ付キ拂込ミタル株金額ノ登記ヲ爲ササリシトキハ其施行ノ日ヨリ商法施行後ニ拂込アリタルトキハ其日ヨリ二週間内ニ本店及ヒ支店ノ所在地ニ於テ其登記ヲ爲スコトヲ要ス
第八十六條　株式會社カ商法施行前ニ解散シタル場合ニ於テ未タ解散ノ決議ヲ爲ササルトキハ取締役ハ商法施行ノ後遲滯ナク株主ニ對シテ解散ノ通知ヲ發スルコトヲ要ス
第八十七條　取締役カ前二條ノ規定ニ違反シタルトキハ五圓以上五十圓以下ノ過料ニ處セラル
第八十八條　株式會社ノ清算人ハ株主總會又ハ裁判所カ商法施行前ニ與ヘタル訓示ヲ遵守スルコトヲ要ス
第八十九條　商法施行前ニ舊商法第二百四十二條ノ規定ニ依リテ選任シタル代人ハ商法施行ノ後ト雖モ其權限ヲ保有ス
第九十條　第三十三條ノ規定ハ商法施行前ニ解散シタル株式會社ノ清算人カ爲スヘキ公告ニ之ヲ準用ス
第九十一條　第二十六條、第三十條乃至第三十二條、第三十五條及ヒ第三十六條ノ規定ハ株式會社ニ之ヲ準川ス
第九十二條　商法施行前ニ日本ニ支店ヲ設ケタル外國會社ニ付テハ勅令ヲ以テ特別ノ規程ヲ設クルコトヲ得商法施行前ニ外國人カ日本ニ於テ設立シタル會社及ヒ組合ニ付キ亦同シ
第九十三條　商法施行前ニ舊法中會社ニ關スル罰則ヲ適用スヘキ行爲アリタルトキハ商法施行ノ後ト雖モ其罰則ヲ適用ス
第九十四條　私設鐵道株式會社ニハ明治二十年勅令第十二號私設鐵道條例ノ改正ニ至ルマテ舊商法及ヒ其附屬法令中株式會社ニ關スル規定ヲ適用ス
法律第六十四號ヲ以テ私設鐵道（發布ニ因リ消滅）
第九十五條（三十三年法律第六十九號保險業法第百三條ヲ以テ削除）
第九十六條（同上）
第九十七條（同上）
第九十八條（同上）
第九十九條（同上）
第百條（同上）
第百一條（同上）
第百二條（同上）
第百三條（同上）
第百四條（同上）
第百五條（同上）
第百六條（同上）
第百七條（同上）

第百八條（同上）

第百九條（同上）

第百十條（同上）

第百十一條（同上）

第百十二條（同上）

第百十三條（同上）

第百十四條（同上）

第百十五條（同上）

第百十六條（同上）

第百十七條　明治十年第六十六號布告利息制限法第五條ノ規定ハ商事ニハ之ヲ適用セス

第百十八條　商法施行前ニ設定シタル質權ノ實行ニ付テハ別段ノ意思表示アリタル場合ヲ除ク外競賣法ノ規定ヲ適用ス但取引所ノ相場アル有價證券其他ノ商品ニ在リテハ執達吏ハ取引所ニ於テ之ヲ賣却スルコトヲ得

前項ノ規定ハ留置權者カ其留置物ヲ賣却スル場合ニ之ヲ準用ス

第百十九條　商法施行前ニ發行シタル指圖證券及ヒ無記名證券ニハ本法ニ別段ノ定アル場合ヲ除ク外舊商法ノ規定ヲ適用ス但民法施行法第三十條、第三十一條及ヒ第三十三條ノ準用ヲ妨ケス

第百二十條　商法第二百八十一條ノ規定ハ商法施行前ニ發行シタル指圖證券及ヒ無記名證券ニモ亦之ヲ適用ス

第百二十一條　商法第二百九十九條ノ規定ハ商法施行前ニ約シタル匿名組合ニモ亦之ヲ適用ス

第百二十二條　湖川、港灣及ヒ沿岸小航海ノ範圍ハ遞信大臣之ヲ定ム

第百二十三條　手形ノ所持人ノ其前者ニ對スル償還請求權ハ支拂拒絶證書ノ作成カ商法施行前ニ在リタル場合ニ於テハ其施行ノ日ヨリ支拂拒絶證書ノ作成カ商法施行後ニ在リタル場合ニ於テハ其作成ノ日ヨリ六个月ヲ經過シタルトキハ時效ニ因リテ消滅ス

裏書人ノ其前者ニ對スル償還請求權ハ商法施行前ニ償還ヲ爲シタル場合ニ於テハ其施行ノ日ヨリ商法施行後ニ償還ヲ爲シタル場合ニ於テハ其日ヨリ六个月ヲ經過シタルトキハ時效ニ因リテ消滅ス

商法施行前ニ進行ヲ始メタル時效ノ殘期カ商法施行ノ日ヨリ起算シテ六个月ヨリ短キトキハ時效ハ其殘期ヲ經過スルニ因リテ完成ス

第百二十四條　明治十九年法律第二號公證人規則第二十八條ノ規定ハ公證人カ拒絶證書ヲ作ル場合ニハ之ヲ適用セス

第百二十五條　外國ニ於テ爲シタル手形行爲ノ要件ハ行爲地ノ法律ニ依ル

前項ノ規定ニ拘ハラス外國ニ於テ爲シタル手形行爲カ日本ノ法律ニ定メタル要件ヲ具備スルトキハ外國ノ法律ニ依レハ要件ヲ具備セサルトキト雖モ爾後日本ニ於テ爲シタル手形行爲ハ有效トス日本人ニ對シテ爲シタル手形行爲カ日本ノ法律ニ定メタル要件ヲ具備スルトキ亦同シ

第百二十六條　外國ニ於テ手形上ノ權利ヲ行使又ハ保全スル爲メニ爲ス行爲ノ方式ハ行爲地ノ法律ニ依ル

第百二十七條　商法第五百五十二條第三項ノ規定ハ商法施行前ニ選任シタル船舶管理人ニモ亦之ヲ適用ス

商法第五百五十三條ノ規定ハ商法施行ノ日ヨリ其施行前ニ選任シタル船舶管理人ニモ亦之ヲ適用ス

第百二十八條　商法第五百五十六條ノ規定ハ商法施行前ニ爲シタル船舶ノ賃貸借ニモ亦之ヲ適用ス

第百二十九條 商法第五百五十八條乃至第五百六十八條及ヒ第五百七十條乃至第五百七十四條ノ規定ハ商法施行ノ日ヨリ其施行前ニ選任シタル船長ニモ亦之ヲ適用ス

第百三十條 商法第五百六十二條第一項第二號乃至第五號ニ掲ケタル書類ノ書式ハ遞信大臣ヲ定ム

第百三十一條 委付ノ原因カ商法施行後ニ生シタルトキハ其施行前ニ爲シタル保險契約ニ付テモ被保險者ハ商法ノ規定ニ從ヒテ委付ヲ爲スコトヲ得

第百三十二條 船舶ノ存否カ商法施行ノ日ヨリ六个月間分明ナラサルトキハ未タ舊商法第九百六十六條第一項ノ期間ヲ經過セサルトキト雖モ其船舶ハ行方ノ知レサルモノト看做ス

第百三十三條 商法施行ノ際舊商法第九百六十九條第一項ニ定メタル三日ノ期間カ未タ滿了ニ至ラサルトキハ商法施行ノ日ヨリ三个月内ニ商法第六百七十四條ニ定メタル通知ヲ發シテ委付ヲ爲スコトヲ得

第百三十四條 船舶ノ先取特權ニ關スル商法ノ規定ハ其施行前ニ發生シタル債權ニ付テモ亦之ヲ適用ス

第百三十五條 第三十三條ノ規定ハ商法第六百八十四條第一項ノ規定ニ依リ爲スヘキ公告ニ之ヲ準用ス

第百三十六條 船舶ノ抵當權ニ關スル商法ノ規定ハ商法施行前ニ設定シタル抵當權ニモ亦之ヲ適用ス

第百三十七條 民法施行法第二條、第三條、第三十條、第三十一條、第三十三條、第三十四條、第五十三條及ヒ第五十六條ノ規定ハ商事ニ之ヲ準用ス

第百三十八條 明治二十三年法律第三十二號商法第九百七十八條ヲ左ノ如ク改ム商人カ支拂ヲ停止シタルトキハ裁判所ハ本人又ハ債權者ノ申立ニ因リ決定ヲ以テ破產ヲ宣告ス

裁判所ハ口頭辯論ヲ經スシテ裁判ヲ爲スコトヲ得此裁判ニ對シテハ即時抗告ヲ爲スコトヲ得

第百三十九條 破產宣告ノ申立ヲ爲ス債權者ハ裁判所ノ定ムル所ニ從ヒ破產手續ニ必要ナル費用ヲ豫納スルコトヲ要ス

債權者カ前項ノ費用ヲ豫納セサルトキハ裁判所ハ破產宣告ノ申立ヲ棄却スルコトヲ得

第百四十條 本人カ破產宣告ノ申立ヲ爲シタルトキハ破產手續ニ必要ナル費用ハ假ニ國庫ヨリ之ヲ支辨スルコトヲ要ス債權者カ破產宣告ノ申立ヲ爲シタル場合ニ於テ裁判所カ前條第二項ノ規定ニ依リテ其申立ヲ棄却セサルトキ亦同シ

第百四十一條 裁判所ハ破產事件ニ付キ地方裁判所又ハ區裁判所ニ法律上ノ補助ヲ求ムルコトヲ得

第百四十二條 明治二十三年法律第三十二號商法第千五十一條第五號ヲ左ノ如ク改ム

第五 財產目錄、貸借對照表ノ作成若クハ支拂停止屆出ノ義務ヲ怠リタルトキ又ハ裁判所ノ許可ヲ得スシテ其住地ヲ離レタルトキ

第百四十三條 明治二十三年法律第三十二號商法第千五十四號ヲ左ノ如ク改ム

破產宣告ヲ受ケタル債務者ハ復權ヲ得ルニ非サレハ會社ノ無限責任社員、舊商法ノ規定ニ從ヒテ設立シタル合資會社ノ業務擔當社員株式會社ノ取締役若クハ監査役、清算人、破產管財人又ハ商業會議所ノ會員ト爲ルコトヲ得ス

第百四十四條 明治二十三年法律第三十二號商法第千五十五條第三項ハ之ヲ削除ス

第百四十五條　明治二十三年法律第三十二號商法第千五十九條ヲ左ノ如ク改ム

商人カ商行爲ニ因リテ生シタル債務ニ付キ自己ノ過失ナクシテ支拂ヲ中止セサルコトヲ得サルニ至リタル場合ニ於テ其債權者ノ過半數以上ノ承諾ヲ得タルトキハ營業所ノ所在地又ハ住所地ヲ管轄スル裁判所ハ一年ヲ超エサル範圍内ニ於テ支拂猶豫ヲ與フルコトヲ得

附　則

第百四十六條　本法ハ商法施行ノ日ヨリ之ヲ施行ス

第百四十七條　明治二十三年法律第五十九號商法施行條例ハ第二十條、第二十四條、第二十五條、第三十五條乃至第四十五條及ヒ第四十八條乃至第五十條ヲ除ク外本法施行ノ日ヨリ之ヲ廢止ス但第二十一條乃至第二十三條及ヒ第五十一條ノ規定ハ舊商法ノ規定ニ依ルヘキ場合ニ於テハ仍ホ其效力ヲ存ス

◎改正商法理由

第一編　總則

第七條（法定代理人カ無能力者ノ爲メニ商業ヲ營ム場合ニ於ケル登記ニ關スル規定）

舊商法第七條第一項ハ「後見人カ被後見人ノ爲メニ商業ヲ營ムトキハ登記ヲ爲スコトヲ要ス」ト規定セルモ此規定ハ頗ル狹キニ失ス即チ民法ノ規定ニ於テ無能力者ヲ代表スルニ付キ後見人ト同樣ニ取扱ハルル親權ヲ行フ母、繼父、繼母等ハ本條ニ包含セラレサルナリ故ニ改正商法ハ汎ク「法定代理人」トナシ後見人ト同シク親族會ノ同意ヲ得テ無能力者ノ爲メニ商業ヲ營ム他ノ法定代理人モ亦總テ登記ヲ爲スコトヲ要スル旨ヲ規定セリ而シテ本條第二項ノ改正ハ第一項修正ノ結果ニ過キサルナリ

第二十六條第二項（財產目錄ニ掲クル財產ニ附スヘキ價格ニ關スル規定）

舊商法ハ「財產目錄ニハ動產不動產債權其他ノ財產ニ其目錄調製ノ時ニ於ケル價格ヲ附スルコトヲ要ス」ト規定セリ此規定ハ絕對的ニ公益規定ナリヤ否ヤニ付キ學說岐ル第一說ハ必ス其時價ヲ附セサルヘカラストシ第二說ハ本項ハ固ト公益保護ノ爲メニ設ケラレタルモノナレハ商人カ其財產ニ目錄調製ノ時ニ於ケル價格ヨリ多キ價格ヲ附スルトキハ債權者ハ爲メニ誤ラルヘク殊ニ會社ニアリテハ法律上配當スルコトヲ得サル金額ヲ配當スルニ至リ從テ債權者ヲ害スル虞アルヲ以テ時價ヨリモ高キ價格ヲ附スルコトヲ得ス之ニ反シ時價ヨリモ低キ價格ヲ附スルハ毫モ債權者ヲ害スルノ虞ナキヲ以テ積極的ニ解スヘシト主

張シ解釋上疑アルヲ以テ改正商法ハ此疑ヲ決シ第二説ニ依リタルモノナリ

第二十七條ノ二　（商業帳簿ノ提出ニ關スル規定）

舊商法ハ訴訟上商業帳簿ヲ裁判所ニ提出セシムルコトヲ得ルモノトスルトキハ商業上ノ機密ヲ許ク虞アリトナシ唯舉證者カ民法ノ規定ニ從ヒ提出ヲ要求シ得ヘキトキニ限リ提出セシムルコトヲ得ルモノトナセルモ改正商法ハ之ヲ狹キニ失スルモノトナシ本條ヲ新設シ裁判所ハ申立ニ依リ又ハ職權ヲ以テ訴訟當事者ニ其提出ヲ命スルコトヲ得ルモノト定メタリ而シテ其命令ニ背キタルトキハ別ニ明文ナキモ民事訴訟法第三百四十一條ノ制裁ヲ受クルハ勿論ナリトス

第三十條ノ二　（共同支配ニ關スル規定）

舊商法ニ於テハ支配人ハ各自法定範圍ノ權限ヲ有シ其權限ニ加ヘタル制限ハ之ヲ以テ善意ノ第三者ニ對抗スルコトヲ得ス又之ヲ登記スルコトヲ得サルモノト爲シ一ニ取引ノ安全ヲ圖リ公衆ノ利益ヲ保護セリ故ニ其權限ノ制限ハ主觀的即チ數人ヲ以テ共同支配人ト爲スト客觀的即チ取引ノ方法、種類、時、場所ヲ限ルトヲ問ハス總テ善意ノ第三者ニ對抗スルコトヲ得サルナリ然レトモ此規定ハ公衆ヲ保護スルニ厚クシテ主人ノ利益ヲ無視スルノ結果ヲ生スルヲ以テ適當ニ之ヲ調和スルノ必要アリ然ルニ主觀的制限ハ甚タ簡單ニシテ之ヲ登記シテ第三者ニ對抗シ得ルモノトスルモ何等公衆ヲ害スルノ憂ナキノミナラス却テ權限ノ亂用ヲ防キ主人ヲ保護スルノ所以ナルヲ以テ改正商法ハ共同支配ヲ認メタルモノナリ主人カ共同支配人ヲ選任シタル場合ニ於テハ共同支配人ハ共同スルニ非サレハ主人ノ爲メニ法律行爲ヲ爲スコトヲ得ス然レトモ相手方カ共同支配人ノ一人ニ對シテ爲シタル意思表示ハ主人ニ對シテ效力ヲ生ス是レ共同支配人ヲ認メタル結果トシテ新設セラレタルモノニシテ若シ此ノ如ク規定セサルトキハ相手方ハ共同支配人ノ全部ニ對シテ意思表示ヲ爲ササレハ主人ニ對シテ其效力ヲ生セサルコトトナリ甚タ不便ニシテ且ツ不當ニ相手方ノ利益ヲ害スルニ至ルヘケレハナリ

第三十一條（共同支配ノ登記ニ關スル規定）

本條ハ前條ニ定メタル共同代表權ヲ有スル支配人ノ氏名、住所、其他共同代表ニ關スル事項及ヒ其變更並ニ消滅ハ之ヲ登記スルコトヲ要スル旨ヲ定メタリ

第四十一條（代理商ノ留置權ニ關スル規定）

本條ハ舊商法ニ於テ代理商ノ留置權ノ目的ヲ物卽チ有體物ニ限定セルハ狹キニ失スルヲ以テ物ノ外有價證券ヲモ其留置權ノ目的タルコトヲ得ルモノトセルニアリ惟フニ此規定ハ無記名證券以外ノ有價證券ヲ以テ物ニ非ストスル見解ニ基キタル結果ニシテ其改正ノ要アリヤ否ヤハ要スルニ有價證券ハ其性質上物ニ非サルヤ否ヤヲ定ムル學說ノ當否如何ニヨリテ定マルモノト云フヘキナリ

第二編　會　社

第四十二條（營利ヲ目的トスル社團ニ關スル規定）

會社ナルモノハ商業ヲ營ム社團トシテ發生シ且發達シ來レルモノニシテ會社法ハ此社團ノ組織ヲ規定セ

ルモノナリ然レトモ其營利社團タル以上ハ其目的カ商業タルト然ラサルトニ依リテ其規定ヲ異ニスヘキ理由アルコトナシ我民法第五十三條ハ此趣旨ニ依リテ設ケラレタルモノニシテ近世各國ノ立法モ亦然リ乍併我民法ノ規定ハ洵ニ不完全ニシテ種々ナル疑問ヲ生シ取扱上不便尠カラサルヲ以テ改正商法ハ本條第二項ヲ新設シ「營利ヲ目的トスル社團ニシテ本編ノ規定ニ依リ設立シタルモノハ商行爲ヲ爲スヲ業トセサルモ之ヲ會社ト看做ス」ト規定シ商法適用上ノ疑義ヲ一掃セリ唯此規定ハ實際上ヨリ云ヘハ民法第三十五條ヲ修正スルヲ以テ妥當ナリト信ス

第四十四條ノ二　(會社ノ無限責任社員ニ關スル規定)

舊商法ニ於テ會社カ他ノ會社ノ無限責任社員タルコトヲ得ルヤ否ヤ就中合名會社ノ社員ニ付テ議論ノ存スル處ナリ消極說ハ無限責任社員ハ人的信用ノ要素ヲ必要トスルヲ以テ人的信用ヲ有セサル會社ハ他ノ會社ノ無限責任社員タルコトヲ得ス又法文ノ用語ヨリスルモ會社カ社員タルコトヲ豫想セスト論シ積極說ハ會社ハ其權利能力ニ於テ他ノ會社ノ社員タルコトヲ得ルヲ原則トスルカ故ニ特ニ禁止ノ明文ナキ以上ハ之ヲ否定スルノ理由ナシト論ス改正商法ハ前說ヲ採リ斷然會社ハ他ノ會社ノ無限責任社員タルコトヲ得スト明定シ此論爭ヲ一決シタリ

第四十四條ノ三　(會社ノ合併ニ關スル規定)

異種ノ會社ハ合併スルコトヲ得ルヤ否ヤハ舊商法上明カナラス即チ甲說ハ舊商法ハ各種ノ會社ノ合併ニ付キ總則ニ規定セスシテ各別ニ規定セルノミナラス社員竝ニ株主責任ノ性質上ヨリ推論シテ社員株主ノ

地位ヲ合併ニ因リ無限ニ變更スルヲ得ス且夫レ舊商法ノ合資會社ノ合併規定ハ特別ノ理由ニ基キタルモノナレハ之アルカ爲メニ直チニ舊商法カ異種會社ノ合併ヲ認メタルモノト論斷スルヲ得スト消極的ニ論シ乙說ハ合併ノ性質上特ニ明文ナクンハ異種會社ノ合併ヲ否定スヘキ理由ナク特ニ母法ノ立法上ニ於ケル沿革ト舊商法ノ合資會社合併規定ハ此論據ヲシテ一層明確ナラシムト積極的ニ論定シ學說未タ一定セサル處ナリ改正商法ハ乙說ヲ採リ本條第一項ニ於テ異種會社ノ合併ヲ明定シタリ尙ホ合併ニ因ル會社設立ノ手續ハ新設立ノ手續ニ依ルヘキモノニシテ定款ノ作成其他會社ノ組織ニ必要ナル事項及ヒ設立ノ登記ハ本條第三項ニ依リ各會社ニ於テ選任シタル者共同シテ之ヲ爲スヘキコトヲ明カニセリ

第四十八條ノ二　（許可ヲ要スル事項ノ登記期間ニ關スル規定）

會社法ノ規定ニ依リ登記スヘキ事項ノ登記期間ハ其事故發生ノトキヨリ起算シテ二週間トス然カルニ官廳ノ許可ヲ要スル事項ハ其許可ヲ以テ始メテ其效力ヲ生スルモノナレハ其登記期間ハ許可ノトキヨリ起算シテ二週間ナリト云ハサルヘカラス然ルニ會社ハ其許可書到達ノ後ニ非サレハ之ヲ知ルニ由ナキヲ以テ條理上此場合ニ於テハ其許可書到達ノトキヨリ登記ノ期間ヲ起算スルヲ妥當トス是レ改正ノ理由ニシテ一面民法ノ規定ト其權衡ヲ保持セシムルノ必要ニ基キタルモノナリトス

第五十一條　（登記事項ニ關スル規定）

本條第一項ニ第七號ヲ加ヘタルハ第六十一條ノ二ニ於テ共同代表ヲ認メタル結果トシテ新設セラレタルモノナリ

第六十一條ノ二（共同代表ニ關スル規定）

本條ハ社員相互ノ共同代表又ハ社員カ支配人ト共ニスル共同代表ニ關スル規定ニシテ之ヲ認メタル理由ハ支配人ニ關シ共同支配ヲ認メタルト其理論ニ於テ毫モ異ナル處ナシ而シテ其共同代表ヲ定ムルニハ定款又ハ總社員ノ同意ヲ以テ爲スコトヲ要シ尙ホ共同代表者ノ一人ニ對シテ爲シタル意思表示ハ會社ニ對シテ其效力ヲ生スヘキ旨ヲ明カニセリ

第八十三條ノ二（合名會社ノ組織變更ノ範圍及ヒ方法ニ關スル規定）

舊商法ハ合名會社カ其組織ヲ變更シテ他ノ種類ノ會社ニ變スルコトヲ認メサリシカ改正商法ハ新ニ合資會社ニ變スルノ途ヲ開ケリ然レトモ合資會社以外ニ變スルコトヲ得サルナリ而シテ其組織變更ハ總社員ノ同意ヲ以テ之ヲ爲ス尙ホ一般債權者保護ノ爲メ其承諾ヲ求ムル手續ヲ踐ムヘキ旨ヲ定メタリ

第八十三條ノ三（組織變更ノ登記ニ關スル規定）

本條ハ組織變更ノ場合ニ於テハ登記スルコトヲ要ス卽チ其登記ハ一方合名會社ニ付テハ解散ノ登記ヲ爲シ一方合資會社ニ付テハ第百七條ニ定メタル登記ヲ爲スコトヲ要スル旨ヲ規定セリ

第八十三條ノ四（組織變更ニ關スル規定）

本條ハ總社員ノ同意ヲ以テ新ニ合名會社ニ有限責任社員ヲ加入セシメ在來ノ無限責任社員ト新入有限責任社員トヲ以テ合資會社ヲ組織シ以テ合名會社ノ組織ヲ變更シ得ヘキ旨ヲ定ム本條ニ於テ第八十三條ノ二第二項ニ該當スル規定ヲ置カサルハ合名會社ノ總社員ハ責任ヲ輕減セラルルコトナキヲ以テ債權者保

護ノ必要ナキカ故ナリ

第八十六條

本條ハ清算ニ關スル規定中ニ二个條新設ノ結果改正セラレタルニ過キス

第九十條

本條ハ第九十三條ノ二ニ依リ清算人ニ會社ヲ代表スル權限アルモノト然ラサルモノトヲ定メ且共同代表ヲ認メタル結果改正セラレタルモノナリ尚ホ此等ノ規定ヲ爲シタル場合ニ於テハ其登記ヲ爲スヲ要スルモノト爲セリ

第九十一條

本條ハ第九十三條ノ二新設ノ結果字句ノ改正ヲ爲シタルニ過キス

第九十一條ノ二（清算中ニ於ケル會社債務ノ辨濟ニ關スル規定）

解散ハ破産ノ場合ヲ除ク外會社ノ債務ニ影響ヲ及ホスコトナク從テ會社ハ期限ノ利益ヲ失フモノニ非ス然レトモ會社ヲシテ期限ノ利益ヲ固持セシムルトキハ狡猾ナル清算人ハ不當ニ清算ヲ遲延セシメ會社債權者及ヒ他ノ社員ヲ害スルコトアルヲ以テ改正商法ハ其期限ニ至ラサル債權ト雖モ之ヲ辨濟スルコトヲ要スト定ム加之條件附債權又ハ存續期間ノ不確定ナル債權ノ評價辨濟ヲ爲スコトヲ要スト規定ス是レ破産ノ場合ニ於テ債務カ期限到來シタルモノト看ルト同一精神ニ出テタルモノナリ

第九十三條

本條ハ第九十三條ノ二ノ規定ニ依リ清算人ハ必スシモ會社ヲ代表スル權利ヲ有スルコトヲ要セサルニ至リタル結果トシテ之ト反對ノ趣旨ヲ有スル規定ヲ削除シタルニ外ナラス

第九十三條ノ二

舊商法ニ於テハ會社ノ清算人ハ各自會社ヲ代表スルモノト爲セシカ改正商法ハ清算人中ニ會社ヲ代表スル權限ヲ有スルモノト其權限ヲ有セサルモノトヲ定メ又數人ノ清算人ヲシテ共同シテ會社ヲ代表スル權限ヲ有セシムルコトヲ得ヘキモノトシ清算人ニ付テモ亦共同代表ヲ認メタルモノナリ

第九十七條

本條ノ改正ハ第九十條ノ改正ノ結果ニシテ卽チ清算人ニ付キ登記シタル事項ニ變更ヲ生シタルトキハ其登記ヲ爲スヘキコトヲ明カニセリ

第九十九條ノ二　（會社設立ノ無效ニ關スル規定）

本條以下五條ハ會社立ノ無數ナル場合ニ於ケル新規定ナリ凡ツ會社ノ設立行爲カ無效ナルトキハ法律上會社ナルモノ存在スルコトナシ從テ會社ノ法律關係アルノ理ナシ乍併會社カ一旦成立シタルモノトシテ事業ニ着手シタルトキハ會社ハ事實上存在シテ幾多ノ關係ヲ發生スルハ實ニ已ムヲ得サルノ結果ナリ然ルニ純理上無效ナリトシテ一般法律行爲ノ無效ノ規定ニ依ラシメントスルハ理ニ偏シテ其實ヲ忘レタルモノト云ハサルヘカラス是レ舊商法ニ於ケル一缺點タルヲ以テ改正商法ハ此點ニ着眼シ救濟規定ヲ設ケタリ先ツ本條ニ於テハ會社ノ設立ノ無效ナルコトヲ發見シタル社員ニ限リ訴ヲ以テ其設立ノ無效ヲ主張

スルコトヲ得ヘキコトヲ明カニセリ

第九十九條ノ三　（設立無效ノ訴ノ管轄及ヒ辯論ニ關スル規定）

前條ニ依リ提起シタル訴ハ之ヲ本店所在地ノ裁判所ノ管轄ニ專屬セシメ且其裁判及ヒ辯論ハ之ヲ合併シテ爲スヘキモノト爲シ以テ判決ノ牴觸ヲ防キタルモノナリ

第九十九條ノ四　（設立無效ノ判決ノ效力ニ關スル規定）

本條ハ設立無效ノ判決ニ絕對的ノ確定力ヲ附シ其判決ニ基キ終局ノ淸算ヲ遂ケシムル爲メ一旦設立ヲ無效トスル判決ヲ確定シタルトキハ訴訟當事者ニ非サル他ノ社員ト雖モ其判決ヲ抗爭スルコトヲ得サル旨ヲ明カニシ且第二項ニ於テ原告カ敗訴シタル場合ニ於テ惡意又ハ重大ナル過失アリタルトキハ會社ニ對シ連帶シテ損害賠償ノ責ニ任スヘキモノト爲シ以テ濫訴ノ弊ヲ防カンコトヲ圖レリ

第九十九條ノ五　（設立無效ノ場合ニ於ケル登記ニ關スル規定）

本條ハ會社ノ設立ヲ無效トスル判決確定シタル場合ニ於テ其登記ヲ爲スコトヲ要スル旨ヲ規定セリ而シテ本條ニ於テ登記スヘキ期間ヲ定メサルハ之ヲ以テ囑託登記ト爲スノ意味ナルヘシ

第九十九條ノ六　（設立無效ノ場合ニ於ケル淸算ニ關スル規定）

本條ハ設立ヲ無效トスル判決カ確定シタルトキハ解散ノ場合ニ準シテ淸算ヲ爲スコトヲ要スル旨ヲ定メ且設立ヲ無效トスル判決前ニ會社ト第三者トノ間ニ成立シタル行爲ノ效力ニ影響ナキ旨ヲ明カニセリ

第百條　（會社設立ノ取消ニ關スル規定）

會社設立行爲カ取消得ヘキ行爲ナル場合ニ於テモ取消サレタルトキハ無效ノ場合ト同一ナラサルヘカラス舊商法ハ此場合ニ付キ規定ヲ設ケタルモ其規定不完全ナリシヲ以テ改正商法ハ無效ニ關スル前條ノ規定ヲ準用シ以テ重複ヲ避ケ同時ニ登記ノ制度ヲ定メタルモノナリ

第百十八條ノ二（合資會社ノ組織變更ニ關スル規定）

會社ノ組織變更ニハ積極的變更即チ會社カ進ミテ其組織ヲ變更シテ之ヲ他種ノ會社ト爲スモノ（狹義ノ組織變更）ト消極的變更即チ會社カ其本來ノ組織ヲ缺クニ至リタル場合ニ於テ尙ホ他種ノ會社ニ相當セル組織狀態ヲ有スルトキニ之ヲ他種ノ會社ト爲スモノトノ二種アリ舊商法カ合資會社ニ付キ唯消極的變更ノ場合ノミヲ認メタルハ甚タ狹キニ失スルヲ以テ改正商法ハ進ミテ合名會社ト爲スコトヲ得ル積極的變更ノ一場合ヲ認メ同時ニ合資會社ノ組織變更ノ登記手續ヲ規定シタリ

第百二十六條（株式申込證ノ記載事項及ヒ株式申込ノ取消ニ關スル規定）

本條第一項ニ於テハ株式申込人ハ株式申込證ニ住所ヲ記載シ之ニ依リ自己ニ對スル通知及ヒ催告ヲ受クヘキ場所ヲ一定スルコトヲ要スル旨ヲ定メ第二項ニ於テハ株式申込ノ取消ニ關スル規定ヲ改メタリ蓋シ舊商法ノ規定ハ甚タ不完全ナリ其取消シ得ヘキ期間ヲ一定スルカ如キハ時宜ニ適セス何トナレハ設立スヘキ會社ノ性質ニ因リテ自カラ千差萬別ナルヘケレハナリ加之株式申込人ハ總株ノ引受アルマテハ幾年ヲ經過スルモ其申込ニ拘束セラルルヤ否ヤ明カナラス株式申込人ハ固ヨリ永久ニ此ノ如キ義務ヲ負ハンコトヲ欲スルモノニ非サルヲ以テ適當ノ期間內ニ會社成立セサルトキハ其申込ヲ取消シ得ヘキモノトスルヲ

妥當トス然レトモ各場合ニ一定スルハ不可ナルヲ以テ本條ヲ改正シ株式申込證ニ「一定ノ期間マテニ會社カ成立セサルトキハ株式ノ申込ヲ取消スコトヲ得ヘキコトヲ記載スルコトヲ要ス」ト定メ舊法第百四十條ヲ削除シタルモノナリ

第百二十六條ノ二

本條ハ株式申込人又ハ株式引受人ニ對スル通知及ヒ催告ハ株式申込證ニ記載シタル住所又ハ其者カ會社ニ通知シタル住所ニ宛テ發スルヲ以テ足ルヘキコトヲ明カニシ以テ眞ノ住所ヲ調査スルノ煩ヲ省キタリ

第百三十一條

本條ノ改正ハ株主總會無效ノ訴ニ關スル第百六十三條ノ改正及ヒ第百六十三條ノ二以下ノ新設ニ伴ヒ創立總會ニ準用スヘキ株主總會ノ規定ヲ增加シタルモノナリ

第百四十條

本條ヲ削除シタルハ第百二十六條第二項ノ改正ノ結果ニ外ナラス

第百四十一條

本條第一項ニ第八號及ヒ第九號ヲ追加シタルハ取締役ノ會社代表ニ關スル第百七十條ノ規定ヲ改正シタル結果ニ過キス

第百四十二條ノ二　（發起人ノ責任ニ關スル規定）

發起人ハ會社設立行爲ニ因リテ會社、株主、第三者、株式申込人ニ對シテ特別ナル法律關係ニ立テル者ニ非サルヲ以テ發起人ノ責任ハ特別ノ明文ナキ以上ハ一般不法行爲ノ原則ニ因リ決セサルヘカラス故ニ之ニ關スル特別規定ヲ設クルノ必要アリ然ルニ舊商法ノ規定ハ甚タ不完全ニシテ往々奸惡ナル發起人ノ乘スル所トナリ公衆ヲ害スルコトアルヲ以テ改正商法ハ此缺點ヲ補正センカ爲メ發起人ノ責任ヲ最モ明確ナラシムル爲メ詳細ナル規定ヲ新設シタリ

先ツ本條ニ於テハ發起人ハ設立ニ關シ其任務ヲ怠リタル場合ニ於テハ連帶シテ損害賠償ノ責任ヲ負フノミナラス惡意又ハ重大ナル過失アリタルトキハ第三者ニ對シテモ連帶シテ損害賠償ノ責任アルコトヲ明カニセリ

第百四十二條ノ三（會社カ成立セサル場合ニ於ケル發起人ノ責任ニ關スル規定）

舊商法ニ於テハ會社カ成立スルニ至ラサリシ場合ニ於ケル發起人ノ責任ニ付キ何等規定スル所ナカリシカ改正商法ハ發起人ハ設立ニ關シテ爲シタル行爲ニ付キ連帶シテ其責ニ任シ設立ニ要シタル費用ハ發起人ノ共同負擔タルコトヲ明カニシタリ

第百四十二條ノ四（會社ノ設立ニ關スル取締役及ヒ監査役ノ責任ニ關スル規定）

本條ハ取締役及ヒ監査役カ會社ノ設立ニ關スル第百三十四條第一項ニ於ケル調査ノ任務ヲ怠リタルニ因リ會社又ハ第三者ニ對シテ損害賠償ノ責ニ任スヘキ場合ニ於テ發起人モ亦其事項ニ付キ共同ノ責任アルトキハ此等共同ノ責任者ハ各自連帶シテ其責ニ任スヘキモノナルコトヲ明カナラシムル爲メ設ケタルモノナリ

第百五十條

舊商法ハ記名株式ノ讓渡ヲ以テ會社其他ノ第三者ニ對抗スルニハ讓受人ノ氏名、住所ヲ株主名簿ニ記載シ且株券ノ書換ヲ爲スコトヲ必要トセシカ改正商法ハ其「讓渡」ト在ルヲ「移轉」ト「讓受人」ト在ルヲ「取得者」ト改メ此規定ノ適用ヲ相續又ハ會社ノ合併ニ因ル權利ノ承繼ノ如キ法律上ノ原因ニ基キテ株式ヲ移轉スル場合ニモ亦其必要アルコトヲ明カニセリ

第百五十二條（株金拂込滯納株主ニ對スル失權手續ニ關スル規定）

株金拂込滯納株主ノ有スル株券ノ上ニ質權ヲ有スル者又ハ白紙委任狀ニ依リ其株券ヲ取得シタル者ヲシテ失權スヘキ旨ヲ知ラシムルノ方法ヲ講セサルハ時宜ニ適セサルヲ以テ本條ハ株金ノ拂込ヲ怠リタル株主ニ對シ再度ノ催告ヲ爲スニ當タリ其催告ニ應シテ拂込ヲ爲サザルトキハ株主ノ權利ヲ失フヘキ旨ヲ通知スヘキモノトシ且此場合ニ於テハ其事項ハ公告スルコトヲ要スル旨ヲ定メタリ

第百五十三條ノ二（株主失權ノ公告ニ關スル規定）

本條ハ前條ト同一ノ趣旨ニ基キ株主カ株金ノ拂込ヲ爲サザル結果株主タル權利ヲ失ヒタル場合ニ於テ株式ノ上ニ權利ヲ有スルモノヲシテ失權ノ事實ヲ知ラシムル爲メ會社ハ遲滯ナク其株主ノ氏名、住所及ヒ株券ノ番號ヲ公告スヘキコトヲ明カニセリ

第百五十四條

本條ハ第百五十三條ノ二ヲ改正シタル結果ニ伴フ字句ノ改正ヲ爲シタルニ過キス

第百五十五條ノ二　（無記名株主ノ株券供託ニ關スル規定）

舊商法ニ於テ株主カ株主總會決議無效宣告ノ請求及ヒ取締役、監査役ニ對スル起訴ノ請求ヲ爲スニハ其株券ノ供託ヲ爲スヘキ事ヲ規定セリ然レトモ此供託ノ規定ハ第百五十條ノ規定ニ依リ記名株主ニ對シテハ何等ノ實益ナク而シテ無記名株主ニ供託ヲ命スルノ必要ハ獨リ前示三場合ノミニ限ラサルヲ以テ改正商法ハ「無記名式ノ株券ヲ有スル者カ株主ノ權利ヲ行ハントスルトキハ其權利ノ行使ニ必要ナル員數ノ株券ヲ供託スルコトヲ要ス」ト定メタリ乍併此規定ハ稍廣キニ失シタルノ嫌アルモノノ如シ

第百五十六條

本條ノ改正ハ舊商法ニ所謂「總會ノ目的及ヒ總會ニ於テ決議スヘキ事項」トハ會議ノ目的タル事項ナルコトヲ疑ヒナキヲ以テ單ニ文字ヲ修正シタルニ過キス

第百五十八條　（定時總會ニ關スル規定）

舊商法第百五十八條第一項ハ往々ニシテ定時總會ノ權限ヲ定メタルモノナリトノ誤解ヲ生ス定時總會ノ決議ハ必スシモ之ニ限ルモノニ非サルコト明カナリ唯本項ハ定時總會ノ專屬事項ヲ定メタルモノト見ルヲ正當トス而カモ定時臨時ノ區別ハ單ニ開會時期ノ區別ニ過キサルヲ以テ此ノ如キ專屬事項ヲ定ムルノ必要ナク且第百九十二條ノ存スル以上ハ同項ヲ存スルノ必要ヲ認メサルヲ以テ改正商法ハ之ヲ削除シタリ而シテ第二項ハ改正商法カ第百六十條ノ二ヲ新設シタル結果當然之ヲ削除シタルモノトス

第百六十條
本條ハ第百五十六條ニ於テ新ニ用キタル「會議ノ目的タル事項」ナル文字ト用語ヲ一致セシムル爲メ改正シタルニ過キス
第百六十條ノ二　（檢査役選任ニ關スル規定）
舊商法第百五十八條第二項ノ檢査役選任ノ必要ハ必スシモ定時總會ニ限ラサルヲ以テ之ヲ削除シ本條ヲ新設シ總テノ株主總會ニ於テ之ヲ爲シ得ヘキコトヲ定メタルモノナリ
第百六十一條
本條ハ第百五十五條ノ二ノ規定新設ノ結果株主カ其議決權ヲ行フ爲メニ無記名株劵ノ供託ヲ爲スノ必要アルコトハ當然ト爲リタルヲ以テ其供託ノ期間ニ關スル點ハ之ヲ存置スルノ必要アルモ其他ノ點ハ重複ヲ避クル爲メ之ヲ削除シタルモノナリ
第百六十三條　（株主總會ノ決議無效ノ訴ニ關スル規定）
本條ノ改正ハ第一項ニ於テ株主ニ非サル取締役及ヒ監査役ニ決議無效ノ訴權ヲ與ヘ第二項ニ於テ株主ノ訴權ニ制限ヲ加ヘ第三項ニ於テ決議無效ノ訴ハ會社ノ本店ノ所在地ノ地方裁判所ノ管轄ニ專屬シ且數個ノ訴カ同時ニ繫屬シタルトキハ判決ノ牴觸ヲ避クル爲メ辯論及ヒ裁判ハ之ヲ併合スヘキモノナルコトヲ明カニシ何レモ舊商法ノ缺點ヲ補ヘリ
第百六十三條ノ二　（決議無效ノ訴ノ提起期間ニ關スル規定）

本條ハ一決議無效ノ訴ハ決議ノ日ヨリ一ケ月內ニ提起スヘキ旨ヲ定メ二訴ノ提起期間經過後ニ非サレハ口頭辯論ヲ開始スルコトヲ得サルモノトシ三株主ト取締役ト相謀リテ他ノ株主ノ不知ノ間ニ決議無效ノ判決ヲ受ケ以テ不法ニ決議ノ效力ヲ打破スルノ弊ヲ沮遏センカ爲メニ訴ノ提起及ヒ口頭辯論ノ期日ハ取締役遲滯ナク之ヲ公告スヘキモノト爲シ何レモ舊商法ノ缺點ヲ補ヘリ

第百六十三條ノ三

舊商法第百六十三條第三項ニ於テハ決議無效ノ訴ヲ提起シタル株主ハ其株劵ヲ供託シ且擔保ヲ供スルコトヲ定メタリシカ記名ノ株劵ニ付テハ此供託ハ無意議ナルヲ以テ改正商法ハ單ニ會社ノ請求ニ因リ相當ノ擔保ヲ提供セサルヘカラストシ唯其株主カ取締役又ハ監査役ナルトキハ擔保ヲ供スルコトヲ要セサルモノト爲シタリ

第百六十三條ノ四

本條ハ登記シタル事項ニ關スル決議ヲ無效トスル判決アリタル場合ニ於テハ其事項ノ登記ヲ本店及ヒ支店ノ所在地ニ於テ爲スヘキ旨ヲ規定シ舊商法ノ缺點ヲ補ヘリ

第百六十四條　（取締役ト會社トノ關係ニ關スル規定）

舊商法ニ於テ會社ト取締役トノ關係カ契約關係ナリヤ否ヤニ付テ議論アリシヲ以テ改正商法ハ多數學說ニ從ヒ委任關係ナリト規定シ以テ其疑義ヲ一掃シタルモノナリ

第百六十六條　（取締役ノ任期ニ關スル規定）

舊商法ニ於テハ「取締役ノ任期ハ三年ヲ超ユルコトヲ得ス但任期滿了後之ヲ再選スルコトヲ妨ケス」ト規定セリ然レトモ任期滿了後ノ再選ハ事理ノ當然ナルヲ以テ改正商法ハ之ヲ削除シタリ且如何ナル場合ニ於テモ任期ノ經過ヲ以テ直チニ終了スルモノト爲ストキハ却テ實際ニ適セサル場合アルヲ以テ「定款ヲ以テ任期中ノ最終ノ配當時ニ關スル定時總會ノ終結ニ至ルマテ其任期ヲ伸長スルコトヲ妨ケス」ト規定シ實際ノ場合ニ適合スルコトヲ努メタリ

第百六十七條ノ二　(取締役ノ任期終了ニ關スル規定)

取締役退任ノ結果其定員ヲ缺クニ至リタルトキト雖モ單獨代表又ハ單獨執行ノ場合ニ在リテハ會社ノ業務上支障少シト雖モ取締役ノ全員一時ニ退任シ又ハ共同代表共同執行ノ場合ニ在リテハ一時業務休止ノ已ムヲ得サルニ至ルヘキヲ以テ後任者ノ就職スルマテ退任者ヲシテ其權利義務ヲ保有セシメ以テ會社ノ業務繼續ニ差支ヘナカラシメンカ爲メ本條ヲ新設シタルモノニシテ實際上當ヲ得タル規定ナリト云フヘシ

第百七十條　(共同代表ニ關スル規定)

本條ノ改正ハ共同支配ヲ認メタルト同趣旨ナリトス

第百七十二條ノ二

本條ハ會社ノ株主ニ對スル通知又ハ催告ハ株主名簿ニ記載シタル株主ノ住所其他株主カ會社ニ通知シタル住所ニ宛ツルヲ以テ足ルト定ム是レ會社ヲシテ株主ノ眞ノ住所ヲ搜索スルノ勞ヲ省カシメンカ爲メ設

ケタルモノニシテ第二項ハ右ノ通知又ハ催告ハ通常其到達スヘカリシ時ニ到達シタルモノト看做スト規定ス蓋シ實際上ノ必要ニ基キタルモノナリ

第百七十三條　（社債原簿ニ記載スヘキ事項ニ關スル規定）

本條ハ社債ノ分割拂込ヲ認メタル結果トシテ設ケラレタルモノナリ

第百七十六條　（取締役ト會社トノ取引ニ關スル規定）

舊商法ハ「取締役ハ監査役ノ承認ヲ得タルトキニ限リ自己又ハ第三者ノ爲メニ會社ト取引ヲ爲スコトヲ得」ト規定セルヲ以テ取締役ハ監査役ノ承認ヲ得タルトキハ會社ヲ代表シテ自己ト取引ヲナシ得ルモノト云ハサルヘカラス然ルニ大審院ハ此種ノ取引ハ民法第百八條ニ依リ無效ナリト判決シ彼是レ實際上疑義尠カラサルヲ以テ改正商法ハ本條ノ末尾ニ一句ヲ加ヘ其取引ヲ有效ト認メタリ

第百七十七條　（取締役ノ責任ニ關スル規定）

本條ハ取締役ノ責任ニ關スル舊商法ノ規定ハ不完全ナリシヲ以テ取締役カ其任務ヲ怠リタルトキハ會社ニ對シテ連帶責任アル旨ヲ定メ其法令又ハ定款ニ反スル行爲ヲ爲シタルトキハ縱令株主總會ノ決議ニ依リタル場合ト雖モ第三者ニ對シテ連帶責任アルコトヲ規定セリ然レトモ此連帶責任ハ其責任ノ歸スル行爲ヲ爲シタル取締役間ニ存スルモノニシテ他ノ取締役ニ及ハサルナリ而シテ舊商法ハ取締役ハ株主總會ノ不法決議ニ對シテ異議ヲ述ヘ且之ヲ監査役ニ通知シタルトキハ其責任ナキ旨ヲ規定セルモ之ハ理論ニ合セサルヲ以テ改正商法ハ之ヲ削除シタリ要スルニ本條ハ舊商法カ取締役ノ會社ニ對スル責任ヲ明示セ

ス從テ契約論者ト非契約論者トカ勢ヒ其論結ヲ異ニシ疑議少カラサルノミナラス取締役ノ連帶責任ヲ認メサルハ時宜ニ適セス往々ニシテ會社及ヒ第三者ヲ害スルコト在ルヲ以テ改正ヲ加ヘタル所以ナリ

第百七十八條

本條改正ノ理由ハ第百六十三條ノ改正ト其趣旨ヲ同シフス

第百八十條（監査役ノ任期ニ關スル規定）

舊商法カ監査役ノ任期ヲ一年トシ其伸縮ヲ許ササルハ不便ニシテ何等立法上ノ理由ヲ發見スルヲ得ス故ニ改正商法ハ「二年ヲ超ユルコトヲ得ス」ト定メ其伸縮ヲ許シタルハ至當ナリ尙ホ舊商法ハ本條但書ニ於テ任期滿了ノ後再選スルコトヲ妨ケストセルモ此ハ至當ナルヲ以テ之ヲ削除シタリ

第百八十六條

舊商法ニ於テハ監査役ト取締役ト共ニ責任アル場合ニ於ケル二者ノ關係ヲ規定セサルヲ以テ改正商法ハ此ノ如キ場合ニ在リテハ兩者ヲ通シテ連帶責任アルコトヲ定メタルモノニシテ妥當ナル規定ナリトス

第百八十七條

本條ノ改正モ亦第百六十三條ノ三及ヒ第百七十八條ノ改正ト其趣旨ヲ同シフスルモノナリ

第百八十八條（監査役ト會社トノ關係ニ關スル規定）

舊商法ハ監査役ハ破産又ハ禁治産ニ依リテ退任スヘキモノトス然レトモ既ニ監査役ニ對シテ受任者ニ關スル民法ノ適用アリトスル以上ハ其任務終了ノ原因ニ付テモ民法ノ規定ニ從フヘク特ニ本條ノ規定ヲ要

セサルヲ以テ改正商法ハ之ヲ削除シタリ

第百八十九條

本條ノ改正ハ第百六十六條第二項、第百六十七條ノ二ノ新設及ヒ第百七十七條ノ改正ニ伴フモノナリ

第百九十八條

舊商法ニ於ケル株主總會ノ檢査役選任ノ權限ハ狹キニ失スルヲ以テ改正商法ハ第百六十條ノ二ノ規定ニ加フルニ本條ノ場合ニ於テモ總會ハ檢査役ヲ選任スルコトヲ得ヘキモノト爲セリ

第二百條ノ二 （社債ノ募集ニ關スル規定）

本條新設ノ理由ハ社債ノ分割拂込ヲ認メタル、モ其拂込ヲ了シタル後ニ非サレハ社債ヲ募集スルコトヲ得サルモノトシ此點ニ關スル舊商法ノ規定ノ趣旨ト異ナラサルコトヲ明カニスルニ在リ

第二百三條

舊商法ニ於テハ社債募集ニ關シテハ目論見書主義ヲ採リ法定事項ノ公告ヲ必要トセシカ改正商法ハ社債引受ノ確實ヲ保障スル爲メ株式ト同シク申込證ニ依ルヘキモノト爲セリ

第二百三條ノ二

本條ハ契約ニ依リ社債ノ總額ヲ一手ニ引受クヘキ場合及ヒ社債募集ノ委託ヲ受ケタル者カ自ラ社債ノ一部ヲ引受クヘキ場合ニハ社債申込證ヲ要セサルコトヲ明カニシタル新設規定ナリ

第二百四條 （社債ノ分割拂込ニ關スル規定）

舊商法ハ社債ノ分割拂込ヲ認メス是レ偏ニ現在ノ必要額ヲ超過シテ社債ヲ募集スルトキハ諸種ノ弊害ヲ惹起ストノ理由ナリト雖モ此理由ヲ以テシテハ到底其分割拂込ヲ否認スルノ理由ト爲スニ足ラス卽チ短期間內ノ分割拂込ヲ許スモ何等支障ナキノミナラス現在ノ所要額ト將來ノ所要額トヲ豫想シ併セテ之ヲ募集シ其募集ノ費用ト手數トヲ省略シ逐次其所要ニ應シテ拂込マシムルハ實際ニ於テ頗ル必要ナルコトハ爭フヘカラス是レ改正商法カ分割拂込ヲ爲スコトヲ得ヘキ旨ヲ規定シタル所以ナリ

第二百四條ノ二　（社債ノ間接募集ニ關スル規定）

本條ハ社債募集ノ委託ヲ受ケタル者カ社債ノ募集ヲ爲ス方法ヲ定ム卽チ社債募集ノ委託ヲ受ケタル者ハ自己ノ名ヲ以テ社債申込證ヲ作成シ且社債ノ拂込ヲ爲サシムルコトヲ得ヘキ旨ヲ明カニシ以テ舊法ノ缺點ヲ補ヒ一ニ取引ノ便宜ヲ圖リタルモノナリ

第二百四條ノ三　（社債ノ登記ニ關スル規定）

本條第一項ノ改正ハ改正商法カ分割拂込ヲ認メタル結果ニシテ又本條第二項及ヒ第三項ノ改正ハ舊商法ノ缺點ヲ補ヒタルモノナリ

第二百五條

本條第一項モ亦改正商法カ分割拂込ヲ認メタル結果新ニ設ケタル規定ニシテ第二項ハ字句ニ修正ヲ加ヘタルニ止マリ其內容ヲ變更シタルニ非ス

第二百六條　（記名社債ノ移轉ニ關スル規定）

本條ノ改正ハ改正商法第百五十條ト其趣旨ヲ同フシ汎ク契約以外ノ移轉ノ對抗條件ヲ定メタルニ外ナラス

第二百七條ノ二

本條ニ於テ第百七十二條ノ二ヲ準用シタル趣旨ハ實際ノ必要ニ應シタルニ外ナラス

第二百八條　（定款變更ニ關スル總會招集ノ通知ニ關スル規定）

改正商法ハ總會招集ノ通知又ハ公告ニハ會議ノ目的タル事項ヲ記載スヘキモノト爲ス然ルニ定款變更ノ爲メニスル總會ノ招集ニ付テハ唯單ニ定款ノ變更ヲ目的トスヘキ旨ヲ記載スルヲ以テ足レリヤ將又變更セラルヘキ規定ノ全部ヲ記載スルコトヲ要スルヤ疑ナキヲ保セサルヲ以テ本項ヲ新ニ設ケタル所以ナリ

第二百九條

舊商法ハ定款變更ヲ決議スル總會ノ定足數ヲ總株主ノ半數以上ニシテ且資本ノ半額以上ニ當タル株主ノ出席ヲ要スル旨ヲ定ム然レトモ無記名株式ニ何等ノ規定存セサルヲ以テ無記名株ヲ發行シタル場合ニ於テ出席株主カ果シテ定數ニ達シタリヤ否ヤヲ知ル能ハサルヲ以テ定款變更ノ會議ヲ開クコトヲ得サルノ缺點アリ改正商法ハ此場合ニ於テ無記名株主ニシテ供託ヲ爲ササル者ハ總株主ノ員數ニ算入セサル旨ヲ新ニ規定シ其缺點ヲ補正セリ其他ハ文字ノ修正ヲ加ヘタルニ過キス

第二百十二條ノ二

舊商法ハ有價物出資者ニ與フル株式數ノ相當ナリヤ否ヤハ資本增加實行ノ最後ノ決議ヲ爲スヘキ株主總會ニ於テ調査スルコトヲ規定セリ然レトモ斯クテハ會社ハ所期ノ有價物ヲ得ル能ハサルノ不便アルヲ以テ寧ロ資本增加ヲ決議スル當初ノ株主總會ニ於テ調査スルヲ相當トシ始メヨリ引受人ノ權利ヲ確定スルコトト爲セリ

第二百十二條ノ三（資本增加ノ場合ニ於ケル株式申込證ニ關スル規定）

舊商法ニ於テハ新株申込證ニ付キ規定ヲ缺如セルヲ以テ本條ハ之ヲ補ヒタルモノトス卽チ會社設立ノ場合ト新株募集ノ場合トニ於テ全ク別種ノ申込方法ニ依ラシムルノ理由ナキノミナラス舊商法ノ下ニ於テハ疑問アルヲ以テ之ヲ明定シタル所以ナリ

第二百十四條

本條第三號ヲ削除シタル理由ハ第二百十二條ノ二ヲ設ケタルノ結果ナリトス

第二百十五條

理由前條ト同一ナリ

第二百十七條

本條ノ改正ハ同時ニ數種ノ優先株ヲ發行スル場合アルコトヲ豫想シ舊商法ノ如ク唯優先株主ノ權利ノ內容ヲ登記スルノミニテハ足ラサルヲ以テ各種ノ株式ノ數ヲモ登記スヘキモノトシ且資本增加ノ登記ニ付テモ登記事項ニ變更ヲ生シタル場合ニ於テ爲スヘキ登記期間ヲ定メタルモノナリ

第二百十九條

本條ハ資本增加ニ關スル規定改正ノ結果トシテ準用法條ニ變更ヲ生シタルモノナリ

第二百二十條ノ二　（資本減少ノ場合ニ於ケル株式併合ニ關スル規定）

本條以下三條ハ改正商法ノ新設ニシテ舊商法ニ於テハ資本減少ノ場合ニ於ケル株式併合ノ强制規定ナシ故ニ原始定款ニ定ナキ場合ニ於テハ株主全員ノ承諾ナキトキハ併合スル能ハサル結果トナリ實際上甚タ不便ナルカ故ニ之ヲ規定スルノ必要ニ出テタルモノニシテ本條ハ會社カ其株式ノ併合ヲ實行スル場合ノ併合手續タル通知方法及ヒ其期間ヲ定メタルモノナリ

第二百二十條ノ三

本條ハ會社カ前條ノ手續ヲ實行セントスル場合ニ於ケル爾後ノ效果及ヒ會社カ株式併合ノ實行方法ヲ規定セルモノニシテ會社ノ提供ノ通知ニ對シ之ニ應セサルトキ又ハ併合ニ適セサル株アルトキニ株主ハ其權利ヲ失フヘキモノトシ會社ハ此等ノ株數ニ對スル新株ヲ競賣シ且株數ニ應シテ代金ヲ前株主ニ交付スヘキ旨ノ手續ヲ規定シ併合實行ノ方法ヲ定メタルモノナリ

第二百二十條ノ四

記名株式ニ對スル强制併合ノ規定ヲ新設シタルヲ以テ無記名株主ニ對スル公告ノ方法ヲモ規定スルノ必要上本條ニ於テ公告ノ方法效果ヲ記名株式ノ場合ト同一趣旨ニヨリ規定セルモノナリ

第二百二十條ノ五

本條ハ株式併合ノ爲メニ消滅シタル從前株式上ニ有セシ質權ノ物上代位ノ法則ヲ認メタルモノニシテ適當ノ規定ナリト云フヘシ

第二百二十三條

本條ノ削除ハ會社ノ合併ニ際シ先ツ記名株式ノ讓渡ヲ禁止スヘキヤ否ヤハ定款ニ依ルヲ至當トシ法律ヲ以テ定ムルノ要ナク又合併實行ノ爲ニハ合併決議後ト雖モ自由ニ讓渡スルヲ得シムルヲ適當トセシニ因ル

第二百二十五條

本條改正ハ會社合併ノ場合ニ於ケル株式ノ併合ハ資本減少ノ場合ト何等差異ヲ設クルノ理由ナキヲ以テ其手續及ヒ效果ヲ同樣ニ規定スルノ必要ニ出テタルモノナリ

第二百二十七條

本條第二項ノ削除ハ本條ノ趣旨ヲ擴張シ第二百三十四條ニ收メタルニ因ルモノナリ

第二百二十七條ノ二

改正商法ハ淸算中ニ在リテモ定時總會ヲ開キ淸算事務ノ認否ヲ決シ之ヲ監督スルコトヲ得シムル爲メ規定ヲ設ケタルニ因リ本條ニ於テモ其總會ニ提出スヘキ書類ニ付キ規定ヲ設ケタルモノナリ

第二百三十條

本條第二項ノ削除ハ第二百二十七條第二項削除ト同一ノ理由ニ出テタルモノナリ

第二百三十一條

舊商法ニ於テ淸算人ハ決議無效ノ訴ヲ起スコトヲ要スルモノト爲シタリシヲ改正商法第二百三十四條ニ於テ取締役ノ決議無效ノ訴ノ規定ヲ準用シ淸算人モ亦其訴ヲ起スコトヲ得トノ趣旨ニ改正シタルニ因リ本條ヲ削除シタルモノナリ

第二百三十二條　（株式會社ノ設立無效ノ訴ニ關スル規定）

本條ハ合名會社ノ設立無效ノ訴ト同趣旨ニ依リ株式會社ノ設立無效ノ訴ニ關スル規定ヲ設ケタリ唯合名會社ニ在リテハ社員ノミ其訴權ヲ行使シ得ルニ反シ株式會社ニ於テハ株主ノ外取締役、監査役ヲモ此ノ訴權ヲ有スル點ニ於テ異レリ

第二百三十四條　（株式會社ノ淸算ニ關スル規定）

本條ハ株式會社ニ於テモ合名會社ト同シク淸算ノ便宜上未タ期限ニ至ラサル債務ト雖モ之ヲ辨濟スルヲ必要トスルコト、淸算人ノ代表ニ關スルモノハ取締役ト同一ノ趣旨ヲ以テ規定セシコト、裁判所ノ選任シタル淸算人ハ裁判所カ單獨代表又ハ共同代表ヲ命スルコト、淸算中ノ總會ハ定時總會ト同一ナラシメシコト、淸算人ノ會社ニ對スル關係ハ取締役ト同一ノ地位ニ在ルコト、取締役ト同一ノ資格ヲ以テ決議無效ノ訴ヲ提起スルコトヲ得ル等ヲ規定シタルモノニシテ寔ニ妥當ナリト云フヘシ

第二百三十八條

本條ハ株式合資會社ノ設立ニ在リテモ發起人ニ於テ株式申込ノ拘束期間ヲ定メ之ヲ申込證ニ記載スヘキコトヲ規定セルモノナリ

第二百四十二條

本條ハ代表社員ノ代表權ニ關スル規定ヲ爲シ其規定事項ノ登記ヲ命シタルモノナリ其趣旨ハ支配人取締役等ノ代表ニ關スル規定ノ理由ト全然同一ナリトス

第二百五十一條

本條ハ會社ノ淸算中定時總會ノ承認ヲ受クヘキ事項ニ付テハ更ニ無限責任社員ノ承認ヲモ要スル旨ヲ規定セルモノナリ是レ株式合資會社ノ本質上當然ニシテ株式會社ノ淸算ニ關スル規定ノ改正ノ結果トシテ此規定ヲ見ルニ至リタルモノトス

第二百五十三條

本條ハ只次條ノ字句ヲ改メ之ヲ體裁上本條第二項ニ收メタルモノトス

第二百五十四條

本條ヲ削除シタル理由ハ合名會社ノ組織變更ニ關スル手續ヲ前條ニ準用シタル結果重複ヲ避ケタルモノナリ

第二百五十九條

本條ハ外國會社ノ社債發行及ヒ其株式又ハ社債ノ名義書換ニ關スル規定ヲ改メタルモノナリ卽チ社債ノ全部拂込ヲ終リタル後ニ非サレハ新ニ發行スルコトヲ得サルモノト爲シ又株式、社債ノ名義書換ハ內國會社ト同シク契約ニ依ル讓渡ヲ第三者ニ對抗スルノ要件タルノミナラス一切ノ移轉ニ付キ之ヲ必要トス

ル旨ヲ規定シ以テ舊法ノ短ヲ補ヘリ

第二百六十一條、第二百六十二條、第二百六十二條ノ二、第二百六十二條ノ三（會社ノ罰則ニ關スル規定）

株式會社竝ニ株式合資會社ノ重役、發起人、檢査役、清算人又ハ支配人ノ匪行ニ關シ刑法ノ規定ニ依リテ處罰スルコト能ハサル場合ノ重要ナルモノニ就キ新ニ罰則ヲ設ケタリ即第二百六十一條ニ於テハ所謂泡沫會社ノ簇生ヲ防キ所謂幽靈株預合蛸配當ノ匪行ヲ處罰スル旨ヲ規定シ第二百六十二條以下ニ於テ發起人、會社ノ業務ヲ執行スル社員、取締役、外國會社ノ代表者、監査役又ハ清算人ノ匪行ニ對シ各個ニ罰則ヲ規定セリ近時商事取引ノ頻繁ナルニ伴ヒテ斯カル規定ヲ設ケタルハ頗ル機宜ニ適シタルモノト云フヘシ

第三編　商行爲

第二百八十條

改正商法ニ於テ本條ヲ削除シタルハ第二百八十二條ニ依リ新ニ指名持參人式ノ證券ノ效力ヲ認メ之ヲ無記名證券ト同一ノ效力ヲ有スルモノト爲シタルヲ以テ本條ニ於テ準用シタル規定ハ當然此種ノ證券ニ適用アルヲ以テ本條ヲ存スル必要ナキニ至リタルヲ以テナリ

第二百八十一條（有價證券ニ關スル規定）

本條ハ舊商法ニ於テ「金錢其他ノ物ノ給付ヲ目的トスル指圖證券又ハ無記名證券ノ所持人」ト規定シタルヲ「金錢其他ノ物又ハ有價證券ノ給付ヲ目的トスル有價證券ノ所持人」ニ改メタリ是レ舊商法ノ規定ヲ狹

キニ失スルモノト爲シ且第二百八十二條ノ改正ト調和ヲ計ルカ爲メナルヘシ然レトモ舊商法ノ「金錢其他ノ物」ニハ有價證券ヲ包含スルモノト解スルヲ安當トスルヲ以テ改正ノ實效ナキカ如シ

第二百八十二條

舊商法ニ於テハ「第四百四十一條、第四百五十七條、第四百六十一條及ヒ第四百六十四條ノ規定ハ金錢其他ノ物ノ給付ヲ目的トスル指圖債權ニ之ヲ準用ス」トセルヲ改正商法ハ「第四百四十一條、第四百四十九條ノ二、第四百五十七條、第四百六十一條及ヒ第四百六十四條ノ規定ハ金錢其他ノ物又ハ有價證券ノ給付ヲ目的トスル有價證券ニ之ヲ準用ス」ト改ム

本條ニ於テハ第四百四十九條ノ二ヲ新ニ準用シ指名持參人式證券即チ指名シタル特定ノ人又ハ所持人ニ辨濟スヘキ旨ヲ記載シタル證券ヲ有效トシ而カモ此證券ハ無記名證券ト同一ノ效力ヲ有スルコトヲ明カニセリ玆ニ注意スヘキハ舊商法ノ下ニ於テハ貨物引換證及ヒ倉庫證券ニ付キテハ之ヲ無記名式ノモノトシテ發行スルコトヲ許サレトモ改正商法ノ下ニ於テハ指名持參人式ニテ發行スルコトヲ得ルヤ否ヤノ點ナリ甲說ハ之ヲ許サヽルノ趣旨ナリト解シ乙說ハ改正商法ニ於テ第四百四十九條ノ二第一項ヲモ準用セルヲ見レハ寧ロ之ヲ許スモノト解シ學說分岐スル所ナルモ余ハ解釋論トシテハ之等ノ證券ニ付キテモ指名持參人式ノ發行ヲ許スモノト爲シ從テ乙說ニ贊成スルモノナリ尙ホ本條ニ於テ準用セル第四百六十四條ノ改正ニ伴ヒ一般指圖證券ニ付キ抹消シタル裏書ハ裏書連續ノ形式ニ付テハ其記載ナキモノト看做シテ其有效ナルコトヲ明カニシタリ

第二百八十四條 （商人間ノ留置權ノ目的物ニ關スル規定）

舊商法ニ於テハ商人間ノ留置權ノ目的物ヲ「債務者ノ所有物」ト規定セルヲ改正商法ハ「債務者所有ノ物又ハ有價證券」ト改メタリ是レ物トハ有體物ヲ指シ無記名證券以外ノ有價證券ハ之ヲ包含セストスル解釋ニ基キタルモノナルヘシ然レトモ舊商法ノ物ノ中ニハ有價證券ヲ含ムモノナルハ有價證券ノ性質及ヒ商法ノ條文例ヘハ賣買ニ關スル規定ニハ目的物又ハ物品等ノ用語アルニ拘ハラス該規定ハ有價證券ノ賣買ニモ當然適用アリ其他問屋ニ關スル規定等ニ照シ之ヲ見ルトキハ本條改正ノ要ヲ認メス唯單ニ注意的ノ規定ト見ルノ外ナシ

第二百八十五條ノ二

第四十二條ノ改正ニ依リ民事會社ヲ以テ商行爲ヲ爲スヲ業トスル社團ト看做シ從テ其事業ヲ商業、其行爲ヲ商行爲ト看做サルヘシト雖同條ノ規定ノミニテハ民事會社ヲ商人ト看做シ其行爲ヲ商行爲ト看做スコトニ付キ尙ホ盡クササル感ナキニアラサルヲ以テ本條ニ於テハ民事會社ノ行爲ニハ商行爲ニ關スル規定ヲ準用スヘキコトヲ定ム從テ第四條ハ民事會社ニ準用セラレ民事會社ハ商人ト看做サルルヤ明カナリ

第三百二十七條 （運送取扱人ノ貨物引換證發行ニ關スル規定）

舊商法ニ於テハ運送取扱人カ介入權ヲ行使シテ自ラ運送ヲ爲ス場合ニ於テハ有效ナル貨物引換證ヲ發行スルコトヲ得タリ乍併其果シテ介入權ヲ行使シタルモノナリヤ否ヤハ事實問題ニ屬シ其決定如何ニ依リテ貨物引換證ノ效力ヲ左右スルノ結果ヲ生シ實際上不便尠カラサルヲ以テ改正商法ハ茲ニ見ル所アリ運

送取扱人カ委託者ノ請求ニ依リテ貨物引換證ヲ作リタルトキハ自ラ運送ヲ爲スモノト見做スト定メタリ之レ頗ル機宜ヲ得タル規定ト謂フヘシ

第三百三十四條ノ二　（運送品ノ處分ニ關スル規定）

貨物引換證ハ所謂物權的證券ニシテ其物權的效用ヲ發揮セシムルニハ運送品ノ處分ハ證券ニ依ルニ非サレハ之ヲ爲スコトヲ得サラシムルコトヲ要ス舊商法ニ於テハ倉庫證券ニ付キ此旨ヲ規定スルニ止マリ貨物引換證ニ之ヲ缺クハ頗ル缺點ト云ハサルヘカラス改正商法ハ本條ニ於テ先ツ貨物引換證ニ付キ此旨ヲ定メ倉庫證券、船荷證券ニ之ヲ準用シタルハ其當ヲ得タルモノト謂フヘシ

第三百三十四條ノ三　（貨物引換證ノ裏書讓渡ニ關スル規定）

舊商法ニ於テハ手形、倉庫證券、船荷證券ニ限リ法律上當然ノ指圖證券ト爲セシモ改正商法ハ更ニ貨物引換證ヲ以テ法律上當然ノ指圖證券ト爲シタリ從テ縱令記名式ナルトキト雖モ苟クモ裏書禁止ノ記載ナキ限ハ裏書ニ依リテ之ヲ讓渡スルコトヲ得ヘシ是レ我國ノ現狀ニ適合スル規定ト謂フヘシ

第三百三十五條　（貨物引換證ノ物權的效力ニ關スル規定）

舊商法ニ於テハ裏書ニ依リテ貨物引換證ヲ讓渡シタルトキハ運送品ノ讓渡ト同一ノ效力ヲ有スト規定ス此規定ノ解釋ニ就テハ極メテ議論アル所ニシテ甲說ハ物品ノ引渡卽占有ノ移轉ノ意味ニ解シ乙說ハ證券ノ讓渡ハ貨物ノ讓渡卽所有權ノ移轉ノ意味ニ解シ所論一定セス獨逸商法ニ於テハ證券ノ移轉ハ卽チ證券ニ表彰セル物品ノ引渡ト同一ノ效力ヲ有スヘキモノトス而シテ物品ノ引渡換言スレハ占有ノ移轉カ其物

品ノ讓渡ノ爲ニ爲サルルヤ又質權設定ノ爲ニ爲サルルヤ是等ノ實質上ノ關係ハ一ニ當事者カ其占有ノ移轉ニ付セントスル意思ニ依ルヘキモノト爲セリ

改正商法ハ獨逸其他ノ立法ヲ參酌シ乙說ヲ採リ貨物引換證ニ依リ運送品ヲ受取ルコトヲ得ヘキ者ニ貨物引換證ヲ引渡シタルトキハ其引渡ハ運送品ノ上ニ行使スル權利ノ取得ニ付キ運送品ノ引渡ト同一ノ效力ヲ有ストス改メ此點ニ關スル解釋上ノ疑義ヲ一掃シタリ

第三百四十一條（運送人ノ責任ニ關スル規定）

舊商法第三百四十一條ニハ「運送品カ運送人ノ惡意又ハ重大ナル過失ニ因リテ滅失又ハ毀損シタルトキハ運送人ハ一切ノ損害ヲ賠償スル責ニ任ス」ト規定シ延著ノ場合ノ規定ヲ閑却シタルハ甚狹キニ失スルノ嫌ナキ能ハス故ニ改正商法ハ之ヲ「滅失毀損又ハ延著」ト改メタリ寔ニ適當ナル改正ト謂フヘシ

第三百六十三條（寄託物ノ處分ニ關スル規定）

貨物引換證ニ關シ本條ト同趣旨ノ規定ヲ設ケタルヲ以テ該規定ヲ倉庫證券ニ準用シ本條ヲ削除シタルモノニシテ法文體裁上其當ヲ得タルモノナリ

第三百六十五條

本條ノ改正ハ貨物引換證ノ被裏書人其他證券面ノ權利者ニ對スル證券ノ引渡ノ效力ニ關スル第三百三十五條ヲ預證券及ヒ質入證券ニ準用センカ爲メナリ

第三百六十七條ノ二（質入證券ノ債務者ニ關スル規定）

質入證券ノ債務者ハ何人ナリヤニ關シテハ從來學說二派ニ岐ル第一說ハ質入證券ノ第一裏書人ナリト解シ第二說ハ預證券ノ所持人ナリト解シ所論一定スル所ナシ改正商法ハ本條ニ於テ「預證券ノ所持人ハ寄託物ヲ以テ預證券ニ記載シタル債權額及ヒ利息ヲ辨濟スル義務ヲ負フ」ト規定シタルヲ以テ如上ノ疑團ハ第二說ヲ採用シタルコトニ依リテ自ラ氷解セラレタリ尙ホ預證券ノ所持人ノ責任ヲ有限ナラシメ質入證券ノ所持人ハ預證券所持人ノ寄託物以外ノ財產ニ付キテ權利ヲ行使スルコトヲ得サル旨ヲ明カニシタリ

第三百六十七條ノ三　（質入證券債務者ノ辨濟ニ關スル規定）

倉庫證券ハ各別ニ轉輾流通スルモノナルヲ以テ質入證券ノ所持人ハ預證券ノ所持人ヲ知ルコト能ハサル場合多々アルヘシ故ニ一方權利者ノ爲ニハ辨濟ノ請求ヲ爲スヘキ場所一方義務者ノ爲ニハ履行ノ提供ヲ爲スヘキ場所ヲ一定スル必要アリ之レ本條ニ於テ質入證券所持人ノ債權ノ辨濟ハ倉庫營業者ノ營業所ニ於テ之ヲ爲スコトヲ要スル旨ヲ規定シタル所以ナリ

第三百七十二條　（質入證券裏書人ノ責任ニ關スル規定）

本條第一項ハ質入證券ノ所持人ハ先ツ寄託物ニ付キ辨濟ヲ受ケ尙ホ不足額ヲ償還スル責ハ質入證券ノ裏書人ニ於テノミ之ニ任スヘキモノナルコトヲ明カニシ同時ニ質入證券ノ第一裏書人ト雖唯不足額ノ償還ノ責ニ任スルノミナルコトヲ規定シ第二項ニ於テハ手形ノ償還請求ノ通知償還金額及ヒ引換償還ニ關スル規定ヲ質入證券ノ不足額請求ニ準用シ以テ舊商法ノ缺點ヲ補正シタリ

第三百七十四條

本條ハ不足額ノ請求ノ時效ニ關スル規定ヲ手形ノ償還請求ノ時效ニ關スル規定ト同一ナラシメ其時期效間ヲ六个月ト爲シタリ

第三四七十七條

本條ハ唯タ第三百七十條ト其用語ヲ一致セシメンカ爲メ「報酬」ヲ「保管料」ト改メタルニ過キス

第三百八十條

第三百八十條ノ三第一項ニ於テ既ニ規定シタルヲ以テ本條第二項ハ重複スルカ故ニ之ヲ削除シタリ

第三百八十條ノ二　（一部出庫ニ關スル規定）

舊商法ニ於テ一部出庫ニ關スル規定ナキハ實際上頗ル不便トセシ所ナリシヲ以テ本法ニ於テハ新ニ之ヲ規定シタリ即一部出庫ハ寄託物カ一樣ノ品質ヲ有スル場合ニアラサレハ之ヲ爲スコトヲ得サル旨及一部出庫ヲ爲スニハ出庫スヘキ寄託物ノ割合ニ應スル債權額及利息ヲ倉庫營業者ニ供託スルコトヲ必要トスルコトヲ規定シ一部出庫ニ因リ出庫品ノ價額變動ノ爲メ質權者ニ損害ヲ生スル憂ナキ場合ニ限リテ之ヲ許セリ而シテ一部出庫ニ關スル費用ハ預證劵ノ所持人之ヲ負擔スルコトヲ定メタリ

第三百八十條ノ三

本條ハ第一項ニ於テ預證劵ノ所持人カ質債權ノ辨濟期前債權額ノ全部又ハ一部ヲ倉庫營業者ニ供託シテ寄託物ノ全部又ハ其一部ノ返還ヲ受ケタルトキハ質入證劵所持人ノ權利ハ該供託金ノ上ニ存在スルモノ

トナシ同時ニ其質權ハ金錢ヲ目的トスル質權行使ノ方法ニ依リテ之ヲ行使スルコトヲ得ヘキコトヲ明ニシ以テ質入證券所持人ノ權利ヲ保護セリ尙ホ第二項ニ於テ一部出庫ノ場合ニ於ケル供託金ヲ質權者ニ辨濟シタルトキハ之ヲ質入證券ニ記載シテ債權ノ殘額ヲ證券面ニ明ニスヘキコトヲ規定セリ

第三百八十一條

本條第一項ハ寄託者又ハ預證劵ノ所持人カ寄託物ヲ受取ルコトヲ拒ミ又ハ之ヲ受取ルコト能ハサルトキハ倉庫營業者ハ寄託物ヲ競賣スルコトヲ得ヘキモノト爲シ尙ホ寄託物カ質入證劵所持人ノ權利ノ目的タルトキハ所持人ノ權利ハ競賣代金ノ上ニ存在スヘキモノナルコトヲ規定シ且第二項ニ於テ右ノ競賣代金ハ質權實行ノ爲メニスル競賣ニ因リテ得タル代金ト同一ニ取扱ヒ費用ヲ控除シタル後其殘額ヲ質入證劵所持人ニ支拂ヒ尙ホ餘剩ヲ生シタルトキハ之ヲ預證劵所持人ニ支拂フヘキモノトナシ若シ又質債權ヲ辨濟スルニ足ラサルトキハ質入證劵ニ辨濟額ヲ記入シ之ヲ質入證劵所持人ニ返還スヘキコトヲ規定セリ

第三百八十三條ノ二　（倉荷證劵ニ關スル規定）

倉庫證劵ニ關スル舊商法ノ二枚證劵主義ハ理想トシテ吾人ノ贊同スル所ナルモ該制ハ我國ノ現狀ニ照シ實際ニ行ハレサルヲ以テ改正商法ハ二枚證劵及ヒ一枚證劵ノ併行制ヲ認メ本條第一項ヲ以テ「倉庫營業者ハ寄託者ノ請求アルトキハ預證劵及ヒ質入證劵ニ代ヘテ倉荷證劵ヲ交付スルコトヲ要ス」ト定メ第二項ヲ以テ倉荷證劵ニハ預證劵ニ關スル規定ヲ準用スヘキコトヲ規定セリ

第三百八十三條ノ三

本條ハ倉荷證劵ニ依リテ寄託物ヲ質入シタル場合ニ於テ質權者ノ承諾アルトキハ寄託者ハ債權ノ辨濟期前ト雖モ寄託物ノ一部出庫ヲ請求スルコトヲ得ヘク此場合ニ於テハ倉庫營業者ハ返還シタル寄託物ノ種類、品質及數量ヲ倉荷證劵ニ記載シ且其旨ヲ帳簿ニ記載スルコトヲ要スル旨ヲ規定セリ蓋シ質權者ノ承諾アル以上ノ一部出庫ヲ爲シ得ルヤ當然ニシテ別ニ明文ヲ要セサルナリ

第三百九十八條

本條ハ所謂告知義務ニ關スル規定ニシテ其内容ニ更正ヲ加ヘ第三百九十九條ノ二ト爲シタルヲ以テ之ヲ削除シタリ

第三百九十九條ノ二　（告知義務ニ關スル規定）

舊商法第三百九十八條ノ規定ニ依レハ保險契約者カ保險契約ヲ爲スニ付キ重要ナル事項ニ付キ不實ノ事ヲ告ケ又ハ事實ヲ隱蔽シタル場合ニ於テ保險者カ過失ナクシテ之ヲ知ラサリシトキハ其保險契約ハ當然無效ノモノトセリ然レトモ此ノ如キ場合ニ於テ契約ヲ無效ニ歸セシムルハ當事者双方ニ取リテ不便尠カラサルカ故ニ改正商法ハ獨法ニ傚ヒ此場合ニ於テ保險者カ解除權ヲ有スルニ過キサルモノト改メタリ且第二項ヲ以テ解除權ヲ行使スルコトヲ得ヘキ期間ヲ制限シ速カニ契約ノ效力ヲ確定セシメンコトヲ圖レリ尚ホ舊商法中「之ヲ知ルコトヲ得ヘカリシトキ」ナル文字ハ却テ誤解ヲ招致スルノ虞アルヲ以テ之ヲ改メ「過失ニ因リテ之ヲ知ラサリシトキ」ト爲シ以テ疑義ナカラシメンコトヲ期セリ

第三百九十九條ノ三　（告知義務違反ニ因ル保險契約解除ノ效力ニ關スル規定）

本條ハ告知義務ノ違反ヲ理由トスル保險契約ノ解除ハ將來ニ向テノミ其效力ヲ生スルコトヲ原則トス從テ舊商法ト同ク保險者ハ保險料返還ノ義務ナキモノナリ然レトモ危險發生後ノ解除ニ關シテハ一ノ例外ヲ認ムル必要アリ卽其危險カ保險契約者ノ義務ニ違反シテ告知セサリシ事實ニ基キ發生シタル場合ニ於テハ保險者ニ損害塡補ノ義務ナク又既ニ支拂シタル保險金ノ返還ヲ請求スルコトヲ得此點モ亦舊商法ト同シ但保險契約者ニ於テ危險ノ發生カ其告ケ又ハ告ケサリシ事實ニ基カサリシコトヲ證明シタルトキハ保險者ニ損害塡補義務アルモノトス此但書ハ舊商法ニ規定ナキ所ニシテ擧證ノ責任ハ保險契約者ニ存スルモノナリ

第四百十七條　（保險料返還請求權ノ時效ニ關スル規定）

本條ノ改正ハ保險契約者ノ保險料返還請求權ノ時效ヲ二年トシ以テ舊商法ノ缺點ヲ補充シタリ

第四百二十八條　（保險金額受取人ニ關スル規定）

舊商法ノ規定ニ依レハ生命保險契約ニ於テ保險金額ヲ受取ルヘキ者ハ被保險者自身ニ非サルトキハ其相續人又ハ親族ナルコトヲ要セリ蓋シ利害關係ナクシテ濫リニ他人ノ生命ヲ保險ニ附スルノ弊ヲ絕チ且被保險者ノ生命ニ及ホサルヘキ危險ヲ防止セントスルノ趣旨ニ出テタリ然レトモ此規定ハ實際上必要ナル保險ヲ除外スルノ弊アルヲ以テ改正商法ハ此點ヲ改正シ尙ホ生存保險契約ニ付テハ契約上ノ利益ヲ法律ノ規定ニ依リテ限定スルノ必要ナキモノトシ本條ニ於テ死亡保險ノミニ付キ被保險者カ同意ヲ與フル場合ニ於テハ他人ヲ受取人トスル保險契約締結ノ利益アルモノト看做シ該保險契約ノ利益ノ存否ヲ其同意

ニ繋ラシメタリ又舊商法ハ保險契約ニ因リテ生シタル權利ハ被保險者ノ親族ニ限リテ之ヲ讓受クルコトヲ得ヘキモノト爲シタレトモ本條ニ於テハ之ヲ改メ被保險者ノ同意アル者ニ於テノミ其權利ヲ讓受クルコトヲ得ヘキモノト爲シタルハ極メテ妥當ナリトス

第四百二十八條ノ二　（第三者ノ爲メニスル生命保險契約ニ關スル規定）

第三者ノ爲メニスル生命保險契約ニ於テ保險金額ヲ受取ルヘキ者ノ權利ハ何時ニ發生スルモノナリヤニ關シ舊商法ノ解釋上極メテ疑義ノ存セシ所ナリ

舊商法ノ解釋トシテハ保險金受取人ハ保險者ニ對シテ利益享受ノ意思表示ヲ爲シタル時ヨリ保險契約上ノ權利ヲ取得スト謂ハサルヘカラス然レトモ此ノ如キ解釋ハ生命保險ニ適セサルヤ勿論ナリ故ニ改正商法ハ本條第一項ニ於テ保險金額ヲ受取ルヘキ者カ別段受益ノ意思ヲ表示スルコトナキモ當然保險契約ニ因ル權利ヲ取得スヘキモノト定メ同時ニ保險契約者ハ別段ノ意思表示ニ依リ保險金受取人ヲ指定又ハ變更スルノ權利ヲ留保スルコトヲ得ヘキモノト爲シ且第二項ニ於テ保險金受取人ノ權利ハ保險契約者カ其指定又ハ變更ノ權利ヲ行ハスシテ死亡シタルトキハ之ニ依リテ確定スヘトモノト爲セリ之レ頗ル妥當ナル規定ト云ハサルヘカラス

第四百二十八條ノ三　（保險金額受取人カ第三者ナル場合ニ關スル規定）

本條ハ保險金額ヲ受取ルヘキ者カ被保險者ニ非サル第三者ナル場合ニ於テ其權利ハ其者ノ一身ニ專屬スヘキモノナルヲ以テ權利者カ死亡シタル場合ニ於テハ其權利ハ當然相續人ニ移轉スヘキモノニアラスト

爲シ此場合ニ於テハ保險契約者ハ更ニ保險金ヲ受取ルヘキ者ヲ指定スルコトヲ得ヘキ旨ヲ定メ若シ保險契約者カ其指定ヲ爲サスシテ死亡シタルトキハ其權利ハ何人ニ定マルヘキヤ分明ナラサルヲ以テ本條第二項ニ於テハ其權利ハ保險金額ヲ受取ルヘキ者ノ相續人ニ歸屬スヘキ旨ヲ明ラカニセリ

第四百二十八條ノ四

本條ハ保險金額受取人ノ指定又ハ變更ニ依リテ新タニ受取人ト爲ルヘキ者ニ付テモ第四百二十八條第一項ト同シク被保險者ノ同意アルコトヲ必要トシ且其指定又ハ變更ハ之ヲ保險者ニ通知スルコトヲ必要トシ若シ其通知ヲ爲ササルトキハ其指定又ハ變更ヲ以テ保險者ニ對抗スルコトヲ得サル旨ヲ定ム從テ保險者カ指定又ハ變更前ノ受取人ニ保險金ノ支拂ヲ爲スモ指定又ハ變更後ノ受取人ハ異議ヲ述フルコトヲ得サルナリ

第四百二十九條（告知義務違背ノ效力ニ關スル規定）

本條ハ生命保險契約者又ハ被保險者ノ告知義務違背ノ效果ヲ定ム而シテ此點ハ損害保險ニ於ケル告知義務ニ關スル規定ノ改正ト全然同趣旨ニ出テタリ

第四百三十條（生命保險證券ニ關スル規定）

舊商法ニ於テハ生命保險證券ニ保險金額ヲ受取ルヘキ者ト被保險者トノ親族關係ヲ記載スルコトヲ要セシモ改正商法ハ保險金額受取人ハ被保險者ノ親族タルコトヲ要セスト爲シタルヲ以テ保險證券ニ其親族關係ヲ記載スルコトヲ要セサル旨ヲ明カニセリ

第四百三十一條　（保險者カ保險金ヲ支拂フコトヲ要セサル場合ニ關スル規定）

舊商法ニ於テ保險契約者カ故意ニ被保險者ヲ死ニ致シタル場合ニ於テ保險者カ保險金ヲ支拂フ責ニ任セサル旨ヲ定メサルハ缺點ト云フヘシ改正商法ハ保險金額受取人カ此ノ如キ行爲ヲ爲シタルト同樣保險者ハ保險金額ヲ支拂フ責任ナキコトヲ定メ且保險金額受取人カ被保險者ヲ死ニ致シタル場合ニ於テハ保險契約者ノ關知セサル所ニシテ何等責ムヘキ所ナキヲ以テ保險者ハ被保險者ノ爲メニ積立テタル金額ヲ保險契約者ニ拂戻スコトヲ要スル旨ヲ定メタリ

第四百三十二條ノ二　（積立金拂戻ノ時效ニ關スル規定）

本條ハ保險契約者カ被保險ノ爲メニ積立テタル金額ノ拂戻ヲ受クル權利ハ二年ノ短期時效ニ依リテ消滅スヘキ旨ヲ明ニセリ

第四百三十三條

本條ニ於テハ新設セラレタル第三百九十九條ノ二ヲ包含セサルコトヲ明カニシ又第四百十七條ノ改正ノ結果生命保險契約ノ無效ナル場合ニ於テハ保險料返還ノ請求權ノ時效期間ヲ二年ニ短縮シ又被保險者ノ爲メ積立タル金額ノ拂戻ヲ受クヘキ者ハ保險契約者ナルコトヲ明カニシタリ

第四百四十三條（償還請求權ノ時效ニ關スル規定）
舊商法ハ償還請求權ノ時效期間ヲ六个月ト爲セシカ今ヤ帝國ノ版圖ハ著シク擴張セルヲ以テ從テ償還請求權ノ行使ニモヨリ多クノ日數ヲ要スルニヨリ改正商法ハ之ヲ一个年ニ延長シタリ

第四百四十九條ノ二（指名又ハ選擇持參人拂ノ爲替手形ニ關スル規定）
舊商法ニ於テハ「甲殿又ハ持參人」ナル形式ヲ以テ發行シタル手形ニ關シ何等規定スル所ナカリシモ改正商法ハ指名持參人拂ノ爲替手形即チ指名シタル特定ノ人又ハ持參人ニ支拂ヲ爲スヘキ文句ヲ記載シタル爲替手形ハ之ヲ有效ノモノト認メタリ
此指名持參人拂ノ爲替手形ハ純然タル無記名式ノ手形ナルヤ或ハ無記名式ニ非サル一種ノ手形ナルヤニ付テハ學說ノ岐ルル所ナリシカ改正商法ハ本條第二項ニ於テ「前項ノ爲替手形ハ之ヲ無記名式ノモノト同一ノ效力ヲ有ス」ト規定セルヲ以テ一種ノ無記名式ニ非サル爲替手形ト解釋スルヲ妥當ナリトス

第四百四十九條ノ三（指名持參人拂爲替手形ノ金額制限ニ關スル規定）
改正商法ハ指名持參人式ノ爲替手形ヲ以テ無記名式ノモノト同一ノ效力ヲ有スルモノト爲シタルヲ以テ其手形金額ニ關スル制限ヲ定ムルコト無記名式ノ手形ト同一ナラサルヘカラス是レ本條ニ於テ第四百四十九條ノ規定ヲ指名指參人式爲替手形ニ準用シタル所以ナリ

第四百五十二條（支拂地ニ關スル規定）

舊商法ニ於テハ「振出人カ爲替手形ニ支拂地ヲ記載セサリシトキハ其爲替手形ニ記載シタル支拂人ノ住所地ヲ以テ支拂地トス」ト規定セシカ改正商法ハ爲替手形ニ特ニ支拂地ノ記載ヲ爲サヽル場合ニ於テハ支拂人ノ氏名又ハ商號ニ附記シタル地卽チ肩書地ヲ以テ其支拂地ト爲スコトヲ定メタリ從テ其地カ支拂人ノ住所地タルト否トヲ問ハス之ヲ以テ支拂地ト爲スコトヲ明カニシタリ

第四百五十二條ノ二（支拂人ノ肩書地ニ關スル規定）

本條ハ所謂他地拂手形ト同地拂手形トヲ區別スル標準タル支拂人ノ營業所又ハ住所ノ所在地ハ一ニ爲替手形ニ於ケル支拂人ノ氏名又ハ商號ニ附記シタル地ニ依リテ之ヲ定ムヘキモノナルコトヲ明カナラシムル爲メ其附記シタル肩書地ハ之ヲ支拂人ノ營業所又ハ住所ノ所在地ト看做スヘキコトヲ規定シタリ

第四百五十三條（振出人ノ支拂擔當者記載ニ關スル規定）

舊商法ハ振出人カ支拂擔當者ヲ記載スルコトヲ得ルハ他地拂手形ニ限リシカ此規定ハ狹キニ失ス同地拂手形ニ於テモ往々取引銀行ヲ支拂擔當者ニ指定スルノ必要アルヲ以テ改正商法ハ手形ノ振出人ハ總テノ場合ニ於テ支拂人ニ非サル者ヲ支拂擔當者トシテ手形ニ記載スルヲ得ヘキ旨ヲ明カニセリ

第四百六十三條（質入裏書ニ關スル規定）

舊商法ハ質入ノ爲メニスル裏書ノ規定存セシカ改正商法ハ本條ヲ削除シタリ蓋シ手形ノ質入ハ殆ント實際ニ其必要ナク若シ其必要生シタルトキハ指圖證劵ノ質入裏書ニ關スル民法ノ規定ニ依リ充分ナルヲ以

テナリ

第四百六十四條　（抹消裏書ニ關スル規定）

抑モ裏書アル爲替手形ノ所持人ハ其裏書カ連續スルニ非サレハ其權利ヲ行フコトヲ得ス苟クモ裏書カ連續セル以上ハ手形上ノ權利ヲ行フコトヲ得ヘク手形ノ所持人ハ權利者ノ推定ヲ受クルモノナリ故ニ或場合ニ於テハ或裏書ヲ抹消シテ裏書ノ連續ヲ囘復シ以テ或人ニ手形上ノ權利ヲ行使スル資格ヲ與フル必要アリ例ヘハ所持人カ手形ヲ讓渡セントト欲シテ一旦裏書ヲ爲シタルモ其後讓渡ヲ見合ハセタルトキニ於テハ其裏書ヲ抹消シテ所持人タル資格ヲ囘復スル必要アル場合ノ如シ此等ノ場合ニ抹消セラレタル裏書ノ效力ニ關シ解釋上疑問ヲ生シタルヲ以テ改正商法ハ獨逸手形條例ニ倣ヒ本條第二項ヲ新設シ抹消シタル裏書ハ裏書連續ノ形式ノ調査ニ付テハ其記載ナキモノト看做スヘキ旨ヲ明カニシタリ

第四百七十二條　（支拂人ノ支拂擔當者記載ニ關スル規定）

本條ノ改正モ亦振出人カ支拂擔當者ヲ記載スル場合ト同シク支拂人モ亦他地拂ニ非サル手形ニ付テモ支拂擔當者ノ記載ヲ爲スコトヲ得ヘキ旨ヲ明カニシタリ

第四百七十五條　（所持人ノ擔保請求ノ通知ニ關スル規定）

舊商法ハ擔保ノ請求ヲ爲スニハ引受拒絕證書作成ノ外擔保義務者ニ對シテ擔保請求ノ通知ヲ發スルコトヲ要シタリ是レ擔保義務者ヲシテ擔保設定ノ準備ヲ爲サシムル爲メナリ然レトモ斯クテハ徒ラニ取引ノ迅速ヲ妨クルモノナルヲ以テ改正商法ハ擔保ノ請求ハ單ニ引受拒絕證書ヲ作成スルノミニテ直チニ之ヲ

爲スコトヲ得ヘキモノト爲シタリ

第四百七十六條（裏書人ノ擔保請求ノ通知ニ關スル規定）

本條ノ改正モ亦前條ノ改正ト其趣旨ヲ一ニス即チ裏書人カ更ニ前者ニ對スル擔保ノ請求モ其行使ニ付キ擔保請求ノ通知ヲ發スルノ必要ナキ旨ヲ明カニセリ

第四百七十八條（擔保請求ノ通知ノ效力ニ關スル規定）

擔保請求ノ通知ニ關スル規定ニシテ既ニ削除セラレタル以上ハ本條第二項ノ效力規定ハ之ヲ存スル必要ナキヲ以テ改正商法ハ之ヲ削除シタルモノナリ

第四百八十條（引受人カ破産宣告ヲ受ケタル場合ニ於ケル擔保請求ノ通知ニ關スル規定）

舊商法ハ破産宣告ヲ受ケタル引受人カ擔保ヲ供セサル場合ニ於テ所持人カ豫備支拂人ノ引受ヲ求ムルニハ拒絶證書作成ノ外亦其請求ノ通知ヲ發スルコトヲ必要トスルヲ以テ改正商法ハ同シク此點ノ規定ヲ削除シタリ

第四百八十四條

本條中「謄本」ヲ「寫本」ト改メタルハ他ノ規定ト用語ヲ一致セシメントシタルニ外ナラス

第四百八十七條（償還請求ノ通知、拒絶證書作成期間ニ關スル規定）

舊商法ノ規定ニ依レハ償還請求ノ通知ヲ以テ償還請求權ノ行使且保全ノ一條件ト爲シタレトモ改正商法ハ其通知ヲ發セサル場合ニ於テモ所持人ハ之カ爲メ手形上ノ權利ヲ失フコトナキモノトス是レ通知ノ目

的ヨリシテ其通知ヲ發セサル後者ヲシテ前者ニ對スル償還請求權ヲ失ハシムルハ嚴格ニ過キ其制裁重キニ失スレハナリ又拒絶證書作成ノ期間ハ滿期日ヲ合セ三日ニ過キサルヲ以テ其間ニ休日存スルトキハ所持人ハ期間ヲ短縮セラレタルト等シク往々權利ヲ喪失セサルヘカラサルニ至リ取引上不便尠カラサルヲ以テ此點ニ關シテモ改正ヲ加ヘ三日ノ期間中ニ休日アルトキハ其休日ヲ算入セサルコトト爲シタリ仍ホ舊商法ニ於テ支拂ノ爲メニスル呈示ハ必ス滿期日ニ於テ之ヲ爲スコトヲ要スト誤解セルモノアリタルヲ以テ改正商法ハ支拂呈示期間ト支拂拒絶證書作成期間トノ同一ナルコトヲ明カニシタリ

第四百八十七條ノ二　（償還請求ノ通知ヲ發セサル場合ニ於ケル所持人ノ權利及ヒ拒絶證書作成期間ニ關スル規定）

本條ニ於テハ償還請求ノ通知ハ權利保全ノ條件ト爲サヽルモ其通知ハ全然之ヲ必要トセサルニ非サルコトヲ明示シ且舊商法ノ規定ニ依レハ償還請求ノ通知ハ償還ヲ爲サシメント欲スル者ニ對シテ發スルコトヲ要スルヲ以テ後者カ總テノ前者ニ對スル權利ヲ保全セントスルトキハ前者ノ總テニ對シテ償還請求ノ通知ヲ發セサルヘカラス是レ徒ラニ償還金額ヲ多大ナラシメ且煩ル煩ニ堪エサルヲ以テ改正商法ハ此ノ點ニ著目シ其通知ハ所持人ヨリ其直接ノ前者ニ對シテ發スルトキハ總テノ前者ニ對シテ發シタルト同一ノ效力ヲ有スルモノト爲シタリ仍ホ舊商法ハ償還請求ノ通知ヲ發スヘキ期間ハ拒絶證書作成ノ日ト共ニ二日ト爲シタルカ之ハ短キニ失スルヲ以テ本條ニ於テハ之ヲ支拂拒絶證書作成ノ日又ハ其後二日ト改メタリ

第四百八十八條　（裏書人ノ其前者ニ對スル償還請求ニ關スル規定）

舊商法ノ規定ニ依レハ後者ヨリ通知ヲ受ケタル裏書人カ其前者ニ對シテ償還請求ヲ爲スニ付テモ又豫メ通知ヲ發スルコトヲ必要トシ若シ其通知ヲ爲サヽルトキハ前者ニ對スル手形上ノ權利ヲ失フヘキモノト定メタルモ既ニ所持人ノ請求ニ關シ此點ヲ改メタル以上ハ裏書人ノ場合モ亦同一ナラシムル必要アリ卽チ通知ハ全然之ヲ必要トセサルニ非サルモ之ヲ爲サヽルカ爲メ償還請求權ノ全部ヲ失フヘキモノニ非スシテ前條ト同シク償還請求ノ通知ハ其直接ノ前者ニ對シテ爲スヲ以テ足リ且其通知期間モ一日ヲ延長シタリ

第四百八十八條ノ二　（通知ヲ發セサル場合及ヒ直接ノ前者ヲ超エテ發シタル通知ノ效力ニ關スル規定）

凡ソ償還請求ノ通知ハ前者ヲシテ償還ノ爲メニスル資金ヲ豫メ準備スル機會ヲ得セシムルヲ其一目的トス故ニ若シ其所持人又ハ裏書人カ其直接ノ前者ニ非サル前者ニ對シテ通知ヲ發シタルトキハ其者ノ後者ニ對シ、又前者ノ何レニ對シテモ通知ヲ發セサリシトキハ其前者全員ニ對シ之ニ因リテ生シタル損害ヲ賠償スル責ニ任シ且利息及ヒ費用ノ償還ヲ請求スル權利ヲ失フ然レトモ其手形金額ノ請求權ヲ失フモノニ非サルハ云フヲ俟タサルナリ

第四百八十八條ノ三　（償還請求ノ通知ヲ受クヘキ裏書地ニ關スル規定）

本條ハ裏書人カ裏書ヲ爲スニ當リ裏書地ヲ記載スルノ義務アルコトヲ定メ若シ之ヲ記載セサリシトキハ手形上ノ權利者ハ其者ニ對シ償還請求ノ通知ヲ發セサルモ之カ爲メ何等不利益ヲ受クルコトナキノミナ

ラス反テ裏書地ヲ記載シタル直接ノ前者ニ對シテ發スルコトヲ必要トシ又振出人カ振出地ヲ記載セサリシトキハ之ニ對シテモ又通知ヲ發スルコトヲ必要トセサル旨ヲ規定ス唯茲ニ一言スヘキハ本條ニ謂フ裏書地又ハ振出地ハ裏書人又ハ振出人カ其署名ニ附記シタル地ヲ指セルモノナリ

第四百八十八條ノ四　（通知書ノ推定ニ關スル規定）

本條ハ所持人又ハ裏書人カ其前者ニ對シ適法ノ期間内ニ償還請求通知ノ書面ヲ發送シタル事實アルトキハ其事實ニ付キ郵便日附證其他通信官署又ハ公衆通信取扱所ノ證アル場合ニハ其發送シタル書面ハ償還請求ノ通知書ナルコトノ法律上ノ推定ヲ受ケ反證アルニ非サレハ此推定ヲ覆スルコトヲ得サル旨ノ新規定ナリ

第四百八十九條ノ二　（支拂拒絶證書作成免除ノ場合ニ於ケル支拂呈示事實ノ立證責任ニ關スル規定）

支拂拒絶證書作成免除ノ場合ニ於テモ支拂ノ爲メニスル呈示ハ支拂拒絶證書作成ノ期間内ニ爲サヽルヘカラス而シテ此支拂呈示ニ付テハ償還請求者ヨリ之アリシ旨ヲ證明スルコトヲ要スルカ將又免除者ヨリ之ナカリシ旨ヲ證明スルコトヲ要スルカ大審院ハ前説ヲ執リ學説トシテハ後説多數ヲ占ムルモノヽ如シ改正商法ハ後説ニ從ヒ本條ヲ以テ支拂拒絶證書作成ヲ免除シタル者ニ對シテハ所持人ハ支拂拒絶證書作成ノ期間内ニ支拂ヲ求ムル爲メ爲替手形ヲ呈示シタルモノト推定スト定メ以テ所持人其他償還ノ請求ヲ爲ス者ノ立證責任ヲ免除シタル效力アルモノナルコトヲ明カニセリ

第四百九十條

本條ニ於テ「支拂地カ支拂人ノ住所地ト異ナル場合ニ於テ」ヲ削リタルハ他地拂手形ニ關スル他ノ規定ノ改正ト全然其趣旨ヲ一ニシ又「償還請求ノ通知ヲ發スルコトヲ要ス」ヲ削リタルハ此場合ニ於テモ通知ヲ發セサルカ爲メ所持人ヲシテ全然手形上ノ權利ヲ喪失セシムルヲ不可ト爲シタレハナリ

第四百九十一條（償還金額ヲ定ムル爲替手形ノ相場ニ關スル規定）

本條ニ於テハ「住所地」ヲ「營業又ハ住所ノ所在地」ニ改メ償還金額ヲ定ムル爲替手形ノ相場ハ必ス支拂地ヨリ償還ノ請求ヲ受クル者ノ住所地ニ宛テタル一覽拂ノ手形相場ニ因ラスシテ其營業所所在地拂又ハ住所地拂ノ爲替手形ヲ以テスヘキコトヲ明カニシタリ唯償還ノ請求ヲ受クル者カ營業所ト住所トヲ併セ有スルトキハ其何レヲ標準トスヘキヤニ付キ疑ナキニアラス

第四百九十四條（戻手形ニ關スル規定）

本條ノ改正モ亦第四百九十一條ノ改正ト其趣旨ヲ同フシ償還權利者カ償還ノ爲メニ振出ス戻手形ハ償還ノ請求ヲ受クル者ノ營業所又ハ住所ノ所在地拂ノ爲替手形タルヘキコトヲ明カニセリ

第四百九十六條（償還請求ノ通知ノ效力ニ關スル規定）

舊商法ハ償還請求ノ通知ノ效力ニ付キ擔保請求ノ通知ノ效力ニ關スル第四百八十七條第二項ノ規定ヲ準用シ通知ハ之ヲ受クル者ノ後者全員ノ爲メニ效力ヲ生スルコトヲ規定セシカ改正商法ハ償還請求ノ通知ハ其通知ヲ受クル者ノ前者ノ總テニ對シテ效力ヲ生スヘキモノトスルノ主義ヲ採リタルヲ以テ本條ヲ削除スルニ至レリ

第五百五條（參加引受人ニ對シ支拂ヲ求ムル爲メノ呈示期間ニ關スル規定）

本條ハ支拂拒絶證書作成ノ期間ト同シク參加引受人ニ對シ支拂ノ爲メニスル呈示期間ヲ滿期日以後二日ト爲シ其間ニ休日ヲ算入セサルコトト爲シタリ

第五百七條（被參加人ノ其前者ニ對スル擔保請求ノ通知ニ關スル規定）

舊商法ニ於テハ被參加人カ其前者ニ對シテ擔保請求ノ通知ヲ必要トスルヲ以テ第四百七十五條ヲ準用セシカ既ニ同條ノ場合ニ於テモ擔保請求ノ通知ヲ要セスト爲シ其規定ヲ削除セル如ク本條ニ於テモ亦通知ヲ必要トセサルヲ以テ同條ノ準用條文ヲ削除シタル所以ナリ

第五百八條

本條モ亦第五百五條ノ改正ニ伴ヒ支拂ノ爲メニスル呈示期間ヲ改メ其期間中ニ休日ヲ算入セサルコトト爲シタリ

第五百十五條（拒絶證書ニ記載スヘキ事項ニ關スル規定）

本條ニ於テハ拒絶證書ニ關シ先ツ舊商法ノ規定セル公證人又ハ執達吏ノ署名ノ外ニ捺印ヲ要スルモノト爲シタリ是レ拒絶證書ヲシテ一般ノ公正證書ト其形式ヲ一致セシメ以テ其效力ヲ一層明確ナラシムルノ趣旨ニ出テタリ尙ホ各號ニ付キ其改正ノ點ヲ擧クレハ

一　舊法ノ規定ニ依レハ手形、其謄本及ヒ補箋ニ記載シタル事項ハ之ヲ拒絶證書ニ記載スルコトヲ要セシカ之ハ啻ニ手數ヲ要スルノミニシテ利益ナキヲ以テ新法ハ之ヲ掲クルコトヲ要セサルモノト爲

シタリ

一　舊商法ノ規定ニ依レハ手形ヲ呈示セントシテ拒絶者ニ面會スルコト能ハサル場合ニハ其理由ヲ拒絶證書ニ記載スヘキモノトセシカ本條ニ於テハ單ニ面會スルコト能ハサリシ旨ヲ記載スルヲ以テ足ルモノトシ且拒絶者ノ營業所、住所又ハ居所ノ知レサル場合ニ舊商法ノ規定ニ依レハ其地ノ官署又ハ公署ニ問合セヲ爲シタルコトヲ拒絶證書ニ記載スルヲ要セシモ是亦其記載ヲ煩雜ナラシムルノミニテ何等得ル所ナキヲ以テ新法ハ單ニ其營業所、住所若クハ居所ノ知レサル旨ヲ記載スルヲ以テ足レリト爲シタリ

一　舊商法ノ規定ニ依レハ拒絶證書作成ノ場所及ヒ年月日ノ記載ヲ必要トセサリシモ新法ハ拒絶證書作成ノ場所及ヒ年月日ヲ記載スルコトヲ必要トシ以テ拒絶證書ノ效力ヲ明カナラシメタリ

以上要之本條ノ改正ハ拒絶證書ノ作成ヲ簡易ナラシメンコトヲ計リタルモノナリトス

第五百十五條ノ二　（拒絶證書作成ノ方法ニ關スル規定）

舊商法ニ於テハ拒絶證書ハ別個ノ書面ニ依リ之ヲ作成スルヲ以テ何レノ手形ニ付キ之ヲ作成スルモノナリヤヲ明カニスル爲メ手形、其謄本及ヒ補箋ニ記載シタル事項ヲ謄寫スルコトヲ要シメリ然レトモ之ハ頗ル煩雜ニ失シ且時トシテハ拒絶證書ノ無效ノ一原因トナルコト在ルヲ以テ改正商法ハ支拂拒絶證書ノ作成ハ手形又ハ補箋ニ記載スルニ因リテ之ヲ爲スコトヲ得ルモノト爲セリ

第五百十五條ノ三　（手形ノ複本又ハ謄本ヲ作リタル場合ニ於ケル拒絶證書ノ作成ニ關スル規定）

本條ハ數通ノ複本又ハ原本及ヒ謄本ヲ呈示シテ拒絕證書ヲ作ルヘキ場合ニ於テ其作成ハ一通ノ謄本若クハ原本又ハ附箋ニ依リテ之ヲ爲スヲ以テ足ルモノトシ尙ホ此場合ニ於テハ他ノ複本又ハ謄本ニ其旨ヲ記載スルコトヲ要スルモノト爲セリ是レ各通ノ手形又ハ謄本ニ支拂拒絕證書ノ記載ヲ爲サシムルハ無用ノ手續ニ屬スヘケレハナリ

第五百十五條ノ四　（支拂拒絕證書以外ノ拒絕證書作成ニ關スル規定）

本條ニ於テハ支拂拒絕證書以外ノ拒絕證書ハ爲替手形若クハ謄本ノ寫本又ハ附箋ニ依リテ作ルヘキモノト定ム其理由ハ引受拒絕證書及ヒ擔保拒絕證書其他支拂拒絕證書以外ノ拒絕證書ニ在リテハ何レモ手形ト分離シテ裏書人ニ交付セサルヘカラサルヲ以テ之ヲ手形ニ記載スルコトヲ得サレハナリ玆ニ一言スヘキハ寫本ナル語ハ謄本ト異ナル所ナシト雖モ商法ハ手形行爲ヲ爲ス爲メニ用ユルトキハ之ヲ謄本ト謂ヒ其他ノ用ニ供スルトキハ之ヲ寫本ト謂ヒタルニ過キス

第五百十五條ノ五　（拒絕證書記載ノ方法ニ關スル規定）

本條ハ拒絕證書記載ノ方法ニ關スル規定ニシテ爲替手形、複本、原本又ハ爲替手形若クハ其謄本ノ寫本ニ拒絕證書ノ記載ヲ爲スニ當タリ其記載ト爲替手形、複本、原本又ハ寫本ノ記載トノ間ニ餘白ヲ存スルトキハ後日ニ至リ不正ノ記入ヲ爲シ拒絕證書ノ效力ヲ失ハシムルモノナキヲ保シ難キヲ以テ拒絕證書ノ記載ハ手形若クハ手形謄本又ハ寫本ノ裏面ニ記載シタル事項ニ接續シテ之ヲ記載スルコトヲ要シ若シ又裏面ニ餘白存セサル場合ニ於テ附箋ニ因リテ拒絕證書ヲ作成スルトキハ公證人又ハ執達吏ハ其接目ニ契

印ヲ爲スコトヲ必要ト爲シタリ是レ拒絶證書ノ作成ヲ嚴格ニシ以テ正確ナラシメンコトヲ期シタルニ由ル

第五百十七條（拒絶證書ノ謄本ニ關スル規定）

舊商法ノ規定ニ依レハ公證人又ハ執達吏カ拒絶證書ヲ作リタルトキハ其帳簿ニ其證書ノ全文ヲ記載セルヘカラス然ルニ拒絶證書ハ普通公證人又ハ執達吏役場以外ニ於テ作成セラルルモノナルヲ以テ公證人サ又ハ執達吏カ拒絶證書ヲ作ル場合ニハ右ノ記載ヲ爲スカ爲メ一一之ヲ役場外ニ持チ出タササルヘカラス斯クノ如キハ頗ル手數ヲ要スルヲ以テ改正商法ハ公證人又ハ執達吏ハ拒絶證書ノ謄本ヲ作リ之ヲ其役場ニ備フヘキモノト爲シタリ而シテ拒絶證書ノ謄本ニハ如何ナル手形ニ付キ拒絶證書ヲ作リタルヤヲ明カニスル爲メ五號ノ記載事項ヲ定メタリ

第五百二十六條ノ二（約束手形ノ振出地ニ關スル規定）

第四百五十二條ノ二ニ於テ爲替手形ノ支拂人ノ氏名又ハ商號ニ附記シタル地ヲ以テ其營業所又ハ住所ノ所在地ト看做シタル如ク本條ニ依リ約束手形ノ振出地ハ之ヲ振出人ノ營業所又ハ住所ノ所在地ト看做シ手形ニ記載シタル振出地ヲ以テ同地拂手形ト他地拂トヲ區別スルノ標準ト爲シタリ獨逸手形法第九十七條亦本條ト同趣旨ノ規定ヲ爲セリ

第五百二十九條（爲替手形ノ規定ノ準用ニ關スル規定）

本條ハ爲替手形ニ關スル規定ヲ新ニ準用シ又ハ既ニ準用セル規定ヲ改正シタルモノナリ即チ一指名持參

人式ノ約束手形ヲ認メ之ヲ無記名式ノモノト同一ノ效力ヲ有セシメ且此手形ハ其金額三十圓以上ノモノニ限リ振出タスコトヲ得ヘキ旨ヲ定メ**二**約束手形ニ於テモ支拂擔當者ノ記載ハ他地拂手形タルト同地拂手形タルトヲ問ハス之ヲ記載スルヲ得ヘキモノト定メ**三**舊商法ニ於テハ爲替手形ニ關スル第五百八條ヲ約束手形ニ準用セルヲ以テ約束手形ニ於テモ亦豫備支拂人ヲ記載スルコトヲ得ルヤ否ヤニ關シ學説分岐スル所ナリシカ既ニ引受アル爲替手形ノ裏書人ニシテ豫備支拂人ノ記載ヲ爲シ得ル以上ハ約束手形ノ裏書人モ亦之ヲ記載スルコトヲ得ヘキ筋合ナルヲ以テ改正商法ハ第四百五十八條ヲ約束手形ニ準用シ約束手形ノ裏書人モ豫備支拂人ヲ記載スルコトヲ得ト爲シ**四**手形ノ質入裏書ヲ廢シ**五**抹消シタル裏書ノ裏書連續ノ形式ニ缺クルコトナキヲ定メ**六**振出人カ破産ノ宣告ヲ受ケタル場合ニ於テ前者ニ對シ擔保請求ヲ爲スニ付キ其通知ヲ發スルコトヲ要セサル旨ヲ規定シ**七**謄本ヲ寫本ニ改メ**八**償還請求ノ通知ニ關スル規定ヲ改正シ**九**拒絶證書作成期間ヲ延長シ**十**拒絶證書作成免除ノ結果トシテ擧證責任ニ關スル規定ヲ爲シ**十一**所々ノ規定ニ於テ住所地トアルヲ營業所又ハ住所ノ所在地ト改メ**十二**償還金額ヲ定ムル手形相場ニ關シ又償還ノ爲メニスル戻手形ニ關シテ償還請求ヲ受クル者ノ營業所又ハ住所ノ所在地拂ノ爲替手形ヲ以テスヘキコトヲ規定シ**十三**拒絶證書ノ作成ヲ簡易ナラシメタリ

第五百三十一條（自己宛小切手ニ關スル規定）

本條ヲ削除シタルハ第五百三十七條ニ依リ爲替手形ニ關スル第四百四十七條ヲ準用シ小切手ノ振出人ハ自己ヲ受取人又ハ支拂人ト定ムルコトヲ得ヘキコトヲ明カニシタルニ依ル

第五百三十三條　（小切手ノ支拂呈示期間ニ關スル規定）

舊商法ハ小切手ノ支拂呈示期間ヲ一週間ト爲セリ然レトモ之ハ實際上短キニ失スルヲ以テ改正商法ハ之ヲ十日ニ延長シ以テ取引ノ便宜ヲ圖リタルモノナリ

第五百三十三條ノ二　（小切手ノ取消ニ關スル規定）

舊商法ニ於テハ小切手ノ振出人ハ何時ニテモ支拂人ニ對シ支拂ノ委託ヲ取消スコトヲ得タリ乍併斯クテハ所持人ノ支拂ヲ受クル希望ヲ不確實ナラシメ小切手ノ信用ヲ害スルヲ以テ或範圍マテハ振出人ヲシテ其取消ヲ爲スコトヲ得サル旨ヲ定ムル必要アリ改正商法ハ獨逸新小切手法ニ倣ヒ振出人ハ呈示期間經過前ニハ支拂ノ委託ヲ取消スコトヲ得スト規定シ以テ小切手所持人ヲ保護セリ尙ホ小切手ノ支拂ハ呈示期間經過後ト雖モ支拂ノ委託ノ取消サレサル限リハ之ヲ有效ノモノト定メタリ

第五百三十三條ノ三　（手形交換所ニ關スル規定）

舊商法ハ手形交換所ナルモノヲ認メサリシカ改正商法ハ獨法ト同シク之ヲ認メ本條ヲ新設シタリ卽チ支拂人ノ加入シタル手形交換所ニ小切手ヲ提出シタルトキハ縱令小切手ノ支拂地カ手形交換所ノ所在地ト異ナルトキト雖モ適法ノ支拂呈示ト同一ノ效力ヲ有スルモノト爲セリ蓋シ呈示期間ノ短キ小切手ノ流通上極メテ便宜ナル規定ト謂フヘシ

第五百三十四條　（拒絕證書ニ代ハルヘキ證明書ニ關スル規定）

本條ハ前條ニ依リ小切手ノ提出ヲ受ケタル手形交換所ハ手形ノ提出アリタル旨及ヒ其支拂ナカリシ旨ノ

證明ヲ爲スコトヲ得ヘク而シテ其證明書ハ之ヲ以テ拒絶證書ニ代フルヲ得ヘキコトヲ規定シタリ

第五百三十四條ノ二　（手形交換所ノ指定ニ關スル規定）

本條ハ確實ナル手形交換所ニ限リテ其法律上ノ作用ヲ認メントスル趣旨ヲ以テ手形交換所ハ主務大臣ノ指定シタルモノニ限ルモノト定メタリ蓋シ現今存スル手形交換所ハ悉ク完全ナリト認ムルヲ得サルヲ以テナリ

第五百三十六條　（小切手資金ニ關スル規定）

本條ハ所謂小切手資金卽振出人カ支拂人ヲシテ支拂ヲ爲サシムルコトヲ得ル金額ヲ超エテ小切手ヲ振出シタル者ニ對シテ舊商法ト同シク過料ノ制裁ヲ加フルコトヲ規定ス尙ホ舊商法ニ於テハ小切手ニ虛僞ノ日附ヲ記載シタルトキモ過料ニ處セシモ之ハ商業社會ノ實際ニ伴ハサルヲ以テ之ヲ削除シタリ

第五百三十七條　（爲替手形ノ規定ノ準用ニ關スル規定）

本條ハ爲手形替ニ關スル規定ヲ新ニ準用シ又ハ現ニ準用セル規定ヲ改正シタルモノナリ卽チ**一**舊商法ハ自己ヲ支拂人トシテ小切手ヲ振出タスコトヲ許サス然レトモ之ハ實際ニ適セス且何等信用ヲ害スル虞ナキヲ以テ改正商法ハ自已宛小切手ヲ認メタリ**二**小切手ニ於テモ指名持參人式ノモノヲ有效トシ而シテ之ヲ無記名式ノモノト同一ノ效力ヲ有セシメ**三**小切手ニ記載シタル支拂人ノ氏名又ハ商號ニ附記シタル地ヲ其營業所又ハ住所ノ所在地ト看做シ且別ニ支拂地ノ記載ナキトキハ之ヲ以テ支拂地ト爲シ**四**取立委任ノ裏書ニ關スル規定ヲ新ニ準用シ**五**抹消シタル裏書ハ裏書連續ノ形式ニ缺クルコトナキ旨ヲ規定シ**六**償

還請求ノ通知ニ關スル規定ヲ改正シ七拒絶證書ノ作成ヲ免除シタル場合ニ於ケル支拂呈示ノ事實ニ付テ擧證責任ヲ定メ八償還金額ヲ定ムル手形相場ニ付テハ償還ヲ受クル者ノ營業所又ハ住所ノ所在地拂ノ爲替手形ニ依ルヘキコトヲ明カニシ九拒絶證書ノ作成ヲ簡易ナラシメタリ

第五編　海商

第五百四十一條（船舶所有權ノ移轉ニ關スル規定）

本條ノ改正ハ株劵及ヒ債劵ノ移轉ニ關スル規定ノ改正ト同趣旨ニ出テタルモノナリ卽チ船舶所有權ノ移轉ニ付テハ獨リ契約上ノ讓渡ノ場合ノミナラス相續ノ如キ法律上ノ原因ニ基ク移轉ノ場合ニモ亦本條ノ手續ヲ爲スニ非サレハ之ヲ以テ第三者ニ對抗スルコトヲ得サル旨ヲ明カニセリ

第五百四十四條ノ二（船舶ノ委付ニ關スル規定）

凡ソ船舶委付ノ意思表示ハ多數ノ債權者全部ニ對シテ之ヲ爲スコトヲ要ス然レトモ個々ノ債權者ニ對シテ之ヲ爲スハ事實上不可能ナルヲ以テ改正商法ハ本條ヲ新設シ廣ク公衆ニ告知スルニ最モ適切ナル登記ノ方法ニ依ルヘキモノト爲セリ要スルニ船舶委付ノ意思表示ノ方式ヲ定メタルモノナリ

第五百四十五條

本條ノ改正ハ第五百四十四條ノ二新設ノ結果字句ノ修正ヲ爲シタルモノニ過キス

第五百六十八條（船舶ノ修繕費、救助料ニ關スル規定）

舊商法ハ「救援又ハ救助ノ費用」ト規定シ二者ヲ區別シタリ然レトモ此區別ハ實際上必要ナキヲ以テ改正商法ハ之ヲ救助料ナル文字ニ改メ二者ヲ包含セシメタリ

第五百九十九條

改正商法カ救援ナル文字ヲ削リ救助ノ文字ヲ存シタルハ第五百六十八條ノ改正ト同一ノ理由ニ出テタルモノナリ

第六百六條（荷受人ノ碇泊料支拂ニ關スル規定）

舊商法ニ於テハ船積又ハ陸揚遲滯ノ爲メ碇泊ヲ要シタル場合ニ於ケル報酬ヲ荷受人ニ負擔セシムルノ規定ヲ缺如セルヲ以テ改正商法ハ碇泊料ナルモノヲ加ヘ如上ノ缺點ヲ補ヘリ又救援ノ二字ヲ削リタルハ第五百九十九條ノ改正ト其理由ヲ一ニス

第六百二十二條（船荷證券ノ形式ニ關スル規定）

本條ノ改正ハ船荷證券ノ記載ニ關スル形式ヲ貨物引換證ト同一ナラシメントスルノ目的ニ出テタリ而シテ本條改正ノ結果トシテ記名式又ハ指名持參人式ノ船荷證券ハ之ヲ發行スルコトヲ得レトモ無記名式船荷證券ハ之ヲ發行スルコト能ハサルニ至レリ蓋シ記名持參人渡ト爲スコトヲ得ル以上ハ無記名式ヲ許スノ必要ヲ認メサルヲ以テナリ

第六百四十九條

本條ノ改正ハ商法第五百六十八條ニ於テ救助料ナル文字ヲ用ヒタルカ爲メ「救助ノ費用」ニ代フルニ「救

助料」ト爲シタル所以ナリ

第五章　海難救助

舊商法ハ救援又ハ救助ノ費用ト規定シ二者ヲ區別ス（五六八條第一項、五九七條第二項、六〇七條第一項、六四九條第一項 六四九條 六〇八條第九號）救援トハ獨語ノ「ヒュルフライスッング」ニ該當シ即海難ニ際シ船舶又ハ積荷カ未タ船長以下ノ乘組員ノ手ヲ離レス乘組員ニ依リテ其危難ヲ免カレシメント盡シツツアル間ニ第三者來リテ之ニ應援シ其危難ヨリ救ヒタル場合ヲ謂ヒ又救助トハ獨語ノ「ベルグング」ニ該當シ船舶又ハ積荷ノ全部又ハ一部カ既ニ船長以下ノ乘組員ノ手ヲ離レ既ニ其支配ノ範圍外ニ在ルトキ第三者之ヲ救ヒ安全ナル地位ニ致シタル場合ヲ謂ヘリ然レトモ其所謂救援及ヒ救助ノ實質ニ付テハ何等規定ナシ故ニ改正商法ニ於テハ獨逸其他ノ立法ヲ斟酌シ新ニ本章ヲ設ケタルナリ

外國法カ概ネ救援ト救助トヲ區別スルハ其救助料ノ額ヲ區別スルノ趣旨ニ出テタリシカ如キモ此ノ如キ區別ヲ設クルノ非ナルハ一般ニ認メラルル所ナリ蓋シ救援ハ時トシテ救助ヨリモ難ク其效果ハ却テ救助ニ優ル場合ナキニ非サルヲ以テナリ

本章ニ於テハ救援ト救助トヲ合シテ單ニ救助ト稱シ二者同一ノ規定ニ依ラシメ唯場合ニ應シテ救助料ノ額ヲ定ムヘシト爲セリ

第六百五十二條ノ二　（救助料請求權ニ關スル規定）

本條ハ海難ニ遭遇シタル船舶又ハ積荷ヲ救助シタル者ハ遭難船ノ船員又ハ水夫カ其義務ヲ盡クスカ爲メニ其船舶ヲ救助シ或ハ曳船主カ曳船契約ニ基ク義務トシテ被曳船ヲ救助スル場合ノ如キ救助ノ行爲カ別個ノ法律關係ニ因リテ生シタル義務ノ範圍内ニ屬スヘキ場合ヲ除ク外縱令特約ナキモ救助料ヲ受クルコトヲ得ヘキ旨ヲ規定シ而シテ救助料ヲ受クルハ救助ノ行爲カ多少其効果ヲ奏シタル場合ニ限ルモノト爲セリ

第六百五十二條ノ三（救助料ノ決定ニ關スル規定）

本條ハ救助料ノ決定方法ヲ規定ス即チ救助料ノ額ニ付キ當事者間ニ於テ特約ナキトキハ裁判所カ其額ヲ定ムルニ付テ準據スヘキ標準ヲ示シ且救助料ノ額ニ關シ紛議ヲ生シタルトキハ裁判所ハ危險ノ程度、救助ノ結果其他一切ノ事情ヲ斟酌シテ之ヲ評定スヘキモノト爲セリ

第六百五十二條ノ四

海難ニ際シ當事者カ救助料ノ契約ヲ締結スルハ危險急迫セル場合ナルヲ以テ固ヨリ正鵠ヲ期シ難シ此場合ニ際シテ其額カ著シク不相當ナルトキハ各當事者ハ後ニ其救助料ノ減少又ハ增加ヲ請求スルコトヲ得ヘク且其請求アリタルトキハ裁判所ハ危險ノ程度、救助ノ效果其他一切ノ事情ヲ斟酌シテ之ヲ定ムヘキモノト爲セリ

第六百五十二條ノ五（救助料ノ額ニ關スル規定）

本條ハ救助料ノ額ハ救助セラレタル物ノ價額ヲ超ユルコトヲ得サル旨ヲ定ム蓋シ救助料ノ債務者ヲシテ

救助セラレタル船舶及ヒ積荷ノ額ニ超ユル支拂ヲ爲サシムルハ債務者ニ對シテ苛酷ニ失スル嫌アルヲ以テナリ又第二項ニ於テ船舶又ハ積荷ニ對シ救助料ノ債權ニ優先スル先取特權アルトキハ救助料ノ額ハ救助セラレタル船舶及ヒ積荷ノ額ヨリ其先取特權ノ債權ノ額ヲ控除シタル殘額ニ超ユルコトヲ得サル旨ヲ規定シ救助料ノ債務者ハ救助セラレタル物以外ノ財産ヲ以テ救助料支拂ノ責任ナキコトヲ定メタル本條十四ノ趣旨ニ副ハシメタリ

第六百五十二條ノ六　（數人共同ノ場合ニ於ケル救助料分配ニ關スル規定）

本條ハ數人カ共同シテ救助ヲ爲シタル場合ニ於ケル救助料分配ノ割合ニ關スル規定ニシテ其分配ニ付キ當事者間ニ爭ヲ生シタルトキハ裁判所ニ於テ一切ノ事情ヲ斟酌シテ之ヲ定ムヘシト爲シ第二項ハ同時ニ人命ノ救助ニ從事シタル者モ亦等シク救助料ノ分配ヲ受クルコトヲ得ヘキ旨ヲ規定シ海難ニ際シ救助ニ從事スル者ヲシテ利ヲ趁フテ義ヲ棄ツルカ如キ悖德行爲莫カラシメムコトヲ期セリ

第六百五十二條ノ七　（船舶カ救助ニ從事シタル場合ニ於ケル救助料分配ニ關スル規定）

本條ハ獨逸商法ノ規定ニ倣ヒ船舶カ救助ニ從事シタル場合ニ於ケル船舶所有者及ヒ船員間ノ救助料分配ノ割合ヲ定メタル規定ナリ卽チ救助船カ汽船ナルト帆船ナルトニ因リテ船舶所有者ノ受クヘキ割合ヲ區別シ且船舶所有者ノ受クヘキ額ヲ控除シタル殘額ハ船長ト海員トカ折半スヘキモノトシ其他海員ノ受クヘキ割前ノ分配ハ船長カ事情ヲ斟酌シテ相當ニ其ノ割合ヲ定ムヘキモノト爲シ若シ此等ノ規定ニ違反シテ船舶所有者、船長及ヒ海員間ノ割合ヲ變更シ又ハ海員間ノ救助料ノ分配ヲ船長以外ノ者ヲシテ之ヲ行

ハシメ或ハ其分配ノ標準ヲ限定スルカ如キ契約ハ總テ之ヲ無效ト爲セリ

第六百五十二條ノ八（船長ノ分配案作成ニ關スル規定）

本條ハ船長カ救助料ヲ海員間ニ分配スル方法ノ手續ニ關スル規定ナリ卽チ船長ハ航海ノ終了スルマテニ分配案ヲ作成シ之ヲ海員ニ告示シ以テ其分配ヲ速ニ實行セシメントスルノ趣旨ニ出テタリ

第六百五十二條ノ九（船長ノ分配案ニ異議アル場合ニ關スル規定）

本條ハ船長カ作成シタル分配案ニ對スル異議ノ手續ヲ規定シ海員カ其分配案ニ不服アルトキハ其分配案ノ告示後船舶ノ到着スル最初ノ港ノ管海官廳ニ付キ異議ノ申立ヲ爲スコトヲ要シ若シ海員カ此異議ノ申立ヲ爲スノ機會ヲ逸シタルトキハ更ニ其申立ヲ爲スノ權利ヲ失フヘキ旨ヲ定メ而シテ適當ノ時期ニ異議ノ申立アリタルトキハ管海官廳ハ其異議ニ付キ審査ヲ爲シ之ヲ理由アリトスルトキハ分配案ヲ更正スヘキモノトス又一方ニハ船長ハ異議ノ落着前ニ救助料ノ分配ヲ爲スコトヲ得サル旨ヲ定メタリ要スルニ分配案作成權アル船長カ其權限ヲ濫用シ不公平ノ處置ナカラシムルト同時ニ海員ノ爲メニ異議申立ノ途ヲ開キタルニ在リ

第六百五十二條ノ十（船長カ分配案作成ヲ怠リタル場合ノ救濟ニ關スル規定）

前條ニハ船長ノ分配案作成ニ對スル救濟ノ方法ヲ規定セリト雖若シ船長カ分配案ノ作成ヲ怠リタルトキハ何等ノ異議ヲ申立ツルコトヲ得サルヲ以テ本條ハ於テハ更ニ之カ救濟ノ途ヲ開キ斯ノ如キ場合ニ在リテハ海員ハ管海官廳ニ申立テ船長ニ分配案ノ作成ヲ命スル裁決ヲ受ケ其裁決アルニ拘ハラス尙船長ニ於

テ分配案ヲ作成セサルトキハ管海官廳ニ於テ作リタル分配案ニ依リテ救助料ノ分配ヲ受クルコトトナシタリ

第六百五十二條ノ十一（救助料ヲ請求スルコトヲ得サル場合ニ關スル規定）

本條ハ救助料ヲ請求スルコトヲ得サル場合ヲ規定セリ卽チ一故意又ハ過失ニ因リテ海難ヲ惹起シタルトキ二正當ノ事由ニ因リテ救助ヲ拒マレナカラ强ヒテ之ニ從事シタルトキ如上ノ場合ニハ救助料ノ請求權ナキコトヲ明ニシタリ蓋シ海難ヲ惹起シタル者ハ之ニ因リテ生シタル損害ヲ賠償スヘキ責アル者ニシテ救助ニ因リテ其損害ヲ減少シタレハトテ之カ爲ニ救助料ヲ受クヘキ權利ヲ有セサレハナリ若シ之等ノ者ニ對シテ救助料ヲ與フルトキハ船舶内ノ秩序ヲ紊シ却テ之等不正行爲ヲ助長スルノ虞アルヘケレハナリ

第六百五十二條ノ十二（救助者ノ先取特權ニ關スル規定）

本條ハ積荷ノ上ニ存スル救助者ノ先取特權ヲ規定シタリ卽救助者カ救助セラレタル船舶ノ上ニ先取特權ヲ有スルコトハ船舶債權ノ章ニ規定シタルヲ以テ之ト權衡ヲ保タシメンカ爲メ積荷ニ付キテモ同樣先取特權ヲ認メ而シテ本條ノ先取特權ニハ船舶積荷ニ關スル規定ヲ準用スルコトトナセリ

第六百五十二條ノ十三（救助料支拂ニ關スル船長ノ權限ニ關スル規定）

本條ハ救助料ノ支拂ニ關スル船長ノ權限、救助料ニ關スル訴ニ於テ船長カ原告又ハ被告タルコトヲ得ル旨及其訴ニ付キ判決ノ及フ範圍ヲ定メタリ卽船長ハ航海中船舶所有者ヲ代表シテ航海ニ關スル一切ノ行爲ヲ爲スノ權限ヲ有スルト同時ニ積荷所有者ノ爲ニ其積荷ヲ保管スル責アルヲ以テ之ヲシテ救助料ニ關スル一切ノ權限ヲ有セシムルハ積荷ノ所有者ノ不明ナルカ爲メ又其所有權ノ輾轉ニ伴ヒ救助料支拂ニ關シ屢々錯雜ナル關係ヲ惹起スルニ至ルヘキヲ以テ其場合ニ際シテ船長ヲシテ積荷ノ所有者ヲ代表セシメ適當ナル處置ヲ爲サシムル必要ヲ生ス然リ而シテ救助料支拂ニ付キ積荷ノ所有者ニ對シ又ハ積荷ノ所有者ノ爲ニ訴ヲ惹起スヘキ場合ニ當リ單ニ船長ヲシテ一切ノ代表權ヲ有セシムルノミニテハ隔靴搔痒ノ感アルヲ以テ本條ニ於テハ船長ハ自ラ原告又ハ被告トナリ自己ノ名義ヲ以テ訴訟ヲ遂行スル權利アルモノトシ且其訴ニ付キ言渡サレタル判決ヲ救助料ノ債務者ニ對シテモ亦效力ヲ有セシメタリ之レ極メテ妥當ナル規定ト云フヘシ

第六百五十二條ノ十四（救助料支拂義務ニ關スル規定）

本條ハ積荷所有者ノ救助料ヲ支拂フ義務ヲ物的トナシ一ハ以テ積荷ノ所有者ニ於テ救助料ヲ支拂フ債務ヲ負擔スルコトヲ明ニシ一ハ以テ其義務者ハ積荷以外ノ財產ヲ以テ救助料ヲ支拂フ責ナキコトヲ明定シタリ蓋シ積荷ノ所有者ハ積荷所有權ノ移轉ト共ニ變更スルモノナレトモ該積荷ノ上ニハ救助料ニ付キ先取特權存スルモノニシテ積荷所有權ヲ取得セル者ニ其積荷ヲ以テ救助料ヲ支拂フヘキ責任アルモノトナスハ極メテ當然ノ事ニシテ又救助ヲ受ケタル者ニ無限ノ責ヲ負ハシムルハ酷ニ失スルヲ以テナリ

第六百五十二條ノ十五（先取特權ノ消滅ニ關スル規定）

本條ハ積荷ノ上ニ存スル先取特權ノ消滅事由ヲ規定シタリ抑モ救助料ノ債務ヲ負擔スヘキ者ハ獨リ救助當時ノ積荷ノ所有者ニ止マラス將來積荷ノ讓渡ニ因リ積荷所有者トシテ救助料ニ付キ有限責任ヲ負擔スル

ハ勿論積荷ノ荷受人ニ至ルマテ皆救助料ノ債務ヲ負擔スル者ナルヲ以テ苟クモ積荷カ之等ノ者ノ手ニ存スル間ハ救助料ノ債務者ハ其積荷ノ上ニ先取特權ヲ有スルモ一旦之ヲ第三者ニ引渡シタル場合ニ於テ尙ホ先取特權ヲ以テ對抗セラルルトキハ第三者ノ保護ヲ薄クシ從テ取引ノ安全ヲ圖ル所以ニ非サルヲ以テ本條ヲ新設シ此場合ニ於テハ先取特權ハ民法第三百四條ニ依リ之ニ代ハルヘキ金錢其他ノ物ニ對シテ之ヲ行フヘキ旨ヲ明定シタリ

第六百五十二條ノ十六　（救助料債權ノ時效ニ關スル規定）

本條ニ於テ救助料ノ債權ノ時效ニ關スル旨ヲ規定シ運送人ノ責任ニ關スル時效ノ規定ヲ參酌シテ其期間ヲ一年ト爲セリ

第六百八十條

本條ノ改正ハ救援及ヒ救助ノ區別ヲ廢シタル結果救助料ト爲シ兩者ヲ包含セシメタルト一般ナリ

改正商法及理由　完

正　誤

七頁下段十行目商業ハ商號
十一頁下段十行目基ヘヤハ基クヤ
二十三頁終ヨリ六行目關與ハ干與
二十八頁一行目合社ハ會社
二十九頁三行目キハトキ
三十頁三行目キハトキ
四十一頁一行目種額ハ種類
五十五頁終ヨリ四行目從チハ從テ
六十頁下段二行目幾關ハ機關
六十二頁下段十行目拘束ヘ拘束
六十六頁九行目劵ハ卷 同 十五行目 三二七ハ
三、二七
六十九頁十五行目取締影ハ取締役
八十頁終ヨリ三行目付井ハ付キ
九十三頁二行目セサレルハセサル同十三行目
規定ハ定
九十四頁十行目拂返ハ拂込
百十六頁六行目ノ一ハノ二同八行目コトテハ
コトチ
百二十八頁十一行目劵ハ卷
百四十四頁終ヨリ一行目金額ラハ金額チ
百四十六頁二行目時間内ノトニ何時チ挿入
百五十一頁終リノ行對シテノ下ニ保險チ挿入
百五十四頁終ヨリ七行目之チハ之ニ
百五十七頁ノ四行目契納ハ契約
百五十八頁七行目タルキハタルトキ同十七行
目明年ハ一年
百六十頁一行目納ムルハ納ルル
百七十五頁下段一行目商號テハ商號チ
百八十一頁下段十二行目彪ハ形
百八十三頁終ヨリ四行目求ムチハ求ムル
百八十九頁一行目一覽ノ下ニノチ挿入
二百一頁一行目手影ハ手形要件テハ要件チ同

十九行目ルラハルチ
二百三頁終ヨリ一行目タケルハシタル
二百九頁七行目支振ハ支拂同二十三行目人コ
ハ人ニ
二百十三頁五行目保説ハ保證
二百二十頁六行目第四新ハ第四百
二百二十四頁十三行目氏各ハ氏名
二百二十八頁二行目間係ハ關係同終リノ行之
ラハ之チ
二百三十頁終ヨリ二行目損害チハ損害ニ
二百三十八頁十三行目ナキハナキ
二百四十頁八行目連送ハ運送
二百七十一頁七行目喋ハ揚
二百七十九頁二行目ルリ井ハルトキ
二百八十三頁終ヨリ三行目モスハセス
二百八十四頁下段九行目四八ハ三八
二百八十五頁六行目然シハ爲シ
二百九十二頁九行目審ハ者
三百十二頁終ヨリ三行目二ヘ月ハ二个月
三百十六頁下段二行目又字ハ文字
三百二十一頁一行目要セノ下ニスラ挿入
三百二十二頁下段一行目支佛ハ支拂

理由

八頁十一行月會社ノ下ニ設チ挿入無數ハ無效
二十九頁二行目安當ハ妥當
三十頁終リノ行サルテハサルチ
三十六頁四行目以上ノハ以上ハ
五十頁終ヨリ四行目シメリハシタリ
五十二頁四行目セルハセサル同五行目人ノ下
サハ削除同十四行目他地拂ノ下ニ手形チ挿入
五十五頁終ヨリ六行目爲手形替ハ爲替手形
六十一頁終ヨリ二行目本條ハ本條ニ

明治四十四年十月十五日印刷
明治四十四年十月廿五日發行
明治四十四年十一月十日印刷
明治四十四年十一月十五日再版發行

定價金壹圓

不許
複製

著作者　塚崎直義

發行者　石河正憲
東京市本郷區丸山福山町十八番地

印刷者　武井万二
東京市神田區三崎町三丁目一番地

印刷所　日本印刷株式會社
東京市神田區三崎町三丁目一番地

發行所　法文社
東京市本郷區丸山福山町十八番地

特約賣捌所

清水書店
神田區今川小路二丁目四番地

有終閣
本郷區帝國大學正門前

巖松堂
神田區裏神保町五番地

東京堂
神田區表神保町

判檢事辯護士豫備試驗參考

論文裁華

乾卷
坤卷

和裝謄寫刷美本
定價壹圓
定價壹圓貳拾錢
郵稅各八錢

世作文の書汗牛充棟も啻ならず然れども該試驗受驗者の心得を說き作例を示し、且適切なる作例を揭げたるもの極めて乏し偶々存するも作法の多くは理論に偏し又作例の如きは古文に非されば則長篇而も適切なる題目少なく一書にして僅々一二題を得るに過ぎず之れ受驗者の一般に遺憾とする所なり本書は此點に留意し特に一般受驗者の注意を懇切に說き並に顯谷委員の發表せられたる注意を引證し且實際に適する作法を示し加ふるに作例として現代大家の名文を揭ぐ
本書の目錄を擧ぐれば

乾卷
第一章　判檢事辯護士豫備試驗論文ニ關スル一般ノ注意
第二章　論文作法
作例
校友會雜誌序　鹽谷青山
盡忠至誠　陸羯南
忠君愛國　德富蘇峰
誠心論　陸羯南
品行論　福澤諭吉
士ノ德操　高山樗牛
武士道　井上巽軒
勇氣　大町桂月
立志論　朱伯賢
人物論　陸羯南
成敗ノ標準　松村介石
修業論　松木直秀
少年ノ慷慨　高山樗牛
尚武論　尾崎學堂
財用論　中村敬宇
南進論　竹越三叉
開國ノ氣運　島田沼南
戰爭ト文學　坪内逍遙
國家最大ノ憂　柴四郎
立憲政體ノ危機　尾崎學堂
男子國ヲ興始セヨ　國府犀東
國民思想ノ變遷ヲ論ス　竹越三叉
人材ノ壅塞　田岡嶺雲
偉人ト青年　尾崎學堂
人材登用論　陸羯南
讀書論　田岡嶺雲
人生終ニ奈何　高山樗牛
風化ノ源　陸羯南
文辭ノ弊ヲ論ス　成島柳北
沐猴ノ冠「爵位論」　島田沼南
知己難　德富蘇峰
輕薄兒　陸羯南
友情論　德富蘇峰
交際上ノ惡習　陸羯南
嗜好論　德富蘇峰
豐公征明論　依田學海
節操論　陸羯南
司法官ノ威信　陸羯南
常識ノ教養　德富蘇峰
理性ノ教養　德富蘇峰
建武中興論　井上毅
拿破崙論　中西牛郎
英雄ノ末路　三宅雪嶺
國家ノ盛衰　大町桂月
自發論　德富蘇峰
天眞爛熳　德富蘇峰

坤卷
東亞ノ日本ト宇内ノ日本　德富蘇峰
我國體　三島通庸
國體論者ニ告ク　大町桂月
新日本　高山樗牛
國民ノ理想　德富蘇峰
我國不文ノ歷史　竹越三叉
東亞歷史ノ大變　茅原華山
人道何處ニアル　高山樗牛
我帝國ノ恩人　茅原華山
國民道德ノ危機　高山樗牛
國民道德ノ程度　緒方流水
腐敗セル社會　久保天隨
天下ノ士　德富蘇峰
危言ノ士　大町桂月
今日ノ道念　佐藤清勝
文明ト文弱　德富蘇峰
文華ノ流弊　尾崎愕堂
無定見ノ國民　高山樗牛
維新ノ原因　福本日南
拓北論　江藤新平
忍耐論　西村茂樹
人世ノ務ヲ論ス　福澤諭吉
人物崇拜論　德富蘇峰
人ノ鑑識　福澤諭吉
風俗論　德富蘇峰
昔日ノ武士　佐藤清勝
武德論　德富蘇峰
雅量論　德富蘇峰
一視同仁論　茅原華山
達觀論　陸羯南
名利論　德富蘇峰
名ヲ好ムノ愚　久保天隨
自信論　佐藤清勝
義憤論　德富蘇峰
眞勇トハ何ソ　佐藤清勝
氣品ノ高下　久保天隨
獨立自尊　佐藤清勝
自新論　德富蘇峰
學生ノ誤解　高山樗牛
進退ノ機　德富蘇峰
陋劣ナル國民氣風　久保天隨
富嶽ノ詩神　北村透谷
青年ノ氣風　德富蘇峰
流行ヲ排ス　幸德秋水
虛榮論　德富蘇峰
勤勉ノ美德　中內蝶二
人ニ自尊自卑性アルノ說　井上毅
服從ト獨立　德富蘇峰
常識ノ缺乏　高山樗牛
手段ト目的　德富蘇峰
感慨多端　柴四郎
安心ト油斷　德富蘇峰
濱寺ノ感　中江兆民
尚友論　德富蘇峰
德育論　大町桂月
光陰惜ムヘキカ　德富蘇峰
善惡ノ岐　大町桂月
苦中ノ樂　德富蘇峰
凉ノ感　茅原華山
田園ノ興　大町桂月
秋窓所感　北村透谷
剛毅　中村敬宇

發行所　論文豫習會　本郷區元富士町二番地
特約賣捌所　文光堂

判例要旨定義學說試驗問題準條適條對照
改正商法及理由 **別巻 1242**

2019(令和元)年10月20日　　復刻版第1刷発行

編　者　塚　崎　直　義

発行者　今　井　　　貴
　　　　渡　辺　左　近

発行所　信　山　社　出　版
〒113-0033　東京都文京区本郷6-2-9-102
モンテベルデ第2東大正門前
電　話　03 (3818) 1019
F A X　03 (3818) 0344
郵便振替　00140-2-367777(信山社販売)
Printed in Japan.

制作／(株)信山社，印刷・製本／松澤印刷・日進堂

ISBN 978-4-7972-7361-8 C3332

別巻　巻数順一覧【950〜981巻】

巻数	書　名	編・著者	ISBN	本体価格
950	実地応用町村制質疑録	野田藤吉郎、國吉拓郎	ISBN978-4-7972-6656-6	22,000円
951	市町村議員必携	川瀬周次、田中迪三	ISBN978-4-7972-6657-3	40,000円
952	増補 町村制執務備考 全	増澤鐵、飯島篤雄	ISBN978-4-7972-6658-0	46,000円
953	郡区町村編制法 府県会規則 地方税規則 三法綱論	小笠原美治	ISBN978-4-7972-6659-7	28,000円
954	郡区町村編制 府県会規則 地方税規則 新法例纂 追加地方諸要則	柳澤武運三	ISBN978-4-7972-6660-3	21,000円
955	地方革新講話	西内天行	ISBN978-4-7972-6921-5	40,000円
956	市町村名辞典	杉野耕三郎	ISBN978-4-7972-6922-2	38,000円
957	市町村吏員提要〔第三版〕	田邊好一	ISBN978-4-7972-6923-9	60,000円
958	帝国市町村便覧	大西林五郎	ISBN978-4-7972-6924-6	57,000円
959	最近検定 市町村名鑑 附 官国幣社 及 諸学校所在地一覧	藤澤衛彦、伊東順彦、増田穆、関惣右衛門	ISBN978-4-7972-6925-3	64,000円
960	鼇頭対照 市町村制解釈 附 理由書 及 参考諸布達	伊藤寿	ISBN978-4-7972-6926-0	40,000円
961	市町村制釈義 完　附 市町村制理由	水越成章	ISBN978-4-7972-6927-7	36,000円
962	府県郡市町村 模範治績　附 耕地整理法 産業組合法 附属法令	荻野千之助	ISBN978-4-7972-6928-4	74,000円
963	市町村大字読方名彙〔大正十四年度版〕	小川琢治	ISBN978-4-7972-6929-1	60,000円
964	町村会議員選挙要覧	津田東璋	ISBN978-4-7972-6930-7	34,000円
965	市制町村制 及 府県制　附 普通選挙法	法律研究会	ISBN978-4-7972-6931-4	30,000円
966	市制町村制註釈 完　附 市制町村制理由〔明治21年初版〕	角田真平、山田正賢	ISBN978-4-7972-6932-1	46,000円
967	市町村制詳解 全　附 市町村制理由	元田肇、加藤政之助、日鼻豊作	ISBN978-4-7972-6933-8	47,000円
968	区町村会議要覧 全	阪田辨之助	ISBN978-4-7972-6934-5	28,000円
969	実用 町村制市制事務提要	河邨貞山、島村文耕	ISBN978-4-7972-6935-2	46,000円
970	新旧対照 市制町村制正文〔第三版〕	自治館編輯局	ISBN978-4-7972-6936-9	28,000円
971	細密調査 市町村便覧(三府四十三県 北海道 樺太 台湾 朝鮮 関東州)　附 分類官公衙公私学校銀行所在地一覧表	白山榮一郎、森田公美	ISBN978-4-7972-6937-6	88,000円
972	正文 市制町村制 並 附属法規	法曹閣	ISBN978-4-7972-6938-3	21,000円
973	台湾朝鮮関東州 全国市町村便覧 各学校所在地〔第一分冊〕	長谷川好太郎	ISBN978-4-7972-6939-0	58,000円
974	台湾朝鮮関東州 全国市町村便覧 各学校所在地〔第二分冊〕	長谷川好太郎	ISBN978-4-7972-6940-6	58,000円
975	合巻 佛蘭西邑法・和蘭邑法・皇国郡区町村編成法	箕作麟祥、大井憲太郎、神田孝平	ISBN978-4-7972-6941-3	28,000円
976	自治之模範	江木翼	ISBN978-4-7972-6942-0	60,000円
977	地方制度実例総覧〔明治36年初版〕	金田謙	ISBN978-4-7972-6943-7	48,000円
978	市町村民 自治読本	武藤榮治郎	ISBN978-4-7972-6944-4	22,000円
979	町村制詳解　附 市制及町村制理由	相澤富蔵	ISBN978-4-7972-6945-1	28,000円
980	改正 市町村制 並 附属法規	楠綾雄	ISBN978-4-7972-6946-8	28,000円
981	改正 市制 及 町村制〔訂正10版〕	山野金蔵	ISBN978-4-7972-6947-5	28,000円